Ernst W. Förstemann

Die deutschen Ortsnamen

Ernst W. Förstemann

Die deutschen Ortsnamen

ISBN/EAN: 9783744639736

Hergestellt in Europa, USA, Kanada, Australien, Japan

Cover: Foto ©Andreas Hilbeck / pixelio.de

Weitere Bücher finden Sie auf **www.hansebooks.com**

Die

deutschen Ortsnamen.

Von

Ernst Förstemann.

Nordhausen 1863.

Ferd. Förstemann's Verlag.

Als ich vor vier Jahren nach zwölfjährigem Sammeln und Sichten den zweiten Band meines altdeutschen Namenbuchs schloss, konnte es mir nicht zweifelhaft sein, wohin sich meine weitere Arbeit zu wenden habe, denn mich vom Winde treiben zu lassen und planlos auf ein beliebiges anderes Gebiet hinüber zu springen liegt mir fern. War der erste Band nur die Vorarbeit und die Grundlage des zweiten, so war es die nächste Aufgabe, aus dem Stoffe, den jener zweite Band in Gestalt von rohen Körnern aufgespeichert hat, eine schmackhafte und nahrhafte Speise zu bereiten; dass diese Thätigkeit vier Jahre lang gedauert hat, liegt in den Zuthaten, die ich dazu bedurfte.

Dies Buch hat den Zweck, eine möglichst leichte Uebersicht über das Gebiet der deutschen Ortsnamenkunde zu gewähren. Was man auf diesem Felde schon weiss und welche Vermehrung des Wissens man noch bedarf, soll daraus hervorgehn. Dadurch bestimmt sich die Form des Ganzen. Da es sich nicht in Specialuntersuchungen vertiefen darf und einigermassen lesbar bleiben muss, um neue Kräfte für diese Forschungen heranzuziehn und niemand zurückzustossen, so war

vor allem das hindernde Beiwerk vieler Citate zu vermeiden,
welche den Ueberblick erschweren und mehr in Einzelforschungen oder lexicalisch geordneten Büchern ihre rechte Stelle
haben; sie hätten auch diesem Buche einen unförmlichen Umfang gegeben. Ich konnte aber um so mehr des fortwähren-
den Citirens der Quellen entrathen, als ich hier ein für alle
Mal auf mein Namenbuch hinweise, wo dergleichen zur Genüge
zu finden ist. Für diejenigen Fälle, in welchen eine Angabe
dieses Buches nicht recht zu meinem früheren Werke stimmen
will, bemerke ich, dass ich nicht das Namenbuch, wie es dem
Publikum zu Gebote steht, als Grundlage dieser Schrift benutzt
habe, sondern dass vielmehr dessen gegenwärtig vielfach verbesserte Gestalt, in der es mir vorliegt, für mich massgebend
sein musste. Meine zweite Quelle bestand in ausgedehnten
Sammlungen über die neueren Ortsnamen Deutschlands, der
Schweiz, Belgiens und der Niederlande, Sammlungen, die mir
Jahre lang saure Mühe gemacht haben. Dass ich den zahlreichen Monographien über deutsche Ortsnamen manches entnommen habe, versteht sich von selbst. Auch hier muss ich um
Entschuldigung bitten, dass ich dem Plane des Werkes gemäss
nicht immer aussprechen konnte, woher jede Notiz geschöpft
ist. Ich habe im zweiten Capitel alle diese Schriften mit Dank-
gefühl aufgezählt; im Namenbuche finden sie sich hundertfach
erwähnt, woraus zu ersehen ist, dass das Unterlassen fortwäh-
render Hinweise nicht aus meiner Natur, sondern aus der dieses Buches hervorgeht. Die Lage der Oerter, welche ich erwähne, durfte ich auch nur selten angeben, wenn ich das Buch
nicht ungebührlich ausdehnen wollte; als Hülfsmittel, meine Angaben in dieser Hinsicht zu prüfen und zu vervollständigen,
nenne ich für Deutschland die Ortslexica von Huhn (Hildburg-

hausen 1849) und von Rudolph (noch unvollendet), für die
Schweiz das von Fink (Zürich 1862), für Belgien das von Meu-
nier (dictionnaire géographique, Bruxelles 1857), für die Niederlande das von van der Aa (beknopt aardrykskundig Woor-
denboek. Te Gouda 1855). In Bezug auf die Namen des El-
sasses ist noch immer zu gebrauchen Aufschlager l'Alsace
(Strasbourg 1826, 3 Bde.)

Was den weiteren Charakter dieses Werkes anbetrifft, so
war für dasselbe eine besonders strenge Form und eine klare
Eintheilung des Stoffes dringend geboten. Der Leser durfte
auf keiner Seite in Gefahr gerathen den Faden des Ganzen zu
verlieren. Daher wird man in dem Buche fast nirgends eine
sogenannte gelegentliche Bemerkung finden, das heisst eine Notiz, die eben so gut in einem andern Capitel oder gar in einer
andern Schrift ihre Stelle gefunden hätte. Durch diese strenge
Beschränkung auf den vorliegenden Stoff, durch dieses Zurück-
weisen auch des ganz nahe Liegenden, wenn es nicht unmittelbar zur Sache gehört, hat mein Buch sich vieles gelehrten
Schmuckes entäussert, der sehr leicht wäre anzubringen gewesen, und eine fast populäre Gestalt bekommen. Ich hoffe aber
durch diese anspruchslose Form und Durchsichtigkeit die Wissenschaft mehr zu fördern, als es auf anderm Wege geschehen
wäre.

Noch sind hier einige Schriften zu erwähnen, die erst,
während mein Buch gedruckt wurde, erschienen sind und die
ich hier zum zweiten Capitel nachtrage:

Brügmann, geographische niederdeutsche Namen. In
Petermanns Mittheilungen 1862, X.

Hofmann, C., Ueber die Herleitung des Namens Baier. In der
Germania von Pfeiffer Bd. VII. (Wien 1862. 8.), S. 470—476.

Kehrein, J., Nassauisches Namenbuch, enthaltend alle Personen-, Orts- und Gemarkungsnamen im Herzogthum Nassau. Weilburg 1863. 8.

Letztere Schrift erfüllt bereits einen Wunsch, den ich auf S. 24 aussprach; wichtig für Namenkunde wird auch eine andere Arbeit desselben Verfassers, die sich schon unter der Presse befindet.

Wernigerode, Frühling 1863.

Ernst Wilhelm Förstemann.

Inhalt.

I. Gegenstand der Forschung.

Das unermessliche Reich der Eigennamen zerfällt in zwei Gebiete, die Personen- und die Ortsnamen. Alle Namen, die man ausser diesen beiden Klassen sich denken könnte, gehören entweder dennoch einer derselben an, oder sie nehmen als indifferent an der Natur beider zugleich Theil. Heidnische Götter und biblische Engel sowie andrerseits Pferde und Hunde erhalten keine anderen als Personennamen, die der numengebende Mensch als das Mass aller Dinge auch nach oben und nach unten hin auf der Stufenleiter der geschaffenen Wesen freigebig austheilt; Götter wie Hausthiere erhalten durch den Namen gewissermassen das Bürgerrecht in der Menschheit. Einige Völker, namentlich die Germanen, gehen in dieser Anerkennung des ausserhalb der Menschheit Stehenden noch weiter und geben auch der Waffe, die den Arm zum Siege führt (denn diese und nicht die entgegengesetzte Anschauung liegt hierbei zu Grunde) durch den menschlichen Namen ihren Antheil an den Menschenrechten; ein schönes Zeugnis von edelm und poetischem Sinne zugleich. Andere Namen haben Theil an der örtlichen und der persönlichen Natur in gleichem Masse; so vor allem die Namen der Sterne und der Sternbilder, die ihrem Wesen nach eigentlich ganz den Ortsnamen angehören müssten, ihrer sprachlichen Erscheinung nach aber zu einem grossen Theile in das andere Gebiet hinüber spielen, indem sie theils mit mythologischen theils mit geschichtlich und wissenschaftlich bedeutenden Personen in Verbindung gesetzt werden; die zuletzt genannte Sphäre findet ihre besondere starke Anwendung auch bei hunderten von selenographischen Namen.

1

Namen. Ein ähnliches Verhältnis trifft auch bei den Namen der
Schiffe zu; als menschlichen Wohnungen gebühren ihnen Ortsnamen, in der Praxis aber werden sie mehr von Seiten ihrer
Beweglichkeit und als Kriegsschiffe auch von Seiten ihrer zer-
störenden Kraft aufgefasst und so ertheilt ihnen die Sprache
Personennamen und andere Bezeichnungen, die in diesem Falle
den Personennamen gleichgestellt werden müssen, ja sogar auch
(selbst die geschlechtslose englische Sprache) persönliches Geschlecht. Alle die bisher erwähnten Namenkategorien, die hier
nur flüchtig andeutend genannt werden durften, erfordern noch eine
besondere auch für vergleichende Völkerpsychologie nicht unfruchtbare Betrachtung, die bis jetzt noch nie ernstlich unternommen worden ist. Erwähnt werden muss noch eine eigenthümliche Zwit-
terklasse von Namen, die begrifflich und sprachlich aus Personennamen entspringen, historisch aber sich viel enger an die
Ortsnamen anschliessen; ich meine die Völkernamen, die, je
mehr die Völker sesshaft werden und je mehr sich ihre genealogische Reinheit trübt, desto mehr einen starren local-geogra-
phischen Charakter annehmen.

Begeben wir uns nun von diesem allgemeinen Gebiete aus
auf den speciellen Gegenstand der vorliegenden Untersuchung,
deren Thema die deutschen Ortsnamen bilden, so haben wir
zunächst die Aufgabe, den Umfang und Inhalt dieses Gegenstandes möglichst scharf zu bestimmen. Das ist aber um so
nöthiger, da alle drei hier in Betracht kommenden Begriffe,
Name, Ort und deutsch, in sehr verschiedenem Sinne gebraucht
werden. Beginnen wir vom Allgemeinsten.

Name wird hier natürlich nur in dem engeren Sinne von
Eigenname angewandt, welches Wort beiläufig gesagt einer der
passendsten Ausdrücke in der sonst so äusserst mangelhaften
sprachlichen Terminologie ist. In diesem engeren Sinne von
Eigenname wird das Wort Name jetzt in fast allen sprachlichen Untersuchungen gebraucht, so dass also bei demselben
nicht mehr von den sogenannten Gattungsnamen, einem übrigens
nicht allzuscharfen Begriffe, die Rede ist. Bemerkenswerth ist,
dass unter den Eigennamen zwei Klassen, die Familiennamen
und die Völkernamen, den Gattungsnamen und damit den Appellativen überhaupt sehr nahe stehen, wie sich auch in ihrer
den Eigennamen eigentlich widerstrebenden Fähigkeit einen Plural bilden zu können zeigt. Aber noch nach einer andern Seite

hin ist der Begriff der Eigennamen ein nicht leicht zu begrän-
zender. Eigennamen sind bekanntlich solche Substantiva, mit
denen die Sprache persönliche und örtliche Individuen als solche bezeichnet und von andern Individuen unterscheidet. Das
Volk verleiht gewissermassen aus seinem grossen Nationaleigenthum, der Sprache, einzelne Wörter an solche Individuen zur
Benutzung; diese Individuen treten damit in eine Art von Lehns-
verhältnis zum Volke, und zwar die Personen unmittelbar, die
Oerter so zu sagen unter Vormundschaft der zunächst dabei
betheiligten Personen. Die Eigennamen sind daher in gewissem
Sinne Privateigenthum, und daraus erklärt sich zum Theil ihr
der übrigen Sprache gegenüber eigenthümliches Verhalten, namentlich ihr alterthümliches Gepräge, da sie weniger als der
übrige Sprachschatz dem allgemeinen Gebrauchen und Abnutzen
ausgesetzt sind. Nun sind aber alle Eigennamen, so lange sie
noch dem reinen Nationaleigenthum angehören, Appellativa.
Theilweise bleiben sie auch noch letzteres zu derselben Zeit,
wo sie schon als Eigennamen verwandt werden, theilweise aber
gehn sie dann in ihrer appellativen Gestalt unter. Dieser Uebergang eines Appellativums in ein nomen proprium geschieht oft
so ausserordentlich langsam und unmerklich, dass es sich der
Beobachtung nicht selten entzieht, ob wir in einem bestimmten Falle noch das eine oder schon das andere vor uns haben.
Wer z. B. die deutschen Familiennamen des 13. oder 14. Jahrhunderts sammeln wollte, dem würde dieser Umstand die höchsten Schwierigkeiten bereiten.

Derselbe Vorgang entwickelt sich bei den Ortsnamen vor
unsern Augen. Es liegt z. B. in der Nähe einer Stadt eine
Schäferei, die auch vom Volke stets so genannt wird. Ist das
ein Name? ich glaube nein, denn es fehlt jedes Merkmal eines
Namens. Da wird die Gemeindeweide separirt, das Schäferei-
gebäude zu einer Fabrik benutzt; das Volk aber nennt auch
diese Fabrik noch stets die Schäferei; da ist das Wort schon
allenfalls wirklicher Eigenname. Nun erweitert sich die Stadt,
die alte Schäferei wird abgebrochen, an ihrer Stätte zieht sich
eine Strasse hin, die Behörde nennt diese Strasse amtlich Schäferei (wie dergleichen Strassen wirklich in vielen deutschen
Städten vorhanden sind); nun ist der Name in noch höherem
Sinne Eigenname, da die ursprünglich damit appellativ bezeichnete Localität sogar ganz verschwunden ist. Trotzdem kleben

1 *

dem Worte noch immer zwei Merkmale des ursprünglichen Appellativums an, das Geschlecht und der Artikel. Nun denke man sich, das Wort Schäferei ginge als Appellativum in der deutschen Sprache ganz unter, was ja gar nicht unmöglich ist, dann würde jene Strasse, die noch immer ihren alten Namen behalten hat, bald ins Neutrum übergehen, der Artikel ginge wahrscheinlich bald verloren und nun erst haben wir den echtesten Namen von der Welt vor uns. Hienach giebt es also verschiedene Kennzeichen von Eigennamen, durch die sie sich von den Appellativen unterscheiden, z. B. ihr Widerstand gegen die bei den Appellativen raschere Lautverwitterung, ihre alterthümlichere Orthographie, die Veränderung oder das Verschwinden des mit dem Namen bezeichneten Gegenstandes, während der Name selbst noch haftet, der Untergang des gleichlautenden Appellativums, in der neueren Sprache auch das Schwinden des lebendigen masculinen oder femininen Genus, das Aufgeben des Artikels; alle diese Merkmale aber treten theils vereinzelt theils so unregelmässig auf, dass Namen und Nichtnamen in bedenklichem Uebergange liegen, der sich in keine bestimmten Regeln fassen lässt, also der speciellen Beurtheilung in jedem einzelnen Falle unterliegt. Es giebt da merkwürdig instructive Beispiele. Als das herrliche Ordenshaupthaus an der Nogat erbaut und der Jungfrau Maria geweiht wurde, da stand der Eigenname Marien burc einem Appellativum noch sehr nahe; wenn man jetzt die Marienburg besucht, die doch keineswegs mehr der Maria geweiht sein kann, so fasst man das Wort schon als ein viel echteres nomen proprium; reist man aber nach Marienburg, der um das Schloss entstandenen Stadt (die Neutrum ist und ohne Artikel gebraucht wird), so fühlt man sich einem appellativen Begriffe noch ferner gerückt; hört man endlich den Ausdruck „landräthlicher Kreis Marienburg", so tritt ein weiteres Stadium der Namenentwickelung ein, welches wir in einem folgenden Capitel genauer erwägen wollen.

Wie leise hier oft der Uebergang ist, sieht man auch daran, dass das Aufgeben des alten Geschlechtes und das Abwerfen des Artikels oft schon in der Schriftsprache durchgedrungen ist, noch nicht aber in der Volksmundart der betreffenden Gegend. Ein Hof in Kurhessen heisst im Volke noch der schwarze Bach, amtlich Schwarzenbach; die Ruhla, das

grosse Dorf im Thüringer Walde, hat seinen Artikel und sein
Femininum schon längst in der Schriftsprache verloren. Oefters liegen zwei Oerter, sprachlich ähnlich gebildet, unweit von
einander, doch hat der eine schon Artikel und Geschlecht eingebüsst, der andere noch nicht; man geht z. B. aus dem Thore
von Magdeburg nach der Sudenburg; wäre der letztere Ort
älter und grösser, so ginge man wahrscheinlich von der Magdeburg nach Sudenburg. Wie viele Male mag das Wort' Neustadt der einen Namenklasse, wie oft der andern angehören!
Im Ganzen wird die Neustadt einen Stadttheil, Neustadt
einen besondern Ort bezeichnen. Das mehr oder minder zähe
Festhalten des Artikels in solchen Fällen durch die verschiedenen deutschen Volksstämme zu verfolgen, wäre eine anziehende
Aufgabe. Ja es kann sogar kommen, dass ein und derselbe
Name zu derselben Zeit im Munde verschiedener Leute auf einer verschiedenen Stufe steht. Wenn ein Schloss Bellevue in
Deutschland gebaut war, wie es deren mehrere giebt, und der
Bauherr seinen Freunden das erste Fest darin gab, war dann
nicht jenes Wort Bellevue im Munde dieser Versammlung fast
noch Appellativum, während es im Munde des armen nicht
französisch verstehenden Tagelöhners, der in derselben Stunde
zum erleuchteten Fenster hineinsah, schon der echteste Name
war, den man sich nur denken konnte?
Ist es also bei jenem Entwickelungsgange unmöglich eine
genaue Gränze zwischen Appellativum und nomen proprium zu
ziehen, so wird uns dagegen die zweite nöthige Begriffsbestim-
mung, auf die ich oben hinwies, weit leichter. Was verstehen
wir bei Untersuchungen dieser Art unter Ort? Die gewöhnlichen statistischen Ortsnamenlexica meinen damit nichts anderes
als einen bewohnten, also Steuern zahlenden, Militär stellenden
und irgendwo eingepfarrten Complex von Häusern. Das kann
für den Sprachforscher nicht das Kriterium eines Ortes sein,
denn das Bewohntsein geht eben so wenig wie jene andern
Merkmale die Sprachwissenschaft etwas an. Auch hat das
deutsche Wort Ort schon in der That eine weitere Bedeutung;
nennt doch der Forstmann den mit Wald bestandenen Grund-
raum im Gegensatze zur Waldblösse den Ort; sprechen wir
doch allenfalls auf einem unbewohnten Punkte, auf dem sich
eine schöne Aussicht darbietet, von der Schönheit dieses Ortes.
Der sprachliche Begriff des Ortes muss also weiter gefasst wer-

den; aber auch das nicht eben geschickt gebildete Wort Oertlichkeit, unter dem wir etwa auch eine Schlucht, eine Wiese,
eine Felsengruppe, überhaupt allerlei Art von Terrain verstehen,
genügt uns noch nicht. Denn darunter gehört wieder nicht das
ganze feuchte Element, und die Gewässer von der kleinsten
Quelle bis zum gewaltigen Strome und vom winzigsten Weiher
bis zum Ocean dürfen nicht übergangen werden, wenn von
Ortsnamen die Rede ist, ja sie bieten uns, wenn auch die dun-
kelste, so doch die anziehendste und in grauer Zukunft gewiss
einmal die resultatreichste Seite dieser Studien; sie hängen übrigens sprachlich untrennbar mit den Namen der bewohnten Oerter zusammen. Wir müssen also dem Begriffe Ort für unsere
Zwecke einen Umfang geben, den er in der lebendigen Sprache
nie hat; aber es fehlt uns durchaus an einem passenden Ausdrucke.

Wir verstehen also unter Ort alle in irgend einer Bezie-
hung ein Ganzes bildenden Theile der Erdoberfläche mit Ein-
schluss sichtbarer oder zugänglicher Höhlungen des Erdinnern.
Alle diese Oerter aber zerfallen wesentlich in zwei Theile, in
natürliche und in künstliche. Die Reichhaltigkeit der bei diesem
Umfange in Betracht zu ziehenden Begriffe wird erst im dritten
Capitel ins volle Licht treten; hier mag eine vorläufige kurze
Uebersicht folgen. Zu den natürlichen Oertern gehören die Begriffe: Meer und See, Meerbusen, Fluss und Bach, Quelle und
Mündung, Stromschnelle und Wasserfall, Strombiegung, Furt,
Ufer und Küste, Insel; ferner, wenn wir uns aufs Trockene
verfügen, Berg und Hügel, Abhang, Felsen, Höhle, Wasserscheide, Thal, Schlucht, Wald und Busch, Feld, Wiese, Sumpf
und Bruch, Wüste und noch manches andere. Nun kommt
aber auf diese so mannigfach ausgestattete Erdoberfläche zweitens der Mensch und schafft sie sich theilweise um. Das thut
er aber zunächst hauptsächlich durch vierfache Thätigkeit, durch
graben, pflanzen, bauen und abschliessen, auf welche Thätigkeit
sich dann erst der höchste hier zu betrachtende Begriff, der des
Besitzes gründet. Zahlreich sind die nach diesen Kategorien
zu ordnenden Begriffe: Weg, Ausrodung, Graben, Canal, Teich,
Brunnen, Grube (Bergwerk); Garten, Acker; Strasse, Platz,
Brücke, Fähre, Haus und Wohnung, Scheune, Stall, gewerbliche Anlagen aller Art, Burg, Thurm, Thor, Kirche, Kloster,
Gasthaus, Stadt und Dorf; Hof, Zaun, Mauer, Gränze, Bezirk,

Land; Gut und Erbe. Das alles ist der Ideenkreis, dem die
Ortsnamen ihre Entstehung verdanken; die Namen dieses Ideen-
kreises zu erschöpfen ist das nächste Ziel des suchenden, sam-
melnden und sichtenden Sprachforschers; sie zum hundertsten
Theile erschöpft zu haben, kann sich noch keiner rühmen und auch
die vorliegende Arbeit hat vielleicht ihr gröstes Verdienst darin,
dass mehr Lücken blosgelegt sind, als man auf diesem Felde
geahnt hat.

Und so tritt uns der dritte Begriff entgegen, der in diesen
Vorbemerkungen noch der nähern Begränzung harrt. Was
nennt man und was nennen wir im Folgenden deutsch? Da
diese Frage gleichfalls nicht so leicht zu beantworten ist, als es
auf den ersten Blick scheint, so wenden wir uns zunächst an
unserm Meister Jacob Grimm. Dessen beide sprachlichen Haupt-
werke heissen deutsche Grammatik und deutsches Wörterbuch.
Aber welch ein gewaltiger Unterschied tritt uns hier gleich in
den beiden Bedeutungen des Wortes deutsch entgegen! Während das eine Buch uns hinweist auf die ganze Fülle von Sprachen, die vom Gothischen, Nordischen, Angelsächsischen und
Westfränkischen in gewaltigem geographischem Kreise eingeschlossen werden, während es von den ältesten erreichbaren
bis auf die neuesten Zeiten herabreicht, während es noch Raum
genug lässt fühlbare Lücken durch mögliche neue Entdeckungen verschollener Mundarten auszufüllen, schränkt sich das andere Werk (und wer wollte es deshalb zu tadeln sich unterfangen) in weiser Begränzung auf unsere neuere Schriftsprache
ein, wie sie seit dem funfzehnten Jahrhundert vorliegt. Für
unsere gegenwärtige Forschung ist der eine Kreis zu weit, der
andere viel zu eng; es kann hier weder von allgemein germanischen noch von bloss neuhochdeutschen Ortsnamen die Rede
sein; das eine würde die Forschung verflüchtigen, das andere
sie lähmen.

Nach unserm neuern Ergebnissen ist es wol zur Gewissheit geworden, dass in unserm indisch-europäischen Urvolke
schon verschiedene Volks- und Sprachtrennungen vorgegangen
waren, als die (obwol früh vom Grundstocke losgerissene) sla-
vogermanische Nation noch ein Ganzes bildete. Sie zerfiel im
Laufe der Zeit in zwei Hälften, in den kräftigeren germanischen
Zweig, der seine Kraft bald im Vordringen und Erobern beweisen sollte, und in den mehr beharrenden lituslavischen, dessen

Bestimmung es war im Beharren erst Kraft zu sammeln, deren
Früchte zu pflücken ihm vielleicht erst in der Zukunft beschie-
den ist. Wo die Wege beider Völker sich trennten, wagt die
Wissenschaft noch nicht zu entscheiden; nehmen wir vorläufig
an, das kaspische Meer habe sich dem gemeinsamen Wandern
in den Weg gestellt; die späteren Germanen seien von dort
zuerst aufgebrochen und durch das grosse Völkerthor zwischen
jenem Meere und dem Ural in Europa eingerückt. In Hinsicht
der weiteren Wanderung der Germanen ist es mir nun am wahrscheinlichsten, dass sie, mit Zurücklassung eines Theils ihrer
Mannschaft in den Gebirgslandschaften des Kaukasus, dieses
natürlichen Dammes gegen die Fluthen der Völker, sich am
Norduer des schwarzen Meeres hinzogen (etwa um 1000 v.
Chr.?). Da ihnen der Eintritt in die Landschaften südlich vom
Balkan durch früher dort angesiedelte Völker (nicht durch die
Natur des Gebirges) verwehrt wurde, so folgten sie, stets wach-
send und einzelne Abtheilungen zurücklassend, etwa dem Dniestr
aufwärts, den äusseren Karpathenrand stets zur Linken behal-
tend, bis die Weichsel ihr Wegweiser nach Norddeutschland
und an das Gestade der Ostsee wurde (um 400 v. Chr.?).
Diese Ansicht, für jetzt nur eine unsichere Hypothese, wird
durch die weitere Untersuchung der Ortsnamen künftig entweder bestätigt und im Einzelnen näher bestimmt, oder erschüttert
und durch eine andere ersetzt werden. Aus Norddeutschland
gingen nun zwei germanische Wanderungen übers Meer vor
sich, die eine in vorhistorischer Zeit nach Skandinavien (ob auf
zwei Wegen, wie J. Grimm will, oder nur auf einem, ist für
jetzt noch nicht näher auszumachen), die andere später nach
Britannien. Jene Wanderung drängte finnische Stämme zurück
oder unterwarf sie, diese dagegen keltische. Diese beiden über-
seeischen Germanenstämme, den nordischen und den angelsächsischen, lasse ich in der folgenden Untersuchung unberücksichtigt, zumal für sie noch die gehörigen Vorarbeiten fehlen, alles
übrige dagegen, d. h. alle gothischen, hochdeutschen und niederdeutschen Stämme, fällt in mein Thema, und zwar von der
ältesten erreichbaren Zeit an bis auf die Gegenwart. Princi-
piell müssten also, wenn die oben angeführte Hypothese richtig
ist, sich die Spuren deutscher Ortsnamen vom caspischen Meere
an verfolgen lassen, doch wäre es bei dem jetzigen Stande der
Wissenschaft noch nicht gut gethan, sich viel in jenen östlichen

Gegenden danach umzusehen. Ehe diese köstlichen Früchte reifen, muss erst noch die Sonne der Wissenschaft weit wärmer und heller darüber scheinen.

II. Bibliographie.

Wir haben das Gebiet des Gegenstandes, der uns beschäftigt, in rohem Umrisse uns vor die Augen geführt; sehen wir nun näher den Zustand an, in welchem uns dieser Acker zur weiteren Cultur überliefert wird. Der Uebersichtlichkeit halber führe ich hier alle hieher gehörigen Schriften zunächst in alphabetischer Folge an, kann indessen für ganz ausreichende, meinen bibliothekarischen Collegen genügende bibliographische Genauigkeit nur in dem Falle einstehen, wo mir diese Arbeiten wirklich vorliegen.

Adler, Namen von Orten, Feldfluren, Höhlen, Bergen, Bächen etc., welche auf die alten Gauvölker hindeuten. Im 13. Jahresbericht des Voigtländischen alterthumsforschenden Vereins. Gera 1838. 8.

Arendt, M. F., Völkerschaften nordischen Stammes nach ihrer Heimath, Benennung und Verbreitung. In Dorow Denkmäler alter Sprache und Kunst, Bd. I, Heft 1 (Bonn 1823. 8.), S. 87 — 113.

Aurelius, J. Amsterdam. Oorsprong en afleiding van de namen der grachten, eilanden, pleinen, straten, stegen, bruggen, sluizen en lorens dezer stad. Amsterdam 1858. 8. 147 pp.

Aventinus, nomenclatura quorundam propriorum Germanorum nominum. In seinen annales Bojorum, in den verschiedenen Ausgaben dieses Werkes (zuerst 1533) mehr oder weniger umgearbeitet. Auch in den deutschen Ausgaben (z. B. von 1566 und 1622) unter dem Titel: die alten Teutschen Namen und ihr Ausslegung. Dieses Verzeichnis steht bald am Anfange bald am Ende des Buches.

Ballenstedt, J. G. J., kleine Schriften historisch-topographisch-antiquarisch-etymologischen Inhalts. Zweiter Theil. Nordhausen 1826. 8. Darin befinden sich folgende Aufsätze des Herausgebers: 1) Versuch einer Erklärung einiger altdeutschen Benennungen von Strassen und Plätzen der Stadt Braunschweig, S. 63 — 86; 2) neuer Versuch einer Erklärung altdeutscher

Namen von Städten und Oertern, Strassen und Plätzen in Niedersachsen, S. 87 — 111; 3) noch etwas über die Bedeutung des Wortes Wiedenholz, S. 118 — 123; 4) etymologische Erklärung einiger alten Namen von Bergen und Wäldern unserer Gegend, S. 123 — 152; 5) neuer Versuch einer Erklärung einiger altdeutschen Benennungen von Bergen, Wäldern, Thälern, Flüssen, Teichen und Quellen unserer Gegend, S. 232—250.

B e n d e r, Jos., die deutschen Ortsnamen, in geographischer, historischer, besonders in sprachlicher Hinsicht. mit steter Berücksichtigung der fremden Ortsbenennungen. Siegen 1846. 8. VIII u. 142 S.

D e r s., über die vorgeschichtliche Zeit und den Namen Ermlands. In der Zeitschrift für die Geschichte und Alterthumskunde Ermlands, Heft 1 (Mainz 1858).

D e r s., über den Namen Preussen. Ebds. Heft 2 (Mainz 1859).

B e r g h, L. Ph. C. van den, Handboek der middelnederlandsche geographie. Leiden 1852. 8. Enthält S. 295 — 310 eine verklaring van duistere uitgangen van Nederlandsche plaatsnamen.

D e r s., over den oorspr. en de beteek. der plaatsnamen in Gelderland. In Nijhoffs bijdr. V, 233 — 275.

D e r s., de verdeeling van Nederland in het Romeinsche tijdvak. Ein besonderer Abdruck (31 S. 8.) aus: Bijdragen vor Vaderl. Geschiedenis en Oudheidkunde, deel X. Handelt vornehmlich von altniederländischen Namen.

B e r i c h t über die Feststellung einer officiellen Schreibung der Ortsnamen des Grossherzogthums Luxemburg. In den Publications de la societé pour la recherche et la conservation des monuments historiques dans le grand-duché de Luxembourg, Année 1857 (XIII), S. 113 ff.

B r a n d e s, H. K., Ueber die Namen auf aa, au, und ach. Lemgo 1846. 4. 26 S.

D e r s., Abhandlung über Grund und Boden. Lemgo 1852. 4. 18 S

D e r s., der Ortles und die Staufen. Lemgo 1853. 4. 14 S.

D e r s., Hamburg und Bremen, Untersuchung über die Namen beider Städte. Lemgo 1856. 4. 22 S.

D e r s., Ueber das Wörtlein Wik. Lemgo 1858. 4.

B ü s c h i n g, die schlesischen Dörfer und ihre Namen. Im

Correspondenzblatt der schlesischen Gesellschaft Bd. I (Breslau 1820. 8.). S. 67—68.

Buttmann, Al., die deutschen Ortsnamen mit besonderer Berücksichtigung der ursprünglich wendischen in der Mittelmark und Niederlausitz. Berlin 1856. 8. 183 S.

Cassel, Selig (später Paulus), über thüringische Ortsnamen (in den von ihm herausgegebenen wissenschaftlichen Berichten der Erfurter Akademie 1, 2. S. 86 — 225). Erfurt 1854. 8. Besonders abgedruckt Erfurt 1856. 8.

Ders., thüringische Ortsnamen, zweite Abtheilung. Erfurt 1858. 8. XIII u. 80 S.

Ders., Henneberg. Ein fliegendes Blatt. Erfurt 1857. 8. 6 S.

Ders., Märkische Orts- und Flussnamen. I. Spree. Im Anzeiger für Kunde der deutschen Vorzeit. 1862, N. 2. 4.

Chotin, A. G., Etudes étymologiques sur les noms des villes, bourgs, villages et hameaux de la province de Hainaut. Tournai 1857. 8. 266 S.

Ders., études étymologiques sur les noms des villes, bourgs, villages, hameaux, rivières et ruisseaux de la province de Brabant. Bruxelles 1859. 8. 248 S.

Codex Laureshamensis diplomaticus, edidit academia Theodoro-Palatina. Mannheim 1768. 4. Die Vorrede zum dritten Bande enthält eine Abhandlung über pfälzische persönliche und örtliche Namen.

Curtze, L., die Ortsnamen des Fürstenthums Waldeck. Arolsen 1847 (32 S.) und Arolsen 1850 (36 S.) 4.

Denina, sur l'origine des noms de nations, des pays etc. In den nouveaux mémoires der Berliner Academie 1799, S. 11 ff. 4.

Düntzer, H., die Romanisirung kölnischer Strassen- und Thornamen. In den Jahrbüchern des Vereins von Alterthumsfreunden im Rheinlande. XXVII (14. Jahrgang). 1859.

Ehrentraut, H. G., Mittheilungen aus der Sprache der Wangeroger. In dem vom Verf. herausgegebenen Friesischen Archiv (Bd. I, Oldenburg 1849. 8.). Hier ist Cap. VII (Bd. I, 338 — 341) überschrieben Eigennamen. (Verzeichnis Wangerogischer Orts- und Personennamen).

Essai étymologique sur les noms de lieux du Luxembourg germanique. In den Publications de la société pour la recherche et la conservation des monuments historiques dans le grand-duché de Luxembourg. Année 1857 (XIII), p. 17 — 62.

Fischer, O., die Strassennamen der Stadt Hildesheim. In der Zeitschrift für deutsche Kulturgeschichte. Herausgeg. von Müller und Falke. 1857, Märzheft.

Förstemann, E. G., die Bildung der Familiennamen zu Nordhausen im 13. 14. u. 15. Jahrhundert; Ortsnamen der Gegend. In des Vfs. kleinen Schriften. I. Nordhausen 1855. 8. S. 57 — 75.

Förstemann, E. W., Altdeutsches Namenbuch. Bd. II. Ortsnamen. Nordhausen 1859. 4. IX u. 1700 S.

Ders., die Wurzel SRU in Flussnamen. In Kuhns Zeitschrift Bd. IX (Berlin 1860. 8.), S. 276—289.

Fontaine, de la, Essai étymologique sur le noms de lieux de Luxembourg germanique. In den Publications de la societé pour la recherche et la conservation des monumens historiques dans le Grand-Duché de Luxembourg 1859 (XV) Luxembourg 1860.

Freudensprung, Seb., die im 1. Tomus der Meichelbeckschen historia Frisingensis aufgeführten, im Königreiche Bayern gelegenen Oertlichkeiten. Freising 1856. 4. VI und 79 S.

Friedemann, über den Namen Wiesbaden. In den belletristischen Beiblättern zur Nassauischen allgemeinen Zeitung, 1849, No. 22 ff., 36 ff.

Ders., zur Erklärung Nassauischer Ortsnamen. In den Annalen des Vereins für Nassauische Alterthumskunde und Geschichtsforschung, Bd. 4 (Wiesbaden 1852. 8.) S. 382—411. Schon früher abgedruckt in dem Wanderer (Wiesbaden 1850.) 4. Nr. 153—178.

Ders., die urkundlichen Formen des Flussnamens Lahn; im Archiv für hessische Geschichte und Alterthumskunde. Bd. VI (Darmstadt 1851. 8.), S. 419—448.

Ders., Namen des Gaues Königssundra; ebds. S. 2—11; Nachträge dazu ebds. S. 365—367.

Ders., über die Nassauischen Ortsnamen Montabaur und Wiesbaden. Ebds. S. 355—359.

Ders., über die neuesten Forschungen zur Erklärung deutscher Ortsnamen. In der Zeitschrift für die Archive Deutschlands von 1851 (Hamburg und Gotha. 8.) II, 2, S. 145 ff.

Gandershofer, nähere Erklärung einiger dem histor.

Verein zur Erläuterung empfohlenen Ortsnamen. In den Verhandlungen des histor. Vereins der Oberpfalz I, 461 ff. 8.

Gerland, G., die Ortsnamen auf -leben. In Kuhns Zeitschrift X (Berlin 1861. 8.), S. 210—224.

Ders., Hüne, Haune. Ebds. S. 275—288.

Gotthard, H., über die Ortsnamen in Oberbaiern. Freising 1849. 4. 27 S.

Grandgagnage, Ch., mémoire sur les anciens noms de
lieux dans la Belgique orientale. Bruxelles 1855. 4. 166 S.

Ders., vocabulaire des anciens noms de lieux de la Belgique orientale. Liége 1859. 8. XXI u. 241 S.

Grimm, J., Gibichenstein. In Haupts Zeitschr. für deutsches Alterthum. Bd. I. (Leizig 1841. 8.), S. 572—575.

Ders., Batti. Ebds. Bd. VII (Leipzig 1849. 8.) S. 471
—476.

Ders., über hessische Ortsnamen. In der Zeitschr. für
hessische Geschichte und Landeskunde. Bd. II (Kassel 1839. 8.)
S. 132—154.

Hagen, F. H. v. d., Amerika ein ursprünglich deutscher
Name. In dem neuen Jahrbuch der berlinischen Gesellschaft
für deutsche Sprache, Bd. 1 (Berlin 1836. 8.), S. 13—17.

Hammer-Purgstall, J. v., über das älteste Vaterland
der Germanen und den Ursprung deutscher Volksnamen. In
Kruse Archiv Heft 2 (Leipzig 1822. 8.), S. 124—128.

Hannover-Hohenufer. In Spangenbergs neuem vaterländ.
Archiv 1825 (I, 161). 8.

Hantschke, J. C. L., über die Bedeutung der Ortsnamen
auf -lar, insbesondere über die Entstehung und Bedeutung des
Namens Wetzlar. Giessen 1847. 4. 12 S.

Haupt, M., Chauci. In Haupts Zeitschr. für deutsches Alterthum. Bd. III (Leipzig 1843. 8.), S. 189 f.

Heinze, K., Sammlung von Oerter- und Städtenamen, in
welchen noch die Namen unserer vaterländischen Götter zu
stecken scheinen. In Bragur, herausgeg. von F. D. Gräter.
Bd. VII, Abth. 1 (Leipzig 1802. 8.), S. 60—71.

Hermans, C. R., Sleutel ter verklaring der meeste oud-
Germaansche eigennamen van Steden, dorpen en gehuchten,
toegepast op ongeveer honderd namen van plaatsen in Noordbraband. In seinem geschiedkundig Mengelwerk over de prov.
Noordbraband 1841.

Hermans, C. R., Inleiding ter verklaring der namen van steden, dorpen en gehuchten in de Provincie Noordbraband. In den Handelingen van het Provinc. Noordbrabandsch genootsehap. 1858, Bl. 37.

Hermes, Frz., etymologisch-topographische Beschreibung der Mark Brandenburg. Görlitz 1828. 8. 80 S.

Hitzig, der Name der Germanen. In der Monatsschrift des wissenschaftlichen Vereins zu Zürich I, 3.

Kattner, E., neun Kapitel über die Ortsnamen in Westpreussen und Posen. Bromberg 1861. 8. 70 S.

Kohl, der Name Bremen und seine Bedeutung. Im Bremer Sonntagsblatt 1862, N. 12 und 13.

Krause, geographische niederdeutsche Namen. In Petermanns geogr. Mittheilungen. Jahrgang 1861.

Kreglinger, A., mémoire historique et étymologique sur les noms des communes de la province d'Anvers. In dem Bulletin de la commission centrale de statistique, tome III (Bruxelles 1847. 4.) 95 S.

Laube, Deutungen von Städte- und Ortsnamen. In der Zeitung für die elegante Welt. 1817. 4., Nr. 44 u. 45. Nebst Fortsetzung ebds. 1818, Nr. 120—122.

Leutseh, K. Ch. v., über den Ortsnamen Kleeberg. In den Annalen des Vereins für Nassauische Alterthumskunde und Geschichtsforschung, Bd. IV (Wiesbaden 1855. 8.), S. 617—622.

Lochner, Namen für Nürnberger Oertlichkeiten. In Frommanns Zeitschrift „die deutschen Mundarten". Jahrg. 2 (Nürnberg 1855. 8.), S. 18—20.

Lottner, der Name der Goten. In Kuhns Zeitschrift Bd. V (Berlin 1856. 8.), S. 153 f.

Mahn. C. A. F., über die Bedeutung des Namens der Städte Berlin und Cöln. Berlin 1848. 8. 16 S.

Ders., über den Ursprung und die Bedeutung des Namens Preussen. Berlin 1850. 8. 16 S.

Ders., über den Ursprung und die Bedeutung des Namens Hamburg. Im 10. Bande des neuen Jahrbuchs der berlinischen Gesellschaft für deutsche Sprache. Berlin 1853. 8. S. 195—197.

Ders., etymologische Untersuchungen über geographische Namen, Lieferung 1—3. Berlin 1856—61. 8. 48 S.

Ders., über den Ursprung und die Bedeutung des Namens Berlin. Im Archiv für das Studium der neuern Sprachen und Literaturen (herausgegeben von L. Herrig). Bd. 27, Heft 3. 1860. 8.

Ders., etymologische Untersuchungen über geographische Namen. Ebds. Bd. 28. 1860. 8.

Massmann, H. F., die Oertlichkeit und die Ortsnamen der Frekkenhorster Urkunde, besonders in sprachlicher Beziehung. In Dorows Denkmälern alter Sprache und Kunst. Bd. I, Heft 2 und 3 (Berlin 1824. 8.), S. 182—204.

Ders., der Name des Egstersteines. Bildet das 5. Capitel (S. 37 ff.) in des Vfs. Buch „der Egsterstein in Westfalen". Weimar 1846. 4.

Mayer, Th., Fluss- und Ortsnamen, ein wichtiger Theil des Geschichtsstudiums. Wien 1857. 4. 28 S.

Meissler, D. E., die Nahmen der Europäischen Völkerschaften nach ihrem Ursprunge und Bedeutung, den Liebhabern der Sprachkunde zur Beurtheilung vorgelegt. Wittenberg 1772. 8. 64 S.

Meyer, G., Zürcherische Ortsnamen in der mittelalterlichen Namensform. In den Beiträgen zur Geschichte und Literatur, herausgegeben von Kurz und Weissenbach. Bd. I (Aarau 1846), S. 514—545.

Meyer, H., die Ortsnamen des Kantons Zürich, aus den Urkunden gesammelt und erläutert. In den Mittheilungen der antiquarischen Gesellschaft in Zürich, Bd. VI, Heft 3 (Zürich 1848. 4.), S. 65—179.

Middendorf, über Ursprung und Alter der beiden Nationalnamen Deutsche und Germanen. Programm des Gymnasiums zu Coesfeld. 1847. 4. 20 S.

Mohr, W., über den Ursprung und die Bedeutung der meisten aus dem germanischen Alterthume herrührenden Orts-, Völker- und Personennamen. Marburg 1836. 8.

Molhuysen, de Anglen aan den Nederryn en in Nederland. — Angelsaksische namen en woorden. — Verklaring van de woorden Laak, Leck, Lek. In Nyhoffs Bydragen voor vaderl. geschiedenis en oudheidkunde. III, 50, 113, 221; IV, 195; VI, 244; VII, 97.

Müllenhoff, K., Ubii. In Haupts Zeitschrift für deutsches Alterthum, Bd. IX (Leipzig 1852. 8.), S. 130 f.

Ders., verderbte Namen bei Tacitus. Ebds. S. 223—263.

Müller, H., über Moenus, Moguntia, Spechteshart und

Wirziburg, eine philologisch-mythologische Untersuchung. Würzburg 1858. 4. 44 S.

Nicolai, einige Muthmassungen über Kelten, Sueven, Sassen, Kimbern und andere alte Völkernamen: desgleichen über keltische Sprachen. Im ersten Bande seiner Beschreibung einer Reise durch Deutschland und die Schweiz (Berlin und Stettin 1796. 8.). Beylagen S. 3—57.

Oetter, S. W., Erklärung des Namens der Hochfürstlichen Residenzstadt Onoldsbach und anderer Orte, welche von den Bächen ihre Benennungen erhalten haben. Nebst einem Anhang, worin einige Orte erklärt werden, welche ihre Namen von Bruck und Furt führen. Frankfurt und Leipzig 1781. 8. 46 S. und 10 im Anhange.

Ortsnamen, abgehende. Im Anzeiger für schweizerische Geschichte und Alterthumskunde. N. 2. Juni 1860.

Ortsnamen, mythologische. Im Archiv des histor. Vereins im Untermainkreise. V, 3, S. 169 ff. 8.

Petters, Ign., Ortsnamen auf -arun, -arin. In der Germania von Fr. Pfeiffer, Bd. IV (Wien 1859. 8.) S. 34.

Ders., über deutsche Ortsnamen. 1. Ortsnamen mit dem Stamme TEGAR. 2. Ortsnamen mit HUVIL. Ebds. S. 376 f.

Pez, Bern., de etymo nominis Habspurgici et origine domus Habspurgico-Austriacae. Viennae et Nor. 1731. 4.

Piderit, F. C. Th., die Ortsnamen in der Provinz Niederhessen. In der Zeitschr. des Vereins für hessische Geschichte und Landeskunde Bd. I (Kassel 1837. 8.), S. 283—316.

Pott, A. F., die Personennamen, insbesondere die Familiennamen und ihre Entstehung; auch unter Berücksichtigung der Ortsnamen. Leipzig 1853. 8. XII u. 721 S. Zweite Ausgabe, durch ein Register (IV u. 156 S.) vermehrt. Leipzig 1859. 8. Dieses Werk gehört hieher, weil es theils viel zerstreutes, theils von S. 469—535 reiches zusammenhängendes Material für die deutschen Ortsnamen enthält.

Preusker, älterer und neuerer Ursprung der Ortsnamen. Im neuen Lausitz. Magazin 1832. S. 486 ff.

Prinzinger, A. P., die Höhennamen in der Umgegend von Salzburg und Reichenhall. Salzburg 1861. 8. 23 S.

Pröhle, H., de Bructeri nominibus et fabulis, quae ad eum montem pertinent. Wernigerodae 1855. 8. 47 S.

Radlof, die Sprachen der Germanen in ihren sämmtlichen

Mundarten, nebst einer kurzen Geschichte des Namens der Teutschen. Frankfurt am Main 1827. 8.

Reiche, von den Benennungen der Wohnplätze unserer ältesten Vorfahren. Wernigerodisches Wochenblatt 1814, Stück 30. 4.

Reinhardt, Ursprung und Namen märkischer Oerter. In den Mittheilungen des historisch-statistischen Vereins zu Frankfurt a. O. (Frankf. 1861. 8.), S. 18—35.

Rochholz, E. L., Feltschen, Magden, Tegerfelden. Rhätische, römische und deutsche Abkunft der Aargauer Ortsnamen. In der Argovia, Jahresschrift der historischen Gesellschaft des Kantons Aargau. Aarau 1860.

Roth, K., kleine Beiträge zur deutschen Sprach-, Geschichts- und Ortsforschung. Bd. I, München 1850; Bd. II, München 1852; Bd. III, München 1854, 8. In dieser Zeitschrift befinden sich ausser vielen eingestreuten Bemerkungen folgende Aufsätze zur Kunde deutscher Ortsnamen: Bd. I, S. 55—57 Aschaffenburg; S. 87—88 Grabfeld; S. 179—182 Oesterreich oder Oestreich? Bd. II, S. 225—229 was heisst Dungeih? Bd. III, S. 3—5 über einige alte Ortsnamen, S. 5—6 etwas über Berchtesgaden; S. 6—11 auch etwas zur Deutung von Ortsnamen.

Ders., Proben von Ortsdeutungen. In seinen „Oertlichkeiten des Bisthumes Freising" (München 1857. 8.), S. 242—245.

Ders., Peigira (Baiern), d. h. gekrönte Männer? ebds., drittes Drittel, S. XVII—XXXVI.

Roth, K. L., über das Alter des Germanennamens in der Literatur. In der Germania, herausgeg. von Fr. Pfeiffer. Bd. I (Stuttgart 1856. 8.), S. 156—160.

Rüdiger, J. C. C., Schreiben an Herrn Nicolai'en, · über die Völkerstämme und Celtischen Namen in Teutschland. Halle 1797. 8. 44 S.

Schauer, J. K., über die richtige Ableitung und Erklärung des Ortsnamens Jena und der damit verwandten. Weimar 1858. 12. (VI u. 79 S.)

Scheffer, Soll man Wirtemberg oder Württemberg schreiben? In Memminger württembergische Jahrbücher, Jahrgang 2. (Stuttgart und Tübingen 1819. 8.), S. 227—233.

Scheller, über die Namen einiger Strassen Braunschweigs. Im Braunschw. Magazin von 1816, Nr. 41.

Schmid, über den Namen Stuttgart. In Memminger,

würtembergisches Jahrbuch. Jahrgang 3 (Stuttgart 1821. 8.) S. 271 f.

Schott, A., die deutschen Colonien in Piemont, ihr Land, ihre Mundart und Herkunft. Stuttgart und Tübingen 1842. 8. Hierin wird von S. 212—246 von den Eigennamen jener deutschen Gemeinden, besonders von den örtlichen gehandelt.

Ders., über den Ursprung der deutschen Ortsnamen zunächst um Stuttgart. Stuttgart 1843. 4. 43 S.

Schuegraf, Erklärung einiger dem histor. Verein für den Regenkreis zur Erläuterung dargebotenen Ortsnamen. In den Verhandlungen des historischen Vereins des Regenkreises III, S. 288 ff. 8.

Ders., Fortsetzung und Berichtigung einiger u. s. w. In den Verhandl. des histor. Vereins der Oberpfalz. II, S. 98 ff. 8.

Schütze, E. Fr., de etymologia vocis Wernigerodae. Wernigerode 1724. 4.

Schweizer, H., Germani. In der Zeitschr. für vergleichende Sprachforschung von Kuhn. Bd. II (Berlin 1852. 8.), S. 156—160.

Sjögren, A. J., über die finnische Bevölkerung des St. Petersburger Gouvernements und über den Ursprung des Namens Ingermannland. Petersburg 1833.

Smet, J. J. de, essai sur les noms des villes et communes de la Flandre orientale. 36 S. 4.

Ders., essai sur les noms des villes et communes de la Flandre occidentale et de la Flandre zélandaise. 41 S. 4.

Beide Schriften in den Mémoires de l'académie royale de Belgique, tome 24 und 26 (1850 und 1851).

Sprachbemerkungen über die Ortsnamen des ehemaligen Gebiets Rothenburg. In den Jahresberichten des histor. Vereins für Mittelfranken. IV, 12.

Stetter, über die Wichtigkeit und Erklärung der Ortsnamen. Constanz 1845. 8. 51 S.

Steub, L., über die Urbewohner Rätiens und ihren Zusammenhang mit den Etruskern. München 1843. 8. VI und 185 S. Handelt fast durchaus von rhätischen Ortsnamen.

Strodtmann, J. S., Proben einer etymologisch-historischen Untersuchung über die Bedeutung der Ortsnamen im Herzogthum Schleswig. Flensburg 1833. 4. 32 S.

Thomas, einige Bemerkungen über die Namen Schlesischer

Dörfer und Städte. Im Correspondenzblatt der Schlesischen Gesellschaft, Bd. I (Breslau 1820. 8.), S. 141—142.

Vilmar, A. F. C., die Ortsnamen in Kurhessen. In der Zeitschr. des Vereins für hessische Geschichte und Landeskunde, Bd. I (Kassel 1837. 8.), S. 237—282.

Waldmann, H., die Ortsnamen von Heiligenstadt. Heiligenstadt 1856. 4. IV und 35 S.

Weigand, über die Ableitung des Namens Dietzenbach. Im Archiv für hessische Geschichte und Alterthumskunde. Bd. VI (Darmstadt 1851. 8.), S. 48 f.

Ders., Oberhessische Ortsnamen. Ebds. Bd. VII (Darmstadt 1853. 8.), S. 241—332.

Wex, F. C., wie ist Mecklenburg deutsch zu schreiben und lateinisch zu benennen. Schwerin 1856. 4. 7 S.

Willems, mémoire sur les noms des communes de la Flandre orientale. In den Bulletins de la commission centrale de statistique. Tom. II, p. 287 pp. Bruxelles 1845. 4.

Zeuss, K., die Herkunft der Baiern. München 1839. 8. Enthält S. 5—19 eine Abhandlung über diesen Volksnamen.

Zingerle, J. V., Eigennamen aus Tirol. In der Germania von Pfeiffer, Jahrgang V (Wien 1860. 8.), S. 108 f.

Das ist Alles, was mir auf diesem Felde bekannt ist; Bedeutendes wird nichts fehlen; auch das Unbedeutende ist aufgenommen, weil es nicht Sache des Bibliographen ist, zwischen Wichtigem und Unwichtigem zu scheiden. Streiten kann man übrigens, ob einiges hier Angeführte wirklich hergehört und ob einiges absichtlich Uebergangene hätte erwähnt werden müssen.

Sehn wir nun darauf, wie diese ganze Forschung sich historisch aufgebaut hat, so fällt es vor allem auf, wie zögernd und mit welcher Abneigung man sich an die Arbeit machte, selbst da noch, als die Behandlung der Personennamen wenigstens äusserlich schon in voller Blüte stand. Der gelehrte Aventinus steht hier an der Spitze und wagt schon im Anfange des 16. Jahrhunderts eine kleine Sammlung, die freilich durch die andern Leistungen und Verdienste des grossen Mannes so verdunkelt wurde, dass sie bald in Vergessenheit gerathen zu sein scheint. Anderthalb Jahrhunderte lang nach ihm schweigt Alles über diesen Gegenstand, bis endlich Schottelius in seiner Arbeit von der teutschen Haubtsprache (1663) darauf hinweist,

2 *

dass auch die (wie er meint) bis dahin noch gänzlich unbear-
beiteten Ortsnamen einer etymologischen Forschung wol werth
seien. Doch auch diese im Munde eines solchen Mannes gewiss
damals sehr gewichtige Mahnung hilft nichts; das 17. Jahrhundert vergeht und das 18. bricht an, ohne dass jemand ans Werk
geht. Eustasius Friedrich Schütze wagt 1724 in derjenigen
Stadt, in welcher ich dieses niederschreibe, den ersten Versuch,
und zwar über den Namen Wernigerode selbst, 1731 folgt ihm
Petz mit seiner Abhandlung über den Namen Habsburg. Neue
geschicktere Anregung erfolgt erst 1768 im codex Laureshamensis, doch auch nur für ein beschränktes Gebiet. Nicht anregend,
sondern wahrhaft abschreckend wirkt der Unsinn, den 1772
Meissler. zu Tage fördert, der die Namen der europäischen Völkerschaften aus der Bezeichnung der Körpertheile der Jungfrau
Europa in wahrhaft köstlicher Weise deutet (in der ganzen Namenforschung setze ich diesem Werke nur die Skythika von
Liebusch und die neuern Arbeiten von Jacobi zur Seite, doch sie
erreichen beide nicht den Wahnwitz Meisslers). Auf die unbedeutende Abhandlung von Oetter (1781) folgt 1796 der aufklä-
rende, hierin aber selbst gänzlich verfinsterte Nicolai, auf unserm speciellen Gebiete der Vater der Keltomanen; ihm ward
im Jahre darauf durch Rüdiger die verdiente Abfertigung zu
Theil. In urmythologischem Nebel, in den noch kein Lichtstrahl
gedrungen war, tappt 1802 Heinze umher. Aber schon sind
die historischen Bedingungen zum Theil erfüllt, die einen neuen
Zustand der Forschung möglich machen; Ströme von Blut sind
auch hier wie gewöhnlich der nöthige Gährungsstoff zur Erzeugung einer höhern Stufe des Wissenschaftslebens. Die Eroberungen der Engländer in Indien vermitteln uns die Kenntnis
jener lichtspendenden Sanskritsprache, während die napoleoni-
schen Kriege die Völker Europas in nie gesehener Weise durcheinander mischen und dadurch die Betrachtung der Sprachen
anregen, die deutschen Gelehrten und Vaterlandsfreunde aber
insbesondere bestimmen, sich Trost und Waffen in der mit gan-
zer Liebe erfassten Ergründung unserer älteren Sprache und
Literatur zu suchen. Kaum ist Europa der Friede wiedergegeben, da treten die beiden genialen Männer auf, die trotz der
verschiedenen Wege, die sie einschlagen, doch einen Bau gründen, dessen Fundament zu legen jedem einzelnen von ihnen
nur sehr lückenhaft gelungen wäre. Franz Bopp und Jacob

Grimm werden die Gründer und bleiben noch bis heute die
Meister der Wissenschaft, die man anfangs mit grossem Rechte
die vergleichende Sprachwissenschaft nannte, die aber jetzt von
Jahr zu Jahr mehr den Namen historische Sprachforschung
verdient. Es gewährt eine grosse und erhebende Befriedigung
zu sehen, wie diese anfangs verachtete, jetzt aber von den andern verwandten Disciplinen schon fast vollkommen anerkannte
Wissenschaft sich in organischer, nicht dem Zufall überlassener
Weise entwickelt. Vom Jahre 1816 bis etwa 1840 datirt die
Periode der Lautlehren, die nothwendige Grundlage des Ganzen,
von 1840 bis jetzt tritt dagegen die Wortforschung in den Vor-
dergrund und Wörterbücher aller Art sind die eigentlichen Aufgaben dieses zweiten Zeitraums; in den letzten Jahren aber
mehren sich schon die Anzeichen, dass eine dritte Periode an-
brechen will, in der die Betrachtung der eigentlichen Sprachgeschichte und damit der wesentlich vorhistorischen Völkergeschichte
den Mittelpunkt zu bilden bestimmt ist. Näheres über diese
anziehenden Entwickelungsverhältnisse, die hier nur angedeutet,
aber nicht ausgeführt werden durften, haben wir demnächst wol
aus Benfeys kundiger und gewandter Feder zu erwarten.

Kehren wir nun zu unserm speciellen Gebiete, den deutschen Ortsnamen zurück, so versteht es sich von selbst, dass
ihre Behandlung eigentlich in die Periode der lexicalischen Wortforschung gehört, dass sie aber mehr als die Erforschung des
übrigen Sprachschatzes sich an die eben jetzt beginnende Periode der Sprachgeschichte anschliesst, die sich grade aus ihr
hauptsächlich aufbauen wird. Und so sehn wir auch in der
That vom Jahre 1814 bis zum Jahre 1840 in obigem bibliogra-
phischem Verzeichnisse nur etwa zwanzig Arbeiten für dieses
Gebiet, von denen die meisten sehr unbedeutend sind und
manche noch nicht die geringste Spur davon zeigen, dass die
inzwischen entstehende neuere Sprachwissenschaft Einfluss auf
sie gehabt hat. Fast genau mit dem Jahre 1840 ändert sich
die Sache völlig; die hieher gehörigen Abhandlungen und Bücher mehren sich von Jahr zu Jahr und erreichen in den letzten 22 Jahren nahezu die Zahl von hundert einzelnen Arbeiten.
Wenn auch unter diesen manche für den Gang der Wissenschaft völlig einflusslos bleiben werden, so greifen doch manche
von ihnen entschieden bestimmend in denselben ein und werden deshalb ihren historischen Werth nie verlieren.

Darum verlohnt sich auch drittens ein sachlicher Ueberblick über das, was bisher hiefür geschehen ist, denn aus einem solchen werden neben dem wirklich Geleisteten auch die
noch vorhandenen Lücken hervortreten und zu neuem Studium
treiben und mahnen. Ganz Unbedeutendes und solches, was
einen zu vereinzelten Gegenstand behandelt, erwähne ich hierbei nicht noch einmal.

Im ganzen Umfange und ohne irgend eine Beschränkung
werden die deutschen Ortsnamen eigentlich nur in drei Büchern
betrachtet, nämlich in den oben angeführten Werken von Ben-
der, Buttmann und Pott. Doch greift der erste viel zu weit
aus und liefert daher auf engem Raume zwar eine fleissige Arbeit, doch nur eine blosse Skizze, in welcher das Einzelne überdies nur mit grosser Vorsicht aufgenommen werden muss, der
zweite hat mehr die wendischen als die deutschen Namen zum
Gegenstande und ermangelt des urkundlichen Materials, der
dritte endlich behandelt die Ortsnamen auch nur gelegentlich,
in so fern sie auf die Bildung von Personennamen Einfluss haben. Da nun nichts weiteres auf diesem Gebiete vorliegt, so
rechtfertigt sich dadurch das Erscheinen des gegenwärtigen Buches von selbst.

Eine Beschränkung des Stoffes nach der Zeit lässt sich
füglich nicht so denken, dass etwa bloss die neueren Namen
behandelt werden und vernünftigerweise giebt es auch kein
Buch der Art; eine Beschränkung auf die bloss alten Namen
war dagegen nicht bloss erlaubt, sondern auch bei der Fülle
des Stoffes zunächst geboten. Dahin gehört nun, abgesehen
von den ersten kleinen Anfängen bei Aventinus und den gelegentlich und ungenügend in Graffs Sprachschatze gesammelten
Verzeichnissen nur der zweite Band meines altdeutschen Namenbuchs. Derselbe liefert zwar ansehnlichen Stoff, bedarf
aber noch nach allen Seiten hin theils der Ausscheidung fremdartiger Elemente, theils mancher Nachträge und Berichtigungen,
die ich ihm denn auch zunächst handschriftlich unausgesetzt an-
gedeihen lasse.

Zweitens aber lässt sich der Gegenstand so begränzen,
dass man nur einzelne in Namen vorkommende Wortstämme,
also einzelne Namenelemente behandelt. Am nachhaltigsten,
doch zum Theil mehr als Geograph denn als Sprachforscher
hat sich diesem Studium Brandes hingegeben, der neun dahin

einschlagende Programme veröffentlicht hat, von denen ich oben
nur die auf die deutschen Namen bezüglichen verzeichnete.
Darin sind einer besondern Besprechung unterzogen die Stämme
Aa, Au, Ach, Grund, Boden, Ham, Heim, Wik, Stauf und einige andere. Oetter bespricht noch ziemlich ungenügend die
Namen auf Bach, Bruck und Furt, Hantschke die auf -lar, Strodtmann sehr fleissig die Schleswigschen Namen auf Dorf, Cassel
mit grosser Gelehrsamkeit die Bildungen auf -leben und -mar.
Durch mein Namenbuch veranlasst ist zunächst meine eigene
Abhandlung über die Wurzel SRU, dann der eingehende Aufsatz von Gerland über -leben und besonders die sehr erwünsch-
ten Berichtigungen, die mir Petters durch seine Forschungen
über die alten Namen mit -arun, teger- und -huvi hat zu Theil
werden lassen.

Weit reicher ist unser Feld durch Monographien bestellt,
die sich nur über ein gewisses geographisches Local ausdehnen.
Da fällt vor Allem die fast gänzliche Uebergehung des deutschen
Theiles von Oestreich auf, die empfindlichste aller hier an den
Tag tretenden Lücken. Nur Tirol ist durch die kurze Notiz
von Zingerle und durch die hübsche Arbeit von Steub vertreten;
zudem hat sich letzterer mit vollem Recht angelegen sein lassen, grade die Undeutschheit vieler Tirolischer Ortsnamen zu
erweisen. Auch von Baiern geht der nördliche Theil noch
ganz leer aus; Südbaiern ist zwar durch zwei lobenswerthe
Aufsätze von Freudensprung und von Gotthard vertreten, doch
in dem ersteren mit der Beschränkung auf die bei Meichelbeck
vorkommenden Namen, während im zweiten nur Oberbaiern,
und auch nur kurz, in Betracht gezogen wird. Für den jetzt
noch zu Deutschland gehörenden Theil Schwabens steht die
schöne Arbeit von Schott über die Namen aus der Umgegend
von Stuttgart ganz allein, während das baierische Schwaben,
Baden und auch das Elsass noch des Bearbeitens harren. Besser ist für die Schweiz, aber auch nur für den Canton Zürich,
durch die beiden gelehrten und lehrreichen Arbeiten der beiden
Meyer, und für den Canton Aargau durch die Forschung von
Rochholz gesorgt, während der vorhin genannte Schott auch
die getrennten Deutschen in Piemont scharf ins Auge gefasst
hat. Die Pfalz kann kaum für bearbeitet gelten, da die kurzen
Bemerkungen im codex Laureshamensis jetzt ganz veraltet sind.
Ganz anders wird das Bild der Sache, sobald wir nach Nord-

deutschland hinübergehn; hier, in den älteren Sitzen der Deutschen, legt auch in der That nicht so sehr wie in Süddeutschland das keltische oder das rhätische Element, sondern meistens nur das viel bekanntere slavische dem Forscher Steine des Anstosses in den Weg. So ist Hessen, das erste Land, auf das wir gleich von Schwaben aus stossen, verhältnismässig reich bedacht. Veröffentlichte doch J. Grimm schon 1839 eine, wenn auch kurze Abhandlung über die hessischen Ortsnamen. Dicht neben einander stehen in derselben Zeitschrift die Aufsätze von Vilmar über die Ortsnamen in Kurhessen und von Piderit über die in Niederhessen insbesondere, der letztere an Sprachkenntnis weit hinter dem ersteren rangirend; Weigands Arbeit über die oberhessischen Ortsnamen ist endlich trotz vieler Fehlgriffe von entschiedener Wichtigkeit. In dem daran grenzenden Nassau hat Friedemann sein Gebiet, welches er mit Ausdauer und Gründlichkeit behandelt hat, welches aber noch eine zusammenhängendere Arbeit erfordert. Oestlich dagegen stossen an Hessen die Thüringer; die beiden reichhaltigen Aufsätze von Cassel, über deren ersten das Urtheil ungetheilter günstig ausfallen muss als über den zweiten, machen eine Fortsetzung seiner Arbeiten auf diesem Felde dringend wünschenswerth; ein kleineres thüringisches Gebiet, die Gegend von Nordhausen, hat mein verstorbener Onkel E. G. Förstemann mit der ihm eigenen Gewissenhaftigkeit kurz behandelt. Auch die östlich der Saale und Elbe anhebenden, lange von herrschenden, dann unterjochten Slaven bewohnten Landstriche haben nur zum Theile die Aufmerksamkeit gefunden, die ihnen gebührt, wenn es sich darum handelt, die aus der Zeit vor der slavischen Einwanderung herrührenden Spuren germanischen Wesens aufzuweisen. Für Brandenburg hat Hermes eine wenig werthe Arbeit geliefert, während Reinhardts neuere Abhandlungen von guten Kenntnissen und klarer Auffassung zeugt, Cassel aber einen Anfang gegeben hat, der auf die Fortsetzung gespannt macht. Was Büsching und Thomas für Schlesien, Kattner neuerdings für Westpreussen und Posen geleistet haben, ist theils ganz werthlos, theils bedarf es noch vieler Ergänzung. Für Niedersachsen finden wir eine veraltete Arbeit von Ballenstedt, eine neuere und bessere, doch von geringem Umfange, von Krause, während das in seinen Ortsnamen so ganz besonders anziehende Westfalen nur auf einem kleinen Gebiete von Mass-

mann, gründlich aber das geographisch dazu gehörende Waldeck von Curtze behandelt ist. Reicher als Deutschland sind
die Niederlande und Belgien bedacht worden, so durch van den
Bergh in seinen Mittheilungen über die altniederländischen Na-
menselemente und durch die freilich nur unbedeutenden Untersuchungen von Hermans über Nordbrabant. Eine für das Jahr
1861 an der Universität zu Leiden gestellte Preisaufgabe über
die Endungen der niederländischen Ortsnamen hat leider die
genügende Lösung nicht gefunden. Das deutsche Luxemburg
hat eine dreimalige Besprechung, zuletzt durch Fontaine, in den
oben erwähnten Publications erfahren. Das reichste Material
liegt uns aus dem heutigen Belgien vor, wo freilich keltische
und romanische Elemente eigenthümlicher Art die Beurtheilung
erschweren. Am höchsten stehen hier unzweifelhaft die gründlichen Untersuchungen von Grandgagnage, die sich über das
ganze östliche Belgien erstrecken, unvergleichlich tiefer die beiden Aufsätze von Chotin über die Ortsnamen von Hennegau
und die von Brabant. Kreglinger liefert ein sauber geordnetes
und wenigstens vom historischen Standpunkte genügendes Material über die Provinz Antwerpen. Noch sehr der Berichtigung
bedurften die Forschungen von Willems über Ostflandern, und
diesem Bedürfnisse suchte de Smet durch seine Arbeiten ab-
zuhelfen, die er bald darauf über Westflandern und das see-
ländische Flandern ausdehnte, freilich ohne die nöthigen Kenntnisse und Sammlungen.

Sehr lehrreich und vollständig können diese Untersuchungen
werden, wenn sie sich auf ein ganz kleines Gebiet begränzen
und nur die Namen der Strassen, Thore u. s. w. einer bestimmten Stadt besprechen. Dafür ist bis jetzt noch wenig geschehen. Nur die Stadt Braunschweig ist zweimal in dieser Hinsicht untersucht worden, das erste Mal kurz von Scheller, das
zweite Mal ausführlicher von Ballenstedt. Heiligenstadt veran-
lasste eine anerkennenswerthe Arbeit von Waldmann, Hildesheim einen löblichen Aufsatz von Fischer, während Düntzer uns
über Cöln, Lochner über Nürnberg und Aurelius über Amsterdam schöne Mittheilungen gemacht haben.

Die letztgenannten Arbeiten führen uns zu einer andern
und zwar zur letzten möglichen Beschränkung des Gegenstandes, nämlich zur Richtung auf bestimmte Begriffsklassen von
Ortsnamen. Da ist es nun in der That merkwürdig, dass es

keine einzige Arbeit über Bergnamen insbesondere (höchstens
mit einer ganz unbedeutenden Ausnahme), keine über Flussnamen, keine über Gaunamen, keine über Waldnamen giebt, wie
ich sie für mein folgendes Capitel gerade vor Allem wünschen
musste. Nur die Völkernamen sind behandelt worden in halb
wahnsinniger Weise von Meissler, sehr oberflächlich von J. v.
Hammer, endlich eben so ungenügend von Arendt und von Adler. Was J. Grimm in der Geschichte der deutschen Sprache
hierüber beibringt, macht wenigstens entschieden jene genannten Aufsätze, nicht aber eine erneute Forschung überflüssig.

In dieser Weise stellt sich also das Bild des bisher Geleisteten heraus. Das muss einerseits zu neuen Bestrebungen
ermuntern, andrerseits aber zur nachsichtigen Beurtheilung dessen auffordern, was die folgenden Capitel bieten.

III. Grundwörter.

Der nothwendigste Bestandtheil eines jeden vollständigen,
also nicht durch Ellipse verstümmelten deutschen Ortsnamens
ist ein sogenanntes Grundwort, d. h. ein Appellativum, welches
einer bestimmten Oertlichkeit beigelegt wurde und zu der Zeit,
als dieses geschah, möglichst genau die Beschaffenheit der zu
bezeichnenden Oertlichkeit ausdrückte. Erst durch die im ersten Capitel entwickelten Vorgänge, namentlich aber durch eine
in der übrigen Sprache ungebräuchliche Zusammensetzung, wird
dieses Appellativum zum wirklichen Namen. Es kommt also
bei dieser Auffassung nicht darauf an, dass dem Grundworte in
jedem Falle ein Bestimmungswort beigegeben werde; auch ohne
ein solches kann es als einfaches Wort einen wirklichen Namen bilden.

Wenn wir im Folgenden die Grundwörter deutscher Ortsnamen möglichst vollständig verzeichnen, so kann es dabei nicht
auf eine alphabetische Anordnung abgesehen sein, da wir hier,
wo es sich nur um die Bedeutung handelt, der Mühsale des
Lexicographen hoffentlich einmal überhoben sind; und welcher
Mundart Lautverhältnisse sollten wir denn bei einem alphabeti-
schen Verzeichnisse zu Grunde legen?

Betrachten wir daher, anknüpfend an die im ersten Capitel

gegebene Uebersicht, zunächst diejenigen Grundwörter, welche die rein natürlichen Terrainbildungen bezeichnen, und zwar vor Allem das flüssige Element und die durch dasselbe bestimmten Verhältnisse.

Das allgemeinste, aber eben wegen seiner Allgemeinheit in Namen nur selten verwandte Wort ist das alts. watar, ahd. wazar, nhd. *Wasser*, das sich z. B. in den alten Namen Moerwater, Rotwazzer und in neueren wie Blankenwater, Wittenwater, Altwasser, Hochwasser findet.

Ganz selten erscheint das eben so allgemeine ahd. *unda* fluctus. Ich finde das Wort nur in den Fln. Delvunda (sec. 9, jetzt Delvenau) und Isunda (sec. 8, jetzt Ise), die beide nicht weit von einander fliessende Flüsse bezeichnen.

Grosse Wasseransammlungen, die durch Zufluss oder Abfluss keine merklichen Veränderungen erfahren, bezeichnet das Ahd. vor Allem durch seo, nhd. *See*, holld. zee, welches Wort im Goth. nur für den Landsee gilt, während wir im jetzigen Deutsch eine willkürliche Unterscheidung im Genus auf einen Unterschied in der Bedeutung anwenden. Nicht gering ist die Anzahl der dahin gehörigen Namen, z. B. ahd. Egalseo, Parnse, nhd. Ostsee, Chiemsee, holld. Oosterzee, Zierikzee. Nicht hieher gehört Hiddensee für Hiddensöe.

Weniger volksthümlich und nur selten von den eigentlich deutschen Meeren gebraucht ist das ahd. mari, nhd. *Meer*. In alten Namen begegnet es deshalb so gut wie gar nicht, in neueren scheint es dem Nordwesten von Deutschland und den Niederlanden auch für Landseen, selbst für kleinere, eigenthümlich zu sein; vgl. das Steinhuder Meer, das Düvelsmeer in Ostfriesland, das Aaltjemeer in den Niederlanden u. s. w.

Von Seiten seiner chemischen Beschaffenheit wird das Meer auch zuweilen gradezu durch das alts. salt, nhd. *Salz* bezeichnet. Doch gehört die Verwendung dieses Wortes als Grundwort von Namen zu den Seltenheiten, da ich nur aus sec. 9 alts. Westersalt und Ostersalt (auch altn. Eystrasalt) nachweisen kann. In neuerer Zeit ist dieser Gebrauch des Wortes verschollen; das einfache Salz gilt zwar einige Male in Deutschland als Ortsname, eben so wie zusammengesetztes in Neusalz, Langensalza u. s. w., doch hat dies nichts mit dem Meere zu thun und ist auch nie als Grundwort anzusehen, vielmehr meistens Abkürzung aus Salzaha.

Als bewegt wird das Meer durch alts. wâg, ahd. wâc aufgefasst, das nhd. *Woge* hat seine Bedeutung auf die einzelne
bewegte Wassermasse eingeschränkt. In den älteren Mundarten ist dagegen der Sinn des Wortes ein sehr weiter, indem es
nicht blos auf das Meer, sondern auf Landseen und auf einzelne
Wasserstrudel geht. Daher kommt das Wort auch im Innern
des Landes in Namen vor, z. B. im ahd. Eidrahawag und noch
heute in dem Orte Wag bei Zürich. Wegen seiner Seltenheit
unterliegt es der Volksetymologie in dem Stadtnamen Eschwege,
ahd. Eskinewag. Sonst kommen unter den heutigen deutschen
Namen noch die Formen -waag (Kaltenwaag) und -woog (Neu-
woog) nicht ganz selten vor, doch ist die erste Form in den
Namen die bei weitem häufigere.

Noch muss ein das Meer bezeichnender Ausdruck in den
germanischen Sprachen gewesen sein, der zur indogermanischen
Wurzel *plu* gehörte; das Substantivum ist uns nicht überliefert,
wird aber wol in dem Namen Flevo, dem alten Namen des
Zuidersees stecken, das Verbum kennen wir im ahd. flewjan,
flawên, mhd. vlewen, ags. flovan u. s. w. fluere, inundare, lavare. Die Flöhe ist ein kleines Flüsschen im Königreich
Sachsen.

Sollte endlich in dem Namen Bremen das altn. und ags.
brim mare, aequor liegen, welches das Meer ausdrückt, in so
fern es an die Küste brandet?

Mehr auf den Begriff von Meerbusen führt uns das
Wort, welches altn. *haf*, altfr. *hef* lautet und aequor bedeutet und wahrscheinlich zunächst zu *heben* gehört, also
die hohe See bezeichnet. Aber schon im Mhd. nimmt hab
mehr den Sinn von portus ab und in diesem Sinne verwenden
wir das Wort Hafen noch jetzt (mit niederdeutschem Consonanten, wie es Seemannsausdrücken zukommt). Das Curische Haff,
das Frische Haff (schon in der lieflündischen Reimchronik *daz
vrische hab*) und das Stettiner Haff sind noch die einzigen Zeugen des Wortes, die noch dazu kaum für echte Namen gelten
können. Sind diese Ausdrücke an der Ostseeküste erst durch
die dänischen Eroberungen im Anfange des 13. Jahrhunderts
dort eingeführt oder haften sie von früheren Zeiten? Altfries.
kommt auch Northhef für Nordsee vor.

Noch unsicherer, ob wir das Wort als eigentlich deutsches
oder als nordisches Fremdwort ansehen sollen, sind wir bei dem

Putziger Wiek (N. von Danzig), dem Prorer und Tromper Wiek auf Rügen, dem Potenitzer Wiek bei Travemünde. Altn. heisst *vik* Meerbusen, womit skandinavische, kaum aber niederdeutsche Ausdrücke übereinkommen.

Auch der Ausdruck *bodden* muss Meerbusen bezeichnen, wie uns der Greifswalder Bodden, der Jasmunder Bodden, der Saaler Bodden, der Kaminer Bodden und andere Meerbusen der Ostsee lehren.

Das Fahrwasser im Meere, aber auch einen künstlichen Graben oder Canal bezeichnet ahd. *tiufi*, fries. *diep* u. s. w. Es ist in Namen besonders häufig in den Niederlanden, z. B. Abrahamsdiep, Bursterdiep, kommt aber auch in Deutschland vor, z. B. Hookstief, Harcketief, Dorumer Tief, Pillauer Tief. Jedoch Oberntief und Unterntief in Mittelfranken, Tief und Tiefen in Tyrol, Baden, Illyrien muss andern Ursprungs sein.

Sund in Stralsund ist wol nur in Folge dänischen Einflusses, der zur Zeit, als die Stadt gegründet wurde, an der Ostseeküste vorherrschend war, nach Deutschland verschlagen worden.

Reichhaltiger als die bisher besprochenen Wörter sind die für fliessendes Wasser. Hier ist zunächst die ahd. Form *aha* zu erwähnen, die sich an das goth. ahva, lat. aqua anschliesst, aber das v verloren hat. Schon in der ahd. Zeit bildet sie unzählige Namen auf -aha, wie Fuldaha, neben denen seltenere Formen auf -aa, -ach, -a herlaufen. Heutzutage ist dagegen -ach die häufigste Form, doch ist es weit entfernt, dass alle jetzt auf -ach ausgehenden Fluss- und daran sich anschliessende Ortsnamen hieher gehören sollten. Namentlich ist die alte Endung -ahi (= lat. -etum) auch häufig zu -ach geworden, und wenn der erste Theil des Namens die Bezeichnung einer Baumgattung enthält, wird man sicherer gehn, an diese letzte Deutung sich zu halten, z. B. bei Namen wie Lindach, Aichach, Erlach. Bei Namen, die auf -bach und -lach ausgehen, ist Vorsicht nöthig, da das b und das l mitunter zum ersten Theile der Composition gehören könnte. Andere -ach sind endlich gar nicht deutsch, sondern aus dem keltischen Derivationssuffixe -iacum, -iacus, -acum, -acus entstanden, wie z. B. in Andernach und vielen andern rheinischen Namen. Eine zweite Gestalt des Wortes lautet aa, welches auch als Simplex der Name vieler Flüsse, besonders in den Niederlanden, aber auch in der Schweiz, Westfalen u. s. w. ist. Drittens kann das Wort in einfaches -a über-

gehen und dadurch den Schein einer blossen Endung annehmen,
wie etwa in Werra (aus Wisaraha), viertens zu -ee oder e
entarten, wie in Dockumer-Ee, Oude-E, fünftens aber auch
ganz spurlos verschwinden, wie in Weser, Lahn, Lauter (Wisaraha, Loganaha, Hlutaraha). Selten ist die Form -aich, wie in
Aldaha, jetzt Altaich.

Das goth. ahva hat sich aber auch noch zu einer zweiten
Gestalt umgewandelt, welche von jenem -aha nicht bloss lautlich verschieden ist, sondern auch dem Begriffe nach sich davon
entfernt hat. Diese Form lautet ahd. *awa, owa, ouwa* u. s. w.
und entwickelt sich unter der Gunst der flüssigen Lautverhältnisse zu einer grossen Menge von Nebenformen, die sich im
nhd. *au*, woneben höchstens ein volleres *aue* und ein niederländisches *auw* (*ouw*) herläuft, wieder vereinen. Die Bedeutung
Fluss tritt im Laufe der Zeit immer mehr in den Hintergrund,
die eines bewässerten Wiesengrundes immer mehr hervor und
letztere ist gegenwärtig noch die allein übrige, doch braucht
noch Büsching Aue in dem Sinne von kleiner Fluss. Wer
wollte bei den zahllosen alten und neuen Namen, die hieher
gehören, stets entscheiden, welche beider Bedeutungen im einzelnen Falle vorliegt? Das hanöversche Gebiet und die Gegend
um das Lippesche weist uns viele Flüsse auf, die noch jetzt
einfach den Namen Aue führen. Zusammensetzungen wie Rhein-
au, Rosenau sind häufig (dagegen Wetterau, aus Wetareiba, gehört nicht hieher). Zu bemerken ist noch, dass manches -au
aus den slavischen Derivationen -owa, -owo entstanden ist und
nur den Schein des deutschen Wortes angenommen hat, z. B.
Spandau, Schandau u. dgl.

Ein drittes Wort für Fluss, das aber als Appellativum gar
nicht mehr begegnet, lautet in niederdeutschen Gegenden alt
-*apa* (Alapa), in hochdeutschem -*affa* (Biberaffa). Aus jenem
entspringen neuere Formen auf -ap (Karnap), -op (Barop), -up
(Rorup), -ep (Lennep), -ip (Villip), -pe (Haspe), -p (Morp); aus
der hochdeutschen Gestalt dagegen -af (Erlaf), -of (Elsof),
-uf (Walluf), -ef (Rollef), -fe, -phe (Olfen, Rosphe), -f (Schlirf).
Dass hier wirklich in den meisten Formen (und sie sind zahlreicher als man denkt) dasselbe Wort vorliegt und dass dieses Fluss
bedeutet, ist mir nach genauerer Untersuchung ganz unzweifelhaft.
Dass es aber eben so wie *aha* und *awa* aus dem gothischen
ahva entsprossen sei, halte ich jetzt für lautlich unmöglich. Der

oft ganz fremdartig aussehende erste Theil dieser Namen macht endlich bedeutende Zweifel an dem deutschen Ursprunge dieser -apa, -afa rege. Nun heisst in der That das Wasser im Sanskrit und Altbaktrischen *ap*, woran sich mehrere keltische Formen am nächsten anschliessen; auch das litauische und lettische *uppe* Fluss liegt nahe. Wir haben also in diesen Bildungen jedenfalls, so dunkel sie bis jetzt noch sind, eins derjenigen Gebiete vor uns, aus denen die Keime reiferen Wissens über die Verbreitungsgeschichte der Völkerstämme hervorbrechen werden. Bei diesem Verhältnisse ist es übrigens kein Wunder, dass die deutsche Volksetymologie auf diesem Felde manchen Spielraum hat. Die Wieslauf z. B. heisst alt Wisilaffa, die Horloff Hurnaffa, die Antrift Antrafa. Ganz um den Consonanten des zweiten Theiles gekommen ist die Wetz (Wetifa) und die Jossa (Jassaffa).

Flussnamen, diese ungeschliffenen Juwelen in der Namenforschung, führen uns überhaupt oft auf das Ureigenthum der indogermanischen Sprache zurück. So habe ich, was gleich neben jenem *affa* erwähnt werden muss, ein gleichfalls verschollenes *strawa* für fluss (von der Sanskritwurzel SRU) in vielen Namen aufzuspüren versucht und aus seiner Verbreitung klar zu machen gestrebt, dass es in der That germanisch ist. Es erscheint das Wort in Strawa, Strewe, Streu erstens einfach, als letzter Theil der Zusammensetzung aber in Formen wie Elster, Wilster, Ulster, Exter, auch in Innerste (für Indistra). Mit einem Suffix -n sehn wir es in niederländischen Namen wie Struona (sec. 10) und den heutigen Formen Strijen, Strien.

Auch *strod*, *strud* (skr. srôtas fluvius) ist damit verwandt. Vergl. das niederl. Strude (sec. 10, jetzt Stroe) und mehrere ähnliche; im Innern von Deutschland gehört hieher die Unstrut. Vgl. auch unten die Ausdrücke für Wald und Busch.

Strom, eine andere Ableitung von derselben Wurzel, wird zu deutschen Namen fast nur in ganz modernen Zusammensetzungen wie Rheinstrom verwandt, die in keinem einzigen Falle das Simplex verdrängt haben. Das älteste Beispiel steht im Heliand, Nilstrom.

Ist die Bildung *strawa* wahrscheinlich deutsch, *affa* in Bezug auf seine Deutschheit grossen Zweifeln unterworfen, so ist letzteres in mindestens eben so hohem Masse der Fall bei *ara*, welches gleichfalls ein ganz sicher Fluss bedeutendes Wort ge-

wesen sein muss (vgl. im älteren Niederl. aar Fluss; zu Skr.
ara schnell?). Den Namen Aar, Ahr, Ohre (Deminutivum die
Orla in Thüringen?) haben noch jetzt nicht wenige Flüsse und
Bäche; sehr schwierig aber ist es zu entscheiden, wo in Namen wie Alara, Chochara (Aller, Kocher) dieses Wort oder nur
ein blosses Suffix den zweiten Theil bildet. Keltische Flussnamen, die zu kymrisch araf lentus, mitis gehören, sind hier ganz
aus dem Spiele zu lassen.

Ein Paar hundert heutige Ortsnamen gehen auf eine der
drei Formen *seifen, siefen, siepen* aus, z. B. Brandseifen, Dürrseifen,
Fischsiefen, Siebensiefen, Steinsiepen, Wolfsiepen; auch begegnen alle drei Gestalten einfach. Die Bedeutung tritt am klarsten in den schlesischen Gebirgsbächen auf -seifen hervor. Jedenfalls ist der Stamm des Wortes noch in unserer Sprache
ziemlich lebendig; siepen, siepern, siefern heisst noch in vielen
deutschen Mundarten entweder durchsickern oder fein regnen,
in Westfalen nennt man auch siepe einen Boden, wo überall
Wasser hervordringt. Merkwürdigerweise ist mir vor 1100
dieser Wortstamm noch in keinem einzigen Namen begegnet.

Wenn der Name *Wipper* mehrfach, als Nebenfluss der Unstrut, Nebenfluss der Saale und pommerscher Küstenfluss so
wie in der neuern Form Wupper als Nebenfluss des Rheins
vorkommt, so kann dieses Wort wol kaum etwas Anderes
als Fluss heissen. Aber ist es deutsch? Falls es zu .skr. xipra (schnell) gehört, möchte man es des p wegen vom deutschen Sprachstamme ausschliessen. zumal da die mit der Sanskritwurzel xip und mit xipra verwandten deutschen Wörter
wol alle mit sw oder sk beginnen. Aber das Wort übergehn
und über seine Deutschheit voreilig den Stab brechen durfte
ich nicht.

Dieses letzterwähnte Lautverhältnis erinnert mich an die
Sanskritwurzel *xar* fliessen (s. das Petersburger Wörterbuch).
Und in der That ist uns ein Scarbach aus dem 8. Jahrhundert
in Hanover, ein Fluss Scarb von unbekannter Lage aus sec. 9
überliefert. In Belgien kommt sec. 9 ein Fluss Hisscar vor, am
Niederrhein fliesst die Embiscara, jetzt Emscher, in Westfalen
mag der Ort Wedisscara (sec. 11) vielleicht auch von einem
Flusse den Namen haben.

Weit geringeren Anspruch auf deutschen Ursprung haben
ihrer geographischen Lage wegen die Flussnamen mit *sar*, die

möglicherweise zu derselben Wurzel gehören. Eher mag hier
die Form *car* zu erwähnen sein; vgl. die Ovokare (jetzt Ocker)
und anderes, was ich im Namenbuche zusammengestellt habe.
Gehn wir nun aus diesen dunkeln, aber höchst anziehenden und wichtigen Gegenden in lichtere und unserm jetzigen
Deutsch mehr benachbarte Gebiete, so stossen wir zunächst auf
die beiden Verba *giessen* und *fliessen* und haben zuzusehen, in
wie fern sie zu Grundwörtern von Ortsnamen gebraucht worden sind.

Von ahd. giuzan fundere stammt mit Präsensablaut ahd. giozo
rivulus, mit Ablaut des Praeteritums gôz effusio, liquor. Zu beiden gehören Namen, die sich also verhalten wie die auf -reut
zu denen auf -rode. Ich erwähne ahd. Buachgiezo und Goldgiezo, andrerseits Wisgoz, welcher Fluss jetzt als Weschnitz
wunderbar verunstaltet, man möchte sagen slavisirt erscheint.
Aehnlich stammt vom Präsensablaute des ahd. fliuzan, nhd.
fliessen das altfries. flet, niederl. flecte, flete, mhd. vliez, nhd.
Fliess in der Bedeutung von Bach. Vorherrschend in niederdeutscher Gestalt findet sich das Wort nicht selten in Namen,
z. B. Fleeth, Depenfleth, Barsfleth, Schönfliet u. a., doch giebt
es auch hochdeutsch Fliess, Altenfliess, Hohenfliess etc. Die
sec. 11 erwähnte Leipfliusa in der Gegend von Passau hat sich
jetzt in Laipflitz in slavisches Gewand gekleidet. Den Ablaut
des Präteritums weist dagegen auf das mhd. vlôz amnis, ein
jetzt in der Sprache bis auf einige schlesische Namen (das
Kalkfloss, Mühlfloss sind Bäche) verschollenes Wort, welches
wir als Namenglied noch in ahd. Bibifloz erkennen, das wir sogar mit einigen Decompositis in der Gegend von Lorsch finden,
während es sich jetzt zu Biblis ganz verunstaltet hat. Den dritten Ablaut oder vielmehr den Wurzelvocal bietet uns ahd. und
mhd. fluz, nhd. Fluss, das wir in einem alten friesischen Namen Finfluzu in einer Form finden, die jedenfalls erst zu Fulda
verhochdeutscht war. Jetzt ist Fluss als Grundwort von Namen selten und wird wie Strom fast nur zu überflüssigen Compositionen (Oderfluss u. dgl.) verwandt.

Zum Flusse stellen wir gleich den *Bach*, ahd. bah, alts.
biki. Es ist das gemeinste aller zu dieser Klasse gehörigen
Wörter und tritt in den Namen in ermüdender Häufigkeit auf.
Aus der Zeit vor dem Jahre 1100 erwähne ich als Repräsen-
tanten der einzelnen niederdeutschen Formen Hatherbiki, Labeki,

3

Aesebike, Saltbeke, als hochdeutsche Gestalten Amarbach, Pirchinapach, woneben noch allerlei geringfügige orthographische
Abweichungen vorkommen. In heutiger Zeit lautet die niederdeutsche Form beck (Drübeck), beek (Hagerbeek), becke (Hal-
senbecke), bicke (Hardenbickc), die hochdeutsche bach (Geisbach)
in tausenden von Namen. Diese hochdeutsche Form schleicht
sich übrigens in Folge des Ueberhandnehmens der Schriftsprache
auch in Niederdeutschland ein, wenigstens auf Karten und in
amtlichem Gebrauch, minder zudringlich im Munde des Volkes.
Eine andere Unregelmässigkeit findet sich schon in sehr alter
Zeit, nämlich das wahrscheinlich durch slavischen Einfluss in
Ostfalen eintretende bizi, bize, wie z. B. in Walbizi bei Thietmar
von Merseburg, jetzt Walbeck. Woher kommt aber die Form
Cherminbitzia (sec. 8) für einen Bach bei Kreuznach, wo auch
der erste Theil rein slavisch zu sein scheint (vgl. wendisch zer-
wény roth, welches Wort sich durch alle slavischen Sprachen
verbreitet)? Neuerer Zeit gehört die Verunstaltung an, wonach
das niederdeutsche bcke seine erste Sylbe oder wenigstens den
Vocal derselben verliert und nun den Schein eines blossen Suffixes annimmt; z. B. Salbke entsteht aus Salabeke, Steimke aus
Steinbeke, Rimbke (Wüstung) wahrscheinlich aus Hrindbeke u. s. w.
Sollten auch die westfälischen Namen auf mecke, micke, wie
Pettmecke, Hanemicke u. a. aus becke, bicke entartet sein? In
der That heisst ein westfälischer Bach die Larmecke.

Längst ist erkannt worden, dass der Flussname Elbe zum
nordischen Appellativum *elf* fluvius vortrefflich stimmt; auch die
alten Namen Trualba und Sualba bei Zweibrücken gehören dahin; die Alf fliesst in der Rheinprovinz, die Alb im südlichen
Baden, die Elben ist ein Nebenfluss der Eder. Sonst ist das
Wort in Deutschland eben so selten, wie in Schweden häufig.

Das ahd. Verbum lekjan bedeutet benetzen und weist damit auf ein starkes Verbum lican, lac in der Bedeutung von
feuchtsein. Ich folgere zwei urdeutsche Wörter im Sinne von
Fluss oder Bach, nämlich *likas* und *lakis* (altn. laekr rivus).
Jenes mag in Licus, dem alten Namen für den Lech liegen, obwol ein so alter Flussnamen von deutscher Herkunft im südlichen Deutschland fast auffällt; dieses erscheint in Laka, der ältesten erreichbaren Form des Flussnamens Leck, woneben das
gleichfalls überlieferte Laika vielleicht noch eine Spur des Um-
lauts aufweist. In Westfalen liegt sec. 10 Badalikki, jetzt Belike,

eben so sec. 11 Smerlecco, jetzt Schmerlke, und vielleicht noch
einige andere Oerter derselben Bildung; Sperleca (sec. 11) ist
jetzt Eperlec bei St. Omer, während Scinllecca (sec. 11) an das
entgegengesetzte Gebiet deutscher Zunge, nach Niederöstreich
führt. Die Lake ist ein Weichselarm bei Danzig. Wir werden
dieser Wortgruppe noch einmal unten begegnen.

Kreek für Bach kommt nur in den Niederlanden vor und
auch da nur in neueren Namen, z. B. Canisvlietkreek.

Ein Beispiel von der weiten Verbreitung der Flussnamen
mag noch angeführt werden; wie im Skr. der heilige Fluss
Gangâ zur Wurzel GAM ire gehörig ist, so giebt es in Deutschland ein Flüsschen Liuganga (sec. 10) bei Salzburg, dessen Thal
noch jetzt das Leogangthal genannt wird, und in Niederöstreich
einen Donauarm Spuotinesgang; beide Namen, zu denen sich
vielleicht noch andere finden, mögen in der That mit dem Skr.
Gangâ ganz nahe zusammenhängen.

Doch hier müssen wir die Aufzählung der Fluss bedeutenden Grundwörter abbrechen, nicht als ob nicht noch manches
beizubringen wäre, denn im Gegentheil drängt sich noch Vieles
auf, aber der Boden ist hier, besonders in Folge unserer mangelhaften Kenntnis des Altkeltischen, zu unsicher, als dass wir
ihn betreten dürften, ehe er durch gründliche Monographien ge-
ebnet ist; zu letzteren seien daher die Mitforscher dringend
aufgefordert.

Das Wort *Wasser* hatte ich seiner allgemeinen Bedeutung
wegen schon oben angeführt, doch ist es gerade den Flussnamen besonders eigenthümlich, wie die oben mitgetheilten Beispiele zeigen.

Wir kommen jetzt zu solchen Wörtern, die den Begriff
Quelle ausdrücken; sie sind im Deutschen verhältnismässig
zahlreich. Zuerst erwähne ich das ahd. *spring,* urspring fons;
nhd. ist Spring nur noch in einigen Gegenden Deutschlands gebräuchlich, das Verbum entspringen aber in der Schriftsprache
ganz gewöhnlich. In alten Namen findet sich das Wort schon
seit sec. 8, wiewol nicht häufig (Ursprinc, Bilenispring, Eitrahagispringun), in neueren kommen sowol das einfache Spring, als
auch Zusammensetzungen wie Rhumspringe, Lamspringe vor.
In den Niederlanden kenne ich kein -spring, wogegen -sprong
z. B. in Driesprong, Kalversprong, Uilesprong vorkommt.

Weit häufiger ist in Namen das goth. *brunna,* ahd. *prunno,* mhd.

prunne, welches in unserer jetzigen Sprache durch das Wort
Quelle ganz aus seiner Bedeutung verdrängt ist und nur noch
eine künstlich angelegte Quelle bezeichnet; doch scheint es, als
müssten wir selbst in neueren Namen den alten Sinn annehmen. Wir können das Wort schon seit sec. 7 (Baldebrunno) in den Namen häufig nachweisen; einige Formen auf
-burn sind freilich zweifelhaft, ob sie nicht Zusammenziehungen aus
-burin, -burun enthalten. In den neueren Namen erscheint es
in drei Gestalten, -brunn (Reinhardsbrunn), -bronn (Heilbronn)
und -born (Queckborn). Aus den Niederlanden weiss ich nur
zwei hieher gehörige Namen, Marienborn und Warnsborn, beide
aus Gelderland.

Während spring und brunn die Quelle von Seiten des her-
vorbrechenden und sprudelnden Wassers auffassen, liegt eine
ruhigere Anschauung dem goth. *haubith*, ahd. *houbit*, nhd. *Haupt*
caput fluvii zu Grunde, welchem Worte wir unten unter einem
andern Gesichtspunkte noch einmal begegnen werden. So sehen wir es schon sec. 7 in Brunhoubit, sec. 9 in Kaltenbahhes-
houbit und der Ort am südlichen oberen Ende des Würmsees
heisst noch jetzt Seeshaupt (wie sec. 8 Seshoipit). Wo die
Weichsel sich in den sogenannten Danziger und Elbinger Arm
theilt, liegt das Danziger Haupt.

Noch seltener begegnet das mhd. sôt fons, puteus (ags.
seádh), wovon wir alte Namen wie Silikensothe und Tutinsoda,
neuere wie Soden, Södel, Ostersode, Wulfsode und dgl. haben.
Da das Wort zum Verbum sieden zu gehören scheint, so mag
hier der Sinn einer warmen Quelle zu Grunde liegen.

Quelle selbst ist natürlich ziemlich häufig in den eigentlichen Quellnamen, selten dagegen auf Namen bewohnter (neuerer) Oerter übertragen wie Adelheidsquelle, Mühlquelle. Niederländische Flussnamen gehen oft auf -kil aus, wie Bassekil,
Hoogkil, Hurwenensche-kil u. s. w.

Die Begriffe von Quelle und von Giessbach berühren sich
nahe. Deshalb folge hier goth. *rinnô* torrens; mit ahd. *rinna*
wird cataracta übersetzt. Die neuhochdeutsche, der Natur ferner stehende Sprache bezeichnet ähnlich wie bei Brunnen mit
dem Worte Rinne eine künstliche Vorrichtung zur Erzeugung
eines solchen Giessbachs, doch heisst noch jetzt der bedeutend-
ste Giessbach des Harzes die steinerne Renne. Gehört die Si-
teruna (sec. 8) bei St. Gallen, jetzt Sitter, zu demselben Ver-

bum (vgl. goth. runs, cursus, fluxus)? Tuturuna (sec. 8) weiss
ich nicht näher geographisch nachzuweisen.

An den Klang des aus der Erde heraussprudelnden Was-
sers erinnert ahd. *klinga, klingo* torrens, rivus, in unserer heu-
tigen Sprache verschollen. Schon sec. 8 finden wir mehrere
Localbezeichnungen Clinga, so wie auch heute der Name Kling,
Klinge, Klingen mehrfach vorkommt; als letzter Theil ist das
Wort selten (Dreschklingen, Kuhklingen, Oennckling).

Der Quelle entgegengesetzt ist die Mündung, ahd. *mund,
gamundi,* alts. *muth,* altfries. *mutha.* Alle diese Gestalten begegnen schon in alten Namen, Gimundi seit sec. 8, Amutha
seit sec. 10, Masamuda seit sec. 8. Neuere Formen: Weichsel-
münde, Gmund, Gmunden, Egmond (alt Egmunde), Angelmodde
(an der Mündung der Angel). Bei mehreren neueren Namen
auf halb französischem Gebiete ist es zweifelhaft, ob ein -mont
hieher oder zu lat. mons gehört; ist doch sogar Pyrmont aus
Petri mons entsprungen. Merkwürdig ist Fischament in Oestreich für Fiscahagimundi, wogegen Dortmund (alt Throtmanni)
nicht hieher gehört, eben so wenig wie Minden (alt Mimida),
Holzminden (alt Holtismenni) und Hedemünden (alt Hademini).

Dass auch *Ort* in der Bedeutung von Mündung vorkommt,
werden wir unten sehn.

Wo zwei Flüsse zusammenfliessen oder zwei Flussarme
aus einander gehen, da verwendet das Ahd. das Wort *zwisila*
(Hacke, Gabel). Wir finden es sec. 10 in Zwisila (jetzt Wie-
selburg in Niederöstreich) so wie in mehreren heutigen Namen
Zwiesel, Zwieselen, Böheimzwiesel u. s. w.

Durch Unregelmässigkeiten im Flussbette entstehen Stromschnellen und Wirbel. Die ersteren werden mit dem ahd. *hlauf,*
nhd. *Lauf* cursus bezeichnet, und davon zeugen die vielen Namen, die jetzt als Laufen, Lauffen, ahd. als Loufo, Louffa u.s.w.
erscheinen; bei Laufen an der Salzach bildet z. B. dieser Fluss
Stromschnellen; auch der Name Laufen bei Schaffhausen ist
ganz an seiner Stelle; ähnlich Braunlauf, Harlauf, Inlauf, auch
Hohenlauft; in den Niederlanden findet sich Beckloop, Bijloop
und anderes in auffallender Anzahl, besonders als Bezeichnung
von Bächen (bei denen freilich von Stromschnellen wenig zu
merken sein wird),

Der *Wirbel,* ahd. *hwerbo, werbo,* erzeugt nur selten Namen.
Ein altes Werba in Friesland mag seinem Namen davon haben;

Wirbini (Werben an der Mündung der Havel) scheint slavisch, da der Name sich mehrfach in vormals slavischen Gegenden wiederfindet; eher hierher gehört das jetzige Oberwerba in Oberhessen.

Eine wichtige Erscheinung an den Flüssen sind ihre Krümmungen; sie zu bezeichnen dienen zwei Ableitungen von ahd. biugan, nhd. biegen flectere, nämlich ahd. *biugo* sinus, nhd. *Beuge*, und ahd. *bogo* arcus, nhd. *Bogen*. Zu beiden Ablautsstufen gesellen sich Namen; zu der ersten z. B. die alten Namen Biugin, Persenpeug, Liutpiuga, Wirmopug, Wissepuig, wozu manche neuere Formen gehören, wie Poigen, Persenbeug, Bieg, Biegen, auch wol Mittelbüg. Zur zweiten Form stellt sich der ahd. Flussname Bogana, das heutige Bogen, und viele andere Namen, wie Ellenbogen, Langenbogen, obgleich es nicht immer sicher ist, ob darin gerade die Biegung eines Flusses liegt. Das von Biegen abstammende Bucht kommt nur in wenigen neueren Namen wie Ravensbucht, Rethbucht, Wiemannsbucht vor.

Sehr wichtig für die Urgeschichte der Völker ist es jedenfalls, wo die Ströme eine Furt bilden. Zwei Ableitungen des ahd. faran, nhd. fahren dienen zur Bezeichnung dieses Verhältnisses, erstens ahd. *fart*, altfries. *ferd*, nhd. *Fahrt* und zweitens ahd. *furt*, nhd. *Furt*, altfries. *forda* (in Ostfriesland bezeichnet man mit *voerde* auch eine künstliche Furt, eine Brücke oder Damm). Jenes zeigt sich seit sec. 8 in Fardium, jetzt Verden an der Aller, in Lafferde, jetzt eben so oder Ladferde geschrieben, an der Weser, und in Suaverthon, jetzt Schwaförden, W. v. Verden. Viel häufiger sind dagegen die zum zweiten Worte gehörigen Ortsnamen, wie ahd. Furti, dem jetzt eine Menge Oerter Fürth, Furth etc. entsprechen, während Ausgänge wie in alts. Bokinavurdi, Heriford, ahd. Wegefurt, Franconofurt und neuere Namen wie Schweinfurt, Erfurt, Buttforde, Hasselförde u. s. w. gradezu zu den gewöhnlichen gehören. In den Niederlanden ist -vaard, -fort, -voort, -foort, -voorde nicht selten; auch begegnet eine ganz eigenthümliche Schreibung in Cromfoirt, Helvoirt und Mensfoird, sämmtlich in Nordbrabant. Ob auch ein das Dentalsuffix entbehrendes einfacheres *far* hieher gehört? Vgl. Niwifaron (sec. 8), Durthfere (sec. 11); ahd. bedeutet far Ueberfahrt, aber auch Hafen.

Zweifelhafter ist es, ob das altnord. vad, ahd. wat vadum in Namen vorkommt; Langwaden bei Lorsch heisst schon

sec. 8 Langwala, Grawat ist ein nicht ganz sicherer baieri-
scher Ort aus sec. 11.

Wo Wasser und Land zusammenstösst, giebt es ein Ufer,
einen Strand, eine Küste, ein Gestade. Nur das erste und letzte
Wort gewähren schon alte Namen, das dritte ist gar nicht
deutsch. Das ahd. *urfar*, mhd. *urvar* und *uover* (die ich nicht
als etymologisch verschieden ansehe), nhd. *Ufer*, niederl. *Over*
zeigt sich sec. 11 in Orvare (jetzt Ufer, O. v. Cöln) und in Hanovere;
neuere Namen wie Over, Hanover, Nienover, Fronover zeigen die
niederdeutsche Gestalt, auch mit einer Nebenform -över (Hannöver
in Oldenburg, Westoever in Nordholland), während Ufar, Leim-
ufer, Mettenufer und andere hochdeutsch geformt sind, und einige, wie Urphar, Urfahr, Altenurfarn, Wesenurfahr noch heute
eine Gestalt des Wortes bewahren, die als Appellativum schon
längst verschollen ist.

Das Goth. *staths*, alts. *stath*, ahd. *stad*, nhd. *Gestade* li-
tus entspricht etymologisch dem griechischen στάσις und bezeichnet eigentlich die Stelle, d. h. hier den Ort, wo die Schiffe
nach der Fahrt stehen bleiben, daher ahd. stadôn landen; Ufer
und Gestade sind also eigentlich zwei entgegengesetzte Begriffe, da
jenes sich als den Ort der Ausfahrt kennzeichnet. Hieher gehört vor allem das einfache Statho, Statha (sec. 9), jetzt Stade,
doch kommt auch ein Tiufstadun schon sec. 10 vor. Nicht immer ist es leicht, die hieher gehörigen Namen von denen zu
sondern, die -stadt (locus, urbs) enthalten; vgl. neuere Namen
wie Altstaden, Brandstade, Warstade.

Was ringsum Ufer hat, nennen wir jetzt ausländisch *Insel*. Wie sich vom goth. ahva, ahd. ouwa das jetzige Au in der
Bedeutung abgesondert hat, so nach einer andern Seite hin das
altnord. *ey*, schwed. und dän. *oe*, nhd. *ei* in Eiland, sämmtlich
im Sinne von insula, die sich indessen wahrscheinlich unmit-
telbarer an eine supponirte abgeleitete Nebenform goth. auja
(= ahvia Wasserland), Nomin. vielleicht avi, anschliessen;
mittellat. augia begegnet nicht selten. Beide Reihen sind
jedoch kaum praktisch zu scheiden, da Rinaugia neben Rinowa und Aehnliches von demselben Orte gebraucht wird.
Dahin sind wol die friesischen Inseln Langeoog, Spiekeroog und
Wangeroog so wie das weiter westlich gelegene Norderney zu
rechnen. In der Ostsee liegt die Insel Hiddensee (eigentlich Hid-
densoe) westlich von Rügen; aber ist das wirklich deutsch oder

schon dänisch? Oestlich von Rügen heisst ein kleines Eiland Oie.
Aus den Niederlanden kenne ich nur fünf hieher gehörende Formen, Calandsoog und Wijkeroog (Nordholland), Allertsoog (Fries-
land), Rottumeroog (Gröningen) und Duunoog (Geldern).
Eben so wie das letzte Wort blüht auch ein zweites im Skandi-
navischen, während es im eigentlichen Deutschland kaum festen
Fuss gefasst hat; ich meine das schwed. und dän. *holm*. So heisst
z. B. die letzte Insel, welche die Weichsel (noch unterhalb
Danzigs) bildet, der Holm; auch in Pommern, Mecklenburg, Holstein und im Lüneburgischen kommt das Wort als einfacher
Name noch vor, theilweise auch in Zusammensetzungen wie
Barkenholm, Henningsholm, Süderholm. Niederländische Namen
auf -holm fehlen.
Viel einheimischer ist in Deutschland das ahd. *warid* insula
geblieben, welches schon seit dem 8. Jahrhundert in einer nicht
geringen Anzahl von Namen auftritt; beispielsweise erwähne ich
als alte Formen: Ascwerid, Buohweride, Federwert, Loenwirde,
Wiscwirt. Unter den heutigen Namen sind die häufigsten Formen -werth (Kaiserswerth), -wörth (Donauwörth), -werden (Saar-
werden), -wöhrden (Hohenwöhrden). Ermschwerd ist aus Ermunteswerde (sec. 11?) entstanden. Eine Anzahl Namen auf
-wirth wie Herrnwirth, Peterwirth mag auch hieher gehören,
während Eselwirth, Sommerwirth und andere mehr an vulgäre
Ausdrücke für Gasthäuser erinnern; ohne genauere Kenntnis
der Oertlichkeiten und der alten Formen ist hier keine Entscheidung möglich. Mit grösserer Wahrscheinlichkeit stelle ich hieher das friesische und niederländische -ward, -warden, wie Alb-
lasserwaard, Leeuwarden, Misselwaarden, welche Formen in älteren Urkunden öfters volksetymologisch mit -furt verwechselt
werden. Die Form -worth, -wurth halte ich für verwandt hiemit; ihrer Bedeutung nach aber bezeichnet sie mehr ein in niedrigen
Marschländern aufgehöhetes Erdreich, wodurch Vieh und Gebäude vor Ueberschwemmungen geschützt werden, also eine künstliche Insel, und dann geht dieses Wort noch in eine ferner liegende
Bedeutung über, indem es überhaupt einen eingehegten Platz,
Hofraum u. dgl. ausdrückt. Oerter des Namens Worth, Wurth,
Wührden giebt es jetzt manche; vgl. auch Flehderwurth, Poppen-
wurth, Lüdingworth, Ilienworth, Landwürden, Mühlenwürth und
manches Andere der Art. Endlich giebt es für den Begriff einer
Flussinsel auch die neuere Form *Werder,* so die zahlreichen

Werder, welche die Weichsel bildet, Pichelswerder in der Havel,
Baarwoutswaarder in den Niederlanden und Anderes.

In den jüngeren Namen wie Pfaueninsel, Rabeninsel wird
endlich auch das fremde Insel angewandt.

Der Begriff der Insel führt uns auf den der unterseeischen
Inseln oder Sandbänke. Alte Appellativa für diesen Begriff gehen uns ab, doch deuten mehrere Wörter darauf hin, dass solche vorhanden gewesen sein müssen. Ich erinnere hier an das
Wort *Platte*, womit eine ehemalige Sandbank (jetzige Insel) an
der Weichselmündung, die sogenannte Westerplatte bezeichnet
wird. Zweitens *Sand*, eigentlich arena; die Untiefen Lang-
lütgensand und Knechtsand liegen vor der Wesermündung, wie
in der Gudrun Wülpensant sogar eine schon völlig ausgebildete
Insel bezeichnet. Vgl. die Elbinseln Estesand, Badingersand u.s.w.
bei Altona; auch Oerter wie Nassensand, Niedersand, Nordsand
sind nicht selten. Drittens *-watt*, wie Wursterwatt an der Wesermündung, Uithuizerwad u. a. an der niederländ. Küste, was wol
zu ags. vadan, ahd. watan vadere gehört und mit dem oben in
der Bedeutung von Furt (vadum) angeführten Worte übereinkommt.

Als Appellativum braucht man jetzt in diesem Sinne allgemein das Wort *Bank*, dessen Existenz in echten Namen aber mit
Ausnahme der Niederlande zweifelhaft ist, da das Wort in Oertern wie Drehbank, Fleischbank u. a. m. natürlich den Sinn von
scamnum hat.

Wie in manchen bisher erwähnten Wörtern (Furt, Ufer,
Wurth u. a.) eigentlich nicht mehr das von der Natur Gegebene an
sich, sondern vielmehr in so fern es der Mensch benutzt oder un-
schädlich macht, gemeint wird, so auch nach einer andern Seite
hin in dem ahd. und nhd. *bad* therma, lavacrum. Die zahlreichen
jetzigen Ortsnamen Baden beginnen schon sec. 10 und in demselben Jahrhunderte zeigt sich auch als ältester zusammengesetzter Ausdruck Wisibadun, der Vorläufer unserer unzähligen Wörter wie Franzensbad, Karlsbad, die bis auf die neueste Zeit an
Zahl immer zunehmen.

Was das Bad für den Menschen, das sind die *Schwemme*
und die *Tränke* für die Thiere. Beide Ausdrücke haben Ortsnamen, aber nur neueren, den Ursprung gegeben, z. B. Ober-
schwemm, Sauschwemme, Bachschwemme, mit etwas abwei-
chendem Sinne Holzschwemm; ferner Kleintrenk, Rosstränk,

Wildtränke u. dgl. Auch das Wort *Wäsche* für einen Ort, wo gewaschen wird, kommt in Namen vor wie Bleiwäsche, Schaafwasch, Schopswäsche, doch ist mir einiges wie Howaschen, Haderwasch, Radwaschen noch zweifelhaft.

Nachdem wir so das ganze feuchte Element nach seinen verschiedenen Beziehungen durchwandert haben, ist noch ein Ausdruck zu berühren, der gewissermassen die Negation von allem bisher Besprochenen bildet. Das ahd. Femininum *wazarlosi*, das mhd. *wazzerloese*, also gewissermassen die Wasserlosigkeit, tritt schon sec. 9 in dem Orte Wazerlosum, jetzt Wasserlos bei Schweinfurt auf und heutiges Tages kommen in Deutschland nicht blos ferner ein Wasserlosen, sondern auch ein Dörrnwasserlos (also tautologisch) und ein Weichenwasserlos vor.

Begeben wir uns nun mit diesem Uebergange aufs Trockne und betrachten wir hier zuerst das, was am meisten ins Auge fällt, die Erhebungen des Bodens.

Das gemeinste Wort, sowol als Appellativum wie auch in den Namen, ist *Berg* mons. Die ahd. Formen wechseln mannigfach, aber in unerheblicher Orthographie, indem bald Media bald Tenuis anlautet und im Auslaute sowol Media als Tenuis als auch Aspirata erscheinen; dazu kommt auch noch der eingeschobene Vocal zwischen dem zweiten und dritten Consonanten (perac), ungebrochenes i (birg) und einige seltenere Erscheinungen. Neuhochdeutsch ist Berg ohne Ausnahme die vieltausendfach belegbare Form. Niederdeutsch tritt in einigen Mundarten *Barg* auf: Barg, Düvelsbarg, Vosbarg, Hieskebarg; auch Bark, Fümbark u. dgl. zeigt sich daneben. Berg und Burg wechseln oft in denselben Namen, wie sie auch etymologisch zusammengehören.

Das hiezu gehörige Collectivum *Gebirge* ist verhältnismässig selten und neu: Erzgebirge, Gamsgebirg, Schautzergebirg u. dgl.

Das ahd. und mhd. *houc* collis finden wir seit sec. 8 in Formen wie Steinhoug, Kuftihoug; heutiges Tages hat man am Thüringer Walde und der Rhön noch Geringshauk, Donnershauk u. s. w., in der Wetterau spricht man hâk und bezeichnet damit oft gewisse Hügel. Zuweilen erscheint das Wort auch in jetzigen Namen, z. B. Freudenhoch, Mehrhoog, Unterhöge. Das niederländische -hoek dagegen bedeutet Ende, Spitze, Ecke.

Das Deminutivum dieses Wortes, *Hügel,* findet sich jetzt

sehr häufig, z. B. in Haidhügel, Steinhögel, Hüchel, Grünhöchel, in recht alten Namen aber als Grundwort noch nicht, eben so wie es als Appellativum sich aus alter Zeit noch nicht belegen lässt. Um gleich bei der Verwandtschaft zu bleiben, ist das gegenwärtig sehr beliebte *Höhe* (Wilhelmshöhe u. s. w.) zu erwähnen, welches erst neuerdings in Aufnahme gekommen ist. Dieses Wort bildet in niederdeutschen Dialekten eine Ableitung *höchte* (nhd. hohida), und auch diese sehen wir in jetzigen Namen wie Honshöcht, Sandhögte, niederländischen wie Doinsehoogte, Eekwerderhoogte und ähnlichen.

Nicht zu Hügel, sondern von heben abgeleitet ist das deminutive *hubil* collis, niederd. hövel. Dazu gehören die alten westfälischen Ortsnamen Rammashuvila, Judinashuvila und andere, die heutigen wie Hövel, Burghövel, Lindhövel, niederl. Hertenheuvel, Hulstheuvel und sonst noch manche. Auch hochdeutsches hübel kommt vor wie Krummhübel, Grünhübel, Steinhübel u. dgl. Merkwürdig ist die Häufigkeit der Oerter, die jetzt den Namen Gieshübel, Kieshübel u. s. w. tragen; wir werden zur Erklärung bis auf Weiteres, obwol Bedenken obwalten, das deutsche *giessen* herbeiziehen und in diesen Ausdrücken etwa Hügel sehen, deren Erdreich durch Giessbäche und Regenwasser abgeschwemmt ist.

Ahd. *buhil* heisst Hügel (nhd. Buckel). Dazu viele alte Namen wie Ameizbuhil, Hohinbuilo (jetzt Hummel), Kabenbuhele und neuere in verschiedenen Formen: Bühl, Birkenbühl; Biehl, Grossbiehl; Bichl, Kleinbichl; Beul, Birkenbeul; Bügel, Eichbügel; Büchel, Grünbüchel; Buckel, Holzbuckel u. a. m. So ist auch Landenspiel im Canton Zürich aus Lantinespuhil erwachsen, doch werden wir anderen Namen auf -spiel an einem andern Orte begegnen.

Das Wort bühl ist eine Deminutivbildung, die ein ursprüngliches *buc* voraussetzt. Gehört dahin das $M\eta\lambda i\beta o\kappa o\nu$ $\breve{o}\varrho o\varsigma$ bei Ptol.? Aus dem Canton Zürich führt Meyer verschiedene Ortsnamen auf -buk an, bei denen der Consonant im Auslaut wol nicht hindert sie hieher zu stellen. Der Gau Bucki (worin Bückeburg) könnte eben dahin gehören.

Ob nicht auch ahd. *bûh* nhd. *Bauch* venter, welches Wort wir noch heute von allerlei Ausbauchungen gebrauchen, ursprünglich den Hügel bedeutet hat und zu dem ebenerwähnten Worte in einem (freilich nicht ganz regelmässigen) Ablautsverhältnisse steht? Alte süddeutsche Ortsnamen wie Heigernbouch, Seephbouch, Sundirinbouc, Wilbouh machen das fast wahrscheinlich, doch sind die zahlreicheren neueren Namen auf -buch gewiss meistens nicht hieher gehörig.

Schwerlich mit buhil verwandt ist das ahd. *buol* Hügel. Einige alte Namen wie Berebol, Deophanpol, Hirzbol sind keineswegs zu Pfuhl palus zu stellen und mögen deshalb hieher gehören; eben so neuere Formen mit -bol, welches nach Stalder in der Schweiz der Name vieler Häuser ist, die auf Anhöhen gebaut sind. Gehören jetzige Oerter wie Eichenböhl und Heidböhl hieher oder zu buhil?

Das mhd. *bün, büne,* nhd. *Bühne* bezeichnet zunächst einen erhöhten Fussboden, ursprünglich wol überhaupt eine Erhöhung, und scheint in Ortsnamen auch in der Bedeutung von Hügel vorzukommen. Baune (Kirchbaune) in Hessen wird wol nicht hieher gehören, da es an dem Flüsschen Baune liegt, doch führt Meyer einige zürcherische Ortsnamen wie Buhn, Böni auf, die vielleicht das Wort enthalten; auch sind noch solche Formen wie Hartböhn, Osterbeuna, Altbunen zu untersuchen. Als Bestimmungswort werden wir es weiter unten treffen.

Ahd. *hnol* culmen, cacumen finde ich in dem alten Namen Liuderichesnol. Jetzt giebt es noch mehrere Berge des Namens Knüll in Deutschland, so einen in Kurhessen, einen andern bei Göttingen. Auch in Namen bewohnter Oerter findet sich das Wort, z. B. in Brömsenknöll, Oberknill, Sandkampsknüll.

Das ahd. *hleo,* mhd. *lê* (zu lat. clivus) ist ein weit durch die germanischen Sprachen verbreitetes jetzt verschollenes Wort für Hügel, mit dem Uebergange in den Sinn eines künstlichen, eines Grabhügels. Namen wie Mochinle und Urinleo finden sich seit sec. 10; Hradebodanle (11?) heisst gegenwärtig Rebberlah; der jetzt in Norddeutschland nicht selten sich zeigende Ortsnamen Lehe mag wenigstens zuweilen hieher gehören, zumal da auch einfaches Löh, Löhe (auch Leiha, Leihe) eben so wie zusammengesetztes (Heierlöhe, Ritterlöhe, Voislöhe) vorkommt. In den zahlreichen Orten auf -lehen (Kirchlehen, Holzlehen, Graslehen), woneben auch -lechen herläuft (Brunnlechen, Forstlechen, Unterlechen) mag wenigstens öfter unser Wort als der Begriff von feudum stecken. Hinsel im Kreise Duisburg heisst sec. 11 Hintisle. Der ahd. Plur. lewir tumuli begegnet schon sec. 8 als

Ortsname und in der Schweiz kommt Leber, Leberen noch heute
öfters vor.

Wie in hleo der Nebenbegriff einer künstlichen Erhöhung
waltet, so fast mehr noch in einigen zu goth. *vairpan*, nhd.
werfen gehörigen Bildungen. Am ausgebildetsten sind diese auf
friesischem Gebiete; das altfries. warf, werf bezeichnet erstens
jeden Aufwurf oder Erhöhung, zweitens die Stelle eines Hauses,
in so fern diese durch künstliche Aufwürfe vor Ueberschwemmungen gesichert ist, drittens eine (erhöhte) Gerichtsstätte, viertens sogar die Gerichtsversammlung. Alte Namen zeigen sich
seit sec. 8: Andoverpum, Kempingwerva, Edenwerfa, Hanwurf,
Sahswirphen. Sehr zahlreich sind in mannigfachen Gestalten
die neueren Ortsnamen, z. B. Warp, Neuwurp; Wurp, Blexer-
wurp; Wörpen; Antwerpen; Warf, Tichelwarf; Aufwurf, Cannawurf; Werfen, Hohenwerfen; Kerkwerve, Meijerswerf.

Auch dem fries. und niederd. *bult, bulten* Haufen, Hügel
möchte ich zunächst den Sinn eines solchen künstlichen Auf-
wurfs zuschreiben; Oldenburgische und Hanöverische Namen
wie Bult, Bülte, Emelbult, Oldenbülte bieten nicht seltene Beispiele des Wortes; wie weit etwa Formen wie Steinbild (Osnabrück), Graesebille (Hanover), Billen (Düsseldorf), Bildgen
(Aachen) hieher gehören, muss künftige Forschung ans Licht
bringen.

Ueber die Formen auf -*worth*, -*wurth* habe ich schon oben
(S. 40) bei den Wörtern für Insel gesprochen; sie stehen aber
ihrem Sinne nach auch den eben verhandelten sehr nahe.

Ein weit in norddeutschen Dialecten verbreitetes Wort für
Hügel ist *Brink* (auch Grasfläche, desgleichen Rain zwischen
Aeckern). Dazu gehört mehr als ein halbes Hundert Ortsna-
men wie Osterbrink, Mittelbrink, Heidebrink, Zandbrink u. s. w.

Zu den schwierigsten Ortsnamen gehören die auf -*dung*,
-*donk*; es kommen dabei wol wenigstens zwei ganz verschiedene Wörter und Bedeutungen in Betracht. Ich halte es nach
den Ausführungen von Grandgagnage (mémoire 77) jetzt für
das Wahrscheinlichste, dass der Ausdruck in den meisten Fällen eine kleine Bodenerhebung, besonders zwischen Morästen
bezeichnet; soll man, da das Wort in der übrigen Sprache ganz
ausgestorben ist, etwa an keltische Herkunft (Ableitung von dun
collis?) denken? Ich biete als alte Namen Dung, Megmedung,
Thesledung; von neueren, die besonders in der Gegend von

Düsseldorf und in Flandern zu Hause sind, gebe ich als Beispiele Heiligeudonk, Wachtendonk, Ramsdonck, Sprendonck. Dass
ein ganz gleichlautendes Wort auch jene schon von Tacitus erwähnten unterirdischen zum Weben und zu Winterwohnungen
gebrauchten Gemächer (mhd. tunc) bezeichnete, soll keineswegs
geleugnet werden; die Scheidung zwischen beiden ist für jetzt
noch nicht möglich.

First bedeutet ahd. und nhd. den Gipfel eines Berges oder
den Kamm eines Höhenzuges. Einfaches First so wie zusammengesetzte Formen, z. B. Perenfirst, Bramfirst, zeigen sich schon
sec. 8; neuere kommen zerstreut vor; in Schillingsfürst, Lüt-
kenfürst und andern waltet falsche Schreibung.

Ahd. *stoch*, nhd. *Stock* truncus geht zwar meistens auf die
stehen gebliebenen Wurzelstöcke gefällter Bäume, doch ist in
anderen Fällen, namentlich wo das Wort als Grundwort und
im Singularis erscheint, eher an die Bedeutung von Berg zu
denken (vgl. unser Gebirgsstock). So schon sec. 11 Heninstoch;
jetzt zeigen sich Oerter wie Höchstock, Gehrenstöck u. a.; slavische Formen wie Wittstock, Rostock haben natürlich nichts
damit zu schaffen.

An der oberen Wupper kennt man noch jetzt das niederdeutsche Appellativum *stut* für Hügel; in der Schweiz kommen
Namen wie Stoss, Stözli, auch Fässlerstutz (bei Interlaken) vor,
die klar genug dieselbe Bedeutung haben; eine Felsengegend
am Brocken heisst der Pflasterstoss; ein Ingoltestuz (sec. 11)
mag eben dahin gehören. Stalder hat übrigens auch ein Wort
Stoss in der Bedeutung von Landmark aufgewiesen, dem noch
weiter nachzuspüren ist.

Das mhd. *ort* hat bekanntlich meistens den Sinn von Spitze.
In der speciellen Bedeutung von Bergspitze, namentlich Vorgebirge, verwendet ihn der skandinavische Norden (auch in Kur-
land) ziemlich häufig; in Deutschland finde ich in Vorpommern
Darser Ort, auf Rügen etwa ein Dutzend dieser Bezeichnung,
wie z. B. Granitzer Ort, in Ostpreussen das Vorgebirge Brüster
Ort. Wir werden das Wort unten noch einmal in anderer Verbindung betrachten.

In Overyssel (im sächsischen Theile) heisst *haar* noch jetzt
eine Anhöhe auf der Haide. Ich finde das Wort schon sec. 9
in Duvelhara, sec. 10 in Rynharen, sec. 11 in Suafharon, ein-

faches Harun schon sec. 9. Auch jetzt begegnen noch Namen wie Haren, Altenhaaren, Dürnhaar und ähnliche.

Unendlich oft wird der Begriff von Kopf zur Benennung von Bergen verwandt. Da das Wort *Kopf* selbst erst im Mhd., und auch da nur selten, in der Bedeutung von caput auftritt, so sind nur neuere Bergnamen hieher gehörig, wie Schneekopf, Ochsenkopf, ebenso niederdeutsch Gierskop. Besonders in Kurhessen und im Riesengebirge begegnet die Form Koppe, Kuppe, wie Aschkoppe, Schneekoppe, Rosskuppe, Vogelskuppe; desgleichen das deminutive Küppel, Köppel, wie in Geisköppel, Rehköppel.

Natürlich älter in Bergnamen ist unser urdeutsches *Haupt*, goth. haubith, welches wir schon oben bei dem Begriff von Quelle in einer anderen übertragenen Bedeutung erwähnten. Meistens ist es daher schwer in den Ortsnamen zwischen einem Flusshaupte und einem Berghaupte zu scheiden, doch werden Namen wie Berghaupt selbst, ferner Breitenhaupt, Schweinshaupten, Thierhaupten kaum einem Zweifel unterliegen. Die niederdeutsche Form *höft*, dän. *hoved* ist namentlich in Dünemark (wie das romanische cap und das englische head) Bezeichnung der Vorgebirge, und wie andere vorherrschend skandinavische Ausdrücke sehen wir auch diesen noch an der deutschen Ostseeküste. So hat Rügen das Zickersche Hoft, das Thiessower Hoft und das Göhrensche Hoft, und in Westpreussen liegen rechts und links vom Ansatze der Halbinsel Hela an das Festland die beiden Vorgebirge Rückshöft und Oxhöft; ähnliches in Holstein. Im Innern des Landes mögen Hanöversche Oerter wie Prinzhöfte und Süftenhöfte hieher gehören (ihre hohe oder niedrige Lage muss das fast entscheiden); klarer ist das münstersche Bergeshövede. In den Niederlanden ist das Bergsche Hoofd der Endpunkt einer Sandplatte, Douwehoofd ein ins Meer hinein gebauter Steindamm, Kaaphoofd der Name einer Küstenbatterie u.s.w. Aber die wirtembergischen Oerter Buschhöfte und Grauhöfte sind wol eher zu nhd. Gehöft zu setzen.

Die *Nase* ist im französischen nez wie im skandinavischen näs besonders bei Vorgebirgen ein sehr gebräuchliches Namenselement, in Deutschland begegnet Blankenese, Katznase, Hundsnase, Brunnöse u. a. m.

Dagegen ist ein Attribut des Thierkopfes, das *Horn*, besonders in der Schweiz, z. B. im Faulhorn, Schreckhorn u. a.

ein gewöhnliches zweites Glied von Namen. Wir werden dem Worte in einer andern Verbindung noch einmal begegnen. Wie alt mag wol der Name der Landskrone bei Görlitz sein? Auch Karlskron, Königskron, Mariakron, Maxelkron u. a. m. sind Ortsnamen, die jedoch verschiedener Auffassung unterliegen.

So weit von Berg und Hügel. Schwer ist davon der Begriff Abhang scharf zu sondern. Während das Dänische und Schwedische das Wort *klint* gradezu für Berg oder Felsen (auch in Ortsnamen) verwenden, scheint es in Deutschland mehr den Sinn von Abhang zu haben. Doch ist es mir in alten Namen noch nicht aufgestossen; der Ahrensklint ist ein Abhang am Broeken; viele Städte des nördlichen Deutschlands (Braunschweig, Wernigerode u. a.) nennen ansteigende Strassen Klint. Haferklinten und Lohklint liegen in Holstein.

Ahd. *hlîta*, mhd. *lîte* heisst Hügel oder Bergabhang. Als zweiter Theil begegnet das Wort in ganz alten Namen noch nicht; doch kommen schon sec. 12 Formen wie Hesterlith und Elverlith vor. Jetzt giebt es in Deutschland ein paarhundert Oerter auf -leit (z. B. Puntleit), -leite (Sandleite), -leiten (Traunleiten), -leden (Geisleden), -leuten (Schafleuten), -leute (Holzleute) und andere Formen, wozu noch einfache Namen wie Leit, Leite, Leiten, Leute, Leuten, Laiden, Liete, Lieth, Liethe, Liethen kommen; doch wer wollte sich unterfangen, jetzt schon hiervon diejenigen auszusondern, die zu ahd. *leiti* ductus (wazarleiti aquaeductus) gehören? Die Mehrzahl wird wol unser *hlîta* enthalten.

Ein ahd. *hang* in der Bedeutung von Abhang muss mehrfach in Ortsnamen vorgekommen sein, scheint sich aber später leicht mit *wang* (s. unten) vermischt zu haben. Im Jahre 809 heisst ein Ort Pussanhanc, der 822 schon auf -wanc endet. Addalahang und Perahhanga zeigen sich schon sec. 8. Jetzt kommt das Wort in Ortsnamen wie Steinhank (vgl. englisch Stonehenge), Reilhäng, Heng, Häng vor.

Ahd. *halda*, nhd. *Halde* gehört der Bedeutung nach auch hieher; vergl. die alten Namen Westhalda und Wilunhalda. Noch jetzt ist das Wort in Deutschland und der Schweiz ziemlich häufig, z. B. Halda, Ellhalde, Leimhalde, Müllihalde.

Der letzte der Ausdrücke für Abhang ist ahd. und nhd. *rain*. Sulzreini, Lancrein, Hohenrain und andere zeigen sich schon seit sec. 8 und jetzige Namen (Höhenrain, Klingelrain, Steinrain) kommen gleichfalls zerstreut vor.

Wo zwei Abhänge in einer Linie, nicht in einer Spitze zusammentreffen, bilden sie einen *Kamm*. Dieses Wort kann ich vor dem Beginne des Neuhochdeutschen in Bergnamen noch nicht nachweisen und auch jetzt ist es in diesen verhältnismässig selten; doch vgl. den Iserkamm in Schlesien. Die ältere Sprache brauchte dafür den gleichfalls übertragenen passenderen Ausdruck *hruki* tergum, z. B. in Hundesruche, Husrucke. Auch jetzt noch finden sich Bergnamen wie Stumpfrücken (nördlich vom Brocken) und Namen bewohnter Oerter wie Geisruck, Steinruck, Ziegenrück.

Solche Bergrücken bilden nun die klarsten W a s s e r - s c h e i d e n. Und in der That finden wir sowol diesen Begriff als auch speciell das Wort *Scheide* in den Ortsnamen wieder. Helmonscede, Hernatsceit, Richinsceit und andere Namen zeigen sich von sec. 8 ab, das einfache Sceide als Ortsname sec. 11. Viele heutige Oerter wie Lüdenscheid, Remscheid und die einfachen Scheid, Scheide, Scheidt lassen sich mit leichter Mühe sammeln. Dass hier wirklich die Bedeutung von Wasserscheide zu Grunde liegt, bezeugt eine Ueberlieferung aus sec. 11, worin ein Ort Sceit in Niederöstreich wirklich durch dorsum tumentis terrae übersetzt wird. Die genauere Kenntnis der Lage solcher Oerter erhebt diese Ansicht in vielen einzelnen Fällen zur Gewissheit. So liegen die beiden Oerter Lichtenscheid oder Lischeid in Hessen und in Westfalen ganz an der Wasserscheide von Weser- und Rheingebiet; in Hessen heissen viele Bergrücken der oder das Scheid; so liegt Lennscheid und Nettenscheid an der Wasserscheide der Lenne und der Nette. Trotz alle dem mag auch -scheid zuweilen den verwandten Begriff einer politischen, nicht einer natürlichen Grenzscheide haben, doch glaube ich kaum, dass das sehr oft der Fall sein wird. Bei den Formen auf -schede (Meschede etc.) wird es ausserdem öfters zweifelhaft, ob hier nicht eine blosse Endung -de vorliegt, was noch genauer untersucht werden muss. Burtscheid (alt Burcithum) halte ich für ganz undeutsch und glaube, dass es nur durch Volksetymologie hieher gezogen ist; dasselbe mag bei einigen andern Namen der Fall sein, doch trübt das im Ganzen die Deutschheit dieser Namenklasse nicht.

Auf und an den Bergen erheben sich die hervorragenden

4

Rippen unseres Erdkörpers, die Felsen und Klippen; auch diese dürfen bei der Namengebung und bei der Namenkunde nicht leer ausgehn.

Das häufigste Wort in dieser Klasse ist das ahd. *stain*, nhd. *stein* lapis. Unglaublich viele Felsen (Ilsenstein) und Oerter (Benneckenstein) tragen diesen Ausdruck und das einfache Stein zeigt sich in verwirrender Menge. Daneben läuft, weil die Bodengestalt wenig Veranlassung dazu gab, weniges Niederdeutsche auf -steen (Brunsteen). Schon seit sec. 8 finden sich die ältesten dieser Namen, wie Uncunstein, Offenstein u. s. w.

Das ahd. *fels* (aus *falis* umgelautet), nhd. *Fels* saxum tritt in alten Ortsnamen wie Rotenvels, Hoavelisa weit seltener auf; einfaches Felisa erscheint sec. 9. Neue Namen wie Drachenfels, Weissenfels erscheinen verhältnismässig häufiger.

Noch neuer in seiner Anwendung ist das Wort *Klippe*, ahd. *clep* rupes, während es in ags. Ortsnamen schon nicht selten ist. Unzählige Felsen (im Harze allein mehrere hundert, z. B. Rabenklippe, Zeterklippe) haben jetzt dieses Wort als zweiten Bestandtheil; auch bewohnte Oerter wie Silberklippen, Steinklippe; die Oerter Altclef, Hasenclev, Leimbachsclef und Reutersclef aus der Gegend von Cöln und Düsseldorf mögen hier wenigstens zweifelnd erwähnt werden.

Nicht häufig in Ortsnamen ist unser *Spitze* cacumen, vertex; doch zeigen sich Formen wie einfaches Spitz ebensowol wie Zusammensetzungen Ortspitz (Tautologie), Bildspitz, Gerspitz; die Ortsnamen Spics, Spiesen sind davon zu trennen und vielleicht undeutsch.

Ausser Stein, Fels, Klippe und Spitze sind die hieher gehörigen Wörter unserer jetzigen Sprache fremd geworden. Zunächst das ahd. u. alts. *sahs*. Dieses Wort muss mit lat. saxum identisch sein und auch die Bedeutung des letzteren gehabt haben. Doch finden wir diese Bedeutung nur in den Ortsnamen; in der übrigen Sprache ist aus dem Stein eine Steinwaffe und dann überhaupt ein Messer oder Schwert geworden. Die Ortsnamen aber hegen noch den alten Sinn: Sachsa, Eichselsachsen, Bindsachsen, niederdeutsches Saasen, Königssaasen, Wellsaasen geben noch Kunde davon. Zur Zeit des Ahd. finden wir zwar einfaches Sahson in Hessen (das nicht einmal sicher hieher gehört), in

zusammengesetzten Namen aber erscheint das Wort noch nicht
als Grundwort.

Ahd. *scorro* praeruptum montis, scopulus mag in Pohscorro
(sec. 9) stecken; bei neueren Namen wie Schorn, Schorren,
Schauerschorn möchte man mit demselben Rechte an ahd. scorro
gleba denken.

Ahd. *stauf* rupes, saxum zeigt sich zuerst sec. 8 in Stou-
pho, Stouphen, ferner in den heutigen zahlreichen Oertern Stauf,
Staufen und in Zusammensetzungen wie Donaustauf, Regenstauf.

Ahd. *zinko*, nhd. *Zinken* die Zacke, Spitze kommt auch
als Appellativum von Felsenspitzen vor. In Namen ist es selten; sec. 8 zeigt sich ein Cinkin in Oestreich: das jetzige Zinken in Böhmen mag slavisch sein; eher gehört Zinkel in Niederbaiern hicher.

Zweifelhafter ist das vereinsamte Bughenseelp in Schwaben
(sec. 9). In ags. Namen auf *scylf* will Leo wirklich die Bedeutung von Felsen erkennen; doch heisst sonst ags. scelfe,
scylfe tectum, scamnum, und ahd. scelf wird durch camera
pastorum wiedergegeben.

Ob wol unter den zahllosen heutigen Ortsnamen auf *-ham-
mer* noch einer sein mag, der die älteste Bedeutung des Wortes (lapis, saxum) bewahrt? Im altnordischen werden Klippen
noch öfters damit bezeichnet.

Sollte nicht auch *-sprung* in Ortsnamen wie Adlersprung,
Bärensprung, Herzsprung einen hervorspringenden oder steil
abspringenden Felsen bezeichnen? vgl. den Mägdesprung im
Harze.

Wie die Klippen gewissermassen eine Abundanz der Berge,
so bilden die Hölen ihr Deficit. Ahd. *holi* caverna finden wir
sec. 8 in Hagininun huli, sec. 11 in Chebenhule; jetzt haben
wir die Baumannshöle und manches andere. Bewohnte Oerter
weisen das Wort in verschiedenen Gestalten auf, z. B. Greut-
höhle, Kasshohl, Hilkenhol, Kranenholl; auch Hölle, Schwein-
hölle u. dgl. hieher? Bei Danzig liegt in einem Thale die *Hölle*,
daneben hat man wol aus volksetymologischem Misverstand ein
Paradies gegründet.

Das Fremdwort *crypta* spelunca glaube ich in Crufta (sec. 9,
jetzt wahrscheinlich Cruchten) zu erkennen.

Niederdeutsch (auch altfries.) heisst *kolk* ein Loch oder
eine Grube, besonders wenn sie mit Wasser gefüllt ist; daher

die Oerter Kolk, Kolke, Arianskolk, Depekolk, Rohrkolk, in den Niederlanden Dollemanskolk u. s. w.

Eine solche Grube wird auch *kûle, kaule* genannt; vgl. Leimkaul, Lehmkuhlen, Wolfskuhle, Herrenkoul; zweifelhafter sind Theerkühle, Bellekull u. dgl. In den Niederlanden ist die regelmässige Schreibung -kuil (Leemkuil, Moordkuil u. s. w.), doch zeigt sich daneben auch -kul (Keenkulen) und -koel (Ballerkoele).

Wir kommen jetzt an den Gegensatz der Berge und Hügel, an die Begriffe von Bodensenkungen und T h ä l e r n. Ahd. *tal*, alts. *dal* bieten uns die Urkunden seit sec. 8 in ziemlicher Fülle, z. B. Geizzital, Gerichistal, Clophendal, Babendal. Heute ist die Masse der mit diesem Grundworte versehenen theils wirklichen Thäler theils bewohnten Oerter unendlich gross, vgl. Biesenthal, Steinthal, Kattendahl, Rosendahl. Abweichende Orthographie zeigt sich in Stendal (= hochd. Steinthal), in den niederländischen zahlreichen Namen auf -daal, wie Blocijindaal, woneben -dael (Annendael) sehr selten ist, ferner in den ganz vereinzelten Formen Thäle und Affenthäle und endlich in den fast ausschliesslich niederöstreichischen Namen wie Wetzmannsthall, Sitzenthall u. a. Auch bairisches Enthall, salzburgisches Ellmauthall mag hieher gehören, doch walten einige Male, z. B. beim wirtembergischen Mainhardthall, Zweifel vor, ob hier nicht -hall, -halle anzunehmen ist. Ahd. -tellin in Grasetellin (sec. 9) mag zu ahd. talili vallicula gehören. Eine ahd. Nebenform tuolli vallicula finden wir jetzt noch in der Schweiz in Namen wie Tülen, Thülen. Zuweilen schwindet das Wort -thal ganz bis zur Gestalt einer einfachen Endung wie in Röthel (Cant. Zürich) aus Ruwental, Zweidlen (ebendaselbst) aus Zweintal. Nicht hieher gehörig ist Laupendahl (alt Hlopenheldi) bei Düsseldorf.

Eine Bodensenkung, die ringsum von Bergen umschlossen ist, nennen wir in metaphorischem Sinne einen *Kessel* (ahd. kezil). Ich nehme das Wort in dieser Bedeutung schon in dem sec. 10 begegnenden niederrheinischen Waldnamen Ketil an und finde auch jetzt noch ein Ketel in Holstein und mehrere Oerter Namens Kessel besonders am Niederrhein, während zahlreiche andere derselben Form, die in Ostdeutschland liegen, vielleicht slavischen Ursprung haben. Ein anderes Geräth, die *Mulde*, niederd.

Molle, bezeichnet zuweilen in Ortsnamen muldenförmige Bodensenkungen.

Das goth. *hauns*, ahd. *hôni* bedeutet niedrig, nhd. *Hohn* Erniedrigung, *höhnen* erniedrigen. Zwar zeigen die zahlreichen verwandten Worte fast durchgängig auf das geistige Gebiet, doch liegt die Vermuthung nahe, dass hier ursprünglich nur eine rein locale Anschauung obwaltet. In der Gegend des Brockens liegt nach Nordosten zu eine sumpfige Hochebene, hinter der sich beträchtliche Höhen erheben; sie heisst die Hohne (die nach ihr führenden benachbarten Oertlichkeiten wie Hohnstein und Hohneklippen können also nicht von hoch altus benannt sein); sollte sie nicht einen Nachklang des alten Wortes enthalten? Bewohnte Oerter des Namens Hohne giebt es ausserdem noch vier in Deutschland, in der Form Hohn kommen sie sogar elfmal vor; Höhn begegnet zweimal; auch kennen wir zusammengesetztes Boxhohn, Kerzenhohn, Künzenhohn u. a. m.

Tiefe Thäler mit steilen Rändern nennen wir oft *Grund*. Am massenhaftesten tritt diese Bezeichnung in der sächsischen Schweiz (Amselgrund) und im Riesengebirge (Höllengrund) auf, zerstreut auch sonst noch in Deutschland und der Schweiz, jetzt zugleich vielfach auf die in der Nähe liegenden bewohnten Oerter übertragen. Einfaches Grund ist durch fast ganz Deutschland häufig. Auffallend ist, dass vor dem Jahre 1100 das ahd. grunt (solum, fundus) nur einmal im Ortsnamen Grunti begegnet, in Zusammensetzungen noch nicht. Die Niederlande bieten nur Weniges: Eijerlandsche Gronden (eine Untiefe), Modderige Grond (ein Sumpf), Zilker-Buitengrond.

Das Wort *Schlucht* finden wir als Namen eines bewohnten Ortes nur einmal, die Form Schluft dreimal, als Bezeichnung enger Felsenthäler öfters (Wolfsschlucht). In alten Namen ist mir der Ausdruck noch unbekannt.

Ein alter Name Wigberhtes*buncta* (sec. 11) ist der einzige dieses Wort als zweiten Theil enthaltende. Lüntzel schreibt ihm die Bedeutung von Schlucht zu. Mehrere Oerter Namens Bünsche im Regierungsbezirk Magdeburg fallen auf; sind sie indessen vielleicht slavisch?

Wie der Kopf den Berg, so bezeichnet die *Kehle* in unserer Sprache eine Schlucht oder einen Holweg (vgl. lat. fauces). Ein ahd. Chela zeigt sich sec. 9, Buorinchelun (sec. 11) und Nasnacheli (sec. 10) gehören auch vielleicht hieher. Heutiges

Kehl findet sich als einfacher Name in Deutschland viermal; als Compositionen nenne ich beispielsweise Bergkehle, Hundekehle, Langekehl.

Das allgemeinste Wort für die Bewegung von oben nach unten ist *fallen*. Das Wort nimmt in den Substantiven *Fall* und *Gefälle* sehr verschiedenartigen Sinn an, wie man schon im Mhd., aber auch in neueren Dialektwörterbüchern nachsehen mag. In den Ortsnamen erscheint es bald im Sinne einer Schlucht oder eines Abhangs, bald in dem eines Wasserfalles, bald auch in der Bedeutung von Steingefälle (mit Felsblöcken besätes Steinfeld), bald in der von Erdfall, dann auch wieder in der von Windfall (Gegend, wo die Bäume vom Winde umgestürzt sind). Ich deute gleich auf alle diese Bedeutungen zusammen hin, obgleich sie eigentlich an verschiedenen Orten besprochen werden müssten. Bergfall, Wasserfall, Windgefäll sind wirklich Namen von bewohnten Oertern, auch das einfache Fall, Gefälle, Gfell u. s. w. kommt nicht selten vor. Mangfall am Flusse gleiches Namens (alt Manachliulta) gehört natürlich nicht hieher, und eben so müsste man in Namen wie Kostgefäll, Leiterfall, Rossfallen und anderen erst die alten Formen haben, ehe man sich ein Urtheil darüber erlaubt.

Kaum ist irgend ein Begriff in den deutschen Ortsnamen in einer solchen Mannigfaltigkeit von Ausdrücken vertreten als der von *Wald* und *Busch*. Ich beginne mit dem Worte *Wald* selbst, welches sich unter allen diesen Ausdrücken am längsten und allgemeinsten erhalten hat, obwol es in ganz alten Namen noch keineswegs zu den ganz häufigen Elementen gehört. Die Formen Walda, Waldi mit verschiedenen Nebenformen lassen sich seit sec. 8 in Namen belegen, der Odanwald (Odenwald) tritt schon sec. 7 auf, andere Formen wie Bacwalde, Rotwalt, Sewalden sec. 8. Jetzt haben wir theils einfaches Wald, Walde, theils zusammengesetztes in Schwarzwald, Braunswalde u. s. w. In Niederdeutschland zeigen sich viele Oerter auf -wold (Böhmerwold), -wohld (Grönwohld), -wolde (Hackenwolde), -wohlde (Ahrenswohlde), zu erwähnen sind endlich die Oerter Wahlde, Wahlt und Kokenwahlde. In den Niederlanden ist -woud, -woude (Eemswoude) die häufigste Form, -wold finde ich nur etwa zwei Dutzend Male, -wald kenne ich nur in drei Geldernschen Namen, z. B. Binnenwald. Hobel im Canton Solothurn ist aus Hochwald entstanden. Wie Wild und Wald zusam-

menhangen, so haben wir auch sec. 9 ein Wildhum (jetzt
Welden).

Nach dem Stoffe, woraus der Wald besteht, bezeichnen wir
ihn noch oft mit dem Worte *Holz,* obgleich sich diese Bedeutung nicht durch das ganze deutsche Gebiet zu erstrecken
scheint. Niederdeutsches Bocholt, Forenholt, hochdeutsches Fu-
rihulze, Westerholz kennen wir seit sec. 8 und dem steht im
heutigen Deutschland niederdeutsches Borgholt, Eickholt, hochdeutsches Hasenholz, Jägerholz entgegen. In den Niederlanden
ist -hout (Genhout) sehr häufig, -holt (Oosterholt) kaum zwölf
Male im Gebrauch; -holz kenne ich nur im limburgischen
Bocholz.

Mit Holz ist ahd. *vitu,* ags. *vudu* lignum synonym; es ist
mehr dem niederdeutschen als dem hochdeutschen Gebiete eigen. Eine silva Witi finden wir sec. 9, Nordwidu schon ein
Jahrhundert früher. Bemerkenswerth ist der Gebrauch des
Wortes in alten Gaunamen, wie Crunzinwiten, Flotwita, Hrec-
witi, Moswidi, Muthwide und dem eben genannten Nordwidu.
Unter den heutigen Namen werden wir die auf -wede (Borg-
wede, Hagewede) ziemlich sicher hieher rechnen, auch wol die
auf -wied (Wied, Langwieden). Bamwida heisst jetzt Bohmte,
Arwita jotzt Erwitte. Mitunter dürfte die Scheidung von den
Namen auf -weide (pascua) nicht leicht sein.

Zu den eben erwähnten Gaunamen auf -widi etc. liefert
eine Parallele das ahd. *marca* limes, das gleichfalls ursprünglich
(vgl. altn. mörk silva) den Wald bezeichnet haben muss und
später in uneigentlicher Composition unendlich oft ein kleines
Gebiet (sogenannten Untergau) bedeutet, ohne dass dabei mehr
an Wald zu denken ist. Einfaches Marca und eigentliche Compositionen wie Holzmarca und Anmarki sind vor dem Jahre
1100 selten, und zweifelhaft ist es auch von diesen, ob noch irgendwo die alte Bedeutung von silva anzunehmen ist.

Ahd. u. nhd. *Forst* silva. Der Ortsname Forst, Forsti schon
seit sec. 8, Brungeresforst und andere seit sec. 9; neuere wie
Eichenforst, Kammerforst, Marienforst, niederl. Brockhuysenvorst
nicht selten.

Ahd. *hurst,* nhd. *Horst* silva. Einfaches Hursti kaum vor
sec. 11, Zusammensetzungen wie Boehursti, Fricconhorst seit
sec. 9. Jetzt Tannenhorst, Ellerhorst etc.; seltener -hurst wie
Unzhurst.

Alts. *hard,* ahd. *hart* silva (eigentlich wol Hochwald; etwa
aus har-ida?). Schon in früher Zeit begegnen einfache Formen
Hart, Hard und zusammengesetzte wie Murrahart, Burgunthart.
Gegenwärtig sind in Deutschland Oerter Namens Hard, Hardt,
Hart ungemein häufig; etwas seltener Zusammensetzungen wie
Spessart (Spehteshart) und noch mehr verstümmelt Hunert
(=Hunhart), die übrigens öfters nicht hieher, sondern zu Per-
sonennamen auf -hard gehören. Aus den Niederlanden weiss
ich kein sicheres Beispiel. Die Form Harz verstösst wider die
Lautgesetze, indem man hochdeutsches Hart noch mehr ver-
hochdeutschte (wie das z in Zwerg und zwingen entstanden ist).

Damit mag dann zugleich noch Anderes zusammengestellt
werden, was vielleicht zu derselben Wurzel gehört. Eine silva
Sytheri zeigt sich schon vielleicht sec. 8 in Westfalen und sonst
begegnen in Norddeutschland und den Niederlanden alte Namen
wie Blasheri, Hrenheri, Hubetheri, Jehthere, Mesheri, Northan-
heri, Watheri. Diesen Bildungen ist noch weiter nachzugehen;
Genaueres lässt sich darüber noch nicht sagen. Ich gebe auch
noch Ickari (sec. 11), jetzt Icker, nordöstl. von Osnabrück zu
erwägen, desgleichen Bramhar, gleichfalls im Osnabrückschen.

Ahd. *harug* lucus, nemus scheint nur noch in den holstei-
nischen Namen Negenharrie und Fiefharrie erhalten zu sein.

Noch anziehender ist mir ein anderes Wort, das sicher
Wald oder Busch bedeutet. Leo führt ein ags. *hêse, hyse* in
der Bedeutung einer mit Buschwerk und Gestrüpp bewachsenen Gegend an und vergleicht dazu das mittellat. hesia, heisa,
aisia; ich füge noch hinzu, dass mhd. heister junge Buche vielleicht aus demselben Worte und goth. triu zusammengesetzt ist
und Waldbaum bezeichnet. Hees ist in den Niederlanden noch
jetzt Name verschiedener Oerter, Maashees, Wolfhees, Milheze
und andere kommen ebendaselbst vor; es müssen früher noch
mehrere dieser Art dagewesen sein, denn altes Darthese, Broek-
hees lauten jetzt Darthuizen und Broekhuizen. Hesi für jetziges
Hees erscheint schon sec. 9; Hisi, Hyse zeigt sich sec. 11 in
Westfalen, Heissi (jetzt Heissingen) in derselben Provinz schon
sec. 8. Der Waldname Hees findet sich häufig an der Ostseite
des Rheines bis Siegen, an der Westseite bis Crefeld hinauf.
Auch begegnen Ortsnamen wie Haisen, Feldheiss, Garthais, ja
auch Hies, Weruhies u. dgl. Ueber alle dem aber schwebt

die silva Caesia bei Tacitus, wahrscheinlich der jetzige Heser-
wald im Regierungsbezirke Münster.

Ueber das ahd. und mhd. *hac*, nhd. *hag* habe ich jetzt
die Ansicht, dass seine älteste Bedeutung die von Wald oder
Busch ist; aus dieser entwickelte sich die eines schützenden
Buschwerkes, einer Einhegung, und dann erst die eines eingehegten Raumes selbst, Gehege, Wohnort, Stadt. Vgl. skr. kak-
scha (dasselbe Wort?), welches nach dem Petersburger Wörterbuch gleichfalls Wald, Gebüsch, dann auch Wall, Ringmauer
u. dgl. und drittens den von letzteren eingeschlossenen Raum
bezeichnet. Welche dieser Bedeutungen nun in den Ortsnamen
jedes Mal vorliegt, ist natürlich selten zu entscheiden. Einfaches
Hag und zusammengesetztes Teorhage stehen an der Spitze der
ganzen Reihe (sec. 8). Mit der Hauptstadt der Niederlande
theilt noch jetzt eine grosse Anzahl deutscher Oerter bis in die
Alpen hinein den Namen. Beispiele von Compositionen sind
Frankenhaag, Grünhag, Lichtenhag, auch wol Wolfsheegen,
Terheeg.

Von hag abgeleitet ist ahd. *hagan*, mhd. und nhd. *hagen*.
Es bezeichnet den zum Einhegen besonders passenden Dorn-
strauch, aber ursprünglicher das Buschwerk überhaupt. Formen wie Hagon, Hagene, Berghegenon, Geroldeshagen, Hilden-
hagen und andere lassen sich seit dem 9. Jahrhundert nachweisen. Jetzt giebt es Hunderte von Oertern auf -hagen (Gruben-
hagen, Wolfshagen), doch lässt sich kaum angeben, welche davon hieher und welche als Dat. Plur. zu dem vorhin erwähnten -hag zu setzen sind. Aus Hagen wird dann ferner nhd.
Hain (lucus) zusammengezogen (Wildenhain, Wilhelmshain), woneben dann noch eine Form -hahn läuft (Hünhahn, Langen-
hahn). Den Formenübergang zeigt ein oberhessischer Ort, der
1264 Glimenhagen, 1297 Glimenhan, sec. 15 Glimenhain, jetzt
Gleimenhain heisst.

Zu Hag mag ferner auch (als hag-ithi) das goth. *haithi*,
ahd. *heida*, nhd. *Haide* gehören; der eigentliche Sinn scheint
der eines mit Strauchwerk und Dornen bewachsenen unbebau-
ten Feldes zu sein. Wir lesen schon seit sec. 8 hochdeutsche
Formen wie Haidis, Heida und niederdeutsche wie Hetha, He-
thi, desgleichen Zusammensetzungen wie Birchenheide (sec. 11),
Chuningesheid (sec. 8). Heutige Oerter lauten Heid, Heede,
Hohenhaid, Falkenheide u. s. w.

Wie Hagen so geht auch ahd. *hulis* zunächst auf dorniges Gebüsch. Als älteste Namen finden wir sec. 11 Abbenhulis, Rokkenhulisa, und Oppenhulisa, im jetzigen Deutschland nur vereinzeltes wie mehrfach wiederkehrendes Hülsen und zusammengesetztes Appelhülsen, Kurzenhülsen, Niederhülsa. Das gemeinste Wort für Buschwerk ist das nhd. *Busch*, das ahd. *busc* selbst. Buscon sec. 11; in demselben Jahrhundert Cononbusc und Diddenposche; jetzt Namen wie Busch, Büsch, Breitenbusch, Eichbusch, Hertogenbosch, Heselboschen u. a. m.

Ob das mittellat. *brogilus, broilum,* mhd. *brüel,* nhd. *Brühl* keltisch oder germanisch ist, kann hier nicht untersucht werden; die Bedeutung schwankt zwischen Wald, Buschwerk, Wiese. In den Namen sehn wir einfaches Broilum seit sec. 7, Hasenpruole und Rutbrehtesbruel sec. 11. Da heutiges Brüel, Prühl, Prüll, Briel, Priel so wie Bergerbrühl, Neubrühl, Menzenbriel, vielleicht auch Oberpriel hieher gehören, so steht das Wort anderen sicher ursprünglich deutschen Wörtern im Gebrauche ganz gleich und durfte hier nicht übergangen werden.

Ahd. und mhd. *treis,* in neuhochdeutschen Mundarten *driesch,* mittelniederl. *drêsch* heisst bald Bergwaldung bald unbebautes Land. Vgl. ahd. Dreise, Treisa (sec. 8), Tubuntreis (sec. 8), jetziges Trais (Traishorloff, Traismünzenberg), Driesch, Triesch, Bockendriesch, Küppersdriesch.

Viel häufiger als die letztgenannten Ausdrücke finden wir ein ahd. *lôh* lucus. Ob ein altniederländisches *loo* in der Bedeutung von Sumpf daneben besteht, gilt noch nicht für ausgemacht; vielleicht sind beide Wörter im Grunde dasselbe. Aber altfries. *loch,* ags. *loh* locus ist sicher davon zu trennen, doch will die Scheidung noch nicht praktisch gelingen. Die Namen Lohu, Lo erscheinen seit sec. 10, Ahaloh, Thurniloha u. a. schon früher; daneben aber auch schon Formen auf -loch wie Suligiloch (sec. 11), Windloch (sec. 11). Die heutigen Namen wie Loh, Lohe, Neulohe, Schwarzenloh und viele andere, ferner Loo, Waterloo, endlich Loch, Oberloch müssen hier noch vorläufig zusammen erwähnt werden. Adelschlag ist aus Adaloltesloh (sec. 9) entstanden.

Schachen bedeutet in bairischen und schwäbischen Mundarten noch jetzt Wald oder Gebüsch, besonders einen übrig gebliebenen Theil eines grösseren Waldes. Dass das Wort schon

sehr alt ist, geht aus den Ortsnamen Scaca (sec. 8), Tegarascahe (sec. 8) und Birscachim (sec. 9) hervor. Einfaches Schachen und zusammengesetztes wie Geisschachen, Holzschachen
findet sich als Ortsname noch öfters, Tegarascahe ist jetzt zu
Tägerschen geworden.

In dem Sinne von Wald, Gebüsch, auch wol unbebautes
Land überhaupt, findet sich ein Wort *strod, strut* theils in alten Namen, theils auch in heutigen Mundarten als Appellativum.
Die Ortsnamen Esgenestruot (sec. 11) und Widenstrout (sec. 11)
zeigen am klarsten diesen Sinn, da in ihrem ersten Theile noch
die Gattung der Bäume, aus denen die Strut besteht, angegeben ist. Wie weit heutiges einfaches Struth hieher oder zu
dem oben (für Unstrut und andere Wörter) angeführten Ausdrucke für Fluss gehört, muss unentschieden bleiben; aber die
jetzigen Eichenstruth, Erlenstruth, Eschenstruth müssen hieher
gehören.

Das ahd. *stûda*, nhd. *Staude*, rubus, sentis, frutex begegnet sec. 10 in Widenstuda, sec. 11 in Hesilinestuda, jetzt in
Dornstauden, Haselstauden, Nesselstauden u. s. w.

Ahd. *zain* virgultum in Krapfenzayn (sec. 9); jetzt kaum
in Namen (Wolfzennen in Wirtemberg?).

Auf eine bestimmte Pflanze geht ahd. *rôr*, nhd. *Rohr*
arundo; einfaches Rôr (sec. 9) so wie zusammengesetztes in
Luzilinror (sec. 9), heutiges sehr oft begegnendes Rohr müssen
also den Sinn von Röhricht arundinetum haben; gehören Hah-
nenröhren, Hohenröhre u. s. w. hieher?

Ganz ähnlich geht ahd. *hriod*, nhd. *Ried* carex in den
Namen auch in den Sinn von carectum über. Aber da sich
damit ahd. riuti novale (heutige Namen auf -reut, -rode
u. s. w.) lautlich so nahe berührt, dass in Baiern Ried sogar
novale und rieden exstirpare bedeutet, so wird es schwer halten zu sagen, welche der heutigen vielen Oerter Namens Ried
zu dem einen und welche zu dem andern Wort gehören. Bei
den zusammengesetzten Namen auf -ried wird man, wenn der
erste Theil ein Personenname ist, eher an riuti, sonst eher an
hriod denken, an letzteres also z. B. bei Auried, Breitenried u. a.;
doch ist diese Scheidung nur annähernd richtig.

Wie Rohr und Ried, so werden auch andere Pflanzen,
namentlich Bäume, in einer collectiven Bedeutung gebraucht.
Eiche für Eichwald zeigt sich z. B. im ahd. Eichi (sec. 8),

Hoheneichi (sec. 10), im jetzigen Eich, Aich, Altenaich, Dür-
renaich (in Belgien mögen dagegen Namen auf -eyck öfters
aus keltischem -iacum entsprungen sein); *Buche* für Buchwald
z. B. im ahd. Poh (sec. 7), Lonunbmaeh (sec. 8), im heutigen
Buch, Altenbuch, Rothbuch, wozu auch wol noch manche Formen auf -buck, -bock u. s. w. gehören, doch vgl. oben -buc in
dem Sinne von Berg. Die *Linde* für Lindenanpflanzung z. B.
in Linta (sec. 8), Alinde und Merenlinden (sec. 11) und in vielen neueren Namen wie Lind, Linde, Kirchlinde, Niederlind.
Birke begegnet z. B. in Oberbirken, Kaltenbirken, Unterpirk
u. s. w.; die auf -berka und -bercha sind aus -birkahi und -bir-
kaha contrahirt. Ueber Namen auf *-esch* spreche ich unten.

Eben so erscheinen auch die Nadelbäume. Am durchgreifendsten ist dieser Gebrauch bei dem ahd. *tanna*, welches sich
im Mhd. in tanne abies, aber auch in dem starken Masculinum
tan silva wiederfindet; unsere Dichter gebrauchen noch jetzt *der
Tann* für Wald. Ahd. hieher nur der einfache Name Tanna
(sec. 8), nhd. viele Oerter Tanne, Than, Thann, auch zusammengesetzte wie Niederthann, Hohenthann u. s. w. Die *Fichte*
sehen wir schon sec. 8 in dem mehrfach erscheinenden Ortsnamen Fiohta, jetzt in Formen wie Fichte, Feicht, Finsterviecht,
Schönfichten, Waldfeucht u. dgl. Das oberdeutsche *Mantel* für
Fichte zeigt sich nur noch in wenigen Ortsnamen wie Hengman-
tel, Tückmantel, Zimmermantel, woneben andere Formen herlaufen, die den Verdacht slavisches Ursprungs rege machen.

Unter den Gartenbäumen ist es vorzüglich der Apfelbaum,
ahd. *apholtra*, der so vorkommt; Affaltra schon sec. 8, jetzt
zahlreiche Oerter wie Abfalter, Affalter, Apelder und andere.

Den Bäumen stehen die Sträucher nach, doch gebe ich
als Beispiele von Ortsnamen Strauch, Stroick, Struck, Birken-
strauch, Langestruck; Hasel, Kirchhasel, Thomashasel; Hagdorn,
Grossenheidorn, Zeideldorn. Zweifelhaft ist Attendorn (sec. 11
Attendaria).

Es liesse sich diese Klasse von Namen hier noch weiter
ausdehnen, doch geht sie in die der sogenannten elliptischen
Namen so leicht über, dass bei diesen mehr davon zu sprechen ist.

Alle diese zuletzt genannten Ausdrücke führen uns nun zu
einer sehr formenreichen und mehrfach interessanten Namenklasse,
die wir hier nicht bis ins Einzelne verfolgen können, sondern

gleich zusammenfassen; es sind die Formen auf -*ahi* = lat. -etum. Aus der Zeit bis sec. 11 führe ich als Namen (die hier mitunter besonders schwer von Appellativen zu trennen sind) folgende an: Eihahi, Affaltrahe, Ascahi, Birkehe, Buochehun, Forahahi, Lanchasalahi, Lintahi, Studach, die von Eichen, Apfelbäumen, Eschen, Birken, Buchen, Föhren, Haselsträuchen, Linden, Stauden benannt sind. Farmahi gehört zu ahd. farm filix Farnkraut, Lesah zu ahd. lisca Farnkraut, Lielah zu ahd. liula vitis alba, Mantaluhi zum oberdeutschen Mantel, Fichte, Spurkehe zu ahd. spurcha juniperus. Schlimmer steht es mit den heutigen Namen; hier ist, wenn man nicht zu sehr alten Formen aufsteigen kann, ein einfaches ahd. Eihhi und ein abgeleitetes Eichahi leicht beides in Eich übergegangen und dergleichen Fälle kommen nicht selten vor. Doch giebt es auch sehr viele Ortsnamen, die noch sehr deutlich die Spuren des alten -ahi bewahren, und zwar in sehr verschiedenen Gestalten. Ich gebe hier ein kleines Verzeichnis, das sich mit leichtester Mühe vervollständigen lässt. -ach: Affaltrach, Ahornach, Aschach, Aspach, Buchach, Farmach, Forchach, Häslach, Holzach, Weidach. -ich: Aichich, Aspich, Birkich, Erlich, Irrlich, Eschich, Fornich, Hässlich, Lindich, Tännich, Ulmich, Weidich. -ig: Aichig, Espig, Birkig, Büchig, Fichtig, Fohrig, Lindig, Reisig, Hölzig, Röhrig. -icht: Eichicht, Birkicht, Erlicht, Heselicht, Lindicht, Tännicht, Weidigt. -at: Aichat, Espat, Erlat, Piruth, Reisat. -et: Aichet, Aspet, Birket, Buchet, Pireth, Weidet, Ulmet, Thannet, Aschet (diese letzte Klasse ist schwer von denen auf -ed, -öd zu trennen); -te, -t: Haynbücht, Birchte, Obereicht. In hessischen Ortsnamen is auch ein aus -ahi entstandenes -es nicht abzuleugnen, z. B. in Eiches, Lindes. Landschlacht im Thurgau ist aus Lanchasalahi (9) entstanden.

So treten wir denn nach mühevoller aber Mannigfaltigkeit darbietender Wanderung durch den Wald hinaus ins freie Feld. Hier tritt der Pflanzenwuchs in geringerer Selbständigkeit und minder auffallendem Unterschiede auf und daher bedarf die Sprache hier auch nur einer geringeren Anzahl von Elementen für die Ortsnamen. Dass Wörter wie Huide, Brühl, Driesch auf der Grenze zwischen Wald und Feld stehen, haben wir oben betrachtet.

Das Wort *Feld* selbst ist auf diesem Gebiete das häufigste; es bezeichnet die natürliche Ebene und erst abgeleitet den Acker.

Ist Asfeld bei Paul. diac. wirklich aus sec. 5 überliefert, so
gehört -feld unter die ältesten deutschen Namenausgänge; sec. 7
findet sich Meginovelt; ein Jahrhundert darauf eine grosse Menge,
auch einfaches Felda. Jetzt sind die auf -feld ausgehenden
Namen ungemein häufig; in den Niederlanden schreibt man
-veld, z. B. Achteveld; merkwürdiger sind seltenere Formen
wie Aussergefield, Innergefield, Karolinenfeld, Westerfilde. Ferner erwäge man Hadespelt (sec. 10), Hapespelt (sec. 13) und
die heutigen Formen wie Aspelt, Harspelt, Heispelt, Hospelt,
Ischpelt und manche andere, wo das f sich durch Einfluss eines vorhergehenden s zu p verwandelt zu haben scheint. Ge-
fell zwischen Hof und Schleiz heisst 1518 Gefeld.

Sehr selten ist im Gegensatze hiezu das Wort *Flur* campus, seges; vgl. Lindflur, Sachsenflur, Zinkenflur.

Zu ahd. *wang* campus (doch mit Uebergang des Begriffes
in den von pratum) haben wir schon sec. 8 einfaches Wanga
sowol als manche zusammengesetzte Namen wie Affaltrawangas, Arinwanga, Sewanc u. s. w. Auch jetzt sind Formen
wie Wang, Wengi, Balderschwang, Berwang, Eichelwang u. s. w.
nicht selten. Oft verliert das Wort seinen Anlaut in der Zusammensetzung, wie z. B. Wisuntwangas jetzt Wisendangen
heisst; besonders scheint das nach vorhergehendem n zu geschehen (Affnang, Ausnang, Backnang und andere), doch kann
nicht bei jeder Form auf -ang behauptet werden, dass sie wirklich hieher gehört, da auch -hang (s. oben) öfters ganz natürlich seinen Anlaut verliert. Seppinwanc (sec. 9) soll jetzt See-
wen heissen, Sneisanwang (sec. 9) ist in Schneisingen übergegangen.

Wie Wang sich fast ausschliesslich durch Süddeutschland
verbreitet, so giebt das altfries. *gest*, jetzt *geest* nur in Norddeutschland Veranlassung zur Namenbildung; auch die Bedeutung stimmt nicht genau, indem letzteres Wort im Gegensatz
zu Marsch das höhere, trockene, weniger fruchtbare Land ausdrückt. Gesta (sec. 11), Langongest (sec. 9), Polgest (sec. 9).
Jetzt Gaste, Geist, Geest. Geeste u. a. m.; auch Compositionen
wie Nordergast, Middelgaast, Schwarzengeest, Hölzengeist. Wie
steht es mit Hohegeis, Igelgeis u. a.?

Das ahd. *ebandi* planities zeigt sich namentlich in Süddeutschland, aber auch in Hessen noch oft in Namen wie Ebnet, Ebnit, Breitebnet, die mir in alten Formen noch nicht vor-

gekommen sind. Das einfache *eben* ist vollends häufig, z. B.
Goldeben, Holzebene, Pirkeben u. dgl.

Eine Ebene, besonders insofern sie mit Graswuchs bedeckt
ist, wird dialektisch häufig *Boden* genannt. Dazu gehören zwar
manche deutsche und schweizerische Namen wie Grasboden,
Kaltenboden u. dgl., doch giebt es grade unter den mit diesen
Lauten endenden Namen Manches, was noch besonderer Untersuchung, namentlich vom slavischen Standpunkte aus, bedarf.

Auch goth. *gavi*, ahd. *gawi*, nhd. *Gau* kann ursprünglich
nichts anderes als Feld bedeutet haben; ich denke mir einen
urdeutschen Gegensatz zwischen Gau und Mark, Feld und Wald;
jenes sind die zu Ansiedlungen geeigneten Flächen, dies die
ringsum sich erstreckende und begrenzende dunkle Schutzwehr;
ein Bild der ältesten Gestalt unseres Vaterlandes. Beide Wörter haben erst im Laufe der Zeit eine Beziehung auf politische
Begriffe angenommen, ähnlich wie das gewissermassen beide
Bedeutungen vereinigende oben erwähnte witu. Die ältere Bedeutung von Gau zeigt sich noch in manchen alten Ortsnamen,
die nie einen Gau im politischen Sinne bezeichnet haben, wie
Oringowe (sec. 8), Fangawi (sec. 9), Repagowi (sec. 9) und
ferner in einem eigenthümlichen Gegensatze zwischen Gau und
Wald, der erst unten (Cap. VII) näher zur Sprache kommen
kann. Auch jetzt giebt es noch manche Oerter, die auf -gau
ausgehn, wie Oberwarngau, Knetzgau u. s. w. In der heutigen
niederländischen Geographie ist das Wort besonders häufig und
mannigfach gestaltet; noch gelten dort alte Gaunamen wie
Oostergoo und Fivelgo, andere Oertlichkeiten heissen Liergouwe,
Delfgaauw, Finkega, Gooije, Balgoy. Auffallend und noch näher zu erwägen sind noch Namen niederländischer Gewässer
wie Wijde-Gecuw und Brec-Gooy. In politischer Bedeutung
hat sich Gau sonst nur spärlich bis auf die heutige Zeit erhalten, wie z. B. im Aargau, Thurgau u. a. In alten Namen erscheint es in diesem Sinne unendlich oft und noch dazu in fast
unzähligen Gestalten, deren nähere Bestimmung sehr belehrend
für die deutschen Dialekte sein würde, wenn nicht die Willkür
der Urkundenabschreiber und andere Verhältnisse hier ganz eigenthümliche Schwierigkeiten erzeugten. Hier gebe ich durch
je ein Beispiel eine kleine noch nicht erschöpfende Uebersicht
solcher Verschiedenheiten: Trungaui, Ufgawi, Sundargavi, Zu-
rihgawia, Ruracgawa, Filiwisgawe, Germareskawe, Islegaw,

Thietmaresgaho, Wartengahe, Zurrega, Hostingabi, Colingauwe, Alsegauge, Listrogaugium, Waringouwa, Ilsgau, Opingaoe, Ostargao, Wentsgoi, Lorgoe, Bedagowa, Augustgowe, Ludpekowe, Buxcowe, Salzburchgowi, Wasago, Untrangewi, Erichgewe, Tonagewa. Merkwürdig sind besonders die friesischen Gaunamen Ostrache, Ostracia und Westrachi, Westerche, die ich jetzt ganz von Gau trennen möchte.

Wie gavi so ist auch *Land* allmählich von einer natürlichen in eine politische Bedeutung umgewandelt. Doch ist der alte Sinn noch immer durchscheinend, wenn man z. B. auf einem hohen Berge sagt, die Aussicht im Lande sei klar oder wenn der Landwirth von der Güte des Landes redet. Auch halten alte Namen wie Bonlantum (sec. 9), Hildebrantsland (sec. 11) die ältere Bedeutung noch fest, während Holtland (sec. 9) oder Sahsonoland schon auf weit grössere Gebiete gehn. In neuerer Zeit haben wir noch im alten Sinne z. B. Bonlanden, Heideland, Friedland, im neueren Holland, England, Deutschland; zwischen beiden stehen Inselnamen wie Helgoland, Vlieland, Ameland.

Schliesslich muss noch ein Fremdwort dieses Sinnes hier angeführt werden, nämlich das lateinische *campus*, welches in das Niederdeutsche und Friesische schon frühe hinübergenommen ist und namentlich eingeschlossene umhegte Felder bezeichnet; in einigen Gegenden braucht man (aber als Femin. die Kämpe) das Wort auch für Flussinseln, z. B. an der Weichsel. Nicht hieher gehören übrigens mehrere Flussnamen der Form Kamp, welche sich vielmehr an ein keltisches camp curvus anschliessen. Dagegen sind hier zu erwähnen alte Namen aus sec. 9—11 wie Moroscamp, Flodhalkamp. Bukamp und heutige wie Feldkamp, Heidkamp, Papenkamp, Duifhuiskamp, auch verhochdeutschte wie Veerenkämpfen, schwerlich jedoch Langkampfen (alt Lantehompha).

Der nächste Begriff, auf den wir von den Wörtern für Feld geführt werden, ist der von W i e s e; gehn doch beide Begriffe, wie wir es z. B. oben bei *wang* gesehen haben, leicht in einander über.

Das Wort *Wiese* selbst, ahd. *wisa*, ist als Grundwort zwar abgesehen von dem Idisiaviso des ersten Jahrhunderts schon seit sec. 8 nachzuweisen (Wisa, Walahwis, Kerihhinwis etc.), doch noch nicht besonders häufig; jetzt dagegen findet es sich

in sehr' zahlreichen Beispielen (Wies, Wiese, Schaafwiese, Neu-
wies, Merzwiese u. s. w.) Den Formen auf -weis werden wir
an einer andern Stelle begegnen. Dagegen zeigt sich das niederdeutsche *wiesch*, *wiesche* (entstanden aus dem Deminutiv
wisica) in vielen Namen, doch wol nur in neueren, wie War-
wisch, Osterwisch und anderen; bei einigen derselben liegt frei-
.lich nicht ein ursprünglich deutsches Element, sondern nur eine
Umdeutung aus slavischem -witz zu Grunde. Ob Walliwiscon
(sec. 9) schon hieher gehört? In den Niederlanden fehlen Namen auf Wiese wol gänzlich.

Da auch *die Grüne* dialektisch für Grasplan gebraucht wird,
so werden wir die hunderte von Ortsnamen auf -grün, wie
Dürrengrün, Ewaldsgrün, Mönchgrün hieher zu stellen haben.

Mit der Wiese hängt am nächsten zusammen die *Weide*.
Pazinweida (sec. 8), Verroniweida (sec. 9), Viowaida (sec. 10),
Copeleweide (sec. 11) sind die ältesten Belege für dieses Wort;
Beispiele des jetzigen Vorkommens sind Weid, Weide, Raths-
weide, Langenwald, Belterwijde und manche andere.

Ein anderes Synonymum ist *Anger*, ahd. *angar*. Aelte-
stes Beispiel in Namen ist Vuluisangar (sec. 9) und einfaches
Angara, Angari (sec. 8). Neue Namen wie Rabenanger, Moos-
anger begegnen nicht selten.

Weniger gebräuchlich ist jetzt das Wort *Matte*, mhd. *mate*,
ags. *meadu*. Alte Namen: Blidgeringmad (sec. 8), Giggimada
(sec. 8), Sulhmata (sec. 11), vielleicht auch Garametti (sec. 11).
In neueren Ortsnamen kommt das Wort sehr zerstreut vor,
vom niederländischen Alkemade, Hoogmade, Vromade bis zum
schweizerischen Aeschenmatt, Riedmatt, Steinmatt.

Dem zweiten Theile in den niederländischen Namen Delwijnen,
Herwijnen (sec. 9 Heriwina), Sennewijnen (sec. 9 Sinuinum),
Aaswijn (sec. 9 Asuin) schreibt van den Bergh die Bedeutung
von Wiese zu, was zwar noch nicht ganz sicher, aber auch
noch durch keine bessere Deutung ersetzt ist. Wir werden das
Wort wol im gothischen *vinja* Weide, Futter wiederzufinden haben und erinnern uns dabei an alte thüringische Namen wie
Godawini, Inurdawini, Biberwine (sämmtlich sec. 11) und an
heutige wie Jüdeweln, Schlettwein u. s. w., indem wir eine unorganische Dehnung des i annehmen. Dazu kommt noch Nie-
derösterreichisches wie Böttwein, Glaswein, Loywein, Dänzel-
wien, Dürwien, Schottwen, endlich Nantwein aus Oberbaiern,

5

Vogelwehn aus der bairischen Pfalz, Reitwehn aus der Gegend
von Frankfurt an der Oder, Reinswein aus Ostpreussen. Ueber
all diesen Formen schwebt noch vieles Dunkel.

Niederländisch heisst eine Wiese auch *beemd,* welches in
Ortsnamen wie Beemd, Beemte, Gendersche-Beemden, Haagsche-
Beemden vorkommt. Da man Wiesen auch zum Bleichen von
Leinwand u. dgl. braucht, so ist es natürlich, dass es auch
Ortsnamen giebt wie Blaich, Bleiche, Kattunbleiche, Garnblei-
che etc.; ob aber einige auf -bleck (Hüttbleck u. s. w.) hergehö-
ren, ist sehr zweifelhaft; dasselbe gilt von denen auf -blech wie
Mosblech, und in noch höherem Grade von denen auf -blick
wie Moritzblick, die zum Theil wie Wilhelmsblick bei der Ross-
trappe auf eine schöne Aussicht hinweisen.

Der Wiese benachbart ist der Sumpf, für dessen Bezeichnung der deutschen Sprache eine ziemliche Mannigfaltigkeit von
Ausdrücken zu Gebote steht. Das allgemeinste und durch viele
Mundarten verbreitete Wort ist das ahd. *bruoch,* nhd. *Bruch.*
Sec. 8. finden wir Aschbroch, Bogenbroh, Wiccobroch, sec. 10
auch einfaches Bruch; andere alte Formen sind Herzebrock,
Radenburgerbroeck u. s. w. Heutiges Tages hat sich das Wort
nach den Mundarten in verschiedene Formen gespalten. Neben
den gewöhnlichen wie Eichenbruch, Breidenbruch, finden wir
niederländisches Aabrock, Aaltenbroek, Angerlobroek und niederdeutsches Klingenbrook, Externbrock, Uhlenbrok; im vierten
Range der Häufigkeit nach steht niederrheinisches Herzbroich,
Schmerbroich, Grevenbroich. Dann erst folgen seltene Formen
wie Brüch, Brüche, Bröck, Brünerbröken, Broch, Wald-
broch, Brauck, Griesenbrauck, Brouch, Schwiedebrouch, Kalten-
bräuken.

Das ahd. *mos* palus, noch jetzt in einigen Mundarten *Moos,*
findet sich in süddeutschen Namen seit sec. 8 (Mosa, Richemos,
Langinmos etc.); auch jetzt noch sehr häufiges Moos, daneben
Zusammensetzungen wie Tegernmoos. In der Schweiz das Deminutivum Mösli, Musli; ebendaselbst begegnen auch Formen
wie Felmis statt Feldmoos. Das in der jetzigen Schriftsprache
gebräuchliche *Moor* scheint nichts als eine ursprünglich niederdeutsche Nebenform dieses Wortes zu sein, zumal da es in alten Namen (seit sec. 8 Muore, Chlindesmor, Texalmore etc.)
nur auf Norddeutschland beschränkt ist. Auch in heutigen Orts-

namen begegnet Moor, Lichtenmoor, Teufelsmoor, niederländisches Oudemoer, Oostmoer u. dgl. nicht selten.

Wie neben -rode ein -rade vorkommt, und in ähnlicher
Verbreitung, so steht neben -moor ein *-mar*, das dieselbe Bedeutung haben muss. Dahin stelle ich alte Namen wie Ech-
mari und Wudemare und neuere wie Weimar, Horstmar; auch
gehört dahin manches Niederländische auf -maar. Aber diese
Bildungen von andern auszuscheiden, namentlich von dem damit fast identischen mari Meer ist äusserst schwierig und verlangt auch jetzt noch erneute Untersuchung. Einzelnes muss
hier fern gehalten werden, wie Bramaren, welches ich zu den
Dativen auf -arin, -arun stelle, oder Dakmar, das aus altem
Dagmathon entsprungen ist.

Ob und wie weit mit diesem Worte nhd. *Marsch* palus
(ags. mersc) zusammenhängt, geht eine Untersuchung der Namen zunächst nichts an. Alte Namen Marisga, Merische, Fo-
rismarische, Liemerscha kennen wir seit sec. 8, als Beispiel
von neueren gelte Ostermarsch, Dithmarschen, Horstmersch,
Hommerschen.

Wenig in der hochdeutschen, mehr in der niederdeutschen
Sprache eingebürgert ist das mhd. *phuol*, nhd. *Pfuhl* palus.
Wir finden das Wort schon sec. 9 in Deophanpol, Ophanpol,
Wartpol, gegenwärtig in Deutschland vereinzelt, z. B. in Poggenpohl und seiner hochdeutschen Nebenform Poggenpfuhl. Seltener sind Formen wie in Grünpöhl oder Pietzpuhl. In niederländischen Namen wie Burepoel oder Dieperpoel zeigt es sich
häufig.

Wie Pfuhl so ist auch ahd. *puzzi*, nhd. *Pfütze* nur Lehnwort, aus lat. puteus. Ob Hanepuze (11.), das einen Wald bezeichnen soll, hieher gehört, ist unsicher; heutiges Eggelnpöten,
Fuhlenpött und weniges Andere schlägt dahin ein.

Niedersächsisches *âl, ôl, ohl*, welches nach einigen Andeutungen aus aval (nicht aus âdel) entsprungen sein muss, zeigt
sich in mehreren Formen wie Blessenohl, Langenohl, Falkenauel
u. s. w., doch kaum in ganz alten Formen als Grundwort; indessen bietet überhaupt dieser Ausdruck noch Schwierigkeiten dar.

Das ahd. *sol* Kothlache, Saulache zeigt sich seit sec. 8 in
Winessol, Rotensolen, Heidenessol u. s. w., jetzt in Boppensol,
Wintersohle, Dattensoll, Hamannssöhlen, Kleinsöll u. dgl. Namen

5*

auf -sahl wie Wiedensahl, Wulfsahl mögen nur eine Nebenform
von -sohl enthalten, doch ist das sehr zweifelhaft und wir werden solchen Wörtern unten noch einmal begegnen.

In jetzigen Mundarten bedeutet *Siek* eine feuchte Niede-
rung; es ist das altn. sîk lacus, canalis, ahd. gisic, gisig palus,
ags. sic lacuna, fossa. Der Ortsname Gesiki (jetzt Gesecke)
kommt sec. 10 zuerst vor. Von heutigen Namen erwähne ich
noch Sick, Sieck, Siecke, Sick, Syke und Zusammensetzungen
wie Bannensiek, Gauensiek, Helvesiek u. a.

Eine mit Pflanzenwurzeln durchwachsene Erddecke, namentlich einen moorigen zum Torfstich gebrauchten Grund nennt
man süddeutsch *Wasen* (daher Brennwasen im Allgäu = Torf);
dazu gehören Formen wie Forstwasen, Sauwasen, Ziegelwasen
und anderes.

Goth. *fani*, ahd. *fenni*, mhd. *ven*, altfries. *fenne* bedeutet
Sumpf, Marsch, Weideland. Den Ortsnamen Fania finden wir
schon sec. 7; seit sec. 9 erscheinen Hadunveni, Acelanisvenni,
Sciervene etc. Heutige Formen: Veen, Gfenn, Diepenveen,
Breitenfeen, Grossefehn etc. Da das deutsche Wort im Mittellat. fangus, ital. fango, franz. fange heisst, so könnte man glauben, dass vielleicht Namen wie Hrodheldesfang und Wignandes
fane so wie einige neuere auf -fang hieher gehören, doch ist
das mindestens sehr unsicher, da ahd. bifang (captura) eben so
viel Ansprüche darauf hat.

Ahd. *huliwa* stagnum ist gleichfalls ein jetzt verschollenes
Wort. Der Name Hulwi (sec. 11) und Honhulewe (sec. 11)
sind alte Belege dafür, der älteste aber ist Huculvi (sec. 8);
heutige Beispiele sind Hülben, Ohnhülben.

Aehnlichen Sinnes ist ahd. *lacha*, nhd. *Lache* lacus, palus.
Ungewiss muss es noch bleiben, ob daneben noch andere Wörter derselben Form, aber anderer Bedeutung in den Ortsnamen bestehen (vgl. oben). Alte Beispiele seit sec. 8: Lacha, Biberlacho, Medemolaca, Herilacha; neuere: Lak, Lake, Düsterlacke, Frosch-
laeken, Altelaken, Hoevelaken; ferner Laach, Lach, Lache,
Fröschlach, Horlachen; endlich auch wol Frauenlecke, Hirsch-
lecken, Kammerleck. Mitunter ist es schwierig zu entscheiden,
ob das l nicht zum ersten Theile der Zusammensetzung und
daher der letzte Theil zu -aha u. s. w. (s. oben S. 29) gehört.

Ich habe NB. II, 1520 ein ahd. *widil* in der Bedeutung
von Sumpf vermuthet und dazu Widila und Agrimeswidil ge-

stellt; Andere legen dem Worte den Sinn von Quelle bei. Heutiges -wedel zeigen etwa dreissig bewohnte Oerter in Deutschland, wie Salzwedel, Hohenwedel, Wiswedel u. a.

Auch -dung soll dialektisch (am Niederrhein) Sumpf bezeichnen, wie ich schon oben bei den Ausdrücken für Hügel diesem Worte eine ähnliche Bedeutung (Erhebung zwischen Morästen) beilegte. Welche beider Bedeutungen in jedem dazu gehörigen Namen waltet, lässt sich natürlich nicht ausmachen.

Ein altniederländisches -loo für Sumpf (Waterloo etc.) habe ich schon oben vermuthet, wo ich über loh silva sprach.

Noch andere Beschaffenheit des Erdbodens wird ausgedrückt durch einige jetzt zu erwähnende Wörter. Das Wort *Erde* selbst ist wie Wasser in Namen im Ganzen selten; doch giebt es wirklich zwei Ortschaften Rotheerde im Regierungsbezirke Aachen, auch kommt Fetteerde, Schwarzerden und Anderes vor. Eine nicht geringe Anzahl niederländischer Namen wie Banjaard, Bellaard, Bielaard muss erst mit Hinzuziehung alter Formen gesichtet werden; sie werden nicht durchgängig hieher gehören; neben ihnen gelten übrigens auch corripirte Formen auf -ert. Das ahd. *molta* pulvis, terra, solum sehn wir sec. 11 in Molta (jetzt Mold), aber schon sec. 8 in Rotemulte (jetzt verunstaltet zu Römhild). Ahd. *laim*, alts. *lêmo*, nhd. *Lehm* limus, argilla kommt schon sec. 7 in Raudinleim, später in Haralem und Richnoleim vor. Oerter wie Laim, Leim, Lehm, Lehme, Lehmen giebt es jetzt mehrere, doch nicht viele. Dieselbe Bedeutung hat das ahd. *letto*, mhd. *lette*, jetzt nur noch dialektisch *Letten*, wozu zahlreiche Oerter des Namens Letten in Deutschland und der Schweiz gehören; alte Namen mit diesem Worte scheinen noch nicht vorzukommen.

Häufiger erscheint das ahd. *sant*, nhd. *Sand* arena. Vor 1100 freilich begegnet es nur in Rotensante, dagegen sind jetzt die Oerter Sand, Sande, Bakensand, Niedersand ziemlich zahlreich.

Der Sand führt uns auf die Wüste. Für diesen Begriff in seinem engsten Sinne ist freilich in Deutschland glücklicherweise keine Veranlassung, doch giebt es Wörter, mit denen wenigstens unbebautes oder menschenleeres Terrain in Namen ausgedrückt wird. Unter den Wörtern für Wald begegneten wir schon mehreren, welche in diesen Sinn übergehn, wie z. B. strod. Auch mit dem Worte Haide verknüpft sich öfters der

Sinn einer unfruchtbaren Gegend, z. B. in der Lüneburger Haide in Hanover oder in der Tucheler Haide in Westpreussen. Ganz besonders aber ist hier die heutige Endung -*lar* zu erwähnen, die sich z. B. in Wetzlar, Dinklar, Goslar und anderen Formen findet und wozu auch wol Namen wie Laer, Lähr, Hochlaer und andere zu rechnen sind; sie findet sich schon sec. 7 in Dacenlara, Roslar, Wazzarlar u. s. w. Dass das heutige Lohr, Finsterlohr, Vohenlohr u. dgl. hier nicht auszuscheiden ist, lehren ältere Formen mit a. Ob aber die 50—60 niederländischen Namen wie Noordlaren, Kouwelaar u. s. w. alle in eine Klasse gehören, kann noch nicht entschieden werden. Man hat viel über die Etymologie dieses Namenelementes gesprochen und es giebt hier nur zu viele Deutungen. Für jetzt halte ich die Anknüpfung an ahd. und alts. *lâri*, nhd. leer inanis für die wahrscheinlichste und sehe in diesen Formen ein Substantivum der Bedeutung Oede oder unbebaute Gegend, wie sie in den Urkunden öfters durch desertum übersetzt wird; Wazzarlar (sec. 10) entspricht ganz dem oben besprochenen Wazerlosum. Schwer ist es (und ich habe in meinem Namenbuche auch darin gefehlt) diese Formen von denen auf ahd. -ari, -arun zu scheiden; Namen wie Höflarn, Häuslarn rechne ich deshalb jetzt nicht mehr zu unserm lar.

In Süddeutschland zeigen sich ungemein zahlreiche Ortsnamen auf -*öd* (Altenöd, Bachöd), -*ed, -et, -edt* (Edlet, Einet, Buchedt), auch einiges Oed, Oede, Edt u. s. w. Bei dem Mangel entscheidender alter Formen (ausser etwa Chieneinode, sec. 11, jetzt Kienöd) müssen wir jetzt hiebei an goth. auths, nhd. öde denken, falls nicht etwa ags. eâd, altn. audhr possessio grössere Ansprüche darauf macht.

Dass das Wort *Wüste* desertum in Ortsnamen vorkommt, ergiebt sich aus Landwüst, Konradswüste, Niederwüsten, Wöste, Wüste und Ableitungen wie Schnebelswüstung, Veitenwüstung und nicht wenigen andern.

Wie wir oben eine Reihe von Ausdrücken verzeichneten, welche gewissermassen das verticale Profil einer Oertlichkeit wiedergeben, also namentlich alle Synonyma von Berg und Thal, so giebt es auch einige Wörter, welche mehr die horizontale Form eines Landstückes ausdrücken, wie es sich auf der Landkarte projicirt; sie scheinen namentlich das Hineinspringen des

Waldes ins Feld oder des Feldes in den Wald, des Berges in die Ebene oder umgekehrt anzudeuten.

Ein Wort, das wir oben so zu sagen schon von seiner verticalen Seite betrachteten und hier gewissermassen in seinem horizontalen Sinne zu erwähnen haben, ist *Ort* in der Bedeutung von ora, margo, angulus. Einfaches Orta schon sec. 10, gleichfalls vor 1100 die Zusammensetzung Hunort. Jetzt häufig, z. B. in Ort, Grünort, Schönort, Sybillenort, niederländischem Akkeroord, Battenoord u. a. Bei Angerort mündet die Anger, bei Ruhrort die Ruhr, bei Störort die Stör, bei Tiegenort die Tiege.

Dazu gehört ferner ahd. *ekka*, nhd. *Ecke*, angulus. Die hieher gehörigen Namen sind oft sehr schwer von denen zu scheiden, welche ein blosses Suffix -k enthalten. Ich erwähne als alte Formen Waltekka, Wintekka, Langaneka, auch das schon sec. 8 nachzuweisende einfache Ekka. Jetzt sind die hieher zu stellenden Namen sehr zahlreich; vergleiche Blumeck, Freudeneck, Hasseleck, woneben Formen wie Heidegg, Kronegg, Schönegg gleichfalls zahlreich vorkommen.

Sehr nahe steht diesem Worte das ahd. *winkil*, nhd. Winkel; im Lungau bezeichnet man damit jedes Seitenthal. Einfaches Winkila seit sec. 9, schon ein Jahrhundert früher Hungerwinchil, etwas später Ahiwinchla, Farnuwinkil und anderes; jetzt neben einfachem Winkel ein paarhundert Namen wie Krähwinkel, Bornwinkel u. a. m.

Gehren (mhd. *gere*) sind keilförmige Stücke in Kleidern, aber auch keilförmige Ackerstücke. Dahin mag vielleicht Pontigerna (sec. 9) und Bodigernun (sec. 11) gehören, auch manches Neuere wie Gehren, Gern, Buchengehren, Lippoldsgern.

Seltener ist *Zipfel*, z. B. in Ehrenzipfel, Innzipfel, Wieszipfel (auch Zipf? Mühlzipf?).

Schon bei den Wörtern für Berg und Hügel sahen wir einzelne Theile des thierischen Körpers, wie Haupt, Horn, Nase und Rücken in übertragener Bedeutung verwandt. Dasselbe findet auch hier statt und zwar begegnen wir hier zunächst dem Worte *Horn* (wie oben dem Worte Ort) zum zweiten Male. Die Bedeutung scheint sich in kleine Nuancen zu spalten: Vorsprung des Feldes in den Wald, des Landes ins Wasser, eines Besitzthums unter die benachbarten Güter. Einfaches Horn zeigt sich zufällig erst seit sec. 11, während Romanishorn schon sec. 8

erscheint und mehrere andere Beispiele sec. 9 folgen. In neuerer Zeit finden wir meistens die Form -horn selbst (Buschhorn,
Hasselhorn), ferner die Form -hörn, -hörne (Kleinhörn, Moor-
hörn, Oberhörne, Petershörne), in den Niederlanden auch -heurne
(Boschheurne, Brinkheurne, Elfterheurne), am seltensten -hirn
(Grasshirn, Gickelhirn, Katzenhirn). Zu bemerken ist, dass altfries. herne nur in der Bedeutung von Ecke, Winkel gebraucht
wird, während horn auch dort cornu bedeutet.

Ahd. *sterz* cauda findet sich schon sec. 11 in .Biresterton
und Calfstert; auch heute ist das Wort in Namen wie Hun-
destert, Krumpsterz u. dgl. nicht ganz selten; *Schwanz* kommt
vor in Drachenschwanz, Hundschwanz, Seidenschwanz u. s. w.,
Zagel in Hasenzagel, Kühzagel (auch Fuchszahl, Glaubzahl?)
u. s. w. Ahd. *ars* podex kenne ich nur sec. 11 in Hundesars.

Zunge lingua bezeichnet bisweilen Oertlichkeiten; so wird
es z. B. in Thiergärten und ähnlichen Parks mitunter auf allerlei Erdvorsprünge angewandt, die übrigens durchaus nicht
vom Wasser umgeben zu sein brauchen.

Umgekehrt wie bei den letzten Ausdrücken scheint vielmehr die Beziehung auf den thierischen Körper erst das Zweite
zu sein bei dem Worte *Schoss*. Ags. *scedt* bewahrt noch die
Bedeutung von angulus, pars, portio und diese wird auch in
den Namen anzunehmen sein. Alte Namen sind z. B. Axme-
riscota (sec. 9), Bertanscotan (sec. 9), Blouuanscote (sec. 9),
Bobanschot (sec. 8), Heuerscutte (sec. 9), daneben auch For-
schate (sec. 9); seltener sind hochdeutsche Formen wie Be-
rinscozo (sec. 8), Buriscuzze (sec. 11), Haperscozze (sec. 11).
In den Niederlanden sind noch jetzt Namen nicht selten wie
Enschot, Baschot, Oirschot, Voorschoten, Winschoten. Auch
kommt' das Wort in oberdeutschen Mundarten in der Form
schaiss vor; von den Namen bemerke ich als ältere Formen
Berisciza (sec. 8) und Richeneshies (sec. 9). Im 15. Jahrhundert begegnet in Hessen der Ortsname Hundscheiss. Als neuere
Formen erwähne ich z. B. Aichschiess, Mottschiess; Eibenschuss,
Oberschuss; Happenschoss, Heisterschoss. Auch Bernschütz,
Jüppenschütz u. dgl., so wie Wendeschott, Fahrenschotten, etwa
auch Uellenschütt und Kückenschütten scheinen hieher zu gehören. Bei dem schweizerischen Entenschiess ist vielleicht eher
an einen Schiessstand zu denken.

Benachbart mit Winkel und ähnlichen Wörtern in der Bedeutung ist ahd. *anti*, nhd. *Ende* finis. Ostenda mag der älteste hieher gehörige Name sein; von jetzigen Formen gebe
ich als Beispiele Oberende, Westende, Süderende, Knickende;
in den Niederlanden herrscht die Form -eind in Duureind, Dor-
seleind und zahlreichen andern Oertern.

Und so wären wir denn mit der ersten Hälfte dieses Capitels, mit denjenigen Grundwörtern, die zunächst eine rein natürliche Oertlichkeit bezeichnen, in doppeltem Sinne zu Ende
gekommen.

Eben so zahlreich als die bisher besprochenen Ausdrücke
sind diejenigen, welche ein Wirken der Menschenhand bezeugen; natürlich ist es übrigens, dass beide Klassen sich nicht
ganz streng sondern lassen, wie wir denn auch bereits oben
mehrfach, z. B. bei *brunn*, *worth* und *werp*, auf einen solchen
Uebergang der Bedeutung hingewiesen haben.

Die einfachste und niedrigste Thätigkeit des Menschen dem
Erdboden gegenüber ist aber das G r a b e n und zwar zunächst das-
jenige, wodurch er den Boden zu irgend einem Zwecke ebnet.
Ich komme dabei zuerst auf den Begriff W e g.

Dieses Wort *Weg* selbst, goth. *vigs*, finden wir in Ortsnamen seit sec. 8, wie Diotweg, Hessewech und andere Formen
bezeugen können. Auch jetzt ist Weg als Grundwort nicht
bloss für Wege, sondern auch für bewohnte Oerter ziemlich
häufig; vgl. Landweg, Kuhweg, Lichtenweg und Anderes. Aber
Eschwege (sec. 10 Eskinewag) ist in diese Klasse nur volksetymologisch eingeschmuggelt.

Neben Weg haben wir zur Bezeichnung kleinerer, namentlich ansteigender Pfade den Ausdruck *Steig*. Aichesteig und
einfaches Steige stehn hier seit sec. 8 an der Spitze. Unsere
Sprache hat das Wort seit alter Zeit in drei Formen gespalten,
an deren Verschiedenheit sie kleine Nuancen der Bedeutung
zur Anschauung bringt, nämlich Steig, Stieg und Steg, einiger
deminutivischen dialektischen Bildungen wie Stüchel und Stückel
nicht zu gedenken. Jene drei Formen werden alle durch die
neueren (wie schon durch die älteren) Ortsnamen belegt; vgl.
Brandstaig, Ehrensteig; Bockstiege, Jungfernstieg; Kirchsteg,
Schwarzensteg; daneben einfaches Staig, Steig, Stieg, Steg (auch

Steeg, Stegh u. s. w.). In den Niederlanden nur -steeg, z. B. in Doornsteeg, Haarsteg und vielen anderen Formen.

Wie diese Bildungen sich mehr in die niederen Volksschichten zurückgezogen haben, so waltet dagegen *Pfad* heutzutage mehr in vornehmer oder poetischer Sprache. Es ist schon sec. 8 (Botisphad) und 9 (Pathi, Bodilenpath) ziemlich selten; vollends sind jetzt Namen wie Meuspath, Oetgenspad sehr vereinzelt und noch dazu zuweilen unsicher; doch kommen auch Rennpfad, Mühlpfad, Wildpfad sogar als Namen bewohnter Oerter vor. In den Niederlanden giebt es etwa 20 Beispiele von -pad, wie Eybertjespad und Hoedemakerspad.

Noch fremder ist uns das ahd. *sind*, alts. *sith* via geworden, welches sec. 11 in Hramisitha und Wissitha, vielleicht schon sec. 9 in Kainsetha vorkommt. Haben wir noch jetzt dahin gehörige Ortsnamen?

Am allerfernsten aber liegt uns das altfries. *lona, lana* via, welches sich vielleicht noch in friesischen und sächsischen Namen des 9.—11. Jahrhunderts zeigt, wie Gaplon, Gerbertslon, Nuitlon und anderen. In unseren neueren Formen wie Iserlohn, Forstlohn, Rohrlohn mag man an dasselbe Wort denken, doch könnte hie und da auch ein Dat. Plur. von loh lucus mit unterlaufen; eher gehört hicher Lohne, Mühlenlohne, Nordlohne; vgl. auch Nutlön. Aus den Niederlanden erwähne ich Bestloon, Hoogeloon, Neerloon, Overloon.

Das hamburgische *twiete*, um Fallersleben *twetje* enges Gässchen, finde ich nur in dem Namen eines einzigen ganzen bewohnten Ortes, nämlich Tatertwiete in Holstein. Doch zeigt der Plan von Hamburg eine Fuhlentwiete und eine Springeltwiete und andere, während sich auf dem von Braunschweig die Namen Bockstwete, Caffeetwete, Herrendorfstwete, Kupfertwete, Malertwete, Opfertwete finden.

Wie der Mensch für sich selbst, so bahnt er auch durch Graben dem Wasser einen Weg. Einen solchen nennt man jetzt von der dabei angewandten Thätigkeit einen *Graben*. Ein Grabin, Bodegraven, Swarzgreben kenne ich erst seit sec. 11; dagegen ist es natürlich, dass bei fortschreitender Cultur dieses Wort häufiger in den Namen angewandt werden musste. Abgesehen von dem tausendfach begegnenden und noch nicht für einen vollen Eigennamen zu haltenden Mühlgraben kennen wir Ortsnamen wie Sulzgraben, Schützengraben zu hunderten; sel-

tenere Formen finden wir in Coppengrave, Edelgräben u. s. w.
Die Verschiedenheit niederländischer Formen ersehen wir aus
Vloedgraven, Hollandergrave, Brinkgreve, Bisschopsgraaf und
vielen analogen.

Eine niederdeutsche Bildung desselben Stammes und derselben Bedeutung erscheint in *Gracht* (auch als Strassenname,
wie die Friedrichsgracht in Berlin), Kracht, Hersgracht, Kalgracht.
In den Niederlanden ist -gracht eine der häufigsten Endungen,
wie in Cornelisgracht; daneben erscheint etwa sechsmal ein
-graft wie in Hollegraft. Doppelt so oft wie letzteres finden
wir dort auch -grift, wie in Pijnenburgergrift.

Eben so Süddeutschland unbekannt ist das ags. *delf* fossa,
zu *delfan* fodere. Ich habe das Wort seit sec. 11 in Delft und
Ascamannasdelft nachgewiesen und Delft, Assendelft, Boeren-
delft behaupten sich noch jetzt in den Niederlanden.

Sloot für Graben ist eben so den Niederlanden eigenthümlich und hier um so mehr ausserordentlich häufig, als es daselbst noch ein völlig lebendiges Wort ist; vgl. Bokkensloot,
Blinksloot.

Solche Gräben entwickeln sich dann weiter zu Wasserleitungen oder Canälen. Dafür braucht man jetzt allgemein
das Fremdwort Canal oder gar Aquaeduct, unsere alte Sprache
aber hatte dafür ein eigenes Wort *sil*. Auch dieses sehn wir
als Grundwort von Ortsnamen eben so wie delf erst seit sec. 11,
in Sila, Hriponsile, Gundereckingsile, Hoensile. Unsere heutige
deutsche Geographie weist wenigstens hundert Formen wie Alt-
garmsiel, Bentmersyhl und auch einfaches Siel nach; die niederländische nicht viel weniger, z. B. Blokzijl, Bornzijl.

Das ags. *thrynge* canalis möchte ich z. B. in Dringen (11),
jetzt Dringenberg wiederfinden.

Synonym hiemit ist ags. *lâdu*, ahd. *leidi* iter, ductus, welches besonders für Wasserleitungen gilt. Ein Laide zeigt sich
sec. 9, und von derselben Zeit an erscheinen auch Andleda,
Sciplede, Prunleit und Anderes. Bei unseren neueren Namen
auf -leiten aber, die ich schon oben besprach, ist man ohne
mühsame Specialuntersuchung in Noth darüber, wie weit sie
hieher zu rechnen sind oder nicht.

Das ditmarsische -ducht (Ahrenseerducht, Hafenducht, Wisch-
ducht u. a.) scheint mir gradezu aus ductus, aquaeductus ent-

sprungen zu sein; ein wol verhochdeutschtes Wasserzucht liegt in Oldenburg.

Niederländisch pflegt man einen engen mit Schleusen versehenen Graben *sas* zu nennen; das Wort ist dort noch in manchen Namen lebendig wie Strijensche Sas, Werkendamsche Sas.

Nicht bloss fliessendes, sondern auch stehendes Wasser wird durch Graben gewonnen. Nun ist es aber merkwürdig, dass unsere Sprache, da mit aller Erdaushölung auch eine Erdaufschüttung verbunden ist, die halbniederdeutsche Form *Deich* in dem Sinne von agger, die hochdeutsche *Teich* in der Bedeutung von lacus oder piscina verwendet. Ich kenne ein westfälisches *Dica* seit sec. 11, sonst aber keinen so alten Namen, der hieher gehört. Jetzt spalten sich die inzwischen ziemlich zahlreich gewordenen Ortsnamen nach Form und Sinn. Vgl. Mühlteich, Kuhteich; Altendeich, Brokdeich; Hundesdiek, Moordiek; Annevosdijk, Arkelsche Dijk. Auffallend (ob hieher gehörend?) sind die vier wirtembergischen Orte Brunnenteuch, Gressenteuch, Knappenteuch, Rinkenteuch.

Dem Deiche gleich, doch öfters in weniger naher Beziehung zum Wasser gedacht ist der *Damm*, welchem Worte wir jetzt gleich dem Deiche einen niederdeutschen Anlaut gegeben haben (mhd. tam). In alten Namen erscheint Damm nicht, in neueren (Rabensdamm, Viehdamm, niederl. Amsterdam etc.) seltener als Deich. Eine in slavischen Namen auftretende Sylbe –dam (wie in Potsdam u. s. w.) hat damit natürlich nichts zu schaffen, sondern gehört meistens zu einem weitverbreiteten slavischen Worte für *Eiche*, welches wir in seiner ältesten Gestalt im altbulgarischen *dabu* (mit nasalirtem a, dambu) finden.

Niederland und Friesland kennen noch andere Wörter für denselben Begriff, der dann aber in den Sinn eines eingedeichten Landstriches übergeht; so das Wort *polder*, welches vorherrschend in ziemlich modernen Namen (Charlottenpolder, Schulenburgerpolder u. s. w.) vorkommt. Kein Namengrundwort ist in Niederland so häufig als dieses. In Friesland verwendet man dagegen häufiger für solche Landstriche das Wort *groden*, z. B. Moorgroden, Ostergroden, Salzgroden u. dgl., welches ich eben so wie polder aus alter Zeit nicht belegen kann. In Holstein nennt man ein Stück angeschwemmtes Land, das ausserhalb des Hauptdeiches am Wasser liegt, *koog.* Dazu z. B. Brunskoog, Sophienkoog und viele andere Namen.

Synonym mit den letztgenannten Ausdrücken ist ein altfriesisches *helde, hilde.* Dazu kann gehören Uphelte und Withelte (beides sec. 11), jetzt Uffelt und Wittelt in Drente, Hlopanheldi (sec. 8), jetzt Laupendahl bei Düsseldorf, Tyndeldi (sec. 9). jetzt Tindeln bei Paderborn. Von neueren Namen scheinen hieher zu fallen z. B. Withelte im Osnabrückschen und Witzhelden bei Solingen, vielleicht auch Salzderhelden im Hildesheimschen. Ob aber die zahlreichen Formen wie Helle, Orthellen, Kleinhelle, die weit verbreitet sind, hieher gerechnet werden können, muss ich beim Abgange älterer Formen noch unentschieden lassen.

Für Erdaufwürfe haben wir jetzt auch das Wort *Wall,* welches in neueren Namen wie Walle, Grünwall, Krummwall nicht selten begegnet; eben so *Schanze,* vgl. Rheinschanze, Hochschanze und manche Namen auf -schans in den Niederlanden.

Vielleicht als Fremdwort anzusehen ist das auch weit durch die romanischen und keltischen Sprachen verbreitete niederl. *kaai, kade,* engl. *kay* Hafendamm. Wir kennen es nur aus neueren niederl. Namen wie Goudkade, Moerkade, Kruispolderkaai, Oudekaai.

Erdarbeiten anderer Art verlangt ein Brunnen, doch habe ich über dieses Wort schon oben bei den natürlichen Brunnen, den Quellen gesprochen; über Grube denke ich erst unten bei den Wörtern für Bergwerk zu handeln.

Ausgegrabene Teiche kleinerer Art nennt man jetzt *Weiher,* ahd. *wiwari, wihari,* entstanden aus dem lat. vivarium. Unter den alten Namen finde ich nur das einfache Wiwari (sec. 8), während jetzt Namen wie Weiher, Weier, Ochsenweiher, Fischweiher u. dgl. nicht selten sind. In Belgien gehn viele Namen auf die Form -vyver aus, z. B. Gempevyver, Kerkenvyver u. s. w.

Nachdem der Mensch auf solche Weise den natürlichen Erdboden für seine Zwecke erhöht oder vertieft hat, geht er daran ihn von denjenigen Pflanzen zu reinigen, die ihm für seine weitere Thätigkeit hinderlich sind; er schlägt oder brennt den Wald nieder und gräbt die Wurzeln aus. Alles hieher

Gehörige fasse ich hier zusammen, wenn auch nicht überall die Thätigkeit des Grabens hervortritt.

An die Spitze trete alles was zu hochdeutschem *reuten* und niederdeutschem *roden*, zwei verwandten, doch nicht schlechthin identischen Ausdrücken gehört. Das ahd. *riuti* novale bildet seit sec. 8 sehr viele Ortsnamen, die theilweise als einfaches Riuti, theils als Zusammensetzungen wie Pillungesriut (sec. 11), Siukinriut (sec. 11) und anderes erscheinen; daneben läuft reut: Trutheresreut (sec. 8), Munichreut (sec. 11); riot: Fihuriod (sec. 8), Sindkerisriod (sec. 9); reod: Hasareod (sec. 8), Zuckinreod (sec. 8); auch riet: Purinriet (sec. 11), Sahsenriet (sec. 11), obgleich hier ried carex nicht immer klar zu sondern ist. Einzelne Nebenformen, die ich im Namenbuche verzeichnet habe, kann ich hier übergehn. Die neueren hieher gehörigen Namen sind unendlich häufig. Sie tragen theils die Form *reut* wie Gamsreut, Föhrenreut, oder *reit* wie Gammersreit, Bernreith, theils die Gestalt *ried* wie Bernried, Bettenried. Seltener ist *roit* wie in Hagenroid, Unterroit. In den Niederlanden herrscht *rijt* vor, z. B. Balgerijt, Eckersrijt, daneben gilt seltener die Schreibung Spanreyt, Wilreyt. Schwebert heisst sec. 9 Suabareod.

Zu *roden* dagegen gehören ein paarhundert alter Namen wie Hagenrode (sec. 8), Daslingerothe (sec. 11) und unzählige neuere wie Wernigerode, Altenrode. Dieses -rode nun wird im Westen des Harzes (schon im Eichsfelde) meistens -rade ausgesprochen und diese Form ist namentlich am Rheine und in den Niederlanden, aber auch in Holstein und Schleswig, auch in die Schriftsprache eingedrungen, so dass wir hier Formen wie Arfrade, Apenrade, aber auch Braunsrath, Beckrath und vieles Aehnliche finden. Bleicherode und Bösenrode in der Gegend von Nordhausen gingen im 14. Jahrhundert auf -rade aus, sind jetzt aber wieder zu der Form -rode zurückgekehrt; ähnliches Schwanken findet sich in Oberhessen. Schwierigkeiten macht der Ausgang -rott; wer wollte friesisches Deichrott oder Altgarmsielsrott mit östreichischem Bergrott oder steirischem Eggbauernrotte unmittelbar zusammenstellen? Hier ist noch viel Sichtung nöthig.

Weit mehr verschollen als alle diese Formen ist ein anderes Wort für Ausrodungen, welches *slad, slat* gelautet haben muss. Schon seit sec. 8 finden wir mehrere Oerter Namens

Slade oder Slata und auch jetzt erscheint Sehladen oder Schlatt mehrfach. Zusammengesetztes Buchslat, Tegirslath, Zillislate (jetzt Bauschlott, Degerschlacht, Zillschlacht) zeigt sich seit sec. 9, Grünenschlade liegt noch jetzt im Regierungsbezirk Arnsberg.

Vom Niederhauen des Waldes leitet sich ein Substantivum das *Häu* ab, welches im Harze als Appellativum noch ganz gebräuchlich ist. Diese Schreibung ist freilich in Ortsnamen wie Kohlhäu oder Holzheu jetzt sehr selten, wogegen -hau (Altenhau, Frankenhau) häufiger vorkommt. Ich glaube das Wort schon sec. 8 in Gundihhinhaua, sec. 11 in Cunzelshowe und andern Formen zu finden.

Neben hauen steht *schlagen.* Vom Baumschlag leite ich Puoheslaga (sec. 9), Walkerslegen (sec. 11) und Wourslae (sec. 11); ähnliches begegnet jetzt hunderte von Malen, z. B. in Draxelschlag, Buchenschlag, niederländischem Oostslagen, Overslagh u. s. w. Eine Ableitung desselben Wortes scheint sich auch in -schlacht zu finden; zwar habe ich Degerschlacht und Zillschlacht schon eben als nicht hicher gehörig dargethan, doch gebe ich noch Schlacht, Fürschlacht, Haberschlacht, Bischlacht und niederländisches Bodekemaslagte, Maarslagt zu bedenken.

Auf Ausrodung des Waldes durch Feuer geht das ahd. *suandjan,* jetzt mundartlich *schwenden,* eigentlich schwinden machen. Wir finden schon sec. 8 ein vielleicht hicher zu setzendes Arhinsvinte, sec. 10 Waleesvanton und Heibenswande; jetzt aber zahlreiche Wörter auf -schwende wie Molmerschwende, Hilkenschwende u. dgl., auch unumgelautetes wie Finkenschwand, Offenschwand; einfaches Schwand, Schwend mit zahlreichen Nebenformen ist weit in Deutschland verbreitet.

Wie das oben genannte Schlag und Schlacht, so verhalten sich *Brand* und *Brunst*; auch diese Wörter geben Zeugnis vom Tilgen des Waldes. Vor 1100 ist mir Brand noch in keinem Orte sicher begegnet, jetzt zeigt sich nicht blos einfaches Brand, Brande u. s. w. häufig, sondern auch, wenn ich nur die bewohnten Oerter rechne, mehr als ein halbes Hundert Composita wie Ebenbrand, Neuenbrand, Oberbrändi, Altenbrenda. Ist aber ein Wort dieser Art sehr neu, so kann darin auch ein Personenname auf -brand liegen, wie z. B. im oberbairischen Orte Hildebrand ziemlich wahrscheinlich ist. *Brunst* dagegen findet sich schon sec. 10 in Adolvesbrunst, neuerdings aber sel-

tener; man vergleiche Brunst, Brünst, Fernbrunst, Vorder-
brünst u. a. m.

Dass auch zu *sengen* adurere ein ähnliches Substantivum
in Namen gehört, beweist ein alter Ort Fiwersengen und heutige Namen wie Absang, Feuersang, Altenseng scheinen auch
dahin zu stellen; sie sind natürlich nicht mit dem häufigen Vogelsang und ähnlichen zu vermischen.

Dem Graben, Roden und Sengen folgt naturgemäss das
Ackern und Pflanzen; die Saat kann nun frei und fröhlich
aufspriessen.

Bei dem Worte *Acker* bemerken wir dieselbe Erscheinung wie bei den andern mit der Cultur in Verbindung stehenden Ausdrücken; sec. 8 (Chrakinachra), sec. 9 (Dorfacchera)
ist es in Namen noch sehr selten, während jetzt Namen wie
Sandacker, Roggenacker, niederländisches Langeacker und viele
andere dicht gesät erscheinen.

Der Acker wird bebaut und zum Bauen gehört ahd. *piunt*,
welches wir sec. 8 in Helmanabiunde, Scalchinbiunda u. s. w.
finden. Jetzt findet sich die Form -paint (Adelpaint, Enten-
paint), -point (Haselpoint, Grasspoint), -boind (Grünenboind, Lin-
kersboind), pcunt (Hochpeunt), -bünd (Hemsbünde, Hinterbündl),
auch wol -bund (Bunda, Rehbund), wovon aber Schönbund
(belle alliance), welches mehrfach vorkommt, zuweilen auszuschliessen ist. Seltenere Formen übergehe ich und bemerke
noch, dass hier die Begriffe Acker und Wiese zusammenzu-
fliessen scheinen. Zu erwähnen ist noch, dass Allmersspann
aus Almaresbiunt (sec. 11) entsprungen ist. Aus den Niederlanden ist Grootebunte in Geldern anzuführen.

Zu bauen gehört auch noch ein anderes Wort, ahd. *ge-
biurda*, mhd. *gebürde*, jetzt nur noch in Namen wie Soester
Börde, Magdeburger Börde erhalten, sonst in unserer Sprache
ausgestorben.

Das erste Umbrechen eines zum Anbau bestimmten Landstückes hiess ahd. *bracha*; jetzt hat sich der Sinn des Wortes
geändert und Brache bedeutet den Zustand der Ruhe, in welchem ein Feld bis zu neuem Anbau gelassen wird. Hieher gehört altes Bracu, Breka, Buckenbraha, Folcgeresbrache, Wester-
bracha seit sec. 8. Jetzt begegnet sowol die niederdeutsche
Form (Braak, Altenbraak, Farrenbraken, Brecken, Heidbreck),
als auch, aber seltener, die hochdeutsche (Brach, Grossenbrach,

Hohenbrach, Brechen, Murgbrechen). Eine Nebenform -bracht
(es müsste ein altes brahhida vermuthet werden) weise ich seit
sec. 9 auf (Meisbraht, Suindinesbraht, auch wol Falebraicht)
und dem entsprechen neue Ortsnamen wie Bracht, Burgbracht,
Brecht, Feldbrecht, obwol bei diesen die Personennamen auf
-brecht in gefährlicher Nähe liegen.

Das Substantivum *Breite* planities nimmt bekanntlich oft
auch den Sinn eines Acker- und Wiesenstücks an und in dieser Bedeutung kommt es auch öfters in Ortsnamen vor, vgl.
Breit, Breite, Knüllbreite, Rottebreite, oder in niederdeutscher
Gestalt Brede, Schwarzenbrede u. s. w. Daneben laufen vereinzelte Formen wie Bredde, Gondenbrett oder gar Haselbrieth,
deren Hiehergehören nicht mit Gewissheit behauptet werden
kann. In demselben Verhältnisse steht schon Massenbreith
(sec. 11) und Senebredde (sec. 10).

Das goth. *atisks*, ahd. *ezisk*, mhd. *ezzesch, esch* bedeutet ein
Saatfeld und fasst dasselbe als nahrunggebend auf. Wir kennen
das Wort in Namen schon seit sec. 8, z. B. in Radinasc, Bramez-
che, Ternezca, Liemerscha und dem entsprechen heutige Namen
auf -esch wie Dannesch, Kaisersesch u. s. w. Aber an einem
genauen Register aller dieser Formen hindern uns zwei lautlich
sehr nahe, begrifflich aber sehr fern liegende Bildungen, nämlich erstens ahd. asc nhd. Esche fraxinus und zweitens eine
sicher in Namen vorkommende wol stets undeutsche Endung
isc, isch. Wer wollte steirische Namen wie Dobernesch, Sü-
tesch, Weidesch oder illyrisches Woldresch zu unserm *esch*
rechnen? Dagegen mögen norddeutsche synkopirte Formen
wie Ahrensch, Engelsch, Hammersch wenigstens zuweilen hieher gehören. In Süddeutschland hat man auch Hohenösch,
Müllerösch, Seibranzer-Oesch und einfaches Oesch, in Oberbaiern
Breitasch, Kirchasch und fremdartiger aussehendes Fontasch und
Taudenasch, deren urkundlich älteste Formen erst aufzuspüren
sind, ehe man über sie ein Urtheil wagt.

Wir kommen jetzt zu denjenigen Ausdrücken, die vom
Einhegen oder Umzäunen irgend eines Landstückes hergenommen sind. Der *Zaun*, niederdeutsch *tûn*, findet sich hochdeutsch
zuerst sec. 10 und 11 in Bobbenzune und Dornzuni; ob Velit-
tunum, Loctuna, Ondertunum oder gar Eritonon, die in denselben
Jahrhunderten erscheinen, hieher gehören, ist mir nicht ganz
sicher; mitunter mag sich auch keltisches -dunum mit diesem

6

Worte mengen. Im heutigen Deutschland sind Namen wie
Zaun, Oberzaun, Papentuhn in nicht viel mehr als einem Dutzend bewohnter Oerter zu belegen, in starkem Gegensatze zu
der Häufigkeit des lautlich damit identischen englischen town.

Zu dem ags. *spaec* vimen, sarmentum muss auch ein deutsches Wort gehört haben, welches Zaun bedeutet haben kann,
doch sind die älteren wie neueren dahin zu stellenden Namen
nicht von denen auszusondern, die das Wort in dem Sinne von
Brücke haben, worüber unten mehr.

Mhd. *vride* heisst ein Zaun oder ein Gehege; auch in bairischer Mundart kennt man noch Frid oder Fride in demselben
Sinn, während unsere Schriftsprache sich auf Ableitungen wie
einfriedigen, Umfriedigung beschränkt. Dazu sind Namen zu
stellen wie Burgfried, Landfried, Strassfried, nicht aber Wan-
fried (sec. 11 Wanifredun), welches an der Friede, einem Ne-
benflusse der Werra liegt.

Eine andere Art einschliessender Umzäunung wird durch
ahd. *mura*, nhd. *Mauer* ausgedrückt. Wir finden einfaches
Mura so wie Steinicmura und Zeizinmura seit sec. 9 und auch
noch jetzt, obgleich nicht häufig, und zum Theil auf Reste römischer Bauten deutend. Namen wie Mauer, Mur, Traismauer,
Bründlmauer u. dgl.; öfter werden Bergpartien mit Namen wie
Teufelsmauer belegt.

Noch seltener ist *Wand* paries; aus sec. 10 kenne ich
Harnowant, aus sec. 11 Steinunwant, aus dem jetzigen Deutsch-
land etwa zwanzig bewohnte Oerter wie Mühlwand, Steinwand,
Strasswänd, ausserdem noch Namen von Bergwänden wie Hohe
Wand, Martinswand u. s. w.

Ein lebendiger Zaun wird *Hecke* genannt. Vielleicht gehört dahin ein niederländisches Heca aus sec. 9, ein schweizerisches Uotenhecca aus sec. 10; da jedoch der Ort jetzt Otten-
egg heisst, so ist bei dieser wie bei einigen andern Formen
vielleicht nur eine ungenaue Schreibung für ecca Ecke anzunehmen. Ziemlich oft kommen gegenwärtig Formen wie Heck,
Hecke, Leidhecken, Haselhecke u. s. w. vor, womit dann seltenere wie Hegge, Tiemannhegge, Wilkinghegge sich nahe berühren. Auch das Wort *Gehege* bezeichnet nicht selten bewohnte oder unbewohnte Oertlichkeiten; über Hag habe ich
schon oben bei den Ausdrücken für Wald gesprochen.

Das ahd. *fal* bedeutet moenia, aber auch ein im Flusse ange-

letztes Wehr oder Flechtwerk (captûra); dazu möchte ich Faca
(sec. 9, jetzt Vach oder Fach) stellen.

Bei Thiergärten und anderen verschlossenen Gebieten
spricht man von einem *Gitter* oder *Gatter*; dazu gehören Ortsnamen wie Holzgattern, Ostgattern u. dgl.

Ein eingehegter oder eingezäunter Raum wird jetzt wie in
alter Zeit *Hof* genannt, worunter man ferner auch mit natürlichem Uebergange den Inbegriff der zu einem Hofe gehörigen
Wirthschaftsgebäude versteht. Hunderte von alten Namen (Hova,
Hruodeshof, Hugipertingahofa) und tausende von neueren (Hof,
Nonnenhof, Oedenhof, Blokhoven u. s. w.) enthalten diesen Ausdruck. Unkenntlich geworden ist dieses Wort in Rumingen,
entstanden aus Romaninchova (sec. 8) und einigen ähnlichen
Fällen; Sengkafen oder Senghafen lautet sec. 10 Sempinchov-
un. Bemerkenswerth ist die schweizerische Zusammenziehung
-kon oder -ken aus älterem -hofen oder -inchofen, z. B. Lude-
retikon, Hütlikon aus Ludretinchovun, Huttinchovun; Leutmerken aus Liutmarinchova. Nicht immer, namentlich bei niederländischen Namen, ist es übrigens leicht, die Namen auf -hof
von denen zu sondern, die auf -hube, -hufe (s. unten) ausgehn;
öfters sind diese beiden Klassen in einander übergegangen.

Unserem Worte Gehöft entspricht das niederländische *Ge-
hucht*, z. B. Zes Gehuchten in Nordbrabant.

Weniger bekannt ist in Norddeutschland das Wort *Schwaig*,
ahd. *sweiga*, welches einen Viehhof bezeichnet. Vor 1100 ist
es mir nur in dem noch dazu zweifelhaften holländischen Ortsnamen Suegon bekannt, für sein Vorkommen als letzter Theil
einer Composition weiss ich kein altes Beispiel. Jetzt ist es
ziemlich häufig: Schwaig, Schweig, Hockelschwaig, Bockschwaige,
Hermschweige. Ausnahme ist natürlich Braunschweig == Bru-
nonis vicus.

Zu diesen Wörtern gehört auch ahd. *pferrich*, nhd. *Pferch*,
eine Hürde zum Einhegen des Viehes. In der Schweiz erscheint sec. 9 Farrichun; als letzten Theil kenne ich das Wort
sec. 11 in Stoutpharrich. Auch jetzt sind Namen wie Sau-
pferch, Schabingsferch, Schönferchen Seltenheiten. Von dem
Doppelgänger dieses Wortes, dem aus Frankreich zurück herü-
bergenommenen Park, ist der Bedeutung wegen hier nicht die
Rede (ein Hydepark liegt übrigens in der Provinz Utrecht).

Das jetzt ganz verschollene ahd. *awist* ovile findet sich

6 *

schon sec. 9 in mehreren Namenformcn, deren echteste Avista
lautet. Heutzutage gehören dahin mehrere Oerter Namens Oe-
sten, Aeugst, vielleicht auch das Rode-Ost bei Heiligenstadt.
Von den etwa dreissig Oertern, die jetzt in Deutschland die
Formen Ast, Asten, Herrnast, Oberast u. s. w. zeigen, mögen
die meisten unser Wort enthalten; an ast ramus ist vielleicht
bei Krummenast (Regierungsbezirk Coblenz) zu denken; der
Kynast bei Hirschberg und Kühnast bei Dresden so wie Schöln-
ast in Steiermark flössen die Vermuthung slavischer Herkunft ein.

Hof, Schweig, Pferch und Ast sind umzäunte Gebiete namentlich zum Schutze des Viehes; die Pflanzen werden dem
entsprechend gehegt durch den *Garten*, ahd. *garto*. Von den
vielen Bedeutungen dieses Wortes muss die von Zaun die älteste sein. Formen wie Poumgartun und andere finde ich seit
sec. 8, einfach abgeleitetes Gardinun sec. 9. Jetzt ist das Wort
nicht blos in zahllosen Gartennamen, sondern auch für Städte
und Dörfer gebräuchlich. Baumgart, Stuttgart, Neugarten, Wein-
garten, niederländisches Diergaarde, Marienwijngaard mögen
als wenige Beispiele aus grossem Vorrathe dienen.

Höher und zusammengesetzter als die Thätigkeit des Ein-
hegens ist die des wirklichen Bauens, wodurch der Mensch erst
sich und seinem Eigenthume ein Obdach schafft. In der langen
Reihe von Wörtern, die hieher gehören, steht als gemeinstes
an der Spitze unser *Haus* domus. Nicht viel weniger als tausend Ortsnamen, die dies Wort enthalten, sind uns bis zum
Jahre 1100 überliefert, auf weit mehr ist die wirklich vorhanden gewesene Zahl anzuschlagen. Und auch der heutigen Namen auf
-haus und -hausen ist eine so grosse Zahl, dass Beispiele sammeln Eulen nach Athen tragen hiesse. Weit seltener ist schon
die alte Form -husir wie Sindeoeshusir oder die jetzige -häu-
ser wie Weberhäuser. Auch die Menge der auf -hus, -husen
endenden wie Eihus, Holthusen ist in der Schriftsprache jetzt
sehr beschränkt, während sie in der hörbaren Sprache viel
häufiger erschallt. Daneben läuft noch niederländisches und
friesisches -huysen, -huizen wie Gesthuysen, Darthuizen und
mehrere ähnliche Formen. Am merkwürdigsten sind die verschiedenen Abkürzungen dieses Wortes unter den Namen. Hunderte von Fällen zeigen jetzt nur noch ein -sen wie Völk-
sen aus Volkiereshusun und vieles Aehnliche; ferner auch wol

ein blosses -se, obgleich diese scheinbare Endung grade aus
sehr verschiedenen Quellen entspringt. Sollte nicht von den
friesischen Namen auf -ns wie Heppens und ähnlichen wenigstens ein Theil zu -hausen gehören? Heriperhteshusun (sec. 8)
ist jetzt zu Herbstein geworden, Rotwardessen (sec. 12) zu
Rothwesten.

Neben Haus laufen mehrere Wörter her, die eine grössere
dialektische Beschränkung zeigen; den Vorrang darunter verdienen die, welche zum Verbum bauen gehören. Da fällt uns
zuerst das alts. *bodl* villa, ags. *botl* domus in die Augen, zu
dem sec. 9 ein Dallangibudli, sec. 11 ein Aldagesbutile und ein
Dutzend anderer Namen gehört. Dazu stimmen die vielen heutigen -büttel wie Wolfenbüttel, aber auch seltenere Formen, wie
Griesenbötel, Huusbytel, doch kaum ein auf -beutel ausgehen-
des, da die Deutung von Leerenbeutel, Wendebeutel, Zehrbeutel auf einem ganz andern Gebiete liegt.

Eine zweite Ableitung von bauen ist unser Wort *Bude*.
Alte Namen entgehen mir hier, während neuere wie Heubude,
Pechbude oder die zahlreichen Bauden des Riesengebirges da-
für Beispiele genug an Hand geben.

Eben so ist kaum ein alter Name zu unserm *Bau* aedifi-
cium gehörig, während im heutigen Deutschland Brunnbau, Al-
tenbau und seltenere Formen wie Hakeboe, Neubäu, Tichelboo
sich mehrfach zeigen. Vollends jung sind Namen wie Halbge-
bäu oder gar solche wie Extragebäude und Forstgebäude.

Aus derselben Quelle fliesst auch das ahd. *bur* habitatio,
jetzt nur noch in der Zusammensetzung Vogelbauer übrig; ausserdem vorhanden in zahlreichen Ortsnamen, die alt auf -bura,
-buri, -buria, -burin (Erlesbura, Mosaburi, Gaulichesburia, Gun-
nesburin und einige andere Formen ausgehn, während sie jetzt meistens auf -beuern, -beuren (Blaubeuern, Grasbeuren) oder -bü-
ren (Amelsbüren, Hasenbühren), zuweilen auch auf -bur, -bour
(Ekelbur, Ochtelbuhr, Hirtzenbour), -birn (Geisbirn) und viele
andere Nuancen der Schreibung und Aussprache endigen. Die
in den Niederlanden vorkommenden Gestalten stellen sich in
folgenden Beispielen dar: Boteburen (oft), Eekebuiren, Spijker-
boor (einziges Beispiel), Sandbuur, Hatenboer, Gratingabuurt
(oft), Buurtje. Bemerkenswerth ist besonders der alte Name
Driburi, Triburi, der jetzt als Trebur, Drever, Trebra und Dreb-
ber (auch Jakobidrebber, Mariendrebber u. s. w.) erscheint. Ro-

bern lautet sec. 9 Rodinesburon. Aber Reddeber und Heudeber, zwei nordöstlich von Wernigerode liegende Oerter, sec. 10
und 11 Rediburo und Hadeburun, sind mir auffallend und zweifelhaft, auch wegen des ersten Theiles der Composition. Bei
Reddeber hat man an eine vorgeschobene slavische Colonie gedacht und die Bevölkerung hatte auch bis auf neuere Zeiten
hin manches Eigenthümliche (ist etwa slavisch Ratibor zu vergleichen?).

Sehr selten findet sich wie es scheint das ags. und altfries.
bol domus, atrium in Namen; Scadebold aus sec. 9 und Cleibolton aus sec. 11 mögen das Wort enthalten. Neuere Ortsnamen auf -bold finden sich zwar einige, doch wage ich noch
keinen davon hier zu erwähnen, aus Furcht, ich möchte grade
einen Personennamen, der zum Ortsnamen geworden ist, her-
ausgreifen.

Ags. *borda* domus habe ich in altfries. Witebord sec. 10
gesucht; ob das oben unter *bur* angeführte niederländische
buurt dazu gehört?

Das hauptsächlich niederdeutsche Wort *Kothe, Köthe, Kathe* finde ich vor 1100 nur in dem Ortsnamen Cotun, jetzt aber
ziemlich häufig: Aalkathe, Schlendenkath, Hinterkotten, Kremers-
kothen u. s. w.

Synonym damit ist, soweit es nicht neuerdings für die
Sphäre des Bergbaus angewandt wird, das ahd. *hutta,* nhd.
Hütte. Ein verderbtes Gunpreshutten aus sec. 11 ist mir die
erste schwache Spur des Wortes in Namen, während gegenwärtig Mooshütten, Ludwigshütte und hunderte von andern sich
förmlich aufdrängen, grossentheils ihren modernen Ursprung
auch durch den ersten Theil des Namens verrathend; in den
Niederlanden sind mir nur zwei Beispiele, Ijsselhutte und Knalhutte
bekannt. Gehören die neueren friesischen Namen wie Buxte-
hude und ähnliche hieher oder bezeichnen sie die Hut und
Weide für das Vieh?

Aus der Hütte treten wir in ein viel stattlicheres Bauwerk,
den *Sal.* Die hieher gehörigen Ortsnamen will es noch nicht
recht gelingen von denen zu scheiden, die auf altes -sili ausgehen; Holtsele, Steinsele, Sumerseli sind Beispiele aus sec. 9—11.
Sehr viel zweifelhafter sind Okinsala aus sec. 7 und die erst
etwas später begegnenden Andassale, Brochsale, Wandersala.
Auch die zahlreichen neueren niederländischen Namen auf -zaal

und zeel wie Oldenzaal und Oldenzeel sind hier zu erwähnen, jedoch nicht mit völliger Sicherheit. Ebenfalls noch genauer zu untersuchen sind die zahlreichen Bildungen aus dem eigentlichen Deutschland, wie Lehmsal, Hohensall, Hochsaal, Einsahl, Eversäl, Brunsele, Nordsehl, Holzseelen, Ripensel, mit welchen Beispielen noch kaum die Verschiedenheit der Orthographie erschöpft ist.

Mit Sal hängt ahd. *salida*, mhd. *selde* habitatio, mansio zusammen, ein jetzt verschollenes Wort, das sich sec. 8 und 9 in Selidon, Pazhares salida, Preitenselden, Lilienselida zeigt und auch noch jetzt auftritt in Namen wie Brüllisellen und Wallissellen in der Schweiz, die noch sec. 13 Breitisseldon und Walaselde lauten. Noch deutlicher sind Eysölden, Obersölden, Laufenselden u. dgl. Gehören auch Formen wie Mittersill und Poggensill hieher?

Dass Selde uns abhanden gekommen ist, daran ist vielleicht das Auftreten des synonymen ahd. *heriperga*, nhd. *Herberge* Schuld. In den Ortsnamen scheint das Wort nicht alt zu sein, während jetzt Deutschland manche Oerter wie Herberg, Siegmundsherberg, Kiliansherberge aufweist. Auffallend ist das mehrfache Vorkommen des Namens Kalteherberge, dem ein englisches hundertfach begegnendes Cold Harbour so wie ein holländisches Koude Herberg zur Seite steht.

Im Gothischen wird ein Vorhof oder Aehnliches durch röhsns bezeichnet. Wäre es möglich, dass die tyrolischen Oerter Altrasen und Oberrasen, so wie die bei Fulda liegenden Dassenrasen, Kriesrasen, Nüsterrasen und endlich Buchrasen in Unterfranken noch einen Nachklang davon bewahren oder ist hier der Sinn von cespes anzunehmen?

Bekannter ist das Wort *Halle*, ahd. *halla*, welches der Bedeutung nach von Sal nicht weit abliegt. Das einfache Halla zeigt sich seit sec. 8, Oerter wie Hall, Halle so wie Zusammensetzungen wie Heinrichshall, Reichenhall, Friedrichshalle sind jetzt nicht selten; ist doch der Name Walhalla in dem Bauwerke bei Regensburg neu ins Leben gerufen worden. Wie sich übrigens Hütte in einem besondern Sinne wesentlich an die Erzbereitung anschliesst, so Halle an die Salzgewinnung; die keltische Hypothese kann damit füglich für abgethan gelten.

Das ahd. *war*, altn. und ags. *ver* domicilium giebt einigen sehr alten Völkernamen wie Angrivarii, Chattuarii u. dgl. den

Ursprung. Ein Ort Huocwar erscheint sec. 9, das jetzige Deutschland kennt ein Bettwar, Dittwar, Bottwar, Eiserwarr, die jedoch noch nicht mit Sicherheit beurtheilt werden können; von
den auf -wehr ausgehenden könnten einige hieher gehören,
doch ziehe ich es vor, sie erst an einer andern Stelle zu erwähnen.

Ein ahd. *wila* muss die Bedeutung von Haus gehabt haben. Dazu gehören viele Namen, die aber sich zuweilen mit
lateinischem ganz unverwandtem villa mischen. Wil, Wila erscheint sec. 6, Rotwila, Petruwila und Anderes schon um dieselbe Zeit und heutzutage begegnen Oerter wie Weil, Dorfweil,
Kleinweil nicht selten; von Kurzweil und Langeweile müsste
man, um sie recht beurtheilen zu können, erst wissen, wie alt
diese Oerter sind. Erwähnt werden müssen hier auch behufs
weiterer Aufmerksamkeit Namen wie Wiel, Görrwihl, Etzwiehl
und solche wie Wehl, Unterwehl u. s. w. Niederland hat etwa
zwanzig Namen auf -wiel wie Schagerwiel und Tryntjewiel, deren Etymologie jedoch aus mehrfachen Gründen noch unsicher
ist. Sehr häufig ist in der Schweiz der Ausgang -wyl (freilich
auch -weil), öfters verunstaltet wie in Pfaffel aus Pfaffwyl.

Ein hölzernes Bauwerk heisst ahd. *zimbar*, jetzt wird Zimmer nur noch zur Bezeichnung eines einzelnen Raumes im Hause
gebraucht. Schon sec. 8 ist Zimbra als Namen aufzuweisen
und Ancencimbra begegnet sec. 10. Gegenwärtig finden wir
Zimmer, Rothenzimmern, Neckarzimmern und ähnliche Formen.

Neben Zimmer, jedoch als minder edles Wort gilt jetzt
Stube, ahd. *stuba*, welches ovile, porcaritium bedeutet. Wir
haben es kaum in älteren Namen, während es jetzt Oerter giebt
wie Stube, Badstube, Holzstuben u. s. w.; als seltenere vielleicht
zum Theil hier auszuscheidende Formen erwähne ich Stove,
Stuven, Stubben, Stübben, Velstove, Eickstüve, Hürstubben.

Den Sinn von Haus und Stube vereinigt auch ahd. gadam,
mhd. gadem, welches sich in den Ortsnamen Berchtesgaden
(schon seit 1129), Holzgaden, Steingaden und andern noch jetzt
findet, sonst aber nicht mehr gebraucht wird.

Die beiden Ausdrücke *Stall* und *Stelle* haben sich jetzt
ähnlich wie Stadt und Stätte in ihrem Sinne besondert; in der
alten Sprache wechselt *stal* mit *stelli* in der Bedeutung von sedes, locus, stabulum. Das einfache Stalo erscheint sec. 9 als
Name; Haristal und Burgstallun sind schon ein Jahrhundert

früher nachzuweisen, Gegenwärtig gelten mehrere Formen: Stell, Stelle, Hohenstellen, Sundstelle, Stall, Stalle, Mitterstall, Galtestallung, niederl. Opstal; vielleicht hieher auch Stahl, Stahle, Hebstahl, Bornstahl, niederl. Dijkstaal und Aehmliches.

Nun noch einige Fremdwörter. Zuerst lat. *camera*, jetzt *Kammer*, sec. 8 in Chamara, jetzt in Kammer, Kupferkammer, Stubbenkammer, niederl. Steenenkammer und Anderem.

Ferner ahd. *caminata*, eigentlich ein heizbares Gemach, welches schon sec. 9 als Name nachzuweisen ist; Kemnade, Kematen, Dorfkemnathen, Oberkemnathen, Wenigkemathen und manche andere Formen bietet unsere neuere Geographie dar.

Drittens *Keller*, lat. *cellarium*. Ein tyrolisches Chellari kenne ich seit sec. 11, von heutigen Namen erwähne ich z. B. Keller, Steinkeller, Bergkeller, Riehterskeller. Die unzähligen Eiskeller und Felsenkeller sind selten als eigentliche Namen anzusehn.

Grossentheils Fremdwörter sind bekanntlich auch die Ausdrücke für die dem Gottesdienste gewidmeten Gebäude. Am verbreitetsten ist hierunter seit Einführung des Christenthums das Wort *Kirche* gewesen. Ein Chirichun erscheint sec. 9, Zusammensetzungen wie Paldilinkirka, Ufchiricha, Holzkiricha schon seit sec. 8 in grosser Anzahl. Jetzt ist die gewöhnlichste Form ersichtlich aus Namen wie Kirchen, Oberkirch, Puchkirchen, seltener ist niederdeutsche Lautgestalt wie in Nienkerk, Aldekerk, noch seltener das dialektische Kilche, welches sich doch schon sec. 11 in Starchenchilcha und Untkilcha findet. Enkirchen an der Mosel heisst sec. 10 Ankaraeha und gehört deshalb nicht hieher.

Pfarre ist in Ortsnamen selten, z. B. Pfarr, Enderpfarre, Mariapfarr.

Das Wort *Kapelle* zeigt sich sec. 10 in Kaldenkapellen, sec. 11 in Brunskapellun; neue Namen wie Capelle, Cappeln, Eiehkapelle, Kreuzkappelle begegnen oft, seltnere Formen zeigen Waldkappel, Mariacappel, Immekeppel und andere.

Das ahd. *petapur* capella, delubrum finden wir in mehreren Orten Namens Bedebur, Beddebure, Bettebur sec. 9, deren Bedeutung man aus ihren heutigen Formen wie Böbber oder Beber gewiss nicht herausfinden würde. Aus einem sec. 10 erscheinenden Bedeburn, das wahrscheinlich dasselbe Wort ist,

hat man seit ziemlich alter Zeit volksetymologisch Badeborn gebildet, als bedeutete der erste Theil lavare, der zweite fons.

Das Wort *Dom* ist kaum jemals als wirklicher Name gebraucht worden.

Lat. *monasterium* hat sich schon ˙sec. 8 in deutschen Namen wie Chremisimunistiuri oder Ilminumunstura eingebürgert;
neuere Namen sind Frauenmünster, Pfaffenmünster und ähnliche, auch einfaches Münster.

Viel häufiger wird zur Bezeichnung von Klöstern das lat.
cella angewandt, welches man seit sec. 8 in Manegoldescella,
Adalungicella etc. findet; einfaches Cella ist schon in demselben
Jahrhundert weit verbreitet. Jetzt schreibt man -zell wie in
Bronnzell oder Hundszell; aber Echzell, sec. 10 Achizwila, ge-
hört nicht hieher.

Claustrum Kloster ist in Namen wie Erlakloster, Kathari-
nenkloster und anderen erst jüngeren Ursprungs; eben so
Klause, z. B. Clues, Kaiserklause, Bärenklause, Handelsche-
Kluis; *Stift* z. B. in Karlstift, Magdalenenstift.

Den nächsten Rang nach den Gotteshäusern nehmen die
Herrenhäuser ein. Der ehrwürdigste Ausdruck ist hier *Burg*
arx; schon sec. 1 erscheint Teutoburgium und Asciburgium,
sec. 4 Quadriburgium, einfaches Burg erst sec. 8, und in derselben Form, ganz unangetastet, waltet es in tausend heutigen
Namen. Seltenere Formen, die übrigens theilweise aus -burg-
heim entsprossen sind, begegnen noch manche: Assumburgh,
Boetzelaersburgh; Culemborg, Drieborg; Monnikeborgen, Neuen-
seeborgen; Doesborgh, Emdaborgh; Kervenbork, Nelbork; Ne-
ckarburken, Osterburken; Kirchborchen, Nordborchen; Pürg,
Pürgen; Middelsterbörg, Onderbörg. Ein öfters vorkommender
alter und neuer Ortsnamen ist auch Biburg (sogar das nassauische Biberich heisst sec. 9 Biburg), welches eine Beiburg, d. h.
nach dem gewöhnlichen mittelalterlichen Sprachgebrauche eine
Vorburg zu bezeichnen scheint.

Mit Burg synonym ist das noch jetzt in Oestreich gebräuch-
liche *Burgstall*, ags. *burhstal*. Es zeigt sich sec. 8 in einem
Namen Burghstallun, seit sec. 9 in Formen wie Helingaburstalla,
Wigmannesburstal u. s. w. Im südöstlichen Deutschland sind
Oerter Namens Burgstall sehr häufig, in anderen Gegenden sel-
tener, im nordwestlichen Deutschland dagegen treten zwei er-

weichte Formen sehr zahlreich auf, -borstel (Kleinborstel, Lengenborstel) und -bostel (Brambostel, Budenbostel).

Die Burg ist neuerdings durch das prosaische *Schloss* verdrängt worden, welches sich aber in wirklichen Eigennamen nicht so verbreitet hat als in der übrigen Sprache; es kommt in Deutschland (kaum vor sec. 14) in etwa hundert Zusammensetzungen wie Marienschloss, Heidenschloss u. s. w. vor. Selten ist *Feste* in Namen, z. B. Altefeste, Franzensveste. Das lateinische *palatium* ist in seinen beiden Formen *Pfalz* und *Palais* in wirklichen Eigennamen nie zu rechtem Gedeihen gekommen, eben so wie *Fort* und *Citadelle* in aussermilitärischen Kreisen nicht recht heimisch geworden sind. *Castellum* scheint in Oertern wie Bernkastel, Rheinkassel u. s. w. zu leben, obgleich deminutive Formen zu Kasten (= Scheune, s. unten) sich leicht damit vermengen.

Der hiemit abgehandelten kirchlichen und fürstlichen Gebäude gemeinsames Merkmal ist der *Thurm*. Das ahd. *turn* selbst kenne ich vor 1100 nur in drei Beispielen, Turn, Holthurn und Zugenturnen, jetzt dagegen ist es nicht selten vorhanden; vgl. Turn, Turna, Wildthurn; Thurm, Schenkenthurm, Fuchsthurm; niederl. Duiventoren, Geldersche-Toren u. s. w.

Häufiger ist ahd. *warta*, nhd. *Warte*, vgl. z. B. Warta und Hohinwarta, welche das Wort in Namen seit sec. 9 belegen; neuere Formen sind z. B. Warte, Königswarth, Hohenwarte, die sich aber in einzelnen Fällen schwer von den oben verzeichneten Namen auf -werth, -warden u. dgl. sondern lassen.

Auch ein fremdes Wort muss hier seine Stelle finden, das latein. *specula*. Die vollere deutsche Form *spiegel* findet sich noch in mehreren Oertern Namens Spiegel; ob die Mühle Eulenspiegel bei Clausthal wirklich noch das Wort unmittelbar oder schon den bekannten Personennamen enthält, kann ich nicht entscheiden. Gewöhnlich tritt dagegen eine Zusammenziehung ein, so schon sec. 10 Spiliberch, sec. 14 Criemildespil und jetzt in einem Dutzend Namen wie Spiel, Odenspiel, Eberspiel u. s. w., die nicht alle sicher sind, da Eberspiel auch aus Eburesbuhil entstellt sein könnte.

Bei dem Thurme liegt in, der Regel das *Thor;* wir kennen es sec. 8, z. B. in Aratora, sec. 9 in Lindduri. Jetzt haben wir beide Formen unserer Sprache in Namen, die eine seltener, z. B. in Thür, Mackenthür, Himmelsthür, die andere in unzähligen Thornamen, ausserdem aber auch in Namen bewohnter Oerter wie Sandthor, Rothenthor u. dgl. Winterthur ist aus keltischem Vitodurum entstanden und so mögen sich auch noch andere Namen in den deutschen Kreis eingeschlichen haben. Daneben steht das lat. *porta*, ahd. *phorta*,, nhd. *Pforte*, wofür z. B. Seligenporten, Schulpforte, Himmelpforte, niederl. Sassenpoorte, Zandpoort Belege liefern. In Formen wie Porz, Neuporz, Weissenportz nehme ich weitere Verdeutschung des Fremdwortes an; Stainporz zeigt sich schon sec. 11.

Das Thor führt uns in bürgerliche Kreise und da begegnet uns eine Gruppe von Ausdrücken, welche zur Bezeichnung gewisser gewerblicher Anlagen verschiedener Art dienen. Keiner dieser Ausdrücke aber ist älter und häufiger als *Mühle*. Hier findet sich wieder ein merkwürdiger Gegensatz; in alten Namen ist das Wort selten, vgl. Mulin sec. 8, Mechitamulin und Rudolfesmulin sec. 9, Pachmuole sec. 11. Dagegen sind neuere Formen auf Mühle unendlich häufig; woneben noch einige seltenere Schreibarten wie Michlen, Mollen, Müllen, Möhl, Obermichl, Altmölln, Buchmüllen, Lüümöhl, Hagmolen, Nicuwermeulen u. s. w. herlaufen.

Ob das goth. *quairnus* Mühle in Namen als Grundwort vorkommt, kann bezweifelt werden; alle solche Formen wie Froschkern, Moselkern, Landkern, Niederkirn, Kleinköhren, Grosskühren, Oberkorn, Einkorn wage ich noch nicht sicher zu beurtheilen.

Eine Walkmühle wird auch häufig durch das Simplex *Walke* bezeichnet, daher Oerter wie Walke, Stadtwalke, Tuchwalke, Weilewalke.

Solche Ausdrücke für gewerbliche Anlagen häufen sich in dem Kreise der Metallgewinnung. *Grube* gehört meistens hieher, wenn auch freilich nicht immer an Bergwerke bei diesen Namen zu denken ist. Obenan steht aus sec. 8 Teofungruoba und Wolfgruba, aus sec. 9 einfaches Groba. Neuere Formen wie Schergengrub, Steingrube sind häufig, seltener Nebenformen wie Leimgröben, Schluisgrove, Essergroeve, Bleigroif. Eine Erweiterung durch t, nicht immer von den entsprechenden zu Graben gehörigen Formen zu scheiden, zeigt sec. 8 Arezgrefte, jetzt Namen wie Hohlegruft.

Das Wort *Bergwerk* ist nur in neueren Namen vorhanden, z. B. Kohlenbergwerk, Eisensteinbergwerk Sie sind zum grössten

Theile noch gar nieht echte Namen geworden, eben so wenig
wie das einfache *Werk* in Bildungen wie Hüttenwerk, Alaun-
werk, Königswerk, Hofwerk und ſunehen anderen.

Unter dieselbe Kategorie fallen auch diejenigen Ortsnamen,
die auf *Zeche, Stollen* oder *Schacht* ausgehen, wie Königsze-
che, Friedrichsstollen oder Kohlenschaeht, desgleichen die auf
Schmelze wie Neuschmelze und Silberschmelze (gehören dahin
auch die Oerter Schmölz, Sehmolte, Schmolz?).

Eben so neu wie alle diese Ausdrüeke ist *Ofen* in Namen
wie Glasofen, Bleiofen, niederl. Bakoven u. s. w.

Zu *Schmiede* fabri officina gehört zwar sec. 11 Smithen,
doch kann das auch den Dat. Plur. fabris bedeuten, zumal da
alle übrigen Ortsnamen wie Nagelschmiedte, Eckernschmiede
u. s. w. entschieden neu sind.

Der Schmiede nahe stellt der *Hammer*, welches Wort sehr
häufig vorkommt und vielen Oertern den Namen gegeben hat,
wo längst kein Hammerwerk mehr besteht, z. B. Silberhammer
bei Danzig.

Gehn wir von der Metallarbeit zum Landbau über, so
finden wir ein paarhundert Namen auf Vorwerk wie Ritter-
vorwerk und Marienvorwerk, darunter jedoch keinen einzigen alten.

Die Ausdrüeke für den Begriff einer Scheune sind dagegen
zum Theil sehr alt. Als ersten derselben erwähne ich *barn*, worüber
man Schmellers Wörterbuch nachsehe und wozu ich sec. 11
einen Ort Barne rechne; weiter weiss ich nichts dahin Gehöri-
ges. Zweitens ahd. *chasto*, Speicher, Scheune, noch jetzt in
Schwaben *Kasten* genannt; dazu gehört sec. 8 Tricasti und
Wintercasto, jetzt einige wenige Namen wie Rothenkasten, Ho-
henkasten, die aber zuweilen wol wie Röhrkasten das Wort in
seiner jetzigen Bedeutung haben; auch Aalkist ist wol anders
zu fassen. Drittens ahd. *scura*, nhd. *Scheuer*, wozu sec. 8
Cumbiscura, jetzt Ottoscheuer, Heuseheuer (auch Bergname) und
anderes, vielleicht auch Pilschür bei Elberfeld. Das damit verwandte ahd. *scuginna*, nhd. *Scheune* kenne ich als Grundwort
nur in neuen Namen wie Ziegelscheune und Kalkscheune.
Ahd. *scopf* bedeutet vestibulum, besonders eine Art von
Scheune, nhd. oder 'vielmehr niederdeutsch heisst das Wort
Schuppen. Der Ortsname Schopffen, jetzt Oberschopfen in Baden, findet sich sec. 11; dazu gehören jetzt z. B. Pannenschop-

pen, Kleinschopf, Goldschupfen. Endlich ahd. *stadal*, sec. 11 in einem Namen Stadelun, jetzt ziemlich häufig, z. B. in Ziegelstadel, Langenstadl, womit aber deminutive Bildungen von Stadt urbs wie Freistadtl, Gränzstadtl sich ganz leicht vermengen. Das schweizerische -stalden (in Clusstalden etc.) wird zwar als steiler Bergpfad erklärt, doch ist zu erwägen, ob es nicht häufiger aus unserm stadal entsprungen ist; schon sec. 8 heisst derselbe Ort Turestodohus und Turestolda.

Auf die Erholung von den Mühen des Tages weisen Ortsnamen hin wie Dolgenkrug, Dornkrug, Haselschenke, Judenschänke, wie sich auch unter den auf -haus endigenden Namen manche finden, die speciell auf -wirthshaus oder -gasthaus ausgehen; auch das oben angeführte Herberge streift an diese Klasse.

Zollhäuser geben Ortsnamen öfters ihren Ursprung; vgl. Schleusezoll, Hochzoll, Altenzoll; Mauth, Irlmauth, Hohenmauth; einige auf -muth sind mir noch ungewiss wie Calmuth, Wiedmuth u. dgl.

Wo sich viele Häuser und damit viele Menschen befinden, reichen die natürlichen oder nur durch Ebenung des Bodens hergestellten Wege nicht aus; es müssen Wege gebaut werden. Dafür heisst das ahd. Wort *gaza*, nhd. *Gasse* platea. Vor sec. 10 und 11 (Wihegaza, Ruthardesgazza) finde ich kein sicheres Beispiel, wenn man nicht etwa bis auf Menosgada (sec. 2) zurückgreifen will. Jetzt sind Gassen in allen deutschen Städten benannt und ein Gassenlexicon dürfte ein verdienstliches, aber ziemlich umfangreiches Werk sein; aber auch etwa hundert ganze bewohnte Oerter gehn auf -gasse aus, wie Kreuzgasse, Obergass u. s. w. Die niederdeutsche Gestalt *gat* u. s. w. mit dem Nebensinne von Thor oder Wasserstrasse erscheint in deutschen Namen wie Seegat, Geschengat, in niederländischen wie Barndegat, Bischopsgat und vielen anderen.

Eine Gasse, besonders in einigen Gegenden eine enge, bezeichnet man mit dem Worte *Gang*, welches wir schon in dem Sinne von Flusslauf erwähnten. Wir haben hier noch Namen anzuführen wie Birkengang, Strassgang, Irrgang. Gehört auch umgelautetes Obergäng hieher?

Vornehmer ist das Fremdwort *Strasse*, lat. via strata, das wir schon sec. 8 in Straz und Hohinstraza, bald darauf in mehreren anderen Ortsnamen finden. Jetzt giebt es Strassen auf

-strasse überall und auch ganze Dörfer und Städte enden sich
noch häufiger auf Strasse als auf Gasse, z. B. Landstrasse,
Hinterstrass, niederl. Baarstraat, Biestraat.

Wo sich die Strasse so erweitert, dass die Breite der
Länge einigermassen nahekommt, entsteht ein *Platz*. Ein solcher,
namentlich in dem engeren Sinne von Versammlungsplatz oder
Gerichtsstätte, heisst ahd. *mahal*. Dazu gehört als bekanntes-
stes Beispiel sec. 8 Theotmalli, jetzt theils Detmold (noch 1674
finde ich Dietmelle), theils Kirchditmold bei Cassel, nun in Wilhelmshöhe umgetauft; ferner Morismahil sec. 11, ein Ort an
der belgischen Grenze. Von Gesmold, Gettmold, Rothenditmold
und Wittmold weiss ich noch nicht die alten Formen; Fersmold
heisst sec. 11 Fersmel. Es mag das Wort noch in vielen andern Ortsnamen stecken, sie sind aber schwer von manchen
andern, zum .Theil sogar wol undeutschen Bildungen zu sondern (-mala, -mal, -mael, -melle u. s. w.), die noch einer speciellen aber lohnenden Untersuchung bedürftig sind.

Das nhd. *Platz* ist nur in neueren Namen gebräuchlich,
die theils wirkliche Plätze in Städten, theils ganze bewohnte
Oerter bezeichnen, z. B. Grünenplatz, Himmelplatz, Holzplatz.

Im Zusammenhange damit steht das seltenere *Plan*, das
zum Theil auch Plätze in Städten, wie z. B. den Paulsplan in
Halberstadt, zum Theil Städte und Dörfer selbst benennt, wie
z. B. Kirchenplan, Kugelplan u. dgl. Im Innkreise Oberöstreichs
liegen auch zwei Oerter Edenplain und Flörlplain.

Der gewöhnlichste Ausdruck für solche Plätze in Städten
ist jetzt *Markt*, welches durch bekannten Bedeutungsübergang
ähnlich von dem täglichen oder wöchentlichen Handel und Verkehr ausgeht, wie sich mahal an den öffentlich und feierlich
gepflogenen Rath anschliesst. Ausser den vielen auf -markt
ausgehenden Plätzen kennt Deutschland etwa vierzig bewohnte
Oerter wie Vöcklamarkt und Neumarkt, Niederland etwa acht,
Belgien sechs, worunter drei auf -merkt enden.

Viele Plätze heissen noch jetzt *Kirchhof*, wie Petrikirchhof
u. s. w., obgleich ihnen, wenn sie in Städten liegen, die Sani-
tätspolizei längst ihre ursprüngliche Bestimmung genommen und
ihnen dadurch mehr den Charakter eigentlicher Namen gegeben hat.

So viel von Strassen und Plätzen. Wird die Strasse über
einen Fluss gebaut, so heisst sie *Brücke*. An der Spitze dem

Alter nach steht hier Brügge in Flandern, schon sec. 7 Bru-
gae, dann folgen sec. 8 Osnabruggi, Specbrucca und andere
Namen, jetzt ausser vielen tausend eigentlichen Brückennamen
ausserordentlich viele Ortsnamen im engern Sinne. Die For-
menverschiedenheit zeigen die Beispiele Zweibrücken, Oderbrück,
Altenbrücke, Hochbruck, Mohrbrügge, Baambrugge, Atzenbrugg,
Berbruggen, Baarlebrug. Memmerken im Limburgischen ist aus
Membruggen entstanden.

Ich habe Namenbuch II. 1288 darauf hingewiesen, dass
ein noch namentlich in Westfalen vorkommendes *Speck* so viel
als Brücke bezeichnet und auch in Ortsnamen vorhanden ist.
Da das Wort mit dem ags. spaec vimen, sarmentum und mit
altn. spic bacillus pineus zusammenzuhängen scheint, so ist hiebei wol zunächst an eine aus Holzstäben gebildete sogenannte
Knüppelbrücke zu denken. Am deutlichsten gehören hieher die
sec. 11 im Bisthum Hildesheim vorkommenden Ortsnamen Ge-
stine spekkia, Widukindespeckian und Wetan spekkia, vielleicht
auch schon sec. 8 ein Specka und ein Spechaa, beides im südwestlichen Deutschland. Unsicherer sind schon in der Bedeutung altniederländische Namen wie Herispich (sec. 9), Leunspih
(sec. 8) und Thornspic (sec. 8). An diese schliessen sich mehrere neuere Namen in den Niederlanden, wie z. B. Doornspijk.
Aber in Deutschland kommt theils einfaches Speck, Spick, Spöck,
Spyck, theils zusammengesetzte Formen wie Lühnenspecken,
Wahlspeck, Unterspöck mehrfach vor.

Mit der Brücke hat eine Aehnlichkeit das quer durch den
Fluss zur Erhöhung des Wasserstandes angelegte *Wehr*. In
alten Namen ist mir das Wort unbekannt, von neueren begegnen manche, z. B. Lachswehr, Fischwehr, Coldeweer. Da mhd.
auch *wuor* das Wehr heisst, so sind hieher gehörig Formen
wie Exlwöhr, Mitterwöhr, welche mit solchen wie Wuhr, Un-
terwuhr oder Wühr, Holzwühr, auch wol mit Wiehre sich nahe
berühren.

Schleuse findet sich in ganz alten Namen noch nicht, doch
jetzt in Rhinschleuse, Fangschleuse, Zerpenschleuse u. s. w., so
wie in den niederländischen Namen auf -sluis wie Almesluis,
Ambtsluis.

Unvollständige und daher bewegliche Brücken heissen
Fähren. Ich finde das Wort (seine Bedeutung mag indessen
öfters mit dem stammverwandten Furt übereinkommen) in dem

schon oben erwähnten Niwifaron (sec. 8) und Durthfere (sec. 11);
aber ferner auch in vielen neueren Namen wie Fahr, Führ,
Fehr, Rheinfähr, Schadefähre, Niederfehra, Langefahr, Neufahrn.
Wie sich nun das oben besprochene Wehr zu mhd. wuor ver-
hielt, so verhält sich auch höchst wahrscheinlich Fähre zu einem mhd. vuore und hierdurch erledigt sich wol auch die Frage
Müllers im mhd. Wörterbuch III, 263, was der Ausdruck zuo
Rôme an der vuore bedeute.   Bestätigt wird diese Ansicht
durch Namen wie Wasserfuhr, Stephans Ueberfuhr, Eichführ,
Abführen, Hiddenseer Führe u. s. w.   Aber Langenfuhr im
Kreise Arnswalde des Regierungsbezirks Frankfurt und Lange-
fuhr bei Danzig liegen weit von jedem nennenswerthen Gewässer; hier muss das -fuhr etwa die Bedeutung von Strasse
haben.

Bis hieher von den Namen einzelner Bauten; nun zu den
Collectivbegriffen für Gruppen von allerlei Bauwerken, in welchen sich die Menschen zu geselligem und schützendem Zu-
sammenwohnen vereinigten.   Das allgemeinste dieser Wörter,
das zugleich dem Begriffe des einzelnen Hauses noch am nächsten steht, ist das goth. *haims*, ahd. *haim*. Ich habe in meinem
Namenbuche ein Register hieher gehöriger alter Namen gegeben, welches weit ins zweite Tausend hineinreicht.   An ehr-
würdigem Alter ähnen diese Namen denen auf -burg, vgl.
$Bov\lambda\alpha\iota\mu ov$ sec. 1, $T\varepsilon v\varrho\iota o\chi\alpha\iota\mu\alpha\iota$ sec. 2, Salachaem und anderes sec. 5.   Die gewöhnlichsten Formen bis sec. 11 sind dann
haim, heim, hem, ham, him, z. B. in Wingishaim, Avelsheim,
Wilkenhem, Pluenham, Astehim, doch fällt auch schon der Anlaut aus wie in Ahenaim und Evergothessem oder es tritt unorganische Schreibung des Diphthongs wie in Blazheym ein
oder es wird der Auslaut corrumpirt wie in Holzhusinhein, zum
Theil wol nur in schlechten Abdrücken der Urkunden.   Schreibungen wie Walahom erinnern an die englische Gestalt des
Wortes.   Wenn dagegen in der ersten Hälfte des 8. Jahrhunderts um Weissenburg Batsinagmi oder Hischaigitisagmi geschrieben wurde, so sind das alterthümliche Formen von höch-
stem Interesse, die mir eine Zeitlang die Meinung möglich machten, als liege hierin noch eine vorgothische Form vor, die auf
den Ursprung von haim aus hag-m hinwiese; doch sprechen
wol zu erhebliche Gründe für eine andere Ansicht.

Dieser Formenfülle steht eine gleiche in den neueren Orts-

namen gegenüber. Die gewöhnlichste tausendfach wiederkeh-
rende Gestalt ist in Deutschland -heim, z. B. Mannheim; -haim
ist wol gänzlich verschwunden, dagegen -ham ziemlich häufig,
z. B. in Durham, Edelham u. s. w., selten ist -hem, z. B. in
Brünninghem. Oefters verschwindet in diesen Formen der an-
lautende Consonant, z. B. in Gossam, Ittensam, Dahlem, Bles-
sem, Arnim. Dagegen tritt bei einigen Formen die Veränderung ein, dass altes inc-heim sich zu -kam verunstaltet, z. B.
in Attenkam, Hörlkam u. s. w. Eigenthümlich ist das nord-
westdeutsche (und flandrische) -um oder -om für -heim, z. B.
in Vossum, Styrum, Webbecom u. s. w. Noch stärker ist die
nicht seltene Abschwächung von -heim zu blossem -en oder
von -incheim zu -ingen. So entstand Bünzen von Binuzhaim,
Wolsen aus Wolfsheim, Neckar-Gröningen aus Gruonincheim.
Belm aus Belaheim und Aehnliches lässt endlich den zweiten
Theil zu einem einzigen Buchstaben zusammenschwinden. In
den Niederlanden ist die häufigste Form -um (etwa 200 Fälle,
z. B. Assum), halb so häufig ist dort -hem (Blaarthem), nur
etwa 30 Male begegnet -ham (Foksham); nur vereinzelt kommen vor die Schreibungen -heim (Etershcim), -heem (Ernstheem),
-hiem (Keizershiem), -em (Baexem), -kom (Bennekom), -en (As-
sen). Schon Belgien gewährt einen ganz andern Anblick; hier
stehen 300 Fälle von -hem und -em an der Spitze (Anseghem,
Auwegem), dann folgen etwa 80 Fälle von -om (Broukom),
hierauf acht Beispiele von -um (Gorssum) und endlich einige
wenige -heim (Petersheim), -ham (Oostham) und -am (Houtam).
Im Elsass und der Schweiz ist die einzige Form -heim.

Trotz dieser Mannigfaltigkeit und Verbreitung ist Heim als
einfaches Wort in unserer Sprache längst verschollen; schon im
Ahd. ist es als Substantivum nur noch selten. Wir haben jetzt
eine vierfache Abstufung für bewohnte Oerter, die aus mehreren Grundstücken bestehen, Stadt, Flecken, Dorf und Weiler,
wovon das letzte noch dazu wenig Leben mehr in der Sprache hat.

Stadt ist ursprünglich nur locus und in den Ortsnamen ist
auch diese Bedeutung anzunehmen, um so mehr als die meisten Oerter auf -stadt nie eine Stadt in unserem Sinne gewesen sind. Das Wort reicht weder an Alter noch an Verbreitung im Entferntesten an Heim, es wird sich vor sec. 8 kaum
ein Zeichen seines Vorkommens in Ortsnamen finden. Die Ver-

schiedenheit der alten Formen veranschaulicht folgende Reihe: Rudolfestat, Sciffestad, Nechilstedi, Marcstede, Metzesteten, Athersteti, Attunstete, Bisinstidi, Werstidde, woneben noch einige ganz unorganische Gestalten herlaufen. Heutige Formen: Darmstadt, Mühlstatt, Allstedt, Arbesstätt, Frauenstett, Halfstede, Ottsted und Anderes.

Die ursprüngliche Bedeutung von *Flecken* (richtiger wäre Flecke zu schreiben) ist die von Stück, welche das nhd. Fleck behält, während Flecken sich in den Begriff von vicus und macula spaltet; daneben gilt Flick (Flicke, Flicken) als ein Stück von Zeug. Ahd. heisst das Wort flech und fleccho, mhd. vlec, welches schon öfters ein Stück Landes bedeutet (wisevlecke Grasplatz). Ein Wisiflech, vielleicht aus sec. 11, bildet auch den ältesten hieher gehörigen Namen. Gegenwärtig liegen in Deutschland etwa zwanzig Orte wie Fleck, Flecken, Grünflecken, Lichtefleck, Nesselfleck, Pfaffenfleck, Wiesfleck. Im Niederländischen gilt für einen Ort oder Platz plek neben vlek, doch weiss ich keinen darauf ausgehenden Ort ausser etwa Engelbrechtsplekje und Jaapjespleck in Südholland. Im Sinne von macula haben die Niederländer die Form vlak. Nun giebt es in Niederland eine Anzahl Oerter wie Vlak, Vlake, Vlakke, Schulpvlak, Kaap-Boersvlak, Langevlak, Maldersvlak, Vriesche-Vlaak, Watervlak, Wieringer-Vlaak, die theils bewohnte Oerter, theils Dünen oder Sandbänke bezeichnen. Da niederländisch vlakte die Fläche, vlaak ein Flechtwerk oder eine Hürde bedeutet, so sind diese Oerter, von denen keiner im früheren Mittelalter erscheint, in Hinsicht ihres sprachlichen Verhaltens noch näher zu untersuchen. Marktflecken ist erst eine jüngere Composition und scheint in Namen nicht verwandt zu werden.

Dorf ist häufiger als Stadt und Flecken, seltener als Heim. Austondorph und Gerleichesdorf aus sec. 7 dürften die ältesten Beispiele sein. Alte Formen: Wagindorf, Wurgelstorf, Pillinthorf, Berenburstorph, Amalungesdorph, Papingthorp, Accastorp, Bunistharpa und andere; neuere: Altendorf, Sommerstorf, Daldrup, Heckentrup, Hattrop u. s. w. Obrdruf finde ich noch a. 1537 Ordorf geschrieben, aber schon in demselben Jahre kommt ein dort Geborener als Ordruvius vor. Das niederdeutsche drup, trup reicht nicht bis in die Niederlande; in diesen gilt als häufigste Form dorp wie in Baursdorp, woneben etwa funfzehn Oerter auf terp wie Gelterp erscheinen. Letzteres

terp ist wiederum in Belgien unerhört und es gilt dort nur
dorp. Ein schweizerisches Kradolf im Thurgau ist aus Kra-
dorf entstanden.

Weiler ist schon in alten Namen weniger der Zahl so wie
der geographischen Ausdehnung nach verbreitet als Heim, Stadt
und Dorf. Sec. 7 kommen die ersten Namen damit vor; alte
Formen sind: Amalpertiwilari, Amalgereswilare, Danswilere,
Azolfeswilre u. s. w.; ausserdem mehrere, bei deren Orthographie der Gedanke an eine Ableitung aus lat. villa zu Grunde
zu liegen scheint, wie Huttinvillare, Ballonevillare u. s. w. Jetzt
ist die Form Weiler wol die einzige in Deutschland vorkommende, z. B. in Berweiler, Herzogsweiler, wogegen die Franzosen mit den elsassischen und lothringischen Namen allerhand
Verunstaltungen wie -willer, -viler u. s. w. vornehmen, auch
wie es scheint die Grenze zwischen diesem Wort und Weiher
(vivarium) nicht scharf innehalten. Die nördlichste Schreibung
mit blossem i begegnet in Nijswiller in der Gegend von
Limburg.

Wir kommen jetzt zu selteneren Wörtern für Dorf und
Stadt; dass Hag gleichfalls diesen Sinn hat, führte ich schon
oben bei den Wörtern für Wald an.

Das goth. *drauhts*, ags. *driht*, altfries. *drecht* populus, gens
muss in Ortsnamen den Sinn von Dorf oder Stadt angenommen
haben, wie schon einige wol nicht vor sec. 11 begegnende Formen (Menkenesdrecht, Mydrecht u. a.) darthun. So ist auch
Dordrecht und Utrecht zu beurtheilen, denn man hat in die lateinische Form Trajectum nur eine volksetymologische Deutung
gelegt.

Goth. *veihs*, fries. und alts. *wik*, ahd. *wich* entspricht dem
lat. vicus. Wir kennen es sec. 7 in Luonewich, sec. 8 in Bardanwich. Als heutige Formen zähle ich auf Brauswig, Oster-
wiek, Bardowick; in Braunschweig, Malbergweich, Sefferweich
ist der Vocal diphthongisch gedehnt. Göttweig dagegen scheint
zu ahd. wih sacer zu gehören (deo sacrum). In den Niederlanden gilt sehr häufiges (fast hundertmal vorkommendes) -wijk,
z. B. Beuckenswijk, Beverwijk; Zuuk in Geldern ist aus Zuid-
wijk entstanden, Betsik in Nordbrabant aus Bitswijk. In Flandern sind die Schreibungen -wyk, -wyck üblich wie in Dorp-
wyk und Drieswyck. Meeswyck an der Maas finde ich a. 1530
Masebic genannt.

Da im goth. veihs das s nicht ein blosses Nominativsuffix, sondern zugleich der Auslaut des Stammes ist (Gen. veihsis), so ist hier gleich der sec. 8 mehrfach begegnende Name Wihsa zu erwähnen und in der That schliessen sich hieran folgende deutsche Ortsnamen: Weichs, Wiechs (auf älteren Karten auch Weix, Wiex geschrieben), Hörweix, Kleinweichs, Noderwiechs, Pielweichs, Sonderwichs; leicht mag bei ähnlichen Formen niederdeutsches Wiesche für Wiese und umgekehrt mit unterlaufen. Als warnendes Beispiel dafür, wie unsicher alle Namendeutung ohne Kenntnis der alten Formen ist, führe ich an, dass Wiesen bei Alzey sec. 8 Wichse und Weiss bei Neuwied sec. 11 Wissa lautet.

Fremdwörter für die zuletzt behandelten Begriffe pflegen wir nicht eben anzuwenden; geschmacklos ist es, wenn eine Oertlichkeit in der Nähe von Wien das Hameau genannt wird.

Alle bisher besprochene Thätigkeit des Menschen durch Graben, Pflanzen, Einhegen und Bauen hat ein gemeinsames Ziel, es ist der Besitz, nach dem der Mensch strebt. Diese Sphäre ist die höchste, die in den Ortsnamen zum Ausdruck kommt und daher nimmt sie hier naturgemäss die letzte Stelle ein.

Der Besitz aber erzeugt zunächst den festen Begriff der Grenze und einige hieher gehörige Wörter, die an den oben behandelten mehr sinnlichen Sinn von Zaun oder Gehege erinnern, müssen hier besprochen werden.

Wir sahen schon oben, dass der alte Begriff von *Mark* = silva schon in den alten Namen kaum mehr durchblickt; um so mehr ist in den neuen wie Petersmark, Steiermark und anderen die Bedeutung von limes anzunehmen. Haberlsmarch, Rittersmarch und Wollmarch sind wol nur Beispiele einer seltenen Schreibung. Dass aber ein ganz verschollenes mark auch Fluss bedeutet haben muss, ist der Form wegen hier zu erwähnen; eine Wimarka fliesst sec. 8 in der Gegend von Stade und eine Rumptsche Mark kennt man noch jetzt in Geldern. Dass ein indogermanisches marga schnell bedeutet haben muss, ist in Kuhns Zeitschr. X, 399 dargethan.

Man hat, wie ich Namenbuch II, 1281 auseinandersetzte, mehrfach darüber gestritten, was das alte in Namen vorkommende Wort *snaida* bedeute. Mir ist es am glaublichsten, dass es, wie *Scheide* die physische Grenze, so seinerseits die politische anzeigt. Wir kennen Formen wie Sneita, Otensneita, Isneida, Paphinisnaida schon seit sec. 8; ihnen entsprechen neuerdings einfaches Schneit, ferner Hinterschnaid, Eckschneid, Abschnede u. s. w. Niederland und Belgien kennen diese Formen nicht.

Weit seltener ist das fries. *swethe, swette* Grenze aufzuspüren; ich finde nur sec. 10 ein Suetan, jetzt Zwieten in Holland, sec. 11 ein Wurmorasweta ebendaselbst. De Swette oder Zwette heisst ein Landrücken im niederländischen Friesland, Zwet, Zwoth, Zwette lauten mehrere Oerter und auch Gewässer in Holland. Einige Namen im nordöstlichen Deutschland und in Preussen werden slavisch sein. Ist denn jetzt gar kein Beispiel mehr von einer auf diesen Ausdruck ausgehenden Composition vorhanden? Munnike-Zwette bei Gröningen ist ein Gewässer.

Was von der Grenze (dieses slavische Wort selbst ist in Ortsnamen nicht üblich) umschlossen wird, bildet einen Bezirk oder ein Land. Hier wären zunächst die beiden Wörter *Gau* und *Land* zu behandeln, ich habe sie indessen schon oben bei der Besprechung der Ausdrücke für Feld vorweggenommen.

Das goth. *reiki*, ahd. *richi*, nhd. *Reich* regnum, imperium ist zwar in alten Namen wie Ostarrike (sec. 10) sicher vorhanden, bedarf jedoch in andern, z. B. Einrichi (sec. 8) der grösten Vorsicht, da in solchen Formen sicher öfters ein undeutsches Wort vorliegt, in einigen Fällen auch das r noch zum ersten Theile gehört und das übrig bleibende -ich dann meistens eine Entartung aus keltischem -iacum ist. Eben so sind manche neuere Länder- und auch Ortsnamen (Frankreich, Himmelreich, Königreich) sicher hieher gehörig, während z. B. Oestrich im Regierungsbezirk Aachen (sec. 11 Hostrich) mir schon, wie manche andere, Bedenken erregt. In den Niederlanden sind etwa ein Dutzend Oerter wie Oostenrijk oder Houtrijk, doch unterliegen sie gleichfalls noch Zweifeln; Houtrijk z. B. heisst sec. 11 Holtreka.

Durch Grimm ist ein ganz verschollenes Wort wieder entdeckt worden, welches alts. *bant*, ahd. *banz, panz* gelautet und Gau oder Gebiet bedeutet haben muss. Die Tubantes sec. 1 und die Bucinobantes sec. 4 müssen von solchen Gebieten benannt sein, sec. 7 findet sich Ostrevant, sec. 8 Bracbantum, Suiftarbant, Destarbenzon und einfaches Bant, sec. 9 Bursibant, sec. 11 Banze; es könnte sogar das pannonische Scarabantium (sec. 3) hieher gehören. Auch jetzt begegnet noch mehrfach einfaches Band, Bant, Banz, auch Bente, Benthe könnte hieher gehören. Brabant ist nicht bloss Name des Landes, sondern bezeichnet auch Oerter in Westfalen und am Niederrhein; ich erwähne ferner Bagband aus Ostfriesland und Altenbanz aus Oberfranken; Vilchband, südwestlich von Würzburg, heisst dagegen sec. 9 Filuhonbiunte. Am Niederrhein heisst noch hie und da Band, Bande eine Wiese und aus diesem Begriffe mag sich der andere entwickelt haben wie Gau aus dem Sinne von Feld, Mark aus dem von Wald.

Auch die Einöde, das unbebaute Land scheint einem Worte dieser Bedeutung zu Grunde zu liegen, nämlich einem ausser in den Namen untergegangenen *bara*, welches ich zu ahd. bar vacuus, nudus stellen möchte. In Schwaben begegnen sec. 8 Bara, Albuinipara, Adalhartespara, Pirihtilinpara, Perahtoltespara, Folcholtespara. Noch jetzt heisst ein Theil Schwabens die Baar, sonst ist dergleichen kaum mehr vorhanden.

Regio oder pagus muss auch in der alten Sprache durch *aiba* oder *waiba* bezeichnet worden sein; vgl. aus sec. 4 Anthaib, Banthaib (Bainaib), Wurgondaib, aus sec. 8 Wedereiba und Wingarteiba. Das Wort ist jetzt auch wol in den Namen untergegangen und die Wetterau hat volksetymologische Umbildung erfahren.

Das ahd. *huntari* bedeutete die Unterabtheilung eines Gaues, zunächst ein Ganzes von hundert einzelnen Wohnplätzen. Wir finden es sec. 8 in Hattenhuntare und Muntariheshuntari, sec. 9 in Hunderi, Goldineshuntare u. s. w., jetzt nicht mehr. Eine Vermischung von huntari mit suntara erwähne ich unten bei letzterem Worte.

Aehnliche Bedeutung hatte ahd. *bifang;* vgl. aus sec. 10 Ithharteshusono biuang, aus sec. 11 Eberhartes biuane, Folcholdesbiuane, Nangozesbiuane. Byfang ist jetzt ein Ort im Regierungsbezirk Düsseldorf. Wie übrigens capit bei Tatian durch bifahit wiedergegeben wird, so übersetzt mittellat. captura das ahd. bifang.

Auch einfaches *fang* glaube ich zu erkennen, nämlich in Hrodheldesfang und Wignandesfane (sec. 9); desgleichen ist Elehenfang für Elehenwang (Ellwangen) zu bemerken, wie denn überhaupt dieses seltenere Wort in das häufigere wang öfters

scheint übergegangen zu sein. Neuere Namen auf -fang giebt
es noch manche, z. B. Deisenfang, Eilfang, Neufang, doch ist
bei ihnen die gröste Vorsicht nöthig.   Denn einmal sind Namen wie Aalfang, Bärenfang, Entenfang, Vogelfang, Habichts-
fang natürlich anders zu deuten; zweitens sind die in einem
Theile des Regierungsbezirks Trier und der westlich anliegen-
den Landschaften vorkommenden wie Engelfangen, Gerlefangen,
Rammelfangen, Rommelfangen, Udelfangen und andere aus Formen auf -ingen verunstaltet, also etwa aus Angilulfinga, Udol-
fingu u. s. w. zu deuten, und drittens bin ich nicht sicher, ob
nicht auch eine slavische Form sich hierunter verborgen hat;
vgl. Balfang und Rettfang im Regierungsbezirk Cöslin, Gefang
dreimal in Steiermark.   Aus den Niederlanden ist höchstens
Wildervang hieher zu nehmen; Zeevang (Deilsche-, Spijksche-,
Vurensche Zeevang) bezeichnet dagegen eine Vorrichtung zum
Abfangen des Wassers, was wir einen Fangdamm nennen.

Gemeinde in Ortsnamen ist ziemlich jung (Gmain, Gmeind,
Petersgemeinde, Waldgemeinde u. dgl.), älter dagegen das friesische *elmente* in Allmandt, Allmend u. s. w.   In einigen Gegenden braucht man auch *Bauerschaft*, z. B. Feldbauerschaft,
Klosterbauerschaft u. s. w.

An die Stelle der guten alten Wörter dieser Kategorie sind
einige traurige Neubildungen getreten wie *Kreis* (Saalkreis,
Schwarzwaldkreis), *Bezirk* (Bürgerbezirk ist ein schlesisches
Dorf), *Gegend* (Oedgegend, Lehengegend), *Gericht* (Stadtgericht,
Lehengericht) oder gar *Provinz* (Rheinprovinz).   Haben wir
doch auch eine Zeit lang sogar in einem Theile Deutschlands
Departements gehabt.

Solchen Wörtern wie Bezirk oder Gericht steht gewissermassen als die negative Seite gegenüber das auf den ersten
Blick wunderbar scheinende Wort *Freiheit*.   Es erscheint nur
in neueren Namen und ist hier die Uebersetzung des lat. immunitas, als welche es Ortschaften, Strassen, Plätze und einzelne Häuser bedeutet, die durch gewisse Gerechtsame bevor-
zugt sind oder unter einer eximirten Gerichtsbarkeit stehn. Beispiele sind Amtsfreiheit, Schlossfreiheit, Bergfreiheit, Adamsfrei-
heit und andere so wie niederländisches Oude-Vrijheid. Aehnlich ist die *Freiung*, z. B. in Wien.   Das lat. immunitas selbst
finden wir sec. 9 in der Form Munitat als Bezeichnung der

späteren Herrschaft Breuberg in Hessen; sie ist noch lange
lange Zeit hindurch vom Volke die Muntat genannt worden.

Ein bestimmtes Landstück kleineren Umfangs bezeichnet
das Ahd. durch *hôba*, *huoba* mansus; wir sagen jetzt lieber platt-
deutsch *Hufe* als hochdeutsch Hube, wie Hafer und Hafen, statt
Haber und Habe, Das Wort zeigt sich sec. 8 in Frumoldes-
huba, Ippihaoba, Otkereshoba, Hrodrateshopa und anderen Namen, heutige Formen sind zu hunderten vorhanden, wie z. B.
Finsterhub, Dreissighuben, Loxhueb, Gumpenhüb, Lookshob,
Fünfhufen, Grünhufe u. a. m.; die Niederlande gewähren Hei-
hoef, Fratershoeve, Baasterhoeven u. s. w.

Hufe nimmt den Sinn eines bestimmten Landmasses an;
ein Theil der Hufe ist jetzt der *Morgen*, welchem wir gleichfalls in Kuhlmorgen, Zehnmorgen, Nonnenmorgen begegnen;
auch weisen die Niederlande sieben solche Namen wie Eenenvijftigmorgen auf. Das niederländische Landmass *bunder* scheint
dagegen in Eigennamen nicht vorzukommen.

Der Besitz so wie die Besitzenden selbst werden zunächst
durch Ableitungen von *sitzen* ausgedrückt. Dazu gehören alte Völkernamen wie Alisazi, Holtsati, Waldsati und Ortsnamen wie Bikieseton, Winchilsaza und manche andere. Heutige Namen, die hieher
zu gehören scheinen, giebt es manche und in vielen Formen,
z. B. Fürsatz, Landsatz, Gersassen, Waldsassen, Neusass, Win-
kelsass (welches also nicht zu den oben erwähnten niederländischen Namen auf -sas gehört), Neusäss, Oedengesäss, De-
chantsess, Huldsessen, Absätz, Fürsetz, Edelsitz, Volksitz, Neu-
sss, Nausis. Doch ist zu bemerken, dass sich in diese Namen viele slavische Elemente eingedrängt haben, die einmal
genauer ausgeschieden werden müssen. Andrerseits hat dagegen einiges hieher Gehörige eine ganz fremdartige Gestalt angenommen wie Holstein aus Holtsatin, Wursten aus Wurtsatin,
Soest aus Sosatium, Waldsachsen aus Waltsazi, Velsen aus
Veltseton.

Ahd. *sedal* sedes finden wir seit sec. 11 in Chamarsidili,
Einsidelin und Gebesedelen. Das jetzige Deutschland weist Einsiedeln, Neusiedel, Wolfsedel und anderes, in Friesland auch
Anzetel, Brockzettel, Endzettel und ähnliches auf, während stei-
risches und niederöstreichisches Weinzettel anderer Herkunft
sein mag. In Oberbaiern macht ein Ort Schmidseidel fast ko-
mischen Eindruck.

Auch ahd. *sioz, sioza* bedeutet praedium; Wolfpoldessiaza zeigt sich sec. 9; dazu mag das heutige Rockensüss in Hessen gehören.

Dieselbe Bedeutung hat ahd. *eigan*, wozu sec. 11 Heistolfes eigan und Smurseseigan, schwerlich aber Brunkeresheigon gehören. Aus dem jetzigen Namenschatze verzeichne ich z. B. Aigen, Eigen, Ruhmannsaigen, Frondeigen, zu denen noch etwa dreissig andere kommen. Bei Antwerpen liegt ein sehr bezeichnendes Zondereygen.

Ich vermuthe ein ahd. *hori* in der Bedeutung von Gut, welches zu unserm gehören zu stellen sein wird. Dahin rechne ich Biscoffeshori aus sec. 9, wozu sich manche heutige Namen fügen wie Engelshör, Geiselhör, auch Hörr, Ranherr und Anderes. Einige ähnliche Formen mögen ahd. horo Koth enthalten, während einige scheinbar zu horn cornu zu stellenden Namen vielleicht dativische Bildungen unseres hori sind.

Das ahd. *suntara* proprium zeigt sich in Cuningessundera sec. 9 mit frühem Uebergange in das oben besprochene huntari. Wir haben von diesem Worte noch wol einige Spuren in den Oertern Sondra, Sunder, Sundern, Beversundern, Enstersondern, Frankensundern und Oldingsundern; Sontra in Niederhessen hat dagegen seinen Namen von dem vorbeifliessenden Gewässer.

Eine Dorfmark heisst altfriesisch *hamreke, hammerke, himmerik* u. s. w. Dieses Wort hat sich noch jetzt in Namen erhalten wie Achterhamrich, Pewsumer Hammrich, Vorhammrich u. dgl.

Ganz gewöhnlich ist jetzt der Ausdruck *Gut* für den ländlichen Grundbesitz eines Einzelnen; wir haben zahlreiche, jedoch nicht sehr alte Namen auf -gut, z. B. Schlossgut, Schillingsgut, Wüstegut, auch niederländisches auf -goed wie Leengoed.

Mit dem Begriffe eines Landgutes wird oft in sehr nahe Verbindung gebracht das Wort *Amt*, eigentlich der Bezirk eines sogenannten Amtmanns und daher auch den oben erwähnten Ausdrücken wie Bezirk und Kreis sehr nahe stehend; die hier in Rede stehende übertragene Bedeutung kennen wir bereits aus dem Altfriesischen. Ich habe dieses Wort in diesem Sinne aber schon sec. 8 in Namen gefunden, vgl. Engilbrechtesambechte, Wudares ambachte, Helicriches ambahte. Dazu gehören heutige Formen wie Schillingeramt, Anzingeramt und

manches Andere. In den Niederlanden gilt noch die volle Form,
z. B. in Gravenambacht; nur einmal findet sich die Syncope,
in Halvcambt.

Und nun noch zu dem letzten Schritte auf dieser Stufenleiter der Begriffe. Der Besitz wird erst dadurch ein wahrer
und befestigter, dass er sich vererbt. Das ahd. *arbi* hereditas
findet sich in der That in einigen heutigen Ortsnamen wie Erb,
Erbe, Erve, Deltourserb, Haasenerb, Hessenerbe, Sechserben
und anderen. In einigen Gegenden, z. B. am Südabhange des
Harzes, nennt man die einzelnen Bauernstellen gradezu die Er-
ben. In den Niederlanden giebt es Namen wie Ingenserf, Mid-
delerf u. s. w.

Von dem Theilen der Erbschaft mag es auch ausgehen,
dass unser *Theil* portio einen bestimmten Landstrich bezeichnet.
Zwar kenne ich in Ortsnamen aus der Zeit vor 1100 kein Beispiel dazu, doch in den altfriesischen Rechtsbüchern begegnen
Ausdrücke für Gerichtssprengel wie Liowerdera deel, Dongera
deel u. dgl. nicht selten. Dazu stimmen denn noch manche
neue Namen wie Katthusertheil, Kirchdorfertheil und viele andere, auch niederländisches Barradeel, Bruiningsdeel u. s. w.
Selbst die zusammengesetzten Wörter wie *Antheil* und *Viertel*
(Böken-Antheil, Freisassen-Viertel) zeigen sich in Eigennamen,
ersteres besonders für Bauerstellen, letzteres für Stadttheile gebraucht. Das fremde *Quartier* für den letzten Begriff ist in
Namen nicht üblich.

Zu diesen Wörtern, welche den Sinn von Erbtheil haben,
habe ich noch eins gestellt, das freilich etwas dunkler ist, aber
eben deshalb auch schon zwei tüchtige Untersuchungen hervorgerufen hat, ich meine die Endung *-leben*. Meine noch nicht recht
erschütterte Ansicht ist die, dass hier das zum Verbum liban
gehörige goth. und ahd. *laiba*, altfries. *lava*, alts. *leva*, vielleicht
aber auch noch ein älteres *liba* (vgl. staic und stic und ähnliches)
zu Grunde liegt, wonach das Wort eben so wie die Composita ahd. tolleiba, niederd. radeleve, altfries. fethalava die
Hinterlassenschaft, das Erbtheil bezeichnen. Wir finden das
Wort in Namen seit sec. 8, z. B. in Geurichesloiba, Albgozes-
leba, Bireslevo, mit unorganischen Schreibungen in Partunlep,
Manegolfesliebe u. dgl. Dazu gehören jetzt etwa drittehalb
hundert deutsche Ortsnamen auf -leben (worunter natürlich niemand Formen wie etwa das hinterpommersche Ruheleben rech-

nen wird). Auch Gardelegen finde ich noch 1520 und 1548, ja noch später in der Form Gardelewen angeführt.

Wir sind hier an dem letzten Gliede einer langen Kette angelangt. Nicht jedes Glied hat in dieser Kette seinen ganz festen Platz, denn da es eben nicht kalte Eisenglieder sind, sondern Glieder von dem lebendigen Leibe der Sprache, so findet ein stetes Hin- und Herdrängen der Bedeutungen vielfach statt und was seinen Platz an der einen Stelle erhalten hat, beansprucht noch oft einen zweiten und dritten. Im Ganzen aber hat sich doch eine gewisse Ordnung der Begriffe ergeben und in diese müssen sich die Grundwörter organisch gebildeter Ortsnamen aller Sprachen einfügen lassen. Auch diejenigen Bildungen, über die ich noch zu unsicher war und die ich deshalb lieber ausliess als dass ich den Gang durch Einzelforschungen unterbrochen hätte, werden einst Glieder dieser Kette bilden. Einiges wird sich übrigens in Zukunft als mit vollem Rechte hier übergangen erweisen, da gewiss in manchen räthselhaften Bildungen noch undeutsche Elemente stecken.

Auf solch einer reichen Mannigfaltigkeit von Ausdrücken erhebt sich der Bau unserer deutschen Ortsnamen. Wäre der Sprachsinn unseres Volkes stets lebendig und gesund geblieben, so hätte er an diesem Schatze sich genügen lassen müssen. Dass aber weder die Gesundheit noch die Genügsamkeit geblieben ist, das werden die spätern Capitel lehren.

IV. Bestimmungswörter.

Auch wenn das vorige Capitel noch um Alles was ihm fehlt vervollständigt werden sollte, so würde sich doch ergeben, dass die Zahl der zu deutschen Ortsnamen verwandten Grundwörter in keinem Falle ein halbes Tausend übersteigt. Nun sind aber im deutschen Gebiete (das nordische und englische abgerechnet) mindestens ein Paar Millionen von Ortsnamen nöthig, wenn man diesen Begriff so weit fasst als ich es im Obigen gethan habe. Daraus folgt mit Nothwendigkeit, dass die Mehrzahl der Ortsnamen zusammengesetzte sein müssen, weil sonst eine heillos verwirrende Gleichnamigkeit der betreffenden Ortsindividuen, ja sogar überhaupt kaum eine echte Namenge-

bung eintreten würde. Zusammensetzungen aber entstehen durch
Hinzufügung eines Bestimmungswortes zu einem Grundworte, und
über diese Bestimmungswörter eine Umschau zu halten ist der
Gegenstand unserer gegenwärtigen Untersuchung.

Auf diesem Gebiete eröffnet sich nun gleich beim ersten
Anblicke ein Reichthum, der die im vorigen Abschnitte sich er-
gebende Mannigfaltigkeit vollständig in Schatten setzt. Es kann
daher hier nicht die Aufgabe sein, wie sie es dort war, möglichst alle einzelnen Ausdrücke zu verzeichnen, sondern wir
müssen uns begnügen, nur im Allgemeinen ein System in diesen Reichthum zu bringen und gewissermassen ein Gerippe
herzustellen, an das sich alles nur mögliche Einzelne mit Leichtigkeit anfügen lässt.

Die am nächsten liegende natürlichste Klasse von Bestimmungswörtern bildet sich aber dadurch, dass grundsätzlich alle
Grundwörter fähig sind, zugleich als Bestimmungswörter verwandt zu werden. Zum Beleg hiefür liegt es mir ob, ein Verzeichnis von Beispielen aufzustellen, in welchem ich genau der
Reihenfolge des vorigen Capitels mich anschliesse, auf das ich
also für die Form und Bedeutung dieser Bestimmungswörter
hiemit einfach verweise. Alle Namen mache ich durch Zusatz
des Jahrhunderts ihres ersten Vorkommens kenntlich.

Wazzarburuc (8), Waterlandia (11), Wassergatt, Waterloo.
— Undahysen (10), Untkücha (11), Undeloh. — Sehusun (10),
Seefeld, Zeedorp. — Mereheim (11), Merehusen (11), doch ist
die Bedeutung von mare im Anfange alter Compositionen unsicher; eben so gelingt es auch kaum neuere sicher hieher gehörige Beispiele zu finden, vgl. Meerhusen, Meerkirchen, Meer-
dijk. — *Salz-* am Anfange von Compositionen hat natürlich nicht die Bedeutung von Meer und findet sich daher erst
unten. — Wagreini (9), Wagstadt. — Vliedorp, Vlieland. —
Für *Brim-* entgehen mir Beispiele. — Hafestrom, Haffburg,
Havenpolder. — *Wiek* und *Bodden* scheinen zu mangeln, wenigstens spricht kein Fall dafür, dass diese Wörter noch irgendwo am Anfange den Sinn von Meerbusen haben. — Zweifelhaft ist, ob in Namen wie Diepgat und Diepkreek jenes Diep in
der Bedeutung von Fahrwasser vorkommt; meistens hat es natürlich den Sinn von profundus. — Ahaloh (8), auch wol Amutha (10) für Ahamutha, Achau, Achleiten; auch Emden (alt Eme-
dun) scheint nach Richthofen hieher zu gehören (aus Ahamuthon).

— Aumühle, vielleicht auch Ouwendijck, Ouwendorp. — Affheim, Apwisch. — Für Strawa bietet sich nichts einigermassen Sicheres dar. — Stroothof, Strutmühle und Anderes ist unsicher, ob hier der Sinn von Wald oder Fluss vorliegt. — Strumburg, Strombach, Stroomsloot. — Aragowe (8), Ahrweiler. Seifenbach, Siepenbusch, Zijpenberg. — Wipperfürth. — Scarbach(8), Scerawilare (9). — Carabach (9), Kardorf? — Giesshübel. — Fliesshof, Vleetsloot, Vlietwijk. — Flotwita (11), Flottbek, Vloedgraven, Flossdorf, Flussgraben. — Bacheim (8), Pahhusun (9), Bachlach, Backemoor, Beckum, Beekvliet. — Albegowe (8), Elbedeich. — Lakiburgium (2), Lechfeld (8), Lechsgemünd. — Kreekerak, Kreekpolder. — Gangavia (3). Gangbach. — Springmühle. — Brunheim (8), Brunnenburg, Brunnhof, Bronnhaupten, Bornkamp. — Hauptbrunn; die Bedeutung caput fluvii lässt sich nicht gut sicher in einem Namen erkennen. — Sodhof, Södelbrunn. — Rinnthal. — Clingenowa (11?), Klingfurt, Klingenthal, Clingendaal. — Quellmühle. — Mundburg (11), Mundiveld (10, jetzt Minfeld). — Zuisilperich (11), Zwieselau, Zwiselstein; Twistvliet? — Laufdorf (8), Laufenmühle, Loopgraven. — Zu ahd. hwerbo weiss ich nichts beizubringen. — Pogindorf(8), Bogenhausen (wenn nicht Personennamen zu Grunde liegen). — Wadebrunnen (9) und dergleichen ist mir in Betreff des ersten Theiles zweifelhaft. — Uferland; unsicherer ist Overdyck u. dgl. — Gestade ripa ist mir als Bestimmungswort in keinem Namen mit Sicherheit bekannt, eben so wenig oe, oog insula (Oogvliet?). — Ulmerugi (5). — Waritbeke (9), Werdheim (8), Werthheim, Wurthfleth, Waardhuizen; unsicherer ist Wardenburg u. s. w. — Werderbrück. — Inselthal. — Ob Platte und Sand in niederländischen Namen wie Plathuis und Zandvoort den Sinn von Sandbank oder Insel haben, muss unentschieden bleiben. — Watt scheint sich als Bestimmungswort nicht zu finden. — Badhaus, Badstube. — Schwemmreit. — Tränkmühle. — Waschlauter, Waschleithe, Wäschbach. — Waterlooswerve. — Perichbach (9), Bergheim (8), Bergfeld, Perkam. — Gebirgsbauden. — Hooksiel, Hoekpolder; auch mancher mit Hoch- beginnende Name mag zu ahd. houc collis gehören. — Hughilaheim (8), Hügelmühle, Högeldorf, Höckelman, Heuchelheim. — Höhefeld. — Hechthausen und anderes mag zu niederl. *höchte*, ahd. *hohida* gehören. — Hübelschenke, Heuveloord. — Puhilesbach (9), Bühlbauer, Büheldorf, Pichelberg. — Die mit Buch-,

Bök- u. s. w. beginnenden Ortsnamen werden gewiss noch Spuren eines buc collis enthalten; sie von den zahlreichen zu Buche fagus gehörenden auszuscheiden ist noch nicht möglich. — Boleheim (11?), Bohlheim; im übrigen schwere Scheidung von Bühl. — Bunaha (9), Baunscheidt, Bündorf, Bundorf. — Knüllbreite; Knollenberg, Knollendam u. s. w. gehört hieher, wenn nicht ein Personenname darin liegt. — Leheim (8). Leematt, Lehloh, Leberbach, Lechenberg, Lehenweiler, Löhbach. — Werfhem (8), Werfsiepen. Warfereihe. — Bultvenne. — Brinkhorst, Brinkheurne. — Dunkhof, Dongwier. — Fürstberg, Fürstmühl. — Stocheim (8), Stokenmatt, Stockhausen, Stöckhof, Stockeind. — Stozweid, Stossbrunnen. — Harabirg (8), Harburg, Haarlem. — Ortaha (9), Orthub. — Kopfhalden. — Zu Haupt im Sinne von Berg kein sicheres Beispiel, eben so wenig zu Nase. — Hornberc (9), Hornstein; vieles Andere der Art ist unsicher, da es theils zu ahd. hurwin kothig gehören, theils Horn in der Bedeutung von Ecke enthalten kann. — Kronberg; dagegen Kronwinkel und Anderes ist wol aus Krähen- verunstaltet. — Klinthof, Klintmühle. — Hlidbeki (8), Hlithem (8), Leithof, Leitstade, vielleicht auch Leedeweg u. dgl. — Hangfort. — Haldewanch (11, jetzt Hallwangen), Halthausen. — Reinperc (9), Reinnewech (10; Rennweg ist jetzt häufig); Reinthal; hiemit mischt sich leicht theils der Flussname Rhein theils altes Ragin- (z. B. in Reinstein). — Kammberg, Camburg und dergleichen Formen mischen sich leicht mit slavischen Namenelementen, — Rücksteig, Rückenhain u. dgl. sind nur theilweise mit Sicherheit hier anzuführen. — Scheidhof, Scheidlehen, Schiethof. — Steinfirst (8), Steinbühl, Steenfeld, Steenwijk; corrumpirt in Stendal (sec. 11 Steinedal). — Filisberg (8), Felseka (11), Felsmühle; die zahlreichen Flüsse Namens Fils u. s. w. haben gleichfalls Antheil an solchen Formen. — Klipphausen; ob Chlebidorf (11, jetzt Kleedorf) und andere Namen auch hieher gehören? — Spitzberg, Spitsbergen; Spiesheim gehört aber nicht hieher, da es sec. 8 Spiozesheim lautet. — Saxaha (9), Sahsbach (9), Sachswerfen, Saxdorf. Sackshöhe dagegen wahrscheinlich nicht hieher, sondern zu einem Personennamen. — Scorrindorf (11), Scoronlo (10), Schornbach, Schornöd; Niederländisches wie Schoordijk u. s. w. gehört wol meistens nicht hieher. — Stoufinberc (9), Staufeneck. — Zinkinpah (8), Zinkenried. — Zu *scelp* keine sicheren Beispiele. — Hammer ist für diese Be-

deutung eben so unsicher aufzuspüren wie als Grundwort, da
es meistens klar den Sinn von malleus hat. — Spruug im
Sinne von Felsen hat sich noch nicht gefunden. — Holthurn (8),
Holinpurch (9), Holnhusen (11), Hohlstein, Höhlmühle. Niederdeutsches Hol- scheint öfters aus Holt- erweicht zu sein, wie
z. B. in Holstein. — Cruftorf (8). — Kolkhausen, Kolksluis.
— Kuhlmühle, Kaulhausen, Kuilaart. — Talahusa (8), Daldorp
(10), Thalmühle, Dahlbrügge, Daalhuizen, Dalem. — Kettelbeck,
Ketelduin, Kesselbrunn. — Mollseifen, Moldfelde, Mullbarg; hier
fehlen uns aber noch ältere Formen. — Hohneklippen; bei den
mit Hohn- anfangenden sind dativische Bildungen von *hoch*
kaum zu sondern. — Grundmatt, Grundhof, Grondpolder. —
Schluchtmühle. — *Buncia* bis jetzt ohne Beleg. — Chelheim (10),
Kehlbach. — Waldsati (8), Waltstein (11), Waldheim, Woud-
watering; Wildmos (11). — Holtgibutli (11), Holzkiricha (8),
Holzhausen, Holtkamp, Houtrak. Bekannt ist, dass Holland aus
Holtland, Holstein aus Holtsatin entstanden ist. — Widuberg (8),
Withelte (11), Wettenborn (sec. 11 Witeburnun), Wijdebird (?).
Neuere Namen sind selten mit Bestimmtheit hieher zu setzen.
— Mark in dem Sinne von Wald wage ich nicht nachzuweisen. — Vorstbach (11), Forstheim (11?), Forstlohn. — Hurst-
tharpa (11), Horstmersch, Horstbranden, Horstbock. — Hard-
heim (8), Harthusa (9), Harthof, Harthmühle, Haartplaatje. —
Dem unsicheren *heri* lassen sich noch keine weiteren Namen
anschliessen. — Hargpolder wol kaum zu ahd. harug. — Hees-
felde, Heeswijk, Heisebeck, Hiesbach; doch ist dabei Vorsicht
nöthig, da z. B. ein heutiges Hieshausen aus Hikieshusen entstanden ist. — Hegiperc (8), Hakborn (10), Hacburg (11); Ha-
gebrucke, Haagberg, Heckkathen, Hegbök; die Zusammenstellung ist hier schwierig. — Haganbach (8), Hagenried, doch
können leicht einige Namen solcher Form im ersten Theile einen Personennamen enthalten. — Heidehusir (8), Heidwilare (10);
Haidhof, Heideloh, Heidmühle. — Hulislaum (8), Hülshof, Hüls-
horst, Hilsfähr, Hulsdonk. — Buschusa (11); Buschmühle, Bosch-
horn, Boschkant, Büschroth. — Brühlhof. — Treisbach (8),
Dreisfelt (9); Dreisborn, Dreischhaus, Driesberg, Treisberg,
Treischfeld, Triesdorf, Driezum. — Lohheim (8); Lohhof, Loo-
dijk, auch wol die meisten wie Lochschenke u. dgl. hieher,
desgleichen Lockhausen (sec. 11 Lochuson). — Schachhof,
Schachmoos. — Bei den mit Stroot-, Strut- beginnenden Orts-

namen ist es ungewiss, ob die Bedeutung von Fluss oder Wald
anzunehmen ist. — Stutbach (11), Stuthof, Stutberg; doch kann
überall auch Stute equa vorliegen wie in Stuttgart. — Zain-
grub, Zeinrieth; hier ist indessen wol öfters (bei Zainhammer
immer) an mhd. *zein* Stahl zu denken. — Raurebacya (7),
Rordorf (8), Rohrbühl, Rorschach, Röhrmoos (sec. 11 Rorimos).
— Riedberg, Riedhof und andere Formen sind wegen des nahe-
liegenden -reut, -rode mit Vorsicht zu bestimmen. — Aihloh (8),
Eihheim (9), Eychusa (9), Ekholta (11), Eichstädt, Aichhalden,
Eykberg. — Bohbach (9), Buchberg (9), Pohheima (9), Buch-
hofen, Bocholt, Puecham, Pülach (sec. 8 Pohloh), Bokum. —
Lintiberc (9), Linthart (8), Lindheim, Lindorf; auch Limburg
ist aus Lindburg (10) entsprungen. — Tanchiricha (8), Tann-
dorf, Tanneberg, Thannmühle, Danheim; auch ist Thonbach
einmal aus Tanbach (9). Thonstetten aus Tanstetin (9) entsprossen. — Fuehtebach (10), Feohtkiricha (9), Fiehttharpa (11),
Fichthorst, Füchtorf; auch Feichtheim, Feuchtwang sind hieher
zu stellen; feucht humidus ist in Ortsnamen sehr zweifelhaft. —
Mandelbiki (11), Mantilkirchen (11), Mandelholz, Mantelberg. —
Bircfeld (10), Birkhof. — Affaltrawangas (8), Affalterloch (9),
Affalterthal, Effolderbach. — Strauchmühle, Struckholt, Struik-
waard. — Hasilruida (11), Hasalburuc (9), Haselbrunnon (9),
Haselbach, Haslau, Hassloch, Hesselwerden, Hasselfelde. —
Thurnifelt (9), Thornspic (8), Durnawa (9), Dornberch (11),
Dornburg, Dörnberg, Doornhoek, Doornspijk; die oberdeutschen
Namen mit Thurn- gehören natürlich zu ahd. turn turris, bei
manchen anderen ähnlicher Form ist an *dürr* aridus zu denken.
— Die Bildungen auf ahd. -ahi, wenn sie überhaupt als Be-
stimmungswörter vorkommen, sind ohne eine Sammlung von
Formen des 12.—15. Jahrhunderts nicht aufzuspüren. — Feld-
haim (8), Veldalpe (11), Veltseton (11, jetzt Velsen), Feldberg,
Veldzigt. — Florbah (11), Flurhof, Flurholz; doch Flurstädt
(sec. 11 Flogerstete) und Florstadt (sec. 9 Flagestat) würden
ohne die alten Formen auf falsche Fährte führen. — Wang-
heim (8), Wangenbach, Wankham, Wenkheim; ein altes Wan-
gerde hiess später Wennerde. — Gesthuuila (11), Gestlan (11),
Geestefeld, Gestenfleth, Geestbrug. — Wie schwer es ist Namen zu finden, welche mit *eben* in dem Sinne von planities
beginnen, sieht man daraus, dass ein heutiges Ebendorf sec. 10
Ivandorp, ein jetziges Ebenhof sec. 11 Ebichanhovan lautet.

Nun mag Ebenried (sec. 11 Ebenruith), Ebenhausen (sec. 11 Ebenhusen) wirklich hieher gehören, doch bürgt niemand dafür, dass darin nicht eine Zusammensetzung mit adjectivischem *eban* planus oder gar mit einem Personennamen Ebo steckt. Auch die mit Boden- beginnenden Ortsnamen geben fast nur negative Resultate. Bodenfeld lautet sec. 9 Budinifeld und der erste Theil bleibt unklar; Bodenburg ist vielleicht das Ponteburg des 10. Jahrhunderts und gehört dann wol zu ahd. *piunt*; Bodenhausen heisst sec. 11 Botinhusun und ist zum Personennamen Boto zu stellen; Bodenheim, sec. 11 Badenheim, enthält gar ein Bado; der Bodensee endlich, sec. 9 lacus Potamicus, gehört nur mittelbar zu Boden fundus, unmittelbar zu dem Ortsnamen Bodoma, jetzt Bodman. Trotzdem wird das gesuchte Wort in einigen, namentlich schweizerischen Ortsnamen liegen wie Bodenacker, Bodenholz u. a. — Goubrucca (11), Gauried, Gooijum, Gouweslool, Geeuwslool. — Lantheim (10), Landau (11), Landscheid, Landzigt; doch Landschlacht im Thurgau ist aus Lanchasalahi (9) entstanden. — Campthorpa (10), Kamphausen, Kampveld, Camphof. — Wisebroch (8), Wiesfleck. Wesenberg ist aus Wisbircon, Weissbriach aus Wispirchach, die Weschnitz aus Wisgoz entstanden. Diese Namen gehören also hieher, während Wiesensteig, welches man viel unbedenklicher hieher nehmen möchte, in seinem ersten Theile ahd. wisunt Büffel hat. — Weidahaburg (8), Weideholz, Wijdegrens, Wijdegeeuw; doch Weidach in Oberöstreich heist sec. 11 Widach, ist also hier auszuscheiden. — Angrivarii (1), Angerohuson (11), Angerburg, Engerfeld. — Madibah (8), Matfelt (11), Mattmühle; aber der Mattsee in Oestreich hat seinen Namen nicht von Wiesenmatten, sondern von der durchfliessenden Mattig und lautet sec. 9 Matahse. — Die zu goth. vinja Weide gehörigen Formen wage ich noch nicht von ahd. win vinum zu scheiden. — Bleichemühle, Bleichhaus. — Beemdweg. — Brochem (10), Bruchbach (9); Brockdorf, Broichhausen, Brookreihe, Bruchmühle. Broxten heisst sec. 11 Brocsethon, Brachstedt sec. 10 Brochstad; Brumath, welches sec. 8 Brocmagad lautet, ist dagegen wol undeutsch. Merkwürdig ist ein Wechsel zwischen Grund- und Bestimmungswort in Bruchhuchting (bei Bremen), welches sec. 11 in der Form Huchtingebroch überliefert worden ist. — Mosbah (9), Mosaheim (9), Moosburg, Muschbach. Doch Mosbach bei Wiesbaden heisst sec. 10 Moskebach, Mosheim in Hessen lautet sec. 8 Mazheim. —

Morthorp (11), Morsaten (8), Moorhausen, Moerveld, Moerdijk.
— Schwer ist es unter den mit Mar- beginnenden aus den ver-
schiedensten Quellen zusammengeflossenen Namen diejenigen
herauszufinden, bei welchen die Bedeutung von Sumpf anzunehmen ist; ich führe hier Merhout aus der Gegend von Ant-
werpen an, welches sec. 8 Marholt lautet und wirklich in der
Nachbarschaft von Sümpfen liegt. — Marschhausen, Marschdijk,
Merschheim, Mörschwang; doch vermischen sich hiemit leicht
Zusammensetzungen mit stark declinirten Personennamen. —
Polgest (9), Pfuhlmühle, Pulheim, Poelpolder, Poelweg, Polwijk.
— Pfützenburg, Pfützenthal scheinen nicht hieher zu gehören;
in Putbroek mag der erste Theil mehr den Sinn von Brunnen
haben. — Avelgowe (10), Aulstat (11), Olreini (10), Ohlstadt,
Ohlacker, Ohlum; doch mag einiges mit Ohl- beginnende nie-
derdeutsche Formen von alt vetus enthalten; nicht hieher gehört Aulhausen, früher Ulenhusen genannt. — Sohlbach. — Siebach
(8, jetzt assimilirt Sippach), Siekholz. — Mit Wasen anfangende
Namen werden in der Regel nicht hieher, sondern zum ahd.
Personennamen Waso zu stellen sein. — Fangawi (9), Ven-
heim (11), Vehnhusen, Veenhoorn, Veenhof. — Hülhoven, Hül-
scheidt, Hulhuizen. — Laakbaum, Laakloop, Laehweiler und andere entziehen sich ganz sicherer Beurtheilung. — Wedelheine.
— Dunk- ist hier eben so wenig wie bei den Grundwörtern
von dem gleichgeformten Worte, welches eine Erhebung bezeichnet, zu trennen. — Looward; im Uebrigen sind diese Namen nicht von ahd. loh silva zu scheiden. — Ertbach (11),
Ertpurch (11), Erdweg, Erdhof, Aardegat. — Mollberg, Mullbarg, Müllhofen liegen in gefährlicher Naehbarschaft zu Mühle;
Müllheim im Breisgau ist wirklich aus Mulinheim entstanden.
Müllibach in der Schweiz heisst alt sogar Muchilinbah. — Lei-
mowa (8), Leimheim (9), Lehmhorst, Leimkothen, Leemkuil. —
Lettenberg, Lettengrund; ob aber auch niederl. Lettenburg hieher gehört? — Sandhurst (9), Santwick (11), Sandgraben, Sand-
krug, Zandberg. Vielleicht ist das Wort schon aus römischer
Zeit zu belegen; die dea Sandraudiga der Inschrift weist auf
den heutigen Ort Zundert zwischen Antwerpen und Breda. —
Larehoven (9), Larheim (8); für das dunkele Wort führe ich
als neuere unsichere Beispiele an Laarwald, Laarheide, Lahr-
bach, Larestein, Lehrhof, Lohrheim. — Oedberg, Oedhof, Edlei-
ten. — Wostenwilre (11?), Wüstbuch, Wüstmühle, Woestduin. —

8*

Ortaha (9), Ortgraben, Ortkathen, Oortduinen. — Eckdorf, Egg-
berg. — *Gehre* ist in Ortsnamen am Anfange unsicherer aufzuspüren als am Ende, wegen der Nachbarschaft mit den zum
ahd. Gero gehörenden Personennamen. — Winkelberg, Win-
kelbrunn, Winkelmolen. — Zipfelwies. — Mit Horn- (niederländisch gewöhnlich Hoorn-) beginnende Namen hieher zu stellen, würde eben so unsicher sein wie oben bei der Bedeutung
von Bergspitze. — Sterzhausen, Sterzmühle, Staartpolder, Staart-
ven. — Die nächsten Wörter, welche Körpertheile bezeichnen,
sind als Bestimmungswörter entweder gar nicht zu belegen oder
sie sind, wie in Schossbach und Schosshofen, höchst unsicher.
— Endfelden, Endholz, Eindhoven.
    Nun gehn wir zur zweiten Hälfte der Grundwörter, zu den
auf menschliche Thätigkeit weisenden über und sehn, wie auch
sie fast durchgängig zugleich als Bestimmungswörter verwandt
werden.
    Wegefurt (10), Wegesaza (11), Wegmühle. — Stegaheim
(10), Steigmühle, Stiegmühle, Stegmühle, Stoegmühle. — Zu
Pfad keine Beispiele. — Sindhub und einige andere Formen
sind hinsichts ihres ersten Theils unsicher, eben so die mit
Lohn- beginnenden wie Lohnhof. — Twietfort. — Grabanastat
(10), Grabindorf (11), Grabensee, Grabhof. Von den zahlreichen niederländischen mit Graven- beginnenden Formen gehört
wol kein einziger hieher ('s Gravenhage = Hagae comitis). —
Grachtswal. — Delfbrüeke, Delfzijl. — Slootgaard, Slootkreek.
Ob der Unterschied zwischen diesen Namen und den zu *slot*
arx, palatium gehörenden wie Slotburch wol stets rein gehalten
ist? — Sielhorst, Sylbach, Zijldiep. — Dringtorp (9). — Leitcastre
(9, jetzt Leihgestern), Ledscipi (11), Leitstade. — *Ducht* scheint
als Bestimmungswort nicht zu begegnen. — Saspolder, Sasput.
Ueber die Grenzen der Niederlande hinaus kommt der Ausdruck nicht vor; Sassau und Sasbach lauten sec. 9 Sazowa und
Sahsbach und selbst in den Niederlanden ist Sassem aus Saxem
(11) entsprungen. — Deichreihe, Diekhof, Dijkhuizen. — Teich-
mühle. — Dambach (11), Damheim (10), Dammducht; aber
Damhusen bei Emden heisst alt Donehusen, gehört also nicht
hieher. — Poldervaart. — Grodendistrict; etwas älteres ist mir
unbekannt. — Koogdijk. — Hellegat, Hellevoelt u. s. w. sind
unsicher zu beurtheilen. — Wallburg, Walldorf und viele andere Namen können eben so gut zu *Wall* als zu *Walah* oder

zu *Wald* gehören; Walluff ist z. B. alt Waldaffa, das Kloster Walbeck dagegen wahrscheinlich Walahbah. — Schanzschenke, Schanzmühle. — Kadzand. — Weiherfeld, Weiermühle, Weyherhof, Weyerhaus, dazu flandrisches und brabantisches Vyverbosch, Vyverhoek, Vyverseelen, Vyverweide. — Riotfeld (8), Reotheim (8), Rietstede (10), Reithof, Reuthau, Riedheim, Riethagen, Rodeland; doch ist hier vielfach die Berührung mit ahd. hriod carex nahe liegend. — Howidorf (11, jetzt Hadorf), Houberch (11, jetzt Heuberg); einige andere Namen mit Heu- und Hau- mögen hieher gehören, doch ist es ohne die alten Formen nicht möglich Sicherheit zu erlangen. — Schlagberg, Slagharen, Slaghoek. — Schwandheim, Schwendtreuth. — Brandhub, Brandmühle, Brandwijk. — Brunstgraben; Formen wie Brunsveld werden eher zu einem altsächsischen Personennamen Bruni gehören. — Sengbühel, Sengerbühl. — Ackermühle, Ackerschott, Akkerwoude. — Paintmühle, Pointhiesel; die Peuntgasse in Nürnberg. — Das Wort *Börde* lässt sich in niederländischen Namen wie Boerdijk und Boerdonk nicht mit Sicherheit behaupten. — Bracbant (8, jetzt Brabant), Brahowa (9), Brachfeld, Brackland, Brakrade. — Brahtaha (10), Brachthausen. — Bei den mit Breit- beginnenden Namen wird wol meistens der Sinn von latus vorliegen. — Aus den mit Esch- anfangenden wage ich nicht diejenigen auszusondern, in welchen der Begriff von fraxinus steckt. — Zaunhof, Zaunmühle, Tuinpad, Tuinpolder. — Spechaa (9), Specprucca (9), Speckhof, Spieckhof, Spöckberg, Spijkdorp. — Murchiricha (10), Mauerhof. — Wandhoven, Wandhagen. — Heckmühle, Heckfeld, Heggerot, wogegen Heckstadt sec. 8 Eggistat lautet. — Vacheim (11), Fahstat (9), Fahhedorf (9), Fachberg, Fachleiten. — Gatterhof, Gattermühle. — Hovastat (9), Hofahaim (8), Hofkirchen, Hofwijk, Hofzigt. — Sveichusan (10), Schweigichen, Schweikhof. — Zu *Pferch* kein Beispiel aus Deutschland, aus den Niederlanden nur Perkpolder. — Owistwilare (9, jetzt Auswell); von den neueren mit Ost-beginnenden Namen mögen einzelne jetzt falsch verstanden werden und hieher gehören. — Gardiuelt (11), Gartbrunno (11?), Gartenried. — Husfeld (8), Husonbach (9), Hausleiten, Husberg, Huizum, Hausbergen bei Strassburg ist dagegen aus Hugesperga (8) entstanden. — Büttelbronn. — Budberg; mit andern Namen dieser Form vermischt sich leicht Slavisches. — Bukamp (11), Bustat (9), Bauhofen. Buweklooster hicher? — *Gebäude*

kommt als Bestimmungswort nicht vor. — Buribruc (11), Buriaburg (8, jetzt Bierberg), Buridal (9, jetzt Beierthal); die neueren hieher gehörigen Namen sind ohne die alten Formen nicht
gut auszusondern. Das niederländische Buurmalsen hiess früher Borchmalsen; das Uberan-Malsna (9) mag sachlich derselbe
Ort sein, ist aber sprachlich wol kaum derselbe Name. — Bolt-
hausen. — Bordmühle. — Kathenstelle, Kothendorf, Kaatho-
ven, Kootwijk. — Hüttwinkel, Hüttenthal; doch Hüttenrode im
Harz scheint aus Hiddinrode entstanden zu sein und im ersten
Theile einen Personennamen zu haben. — Hudehammer, Hu-
demühlen. — Salehaim (5), Selihoben (10); neuere Namen wie
Söllhuben, Sellhausen, Selbach, Salberg mögen öfters hieher gehören, doch können darin auch noch manche andere Ausdrücke
stecken. — Saldinawa (11?), Saeldental (11?), Seldenrüst, Söl-
denborn, Seltenheim; aber Seltenfriede in Hanover wird wol
anders zu fassen sein. Vermuthet werden dürfen wol öftere
Assimilationen von ld zu ll, aber welche der Namen mit Sel-
len- haben am meisten Ansprüche auf Hiehergehören? — Herberge fehlt als erster Theil eines Namens. — Was von den
mit Rasen beginnenden Formen hieher gehört, bleibt ungewiss. —
Halthorp (11), Halldorf, Hallstadt, Hallum. — Zu ahd. *war* weiss
ich noch keine Ortsnamen zu stellen. — Wilowa (9), Wilhaim
(8), Weilbach, Weildorf. — Zimmerberg, Zimmerschied. — Stu-
bendorf, Stubenhofen. — Gadenhof; doch Gadenstedt nicht hieher, da es sec. 9 Guddianstede lautet. — Stalbrucca (11?),
Stalldorf, Stellfelde. — Camarawa (11?), Kammerforst, Kam-
merhof, Kamerpolder. — Keminadanberg (11); das hessische
Camberg hiess noch sec. 15 Kemenadenberg; Kemnetenhof. —
Chellergnannin (11), Kellerberg. — Kirichberg (9), Kirkendal
(10), Chirihsteti (9), Kilchoven (11), Kirchheim, Kerkendijk, vielleicht auch Kilchberg. — Pharrachiricha (9), Pfarrmühle, Paro-
chiepolder. — Kapellhütte, Kapellenberg. — Zu ahd. *betabur*
keine Beispiele. — Münsterberg, Munstergeleen, Monsterwate-
ring. — Zellhof; das bairische Zellhausen dagegen (sec. 10 Zel-
linhusa) gehört zum Personennamen Zello. — Klosterhof, Klo-
stermühle, Kloosterdonk. — Klausheide, Klausmühlen; doch vermischen sich damit leicht die zu Klaus = Nicolaus gehörigen
Formen. — Stifthof, Stiftsmühle, Stiftswaard. — Burgheim (8),
Burcholt (11), Burchfelt (11), Purgreina (9), Burghausen,
Burghsluis, Burckmeer, Burkheim, Borgfeld, Borbeck (sec. 9

Burgbeki). Wenn, wie im letzten Beispiele, der Auslaut fort-
fällt, so ist ohne die alten Formen keine Sonderung von den
mit ahd. Buri- beginnenden Namen möglich. — Burgstallberg,
Bostelviebeck. — Schlossmühle, Schlosshof, Slotborch; leichte
Verwechselung mit niederl. sloot fossa. — Festlcithen. — Kas-
telberg, Kestelhof, Casteelpolder, Kasteelvijvers. — Eben so wie
die letztgenannten Wörter ist auch *Thurm* als erster Theil alter zusammengesetzter Namen ungebräuchlich; neuere Formen
sind Thurneck, Thurmhof, Torenhofstede, Torenpolder (auch
Thoornpolder geschrieben). — Wartberg (8), Wartstain (11),
Wartburg; auch Warburg an der Diemel ist aus Wartberg entstanden, und so noch vielleicht einiges Andere. — Spiliberch
(10), Spiegelhaus, Spiegelpolder, Spielfeld, Spielbühel. Thor-
mühle, Thürheim, Doorgeest, Doorvorst, Deurlo. Die mit Doorn-
anfangenden niederländischen Namen gehören meistens zu hochdeutschem *Dorn*. Auch keltisches Duro- ist hier gefährlich
nahe. — Portanaha (9), Portenhusen (11), Pfortmühle, Porten-
reuth, Poortvliet; gehört auch Pforzheim hieher? — Muliheim
(6), Mulihusa (8), Mühldorf, Mühlberg, Müllheim, Möllenbeck,
Molenhoek, Meulenbroekroth, Mölsen (zusammengezogen aus
Mühlhausen). — Quirnebach (8), Quirnheim (8); Quirnifurt (10)
ist theils zu Kornwert theils zu Querfurt geworden; Quirnaha
(8) heisst jetzt Kürnach. Und so scheint dasselbe Wort noch
in manchen Formen wie Quernheim, Quirrenbach, Kürnbach,
Kürrengrund, Körnbach, Kornbach, Kirnborn, Kerndorf zu stecken; das nhd. *Korn* granum vermengt sich damit leicht. —
Walkehäusel, Walkmühle. — Grubmühle, Grubwies, Groeven-
brug. — Bergwerkhausen (einziges Beispiel). — Werkhausen,
Werkhorst; Werkhoven heisst sec. 10 bloss Werken. Aber
Werkendam gehört nicht hieher; es heisst sec. 11 Werkene-
munde und liegt an der Werke. — Zechenhaus, Zechenöd. —
Stollenberg, Stollenschmiede; aber Stollnkirchen heisst sec. 9
Stallinchirichun und gehört zum Personennamen Stallo. — Schacht-
berg. — Schmelzhütte, Schmelzofen. — Ofenwinkel, Ofenberg;
manche solcher Formen gehören jedoch zum Personennamen
Offo, Uffo, z. B. Ofenwang (sec. 8 Offanwang). — Smidahuson
(9), Smidibach (11), Schmidtmühlen, Schmiedeberg, Schmedde-
hausen, Schmedessen. — Hamerbach (10), Hamertal (11?),
Hammerschmiede, Hammerstein. — Vorwerksgasse; Zusammensetzungen wie Bergwerk und Vorwerk sind natürlich als Be-

stimmungswörter selten. — Barnstädt, Barntrup; doch liegen
hier andere Wörter sehr nahe, so dass eine Scheidung höchst
unsicher ist. — Kastenhof, Kastenmühle. — Scurheim (8),
Scurbere (10), Scheuereck, Scheuerhof. — Scuginnothorf (9, jetzt
Schiggendorf), Scheunenhof, Scheunstelle. — Scopheim (8),
Scopflochheim (8), Schuppenkrug, Schupfholz, Schoppendorf,
Schopfhof. — Stadelhofen (10), Stadelhaus, Stadelheim. —
Schenkhub, Schenkholz; aber Schenkenschans wol zu einem
Personennamen. — Krugmühle, Krugkamp. — Zollbrück, Zoll-
haus, Tolhek, Tolhuis. — Mauthausen, Mautstatt, Muthhütten.
— Gassendorf, Gassenhof. — Gangavia (3) hat wol im ersten
Theile die Bedeutung von Fluss oder Fahrwasser, dagegen mögen
Gangfort und Ganghof hieher gehören. — Stratiburg (8), Straz-
pach (9), Strasskirchen, Strasslehen, Stratum. — Mahalcihhi (8),
Mahelberch (11), Malbrunno (10); Mahlburg (aber nicht Mahl-
mühle), Maltann, Malborn, Malburg. — Platzmühle, Platzhausen.
— Planheide; in Pleinfeld aber scheint ein Personennamen zu
liegen. — Marktmühle, Marktschlag, Marktstraat. — Kirchhofs-
mühle, Kirchhofsort, wenn der erste Theil nicht als Familiennamen anzusehen ist. — Bruggiheim (10), Pruckadorf (10),
Brückberg, Brückenhaus, Bruckmühle, Pruckbach, Bruggesloot,
Brugzigt; leichte Vermischung mit *bruoch* palus. — *Speck*-,
Spick- u. dgl. ist in der Bedeutung von Brücke schwer aufzufinden, da der Sinn von Zaun oder Hecke wol der häufigere
ist. — Wehrbach, Wehrkamp und andere Formen sind nur
noch sehr unsicher zu beurtheilen; Wehrheim lautet sec. 11
Wirena. — Sclusunbach (9) hieher? Schleusehörn, Schleusezoll, Sluispolder. — Fährbruck, Fahrhaus, Fehrmühle. — Heim-
bach (8), Heimstat (9), Heimbronn, Heemhude, Heemwerd,
Hembüttel. Heimburg an der Donau und Heimhausen in Wirtemberg sind dagegen aus Heimenburg (11) und Heimenhusen
(10) entstanden, gehören also zum Personennamen Heimo. —
Stattorf (11?), Stetifurt (9). Stetefeld (11), Stetpuch (11); Stadt-
mühle, Stättham, Steddorf, Stedum; Steppach ist aus Stetebach
entsprungen. — Fleckenbühl, Fleckenhaus, Fleckenthal gehören
hieher, wenn nicht im ersten Theile ein Personenname steckt;
die Niederlande gewähren nur einen einzigen möglicherweise
hieher gehörenden Namen, Plekenpol. — Dorfacchera (9), Thar-
phurnin (11), Dorfheim, Dorpbuurt, Dorpambacht. — Wilrehem
(11); Weilerhof. — *Drecht* scheint als Bestimmungswort nie

gebraucht zu sein. — Wieckhorst. — Weichsberg, Weichsdorf
— Marklo (8), Marachleo (9), Markhaus, Markstein, Markgouw.
Auch gehören Namen wie Marbach, Mardorf zuweilen, jedoch
nicht immer hieher. — Sneidbach (8), Sneithart (11), Schnait-
steig, Schneidweg (Ausnahme Schneidemühle). — Zu *sweta*
finde ich nur niederländische Beispiele, Zwettehornc, Zwetpol-
der, Zwetsloot. — Ob *Reich* als Bestimmungswort vorkommt,
muss zweifelhaft bleiben; in Rijkebuurt und Rijkevoort ist es
wol adjectivisch zu nehmen. — Bunzgowe (11); in neueren Namen ist das Wort kaum zu finden; in den Niederlanden heisst
eine Schleuse Bantumer-zijl. — *Bar* in der Bedeutung von Gau
ist ganz verschollen und unter ähnlich lautenden Bildungen verschwunden. — Ob *waiba* noch vorkommt, muss die Zukunft
lehren; wie hiess das bairische Weibhausen früher? — *Huntari*
und *bifang* sind wol nie als Bestimmungswort in Gebrauch gewesen; einfaches *fang* könnte vielleicht so in Fangberg und
Fanghof (nicht in Fangschleuse) vorkommen. — Gemeindmühle,
Gemeindehof, in Gemeingrube, Gemeinwiese wol adjectivisch zu
fassen. — Ob *almende* in dem friesischen Ortsnamen Almenum
liegt, ist unsicher. — Das schwerfällige *Bauerschaft* ist zur
Verwendung als Bestimmungswort nicht geeignet. — Kreishaus,
Kreiswald; die neueren Bildungen *Bezirk, Gegend, Provinz*
kommen als Bestimmungswörter nicht vor. — Gerichtsbergen,
Gerichtsstellen. — Freiheitsberg, Freiheitshof scheinen ganz moderne Bildungen zu sein, deren erster Theil einfach den Sinn
von *libertas* hat, eben so das niederländische Vrijheidslust. —
Die das Landmass anzeigenden Ausdrücke *Hufe* und *Morgen*
scheinen sich nicht recht zum ersten Theile von Ortsnamen zu
eignen. Das niederländische Hoefpolder hat neben sich die
Schreibung Hoofpolder und wird dadurch unsicher, eher könnte
Hoeveneind hieher zu rechnen sein. Hufhaus u. dgl. bleiben
zweifelhaft, Hufnagel und Hufschmiede gehören natürlich nicht
hieher; Namen wie Morgenau und andere sind öfters aus Ma-
rien- (wofür schon aus mhd. Zeit her besonders auf niederdeutschem Gebiete die Aussprache Margen- gilt) entstellt. —
Sitzberg, Sitzerath könnten an den Sinn von *sedes* erinnern,
doch spielen mehrere Ableitungen von Personennamen hier mit
herein. — Sedelhof, Sedelbrunn und Anderes ist näher zu erwägen, da hier einige slavische Formen sehr nahe liegen. —
Das halb verschollene *sioza* wage ich kaum in Siesbach und

ähnlichen Namen, deren einige auch mit Süss- beginnen, wiederzufinden. — Zu ahd. *eigan* proprium ist kaum einer der neueren mit Eigen- oder Ein- beginnenden Oerter zu stellen, da sie wol alle von Personen ihren Namen haben. — Was mit Hör- beginnt, lässt sich ohne die älteren Formen gar nicht beurtheilen. — Das ahd. *sundera* proprium kommt in Ortsnamen sicher vor, denn alle die mit ähnlichen Lauten beginnenden Namen zu *Süd* meridies zu stellen ist schon deshalb unmöglich, weil sonst der Süden den Norden in den Namen zu auffallend überwiegen würde. Aber welche dieser Formen wie Sondermühlen, Sünderwald, Sunderhof, Zunderdorp (früher sogar auch Sindeldorp genannt) gehören hieher? — *Hammrich* u. dgl. scheint wie die meisten zusammengesetzten Worte sich am Anfange von Ortsnamen nicht zu finden; eben so wenig die mit *Gut* proprium, da die mit diesen Lauten beginnenden Namen wol alle den Sinn von bonus enthalten. — Amthof, Amtsbrink, Ambachtsbrug, Amtsluis. — *Erbe* hereditas in allen mit Erb- beginnenden Namen zu suchen wäre falsch; in ihnen stecken wohl mit wenigen Ausnahmen wie Erbstollen, Erbhof, Erbland, Erfdijk (Erfkamerlingschap natürlich etwas anders zu fassen) stets Personennamen. Eins der hessischen Erbach ist aus Ertbach (11) entstanden, Erbstätten bei Marbach heisst sec. 8 einfach Stetin, wogegen Erbstetten bei Münsingen wahrscheinlich ein altes Erfesstetim voraussetzt. — Beginnendes *Theil-* wie in Theilheim und Theilstetten scheint aus Thal entsprungen zu sein; der Sinn von pars ist nirgends sicher; auch giebt es in den Niederlanden kein anfangendes Deel-. — Wir sehen hier aus alle diesem, dass alle diejenigen Wörter, welche Besitz oder Erbe bezeichnen, nur selten und unsicher am Anfange von Ortsnamen angewandt werden. Und das ist ein Hauptgrund, der mich in meiner Auffassung der Endung *-leben* bestärkt, denn hiesse sie etwa Wohnung oder Wiese, so würde sie gewiss auch am Anfange von Namen, wie die andern Wörter derselben Bedeutung vorkommen. Nun aber giebt es zwar in Oestreich ein Lebenberg, Lebeneck, Lebenhof, aber auch ein illyrisches Lebensch und dadurch wird die Deutschheit jenes Namentheils ziemlich unsicher. Aehnliches gilt von den bairischen Oertern Lebenhan und Lebenstein; nur ein braunschweigisches Lebenstedt oder Levenstedt könnte allenfalls in Betracht kommen. Aus dem ganzen Landstriche aber, welcher 2—300 auf

-leben ausgehende Ortsnamen theilweise so dicht gesät besitzt, kenne ich keinen einzigen, der mit -Leben beginnt.

Ich bin froh mit dieser trockenen Recapitulation des vorigen Capitels zu Ende gekommen zu sein; um so froher, da sich bei jedem Schritte Unsicheres aufdrängt; meine Leser haben hier das Recht die Zahl der Fragen und Fragezeichen noch beliebig zu vermehren. Denn Bestimmungswörter sind unendlich schwieriger als Grundwörter zu erkennen, weil bei jenen der Kreis der Begriffe und Ausdrücke, worunter man zu wählen hat, unverhältnismässig grösser ist als bei diesen; und wer die Wahl hat, der hat die Qual. Diesen Ueberschuss der Bestimmungswörter über die Grundwörter zu mustern, bezweckt der übrige Theil dieses Capitels.

Im Ganzen scheint es nur zufällig zu sein, wenn einige der oben angeführten Grundwörter nicht als Bestimmungswörter nachgewiesen werden können. Umgekehrt giebt es eben so zufällig einige unter die bisher besprochenen Kategorien fallende Ausdrücke, welche ich nur im ersten Theile von Ortsnamen nachzuweisen vermag. Hier mögen einige mit leichter Mühe noch zu vermehrende Beispiele dieser Art folgen, bei denen übrigens natürlich stets die Möglichkeit vorliegt, dass sie auch noch als Grundwörter entdeckt werden.

Wie das ahd. zwisila eine Gabel und auch höchst wahrscheinlich ein Auseinandergehn von Flussarmen bezeichnet, so sprechen wir auch von einer *Gabelung* oder *Gabeltheilung* eines Gewässers. An dieses Wort denke ich bei Kapalpach (8) so wie bei jetzigem Gabelbach, etwa auch bei Gabelhof. Das oft vorkommende einfache Gabel scheint dagegen wenigstens zum grossen Theile slavisch zu sein. — Wenn mittellat. *pravium*, engl. *brow*, schott. *bree*, *brie*, schweizerisch *brau* die Bedeutung von Berg, Hügel, Fels hat, so können wir wol Namen wie Briubach (8, jetzt Braubach), Broburg (11, jetzt Bourburg), Bruwilari (11, jetzt Brauweiler) mit einiger Wahrscheinlichkeit dazu stellen. — *Klamme* heisst im Mhd. eine Bergspalte oder Schlucht. Dazu scheinen heutige Namen wie Klammleiten, Klammstein (auch einfaches Klamm?) zu gehören. — Mhd. *meise* bedeutet einen ausgehauenen Waldweg. Sneisanwang (9) müsste, wenn es dazu gehört, eine Erweiterung dieses Wortes enthalten oder in eine unorganische Bildung übergegangen sein. Auch das heutige Schneesberg, vielleicht auch die Schneis bei Elberfeld mögen das Wort nachklingen lassen. — Alts. heisst *edor* ein Zaun; wir finden in der That noch vor 1100 ein Ederheim und ein Eddorunhusun; auch ein Etterscheide (jetzt Hetterscheidt) kann dazu gehören; aber Ederveen und Ederbosch liegen bei Ede in Geldern und haben ihren Namen daher. — Goth. *tulgjan* bedeutet befestigen, *tulgitha* eine Befestigung. Sollte dazu nicht das illyrische Tulkoburg aus sec. 6 zu rechnen sein? Ja ich möchte auch das schwäbische Zollern (Hohenzollern), zuerst um 1099 als Zolro erscheinend, dazu stellen. Wenn die italienische Familie Collalto den Namen Hohenzollern als eine Uebersetzung ihres eigenen Namens ansieht, so mag darin keine geschichtliche, aber doch eine leidliche sprachliche Wahrheit liegen. — Was wir jetzt eine *Umfriedigung* nennen, sucht Grimm in dem Namen Fritzlar (sec. 8 Fridislare); noch eher denkt man daran bei Vridebach (11), Vriduperg (11?) und heutigen Namen wie Friedberg, Friedewald und anderen. — Ein Tempel hiess goth. *alhs* und dazu mag z. B. Alahstat (8), jetzt Alstadt, auch in Allerstadt entartet, zu stellen sein, obgleich andere ähnliche Formen mehr an elah Elenthier denken lassen. — Ahd. *harug* templum kann man in Harkstede, Harculo, Herkhulzen, Harkebrügge und dem bairischen Herkheim wiederfinden; wie vorsichtig man aber auch hier sein muss, geht daraus hervor, dass das elsassische Herkheim sec. 8 Herincheim lautet. Harkerode heisst sec. 10 Herlicarod, der Harkpolder sec. 11 Hariche. — An das goth. kelikn aedes, turris werde ich erinnert bei Chelichberch (11) und Chelichsbach (11). — Zu ahd. *parc* granarium möchte ich am liebsten Barcfelden (10, jetzt Barchfeld), Barkhusun (8, jetzt Berghausen und Barkhausen), Barcthorf (8, jetzt Bardorf) stellen. — Ahd. *uodil* praedium ist vielleicht als erster Theil von Oedelum erhalten, auch einige mit Edel- beginnende Namen könnten dahin gehören. — Auch Fremdwörter kommen so, d. h. nur als erster Theil vor, wie ahd. phistira pistrinum in Visterbach (11, jetzt Feisterbach) und so wol noch manches Andere.

Bis hieher sind die Begriffsphären der Grundwörter und der Bestimmungswörter congruent. Nehmen wir nun an, dass unser Sprachschatz etwa 500 in dieses Gebiet fallende Ausdrücke besitzt, so würden sich mit diesen Mitteln nur 25000 Ortsnamen bilden lassen, vorausgesetzt sogar, dass keiner möglichen Zusammensetzung lautliche oder begriffliche Hindernisse im Wege stünden. Wir hätten dann 500 einfache und 24500 zusammengesetzte Bildungen (da nämlich die Verdoppelungen desselben Wortes, mit Ausnahme etwa von Baden-Baden, von vorne herein abzurechnen sind). Nun aber ist der Bedarf an Ortsnamen ein unendlich viel grösserer. Um diesen Bedarf zu decken, muss die Sprache zu demselben Mittel greifen wie bei den Personennamen, sie muss die Sphäre, aus der sie die Bestimmungswörter nimmt, weit ausdehnen über die der Grundwörter. Die gewaltige Mannigfaltigkeit des hier aufzurollenden Gemäldes zwingt mich dazu, mir eine Beschränkung aufzulegen und die neueren für den Sprachforscher gefährlichen Bildungen gegen die älteren und klareren in den Hintergrund treten zu lassen.

Fast ausserhalb des Kreises der übrigen Bestimmungswörter, theils ihres Begriffes theils der ausserordentlich losen Zusammensetzung wegen stehen die Zahlen, die in der Namengebung vieler Völker eine besonders grosse Rolle spielen. Ich führe hier die Beispiele in der natürlichen Folge an: Einsidelin (11); Zueinchirichun (10), Zwivaltaha (11); Zweilütschenen ist ein neuerer Ort in der Schweiz am Zusammenflusse der beiden Lütschenen. Trieich (10; noch in neuerer Zeit die Dreieich), Triburi (9). Vierbeche (11), Fiormannin (11). Fünfkirchen. Sechshuben. Die mit Siben- beginnenden können leicht einen Personennamen enthalten, doch gehört einiges sicher hieher, wie Sibenbrunnon (11?) oder das heutige Seveneeken bei Gent. Achthöfen. Die zur Neunzahl gehörigen Formen sind kaum sicher von den Bildungen mit Neuen- zu scheiden. Zu der dürren Prosa weiterer Zählungen ist nur die neuere, so wol deutsche als niederländische Sprache fähig gewesen: Zehnmorgen, Eilfkathen, Zwölfhäuser, Dertienmorgen, Vierzehnhöfen, Sechszehneichen. Achttienhoven, Fünfundzwanziglinden, Dreissigacker, Vierzigstücken, Fünfzighuben, Eenenvijftigmorgen, Achtenzestigmorgen, Hundertmark, Tausendblum, Vijftienhondertgemeten. Eilftausendmägdemühle ist natürlich anders zu fassen. Managfalta (11, jetzt Mangfall) weist auf die vielfältig gewundenen Krümmungen dieses Flusslaufes hin. Das niederländische Dubbeldam scheint etwa einen doppelten Damm (einen binnendijk und buitendijk) anzuzeigen.

Die noch etwas trockneren Ordinalzahlen werden seltener gebraucht und steigen nicht zu so hohen Stufen auf. Die Schreibung, ob in einem oder (richtiger) in zwei Wörtern, ist hier inconsequent. Mannheim zählt bekanntlich seine Quadrate, aus denen die ganze Stadt besteht, Danzig hat eine lange Strasse, deren vier Theile der erste, zweite, dritte, vierte Damm heissen; sonst ist dergleichen Zählung bei deutschen Strassen eben so selten wie bei nordamerikanischen häufig. Noch einige Beispiele von besondern Ortschaften: Erstemühle, erste Pastorei, zweite Bauerschaft, dritte Mühle, Drittenbrunn, Drittgeest, Vierthof, Vierthkathe, Fünftentheil; auch niederländisch: erste Polder, twede Zeegat; wenn aber die niederländischen Ortslexica auch z. B. *de vierde partij van de bloemplaat* als Ortsbezeichnung aufführen, so können wir das im sprachlichen Sinne noch nicht einen Namen heissen.

Nächst der Zahl ist die Farbe das zweite hier zu erwägende Moment. Wizaha (11), Wizanburg (7). — Swarzaha (8), Swarzwald (10). — Rotaha (8), Raudinleim (7); jetzt oft schwer zu erkennen, wie Römhild (schon 1544 Romhild) aus Rotemulte (8). — Gronaha (10), Gruonintal (10); verdunkelt ist das Wort in Grombach, Grumbach. — Das Helle wird auch ausgedrückt durch ahd. blanch, nhd. blank; ahd. bleih, nhd. bleich; ahd. blechen fulgere; ahd. liohti, nhd. licht. Dazu stimmen die Namen Blankanstat (8), Blancstruth (11), Plethaha (8), Blaihfeld (8), Blechentenstain (11), Liechtenfels (11). Zu mhd. glīz Glanz sind zu stellen Gleisbach, Gleisberg (wenigstens heisst von den Orten dieses Namens die Burg im Grossherzogthum Weimar a. 1157 Glizberg), Gleisdorf; aber Gleisweiler lautet sec. 10 Glizenwilere, enthält also wol einen Personennamen. Da unser *hell* vom Begriffe des Tönens ausgeht und noch im Mhd. kaum in einer oder der andern Stelle von der Farbe gebraucht wird, so ist es sehr mislich, alte Namen wie Helebeche, Helerithi, Helewirt in diesem Sinne zu fassen, noch mislicher, wenn man einen der neueren mit Hell- beginnenden Namen dazu stellen wollte. Dagegen das Dunkele: ahd. finstar, nhd. finster; ahd. timbar, nhd. dialektisch dimper; ags. deorc, engl. dark; ags. derne, wozu ahd. tarnen dissimulare. Diese Wörter begegnen in Vinsterbuch (9), Finsterberg; Dinbarloha (11? jetzt Timmerlak); Dirihlari (8), Tirhsteti (10). Unsicher ist das vierte Wort, da hier auch ein Personennamen vorliegen kann; ich erwähne Ternbereh (9), Darenvelde (11, jetzt Darfeld), endlich Darniburg (10), jetzt Derenburg bei Halberstadt, welches vielleicht im Gegensatz zu dem benachbarten Blankenburg den Namen trägt. Das mhd. tunkel, nhd. dunkel begegnet in alten Formen noch nicht und daher sind neuere Namen wie Dunkelboden, Dunkelhütte, Dunkelhäuser mit besonderer Vorsicht zu behandeln.

Wir kommen jetzt zu den Ausdrücken, welche von der Grösse hergenommen sind. Die beiden Wörter *gross* und *klein* sind in den Namen bekanntlich sehr häufig, aber nur modern. Dagegen finden wir schon seit alter Zeit goth. mikils, ahd. michil, z. B. Mihilbah (9), Michilinstat (8), Mekelenborch (10). Ferner goth. digrs crassus, tumidus (zu folgern aus digrei 2. Kor. 8, 20), wozu ein ahd. tegar zu gehören scheint, das wir in Tegirinpah (7), Tegarinseo (8, Tegernsee) und andern Wörtern finden; vgl. auch die neueren Formen Tigerfeld und Tägerschen aus Tygirinvelt (11) und Tegarascahe (8). Ahd. stur, altn. stôr magnus in Sturibrock (11), Sturenfelt (9), vielleicht auch in Sturia (10). — Die Kleinheit dagegen drückt besonders aus ahd. smal, nhd. schmal, vgl. Smalanaha (10, jetzt Schmalenau), Smalacalta (9, jetzt Schmalkalden). Ahd. luzil parvus findet sich in Luzilunowa (8, jetzt Lützelau), Luzilunburch (10, jetzt Luxemburg), Litlongest (10) u. s. w. Ein altes sonst verschollenes Wort für klein muss ahd. scam gelautet haben; dazu habe ich Scammaha (9, jetzt Schamach), Scambach (11, jetzt Schambach), Scammunfulda (8), Scanwilina (11) u. a. m. gesetzt.

Mit der Grösse hängt nahe zusammen der Begriff der Höhe und sein Gegensatz. Das häufigste Wort seit ältester Zeit ist hier hoch altus. Schon seit sec. 1 hat sich ein deutsches Volk als Cauchi, d. h. wol als sublimes, excelsi bezeichnet und ein Caucalandensis locus zeigt sich sec. 4. Seit sec. 8 sind Formen wie Hohurst, Hohenhart, Hohireod etc. häufig. Jetzt zeigen sich verschiedene Gestalten, neben dem häufigen Hoch-, Hohen- auch seltenere Formen wie in Honau, Homburg, Hanover (alta ripa). Der Gegensatz zu hoch findet sich z. B. in Diufonbah (8, Tiefenbach, auch zusammengezogen Dippach), Tiufstadum (10) u. s. w. Mit hoch und tief berühren sich die Ausdrücke auf, ober, unter, nieder. Beispiele: Ufhova (8), Uphusun (8), Ubhriustri (8), neueres Aufheim, Oppau, Obhausen, Upsen; Obaraha (8), Oparinmunistiuri (9), Ubarse (8), jetzt viele mit Ober- und Ueber-, niederl. Over-; auch Buurmalsen in den Niederlanden ist aus Uberan-Malsna entsprungen. Ferner Untarse (9), Ondertunun (10), jetzt Unter-, niederl. Onder-; Niderhusun (9), Niderenbure (11), jetzt Nieder-, niederl. Neder- und Neer-.

Längeres Verweilen erfordert das niederdeutsche und niederländische lêge, leeg niedrig, dessen Verbreitung durch zahlreiche deutsche Mundarten man leicht mit den gewöhnlichen Hilfsmitteln verfolgen kann. Im Hochdeutschen ist es seltener, doch kommt ein mhd. laege flach vor und auch süddeutsche Dialekte kennen den Ausdruck bis heute. Ein recht klares älteres Beispiel des Wortes begegnet mir nicht, aber heutige niederländische Namen wie Leegemeeden, Leegemeer, Leegkerk, Leegstraat dürfen hier mit ziemlicher Sicherheit genannt werden; auch in den flämischen Theilen Belgiens kommen Beispiele vor wie Leege - Kaert, Leegen - Rielen, Leegenheirweg, Leegewormen, Leegheyde. Das eigentliche Deutschland hat noch in Ostfriesland ein Leegemoor, im Regierungsbezirk Düsseldorf ein Leegesorg, Leeghelsum, Leegemeer. In Danzig heissen zwei Hauptthore das Hohe- und das Legethor. — Mit diesem lêg muss von demselben Stamme (ahd. ligan jacêre) ein Substantivum kommen, dessen eigentliche Bedeutung uns entgeht und das ich im dritten Capitel deshalb ausliess, weil ich ihm keine Stelle mit irgend welcher Sicherheit anweisen konnte. Es kann unserm nhd. Lage (situs) etwa in der Bedeutung von Wohnort (vgl. Lager) entsprechen, aber auch einen niedrigen, tiefliegenden Ort bezeichnen; altn. låg bedeutet allerdings eine Senkung des Bodens, wogegen das mhd. lâge wesentlich das Legen von Nachstellungen, einen Hinterhalt ausdrückt. Dieses noch näher zu bestimmende Wort tritt als Grundwort mit Sicherheit erst sec. 11 auf in Formen wie Buntlagi, Hengelaga, Stiplagen, Waditlagon; diese und andere Oerter liegen sämmtlich in Hanover und Westfalen. Ihnen entsprechen, gleichfalls fast ausschliesslich im nordwestlichen Deutschland, viele heutige Namen wie Braunlage, Hollage, Hondelage, auch wol solche wie Hittloge, Mühlenloog. Die Niederlande zeigen nur vier Beispiele, die allenfalls hieher gehören, Barlage, Ruige - Lage, Harensche-Laag, Kalslagen. Daneben kommt ein einfaches Laag, Lage, Loog, Loge vor. Zusammengesetztes Einlage oder niederländisches Suzannas-Inlage hat sicherer die Bedeutung von Wohnort; andere Zusammensetzungen wie Friedrichsanlage oder Hammerablage sind ganz modern. Bemerkenswerth ist, dass sich nur in seltenen Fällen im ersten Theile der Namen auf -lage ein Personennamen deutlich erkennen lässt, was auf eine natürliche, nicht auf eine künstliche Oertlichkeit deutet.

Hieher gehört auch der Begriff der Mitte. Dieses Wort erscheint in den Namen in nicht weniger als fünf Gestalten, deren grammatisches Verhältnis zu erörtern nicht hieher gehört: 1) Mitti (10), Mittinbah (8). Auch das mehrfach besprochene Midufulli (8) ist vielleicht mit Unrecht in das mythologische Gebiet gezogen worden; es könnte ein Mid-ufulli Mitteluffeln (bei Vlotho an der Weser) sein, wenigstens wäre das nicht unmöglich. 2) Mittilibrunnen (8), Mittelwisa (9). 3) Mitterbach (11), Mittirnoulag (11). 4) Mitilistenheim (11.?), Midlistanfadharvurde (9). 5) Metamun (9), Metaminpuhc (9), Medemolaca (9, jetzt Medemblik). — Wie *hoch* zu *auf* und *tief* zu *unter* sich verhalten, so *Mitte* zu *zwischen*; vgl. Zwisgenfaccho (9), Zwisgen Marahesfeldun (9), jetzt Zwischenahn, Zwischenberg, Zwischenbrunn etc. Die Präposition *unter* in der Bedeutung von zwischen ist in Namen kaum gebräuchlich; Unterseen verdankt diese Bezeichnung nur dem benachbarten (ehemaligen Kloster) Interlaken.

Nun zur Bezeichnung der Form. Ahd. *brait*, nhd. *breit*: Braitenbach (8), Breidenbrunno (8); Bredevoort, Bremke (aus Bredanbeke), Bretleben sind seltenere neuere Gestalten; niederländisch wechselt die Schreibung Bred- mit Breed-. Ahd. *flah*, nhd. *flach*: Flacha (11), Flachowa (11). Nhd. *platt* ist in alten Namen nicht sicher zu finden; von neueren gewähren die Niederlande z. B. Plathuis, Plattendam, Deutschland Plattenburg, Plattenberg; aber der Plattensee in Ungarn, ungarisch Balaton, gehört nicht dahin. Ahd. und nhd. *lang*: Langinberc (11), Lengifeld (9), Lancheim (9). Ahd. und nhd. *kurz* finde ich unter den alten Namen nur in einem westfälischen Kurtbeki (11); neuere wie Kurzbach, Kurzberg, Kurzdorf und weniger sicheres Kurzencnde, Kurzenhof stehen sich eben so gegenüber wie niederländisches Korteheid, Korteland und Kortenburg, Kortendijk. Aelter ist in Namen ahd. *crumb*, nhd. *krumm*, z. B. in Chrumbinbach (8), Crumbanaba (11), wozu manches Neuere mit Krumm- und Kromm- gehört. Sollten nicht Narheim (8) und Naristagne (9, jetzt Nierstein) zu alts. *naru* angustus gehören? Die genauere Prüfung der örtlichen Lage müsste hier entscheiden. Unser *schmal* kommt zwar in Namen oft vor, wird indessen wol meistens den oben erwähnten älteren Sinn von parvus haben. —

9

Ahd. *angi*, nhd. *enge* ist in alten Namen, wie z. B. in einem schwäbischen Anghoma (8) und einem friesischen Anigheim nicht sicher und auch neueres Engberg, Engbrück ist ebenso wie niederländisches Enghuizen und Engwird um so mehr noch näher zu prüfen, als Engabrunn sec. 11 Emichinbrunnin und von den Oertern Namens Enghausen der eine (westfälische) sec. 11 wahrscheinlich Enenhus, der andere (bairische) sec. 10 Heginhusa lautete. — *Weit* amplus aufzuspüren ist vollends schwer, da theils Weide pastus theils der Personenname Wido störend eingreifen. — Eine besonders auffallende und zur Namengebung anreizende Form ist das Ueberhängende, theils an Felsen theils an Bäumen. Und so wie die Griechen schon ein *Λάρισσα ἡ κρεμαστή* hatten, so finden wir auch in Deutschland ein Hangentinpurun (10), Hangentinheim (11), Hangintenstein (10), jetzt Hangenheim, Hangendebuch u. s. w., wobei sich übrigens die Bedeutung des Ueberhängenden vielfach mit der des bloss Abhängigen kreuzt.

Die Form führt uns naturgemäss auf den Stoff; Trockenheit und Nässe des Bodens, Reinheit und Trübe der Gewässer hängen von chemischer oder mechanischer Stoffmischung ab. Ahd. *durri*, nhd. *dürr*: Durraha (10), Durrental (10), Duriugrasmarasaha (11), Dürrheim u. s. w. — Ahd. *truchan*, nhd. *trocken*: Truchenebach (11), Trochonlinaha (11), Trockenborn, Trockenerfurt. Das einfachere ags. drig, plattd. drög finde ich in Druhpach (8), Druchperich (11), Druhiclingon (8), niederländischem Drooggat, Droogberg u. s. w. — Unser *feucht* madidus ist in den Namen ausserordentlich schwer von den Formen zu scheiden, die zur Fichte pinus gehören. — Ahd. *naz*, nhd. *nass*: Nassaue (10, jetzt Nassau), Nassenfeld, Nassenhuben, Nassenerfurt, aber niederländisches Natewisch hiess früher Naatswijk.

Ahd. *hlutar*, nhd. *lauter* purus: Hlutraha (7), Hlutirinbach (8), dazu manche neuere Formen mit Lauter-, Luter-, Lüder- u. s. w. — Ahd. *hreini*, nhd. *rein* purus ist in den Ortsnamen zu vermuthen, aber neuere Formen ergeben nichts, da die mit Ragan-, Rein- gebildeten Personennamen hier stören; ältere müssten entscheiden, je nachdem sie mit Hr- anlauten oder nicht; doch ist auch hier nichts Sicheres beizubringen, da Hrenhem vielleicht ungenau geschrieben ist und zum Rheine gehört, während Hrenheri in Overyssel gleichfalls seine Bedenken er-

regt. — Zu ahd. *flât* purus (nhd. nur negativ Unflath) rechne
ich Fladaha (8) und Flathecheim (11, jetzt Flurcheim). — Das
Gegentheil davon begegnet in ahd. *trôbi*, nhd. *trübe*, wozu wir
z. B. Trobaha (11, jetzt Truppach) stellen. — Damit begrifflich verwandt ist ahd. *horo, horaw* Sumpf, *horawig* und *horawin*
sumpfig: Horaheim (8), Horabach (9), Horaginpach (9), Hur-
winun struot (8), dazu neuere Namen wie Horbach, Harbach,
Haarhausen, auch manche der mit Horn- beginnenden, die aus
Horawin- zusammengezogen sein werden. Bei solchen Formen
wie den mit Rein- oder Horn- beginnenden sieht man recht
deutlich, was übrigens jede Seite dieses Buches lehrt, dass dem
Onomatologen auf jedem Schritte die mannigfachsten Gefahren
auflauern und wie unverständig das Begehren derjenigen ist,
die von einem Namen gleich flugs eine fertige Erklärung haben
wollen; je mehr der danach Gefragte in die Wissenschaft eingedrungen ist, desto mehr wird er das durch die häufige Unsicherheit seiner Antworten bekunden.

Mannigfaltiger als das trockene Element wirkt das Wasser
auf die Sinne, durch seine Bewegung auf das Auge, durch sein
Plätschern auf das Ohr, durch seine Beimischungen auf die
Zunge, durch seine Temperatur auf das Gefühl. Goth. *svinths*,
ahd. *swind*, nhd. *geschwind:* Swindaha (8). Ahd. *drâti* celer:
Dratihaha (8, jetzt Dratenach). Goth. *qvivs*, ahd. *quek* vivus:
Quekaha (11?), Quecbrunn (10). — Mhd. *gelster* bedeutet laut
tönend, dazu Gelstrebah (9). Ahd. *hliodor* strepitus; dazu Li-
derbach (8, jetzt Liederbach). — Vom *Salze* benannt sind Saltbeke (9, jetzt Salbke), Salzaha (8), Sulzibach (7), Sulzaha (9)
und viele andere Formen. Auch Säuerlinge möchte man durch
ihren Namen als solche bezeichnet erwarten, doch sind die
zahlreichen Bildungen wie Sura (7), Sauerbach u. a. im Verdacht, ein ganz undeutsches Wort zu enthalten. — Zu *warm*
gehört schon sec. 9 Waraminpah, heutzutage mehrfache Namen
wie Warmbrunn. Doch giebt es auch ein Warmbach, welches
aus Wartinbah (sec. 8) entstanden ist. — Zu *kalt* dagegen
findet sich z. B. Caldenbach (8), Chaldebrunna (9), gegenwärtig
ausser den ganz klaren mehrere assimilirte oder sonst verwit-
terte Formen, z. B. Kallenbach, Kalbach, Keldebach, Colbeck,
Koudhuizen, Koudum, auch wol Calvörde.

Wir steigen zu höheren, abstracteren Begriffen auf und
finden zunächst, dass nicht bloss räumliche Anschauungen, son-

9*

dern auch der Begriff der Zeit auf die Namen eingewirkt hat, in so fern das Alter der betreffenden Oerter in ihnen sich ausspricht. Unglaublich zahlreich sind die zu unserm *alt* gehörenden Namen: Altunhusir (8), Altthorf (8), Oldenhreni (11) u. s. w. Neuere Namen haben Alt-, Alten-, Olden-, Ollen-, Oud-, auch All- und andere Formen. Einige derselben mögen jedoch in ihrem ersten Theile den Personennamen Aldo, Alto enthalten. — Seltener ist goth. *fairni*, ahd. *Arni* vetus: Firnibach (9), Virneburg (11), Firnheim (8), Die neueren Namen fangen sämmtlich mit Fern- an (Ferndorf, Fernöd, Fernreut) und die Bedeutung, ob vetus oder longinquus, ist daher in diesen Namen nicht recht zu bestimmen, denn dass die letztere Bedeutung wirklich in den Namen vorkommt, werden wir unten sehen. — Zu *neu* gehört eine Unzahl von Ortsnamen wie Niwanburg (8), Niwifaron (8) u. s. w. Als Beispiele neuerer Gestaltungen mögen dienen Neuhofen, Neuenburg, Neunkirchen, Naumburg, Nieheim, Nienburg, Neinstedt, Negenborn, Nöham, Nieuwkerk, Nijstad. — *Jung* ist in Namen selten, doch kommt Jungwalde, Jongeshuis und einiges Andere vor; alte dahin gehörige Beispiele fehlen noch.

Noch höher hinauf führt uns der Begriff der Schönheit. Unser Wort *schön*, ahd. *sconi* zeigt sich in Sconibrunno (9), Schauenburg (11), Scanafeld (11), eben so wie in heutigen zahlreichen Bildungen. — Ob das goth. *skeirs*, ahd. *scîr* clarus in Namen wie Scira (10, jetzt Scheuern, Scheyern), Scierstat (10), Scirlo (11) denselben Sinn wie schön oder vielleicht einen sinnlicheren wie blank oder weiss hat, möchte ich nicht entscheiden.

Wir durchmusterten nach einander die Begriffe der Zahl, Farbe, Grösse, Höhe, Form, des Stoffes, der Eigenschaften des Wassers, des Alters und der Schönheit. Durch Bestimmungswörter aus diesen Kreisen wird ein Ort gewissermaasen aus sich selbst heraus näher bestimmt; etwas Anderes ist es, wenn das Bestimmende ausser ihm liegt. Dergleichen Bezeichnungen geben der Sprache ein noch weiteres Feld, ihre mannigfach schillernden Lebensäusserungen zu bethätigen.

Dass die deutsche Sprache insbesondere schon frühe die Neigung gehabt hat, in den Namen auf etwas Anderes, ausser dem bezeichneten Gegenstande selbst Liegendes hinzuweisen, beweist auf die abstracteste Weise der seit sec. 8 bekannte Ländername Alisatia, jetzt Elsass, als das Land der anders, d. h.

auf dem andern Ufer Sitzenden. So ist ferner die Praeposition
wider (contra) gebraucht worden, wenn man sieht, wie am Nä-
gelisee im Canton Zürich Zell und Wiederzell einander gegenüber liegen, auch ahd. *gagan*, nhd. *gegen* scheint in Formen
wie Gaganheim (8), Gegonhuson (11) vorzukommen; zwei besonders auffallende Klippen bei Ballenstedt am Harze heissen
die Gegensteine. Diese Beziehung auf das schlechthin Andere
liegt ja schon in unserem Worte Gegend, eben so wie im ital.
contrada und franz. contrée. Auch die friesischen Ommelande
um Gröningen mögen hier erwähnt werden.

Näher bestimmt sich diese allgemeine Beziehung, wenn der
Ort im Verhältnis zu dem gesetzt wird, was wir Weltgegen-
den nennen. Alle vier hieher gehörigen Ausdrücke sind in
den Namen reichlich vertreten und zwar, da jedes dieser Wörter theils einfach, theils durch -n, theils durch -r erweitert erscheint, zusammen in zwölf Hauptformen; ich führe zuerst ein
Dutzend Beispiele für diese an: Nordgowi (9), Northenfeld (11),
Nordrewic (10); Osthaim (8), Austondorph (7), Ostarburg (9);
Sundhova (9), Sundunberg (10), Sundargavi (8); Westholt (11),
Westonvelda (11), Westirbracha (11), wozu man leicht neuere
Parallelen in Masse finden kann. Nun ist aber die Sache nicht
in allen Fällen so leicht und es sind noch einige Abweichungen zu verzeichnen. Für den Norden erscheint eine altwest-
fälische Nebenform in Narthbergi (11) und Narthliunon (11);
neuere Formen, die man nicht leicht als hieher gehörig erkennt,
sind z. B. Nörten, Nartz, Nottrup. Der Osten zeigt das alts. â
für ô, z. B. in Astheim, Asthlacbergon, Astfala und vielen anderen Formen; heutige Schreibung ist z. B. Oost- in den Niederlanden. Der Süden stösst bekanntlich im Alts. und sogar
im Nhd. sein ihm gebührendes n aus und es entstehen schon
alte Formen wie Sudvenum (11, jetzt Zütphen), Sutherburg (11).
Neuere Gestalten zeigen beispielsweise Südheim, Sundheim,
Sondheim, Zuidvliet, Sutrum, Suderode. Noch schwerer erkennbar werden die Formen, wenn der schliessende Dental ausfällt,
wie in Söhre aus Suthere, Soller aus Sutlere. Ich vermuthe
sogar, dass Susatium (Soest) aus Suth-satium und Symmersen-
burg (Sommerschenburg) aus Suth-Mersenburg entstanden ist.
— Am interessantesten aber ist der Westen. Dass das t nur
eine spätere Erweiterung ist, zeigt der Volksname Wisigothi
für Westgothen, auch wol der westfälische Gau Wesiga. Dass

eine Mundart der urdeutschen Sprache sogar das Wort durch das R-Suffix erweitert hat, bevor das t antrat, vermuthe ich aus Wisaraha, welchen Namen wir jetzt in die beiden Formen Weser und Werra zerlegt haben. Dass ein Gau an der Werra Westargawi hiess, mag ich nicht zur Bestätigung meiner Ansicht anführen. Und so wie ich die Weser als den Westfluss deute, so auch einen andern der grossen Ströme, die den Deutschen auf ihrer Wanderung von Osten vielleicht lange Zeit hindurch Westflüsse gewesen sein mochten, nämlich die Vistula. Die Mundart, welcher die Römer diese Form verdankten (woneben aber auch Wisula und Bisula gilt), hatte also schon das t angefügt. Auf polnisches Wysla und plattdeutsches Wissel ist nicht viel zu geben, das ch im hochdeutschen Weichsel aber schreibe ich einer Sprachverwirrung zu, welche durch das Verhältnis von hochdeutschem Deichsel zu plattdeutschem dissel und Aehnliches herbeigeführt wurde.

Nur Seeleute konnten die genaueren und schwerfälligeren componirten Bezeichnungen der Richtung in Eigennamen anbringen und solche Namen sind deshalb dem friesischen Stamme eigenthümlich geblieben. So wie jetzt die Niederlande ein Zuidwestergat und ein Zuidoosterrak darbieten, so zeigt uns schon, wol im 7. Jahrhundert, der ungenannte Geograph von Ravenna ein friesisches Nordostracha.

Eine Art populärer Bezeichnung für die Weltgegenden liegt in den Ausdrücken Sommerseite und Winterseite für die der Mittagssonne zu- oder abgewandte Lage. Dazu rechne ich z. B. Sumarberch (11), Sumerseli (11), Winterberg (10), Wintarsulaga (9), wozu noch durch Volksetymologie Winterdura (8) aus keltischem Vitodurum kommt. Heutige Formen mit Sommer- und Winter- sind häufig. Auffallend ist hier, dass sowol in den alten als neuen Namen der Winter den Sommer bei weitem überwiegt; man kann daher auf den Gedanken kommen, dass zuweilen auch Winter- aus goth. veinatriu vitis entstanden sei; namentlich möchte man bei einfachem Winter (Wintere 11, jetzt Königswinter) diese Vermuthung hegen.

Noch anschaulicher wird der Name eines Ortes gebildet, indem man als sein Bestimmungswort den Namen eines in der Nähe liegenden Berges oder Flusses aufnimmt. Da ist es nun aber merkwürdig, dass Berge in dieser Weise nur sehr selten und erst in neuerer Zeit angewandt werden; Namen wie

Schwarzwaldkreis sind ganz jungen Ursprungs eben so wie die entsprechenden natürlich sein sollenden, in der That aber sehr unnatürlichen der französischen Departements. Auch solche Ausdrücke wie Koppenplan oder Brockenfeld werden nicht sehr alt sein. Ueberhaupt fällt ja die Seltenheit wirklich alter Bergnamen sehr auf; es ist, als sei man bei der Niederlassung (von den Burgen abgesehn) den Bergen wirklich aus dem Wege gegangen und habe sie kaum des Namens für werth gehalten.

Ganz anders ist es dagegen mit den Flüssen. Diese belebenden Adern des Verkehrs werden nicht allein selbst sehr eifrig mit Namen belegt, so dass viele jetzt namenlosen kleinen Bäche gewiss in alter Zeit ihre besondere Benennung hatten, sondern sie dienen auch der umliegenden Gegend und den benachbarten Ansiedelungen, die aus ihnen ihren Lebenssaft saugen, unendlich oft als Bestimmungswort bei der Namenbildung. Es tritt hier fast poetisch eine gewisse Abhängigkeit der Gegend von den Flüssen und Bächen hervor, und ich möchte die im Folgenden gesammelten Namenbildungen gewissermassen den Patronymica unter den Personennamen an die Seite stellen.

Zunächst liegt es mir am Herzen, die Gaue, die nach Flüssen benannt sind, hier möglichst vollständig zu verzeichnen, da häufig Forscher, welche jene Flüsse nicht gekannt haben, zu höchst unrichtigen Deutungen jener Gaunamen verleitet worden sind. Ich setze die betreffenden Flüsse (und Seen), auch wenn ihre Namen nicht deutsch sind, in Parenthese bei:

Ailihecauge (8, Ailach), Albegowe (8, Alb, Albe), Emisgowe (9, Ems), Ambrachgowe (8, Ammer), Angilacgowe (8, Angel), Achilgowe (9, Eichel), Aragowe (8, Aar, Ahr), Argungowe (8, Argen), Atargawe (8, Attersee), Blesitchowa (9, Blies), Bretachgowe (8, Brettach), Cochingowe (8, Kocher), Donaligewe (7, Donau), Trungaui (7, Traun), Dubragowi (8, Tauber), Duragowe (8, Thur), Enzingowe (8, Enz), Filiwisgawe (8, Vils), Gardachgawe (8, Gartach), Gollahagowe (9, Gollach), Helnegowe d. h. Hennegau (10, Haine), Hasugo (9, Hase), Helmungowe (8, Helme), Ilargowe (9, Iller), Iffigewe (9, Iff), Islegaw (11, Yssel), Isanahcowi (8, Isen), Jagasgevi (8, Jaxt), Chelasgowo (9, Kels), Chiminegowe (8, Chiemsee), Kinzechewe (9, Kinzig), Laginga (9, Leine), Logengowe (8, Lahn), Matahgawi (8, Mattig), Moinabgowe (8, Main), Mosalgowe (8, Mosel), Murrachgowe (8, Murr), Nachgowi (8, Nahe), Nageldacgowe (8, Nagold), Nibalgavia (8, Nibel), Nekkargawe (8, Neckar), Nitachgowe (8, Nied, Nidda), Pathergu (9, Pader), Phunzingowe (8, Pflnz), Quinzingowe (8, Kinze), Radanzgowe (9, Rednitz), Rotahgowa (8, Rott), Rinahgawe (8, Rhein), Ruracgawa (9, Ruhr), Salagewi (8, Saale), Salingowe (7, Seille), Sarahgawe (7, Saar), Scaphlanzgewi (8, Scheflenz), Sinnahgewe (9, Sinn), Smecgowe (8, Schmiech), Sornagauge (8, Zorn), Spirahgewe (8, Speier), Swainahgowe (10, Schweinach), Sulmanachgowe (8, Sulm), Waringouwa (8, Wern), Zabernachgowe (8, Zaber), Zurregu (10, Zorge).

Selten sind Gaunamen dieser Art, die auf ein dem ahd. gawi synonymes Wort ausgehn. Ich kenne nur Arahafelt (9, Ahr in Waldeck), Sualafeld (8, Schwale), Masalant (9, Maas) und Wedareiba (8, Wetter). Sogar Ramesdal (11, Rems) bezeichnet einen Gau.

Doch nicht bloss Gaue, sondern auch andere Oertlichkeiten verschiedenster Art werden nach Flüssen benannt. Ich stelle hier das Zusammengehörige zusammen.

Eitrahagispringun (9, Eitterbach). — Padrabrunno (8, Pader). — Viscahisgimundi (11, Fischach), Islemunde (11, Yssel), Lechsgimundi (11, Lech), Masamuda (8, Maas), Muoriza Kimundi (10, Mürz), Phatragimundi (10, Pfätter), Rinesmuthon (11, Rhein), Teneraemonda (11, Dender), Tongeremuthi (11, Tanger). — Nekkarauwa (9, Neckar), Mindilowa (11, Mindel), Rinowa (9, Rhein), Ausaua (3, Oose?). — Eidrahawag (10, Eitterbach). — Albense (10, Alben), Trunseo (8, Traun), Matahse (9, Mattig), Wirmseo (9, Würm). — Salapiugin (9, Szala). — Dass -wert in dieser Weise in alten Namen nicht vorkommt, fällt auf; Elsterwerda an der schwarzen Elster finde ich 1550. — Britzinberg (10, Britznach), Havelberga (10, Havel), Hunaberg (8, Haun), Sigiberg (11, Sieg), Sureberg (8, Sur). — Rynharen (8, Rhein). — Agisterstein (11, Exter?), Logenstein (10, Lahn). — Ettrahuntal (8, Eitrach), Merinatal (10, Mörn). — Eitrahafeldon (9, Eitterbach), Batfelthun (10, Bode), Dransfelde (11, Dramme), Trunvelde (11, Traun), Hunafeld (8, Haun), Jagesfelden (8, Jaxt), Lechfeld (8, Lech), Rinveldon (11, Rhein), Salafelda (8, Saale), Weterofelt (11? Wetter). — Oringowe (11, Orre). — Masalant (9, Maas). — Eternbroch (11, Eiter). — Merinamos (10, Mörn). — Kiliwald (11, Kyll). — Musnahurst (11, Müssenbach). — Murrahart (8, Murr), Nagalthart (11, Nagold). — Emisahornon (11, Ems) — Goslari (10, Gose). —

Muorbrukke (11, Mur), Sarbrucca (11? Saar). — Eitarahova (10, Aiterach), Atarhof (9, Attersee), Trahof (9, Drau), Vilshoven (11, Vils), Ilrehoven (11? Iller), Isarahofa (8, Isar), Matahbova (9, Mattig). — Ahenaim (8, Ehn), Vilzheim (10, Vils), Huniheim (9, Haun), Mindelheim (11, Mindel), Rinheim (9, Rhein). — Arahusum (10, Ahr), Rinhusen (11, Rhein), Zusemarohuson (9, Zusam; noch 1528 findet sich Susmerhausen, während der Ort jetzt Zusmarshausen lautet). — Nabepurg (10, Naab), Nechirburc (8, Neckar), Regunisburg (8, Regen), Rinasburg (9, Rhein), Saraburg (9, Saar), Suraburg (8, Sauerbach). — Arwilari (11, Ahr). — Masuik (10, Maas). — Orthorp (8, Ohre), Aredorf (10, Ahr). Trundorf (11, Traun), Heriffatorp (8, Herpf), Chincihdorf (10, Kinzig), Saldorf· (8, Saale), Spiridorf (8, Speier). — Gullahaoba (9, Gollach), Ippihaoba (9, Iff). — Nicht hieher gehört Mainflingen am Main; es ist aus Manolfingun (8) entsprungen.

In ähnlicher Weise werden auch sehr schicklich Völker nach Flüssen benannt. So wie z. B. neuere Geschichtswerke von Donauvölkern oder Elbslaven sprechen, so kennen die Urkunden des neunten Jahrhunderts Moinwinidi, Nabawinida und Radanzwinida als die Wenden am Main, der Naab und der Rednitz. In derselben Weise möchte ich auch den Ort Traunwalchen an der Traun (sec. 8 Trunwalha) zunächst als den Namen eines Walchenstammes ansehn; das ganz ähnlich aussehende Ainwalchen ist dagegen aus Einwalhesdorf (8) entstanden. Aber noch früher begegnen dergleichen Völkernamen. Wie die Ripuarii (5) wahrscheinlich nur als die Anwohner der ripa des Rheins aufzufassen sind, so müssen die Chasuarii (1) als Anwohner der Hase angesehen werden und auch die Ampsivarii (1) mag ich trotz der beliebten Anknüpfung an *ans* deus nicht von der Ems losreissen; wer hier an der Synkope Anstoss nimmt, muss ganz besondere Kenntnisse von der westfälischen Mundart des ersten Jahrhunderts haben, die uns Andern abgehn. Um ein weiteres Beispiel dieser Art von Völkerbenennung beizubringen mache ich den Versuch ein bisher unbekanntes Volk aus derselben Gegend des nordwestlichen Deutschlands in die gelehrte Welt einzuführen. In dem bekannten Buchstabengewirre, welches die Peutingersche Tafel zwischen Rhein und Nordsee darbietet, worüber am gründlichsten mit Beifügung eines Facsimile bei Wietersheim Geschichte der Völkerwanderung gesprochen ist, lese ich als Nachbarn der Chauken deutlich ein Volk Vaplivarii heraus und hege die Ansicht, dass dieser kleine verschollene, den Römern erst wol durch die Feldzüge des Drusus bekannt gewordene Stamm als Anwohner der Wapel bezeichnet ist, welche sich südlich von der Jahde als nicht ganz unbedeutender Fluss auf genaueren Karten verzeichnet findet. Urkundlich begegnet mir diese Wapel sec. 8 in der abgeleiteten Form Waplinga bei Adam von Bremen (Pertz IX, 289). Wir kommen auf diese Stelle der tabula Peuting. noch einmal zurück.

Ueberhaupt muss ich bei dieser Gelegenheit darauf aufmerksam machen, wie wichtig es ist, aus den Ortsnamen die darin als Bestimmungswörter enthaltenen Flussnamen herauszuspüren. Hier stecken noch viele kostbare Kleinode des ältesten Sprachschatzes, deren Auffinden aber auch dadurch sehr erschwert wird, dass manche Flüsse offenbar ihre Namen gewechselt haben, auch wol dadurch, dass Völker von Flüssen benannt sind, von deren Ufern sie später ihre Wohnsitze verlegt haben; tragen doch auch Familien in ihren Namen oft noch die Erinnerung an einen Ort, dem sie einst angehörten, obwol sich die Nachricht von ihrer Auswanderung aus jenem Orte längst verloren hat. In wie viel höherem Grade mag das bei Völkerfamilien stattgefunden haben? Allen weiteren Beiträgen für dieses Gebiet sehe ich mit grosser Spannung entgegen und werde sie mit grossem Danke aufnehmen.

Weit seltener als Flüsse bilden Städtenamen das Bestimmungswort, und zwar immer so, dass der ganze Name das um jene Stadt herumliegende Gebiet bezeichnet; hierin liegt der Anfang des erst in jüngerer Zeit eingerissenen tadelhaften Gebrauchs, ganze Länder wie Hanover, Braunschweig u. s. w. mit dem Namen ihrer Hauptstädte zu bezeichnen. Für jenen älteren Gebrauch kenne ich aus der ahd. Periode nur folgende Beispiele: Angrisgowe (8, um Engers zwischen Lahn und Sieg), Arbungowe (8, um Arbon am Bodensee), Augustgowe (8, um Augsburg), Colingowe (11, um Cöln), Zurichgawia (8, um Zürich), Phirnihgowe (11, um Verne in Hessen), Friccowe (10, zwischen Aar und Rhein, um Frick), Julichgewe (9, um Jülich), Linzgauia (8, um Linz in Baden), Luihgowe (8, um Lüttich), Meginovelt (7, um Mayen, westlich von Coblenz), Salzburcgowi (8, um Salzburg), Wormizfeld (8, um Worms). Dazu kommen noch die zahlreichen uneigentlichen Compositionen, de-

ren letzter Theil *marca* ist, und dann ganz vereinzelte Formen
wie etwa Werneraholthuson (11, bei Werne in Westfalen).
Sollte nicht nach der geographischen Verbreitung jener Namen
noch keltischer Einfluss in dieser Art der Namengebung zu erkennen sein?

Eine weitere grosse Klasse von Bestimmungswörtern bilden diejenigen, welche aus Produkten des Mineral-, Pflanzen-
und Thierreichs entlehnt sind, die mit dem zu benennenden
Orte in irgend einer Beziehung standen. Eine specielle Behandlung dieser Klasse dürfte in Zukunft wichtig für die Culturge-
schichte werden.

Auf Metalle weisen in unsern alten Ortsnamen nur drei
Wörter hin, Erz, Gold und Eisen: Aruzzapah (8), Arizperch
(11), Erizzebruccun (8), Arezgrefte (8). — Goldaha (9), Gold-
biki (9), Goldgiezo (11?). — Isarnho (11?), Isanpach (10),
Isanhus (9); bei andern mit Isan-, Isin- beginnenden Formen
ist freilich auch an einen Personennamen zu denken. Es liegt
mir am Herzen zu wissen, wie alt der übertragene Gebrauch
in dem Namen *goldene Aue* für das Helmethal unterhalb Nordhausen ist. Bei Zeiller in der Ausgabe von 1674 finde ich die
gülden Aw nicht bloss bei Heringen, sondern auch bei Langensalza erwähnt. Aber schon zweihundert Jahre früher soll von
diesem Landstriche, nach Luthers Angabe, Graf Botho von Stol-
berg, als er 1494 aus Palästina zurückgekehrt war, gesagt haben: Ich nähme die güldene Aue und wollte einem Andern das ge-
lobte Land lassen. — Silber und Kupfer, die wir doch in heutigen Formen wie Silberberg und Kupferberg besitzen, tauchen
in den Ortsnamen vor 1100 noch nicht auf, viel weniger die
übrigen Metalle. — Von anderen Mineralien kommen schon
früh vor Kalk, Kiesel, Grand, Gries, Salz; daneben die ver-
schollenen Ausdrücke flins (silex), slier (lutum) und daha (argilla). Beispiele: Calchoven (11). — Kisalpah (8). — Grantowa
(9). — Griezpah (8), Griezchirchen (11); auch der Volksstamm
der Greutungi (4) wird als Anwohner von Sandebenen oder
Steppen gedeutet. — Saltbeke (9, jetzt Salbke), Salziburg (8).
Salzwedel in hochdeutscher Form finde ich zuerst 1545; Solt-
wedel 1519, doch auch noch weit später. — Flinsbah (9),
Flinswangin (9, jetzt Fleischwangen). — Slierapha (9), Slierseo
(9). — Dachawa (8, Dachau also nicht zu Dach tectum), Dach-
reda (9). — Die Wörter Erde, Lehm, Letten, Sand, Molte habe

ich schon oben mit Beispielen belegt, da sie auch als Grundwörter vorkommen. — Vgl. endlich auch Irdinaburc (9) und
Erdenestat (10).

Weit reichhaltiger in den Namen vertreten ist das Pflan-
zenreich. Einige besonders bekannte Waldbäume, Eiche, Buche,
Linde, Tanne, Fichte (Mantel), Birke, von Obstbäumen den
Apfelbaum, so wie für andere Gewächse die Ausdrücke Strauch,
Hasel und Dorn habe ich oben schon vorweg genommen, da
sie auch als Grundwörter begegnen. Noch viel mehr Wörter
aber sind hier anzuführen, von denen einige übrigens gleichfalls, wenn auch nur ganz selten, als Grundwörter vorzukommen scheinen, letzteres jedoch wol nur in Folge von Ellipsen,
worüber mehr im sechsten Capitel. Ich beginne hier mit einigen noch jetzt mit dem betreffenden Ausdrucke bezeichneten
Waldbäumen, Ahorn, Erle, Esche, Espe, Föhre, Kastanie, Weide.
Aharnowa (8), Ahurnwang (9). — Erlaha (11), Arlabeka (8),
Erlangun (11), — Ascabach (8), Asciburg (1). — Aspaha (11),
Espinafeld (9, jetzt Estenfeld). — Vurchenbuhele (11), Forah-
heim (8). — Kestenholts (11, jetzt Chatenois im Elsass). —
Widaha (8), Widenaha (11); bei vielen andern ähnlich geform-
ten Namen ist eher an *witu* lignum oder an den Personenna-
men Wido zu denken.

Unbekannter sind uns jetzt einige andere Ausdrücke für
Waldbäume. Ahd. *felwa* die Weide vielleicht in Felwila (8,
jetzt Vilbel), Velebach (9, Feldbach), Filfurdo (8, Vilvorde), Vi-
lewich (11). — Mhd. *heister*, junge Buche, in Heisterechgowe
(11) und Heistras (11?). — Ahd. *kien* Fichte in Kienbach (11),
Chienperg (8), Chieneinode (11), Chienmos (11). — Ahd. *ma-
zaltar* Ahorn in Massolter (10, jetzt Masholder) und Mazzalter-
bach (11, Massholderbach).

Von Fruchtbäumen begegnet ausser dem schon oben angeführten *affaltar* noch ahd. *pira* pirum in Piriboum (9), Piri-
heim (11), Piridorf (9), auch Pirapalzinga (10). Die Nuss zeigt
sich in Nussbach (9), Nuzpouma (8) u. s. w., niederdeutsch auch
im westfälischen Nuttlar. Von Pflaumen und Kirschen weiss
ich unter den alten Namen keine Spur.

Das allgemeine *Baum* in Boumbach (11), Baumburg (11),
Poumgartun (8) etc.; auch Bomte bei Osnabrück ist zu erwähnen, als entstanden aus Bamwida (11). Desgleichen geben die
beim Ausroden etwa stehen gebliebenen Stümpfe und Stämme

Anlass zu Ortsnamen. So begegnet das Wort Stamm in Stambaim (8), Stange in Stangbah (8) und Stancheim (8), Schaft in Sceftilari (8) und Schaphtloch (11), ahd. *rono* truncus in Ronaha (11), Ronefelt (8) u. s. w.

Nun zu Getreide und Gemüse. Der Roggen könnte in Formen wie Roggenberc (11) erscheinen, ist jedoch wegen anklingender Personennamen unsicher. Der Gau Hwetigo (8) oder hochdeutsch Waizzagawi scheint der einzige alte Name zu sein, der zum Weizen gehört, Haberrainen (11) der einzige, welcher den Hafer enthält, Gerstacharun (11) der einzige, welcher auf die Gerste hinweist; denn Gerstengrund im Grossherzogthum Weimar ist aus Gerstlungsgrund entstanden. Die Hirse ist belegt in Hirsaugia (9) und in Hirslanda (8, jetzt Hirschlanden). Häufiger ist nur ahd. *amar*, Dinkel oder Spelt, in Amarbach (8, jetzt Amorbach), Amardela (11, Amerthal), Amariant (8), Amarwang (8), Amerveld (11). Das Wort Spelt selbst erscheint wol nur in Spelthorf (9), Dinkel in Thinkilburg (11, jetzt Dinkelburg); Dingilstat (10) und andere Formen sind zweifelhafter wegen Nachbarschaft von Personennamen. — Das Wort Korn möchte ich in Cornberc (11?) und Chorinsceid (11, jetzt Churscheidt) erkennen. Erbsen liegen in Arawezital (11, jetzt Arbesthal), Bohnen (alts. bana) in Banamatha (8), Kohl wahrscheinlich in Cholapach (11), Choleberc (11), Colried (11), doch sind einige ähnliche Formen sehr unsicher.

Von den Futterkräutern steht obenan das Gras mit mehreren Ortsnamen, z. B. Grasabach (11?), Grasaloh (11? jetzt Grassel), Grasatellin (9, jetzt Gresthal). Der Klee zeigt sich vielleicht in Cleibolton (11), Kleikampon (11), Cleheim (8), obgleich nhd. Klei, engl. clay Thon nahe liegt.

Mit den Blumen ist es, wenn man nur auf alte Namen blickt, schwach bestellt. Ob Blumvelt (11) wirklich zu nhd. Blume gehört, ist sehr zweifelhaft, da vielleicht Bliunfeld (jetzt Pleinfeld) zu lesen ist. Viele Namen haben die Gestalt, als gehörten sie zu Rose; bei näherer Untersuchung scheint jedoch kein einziger Stich zu halten, da vielmehr wol in allen *hros* equus liegt. Von den Lilien benannt ist Liliunhova (10) und Liliunprunno (10); doch scheint diese Lilie nicht die eigentliche Gartenlilie zu sein, sondern vielmehr das Nieswurz (helleborus niger), welches z. B. dem östreichischen Lilienfeld ganz sicher

zu Grunde liegt. Gehört Nagalbach (11, jetzt Nalbach) und Negilsteden (10, jetzt Nägelstädt) zu mhd. *negel, negeli* Nelke?
Nun die übrigen Pflanzen. Ahd. *amphar*, nhd. *Ampher* in Ampharbach (11). Häuflg ist ahd. *binuz*, nhd. *Binse* juncus: Binezberc (11), Binizfelt (8), Binuzheim (8); auch niederdeutsches Benutfeld (8, jetzt Bentfeld), Bintheim (11, jetzt Beyntum) u. s. w., doch der Pinzgau (sec. 8 Pinuzgaoe) gehört nicht hieher, sondern zum keltischen Ortsnamen Bisontium. Ahd. *brama* rubus, nhd. *Brombeere* in Brambach (8), Bramfirst (9), Bromstedi (11) etc. Lat. *buxus*, ahd. *buhsboum* vielleicht, doch nicht sicher, in Buxcowe (11), Buxbrunno (8), Buhslar (8), Buxwilari (8) Ahd. und mhd. *borse*, nhd. *Porst* in Borsaha (9), Bursibant (9), Borsheim (11? jetzt Börsum). Der Name eines nicht ganz bekannten Baumes (vgl. franz. créquier Schlehen) scheint in Kriechestat (8) und einigen andern Namen zu stecken. Ahd. *distil*, nhd. *Distel* in Distilhusen (11). — Hier schiebe ich einen weniger alten, auffallend klingenden Namen ein, den Ort Epichnellen bei Eisenach, a. 1417 als Epichenelln erwähnt. Daselbst wächst der *Eppich* (apium), dort im Volke Epichen genannt; der zweite Theil des Namens ist der Fluss Elte, woran die Ortschaft liegt. — Ahd. *farm, farn* filix, nhd. Farnkraut, z. B. in Farnowanc (9, jetzt Farwangen) und Farnuwinkil (9). Ahd. *fenich*, fench panicum in Fenichlanda (9, jetzt Fellanden). Ahd. *flahs*, nhd. Flachs in Flachsaha (11). Ahd. *hopho*, nhd. *Hopfen* finde ich zuerst in Hopfgarten (11?); Hopfenberge u. dgl. kommen in vielen Gegenden vor, in denen längst kein Hopfen mehr gebaut wird. Ahd. *lisca* Farnkraut in Lescah (11). Ahd. *liula* vitis alba in Lielah (10, jetzt Liel und Lieli). Die berühmte *Mistel*, ahd. *mistil*, darf natürlich nicht fehlen: Mistelouwa (11), Mistilpach (8), Mistelcberg (11). Ahd. *nezzila*, nhd. *Nessel*: Nezzilapach (9), Nezzilpiunt (11?), Nezzeltal (8). Ahd. *risc* juncus in Riscah (11, jetzt Reisach) und Rischanc (11), als zweiter Theil vielleicht in Papinrisch (8). Ahd. *sleha*, nhd. *Schlehe* in Slehdorf (8). Ahd. *spurcha* juniperus in Spurkehe (11) und Spurchinebach (9, jetzt Spirckelbach). Der *Wein* ist seit sec. 8 schon häuflg ein namenschaffendes Element. Zunächst in Winigartin (10) nebst den beiden Zusammensetzungen Wingartheim (8) und Wingarteiba (8), ferner in Winbach (9), Winperch (11), Winveld (11) und manchen andern Formen, bei denen jedoch in einzelnen Fällen immer auch an goth. *vinja* Weide,

Futter zu denken ist. Ueber *Winter* = *veinatriu* vitis habe ich schon gesprochen. Zum Schlusse ist noch an *Würzburg* (sec. 8 Wirziaburg) zu denken; dass man hierin ahd. *wurz* condimentum suchte, bezeugt die seit sec. 14 belegbare Uebersetzung Herbipolis, ferner eine aus sec. 11 stammende Randglosse, wonach der Grund des Namens in dem Würzburger Weine liegen soll; auch J. Grimm ist dieser Ableitung nicht entgegen. Ich glaube, dass die Acten über diesen Namen noch nicht geschlossen sind, auch nicht nach den wunderbaren Erörterungen von Hermann Müller über Moenus, Moguntia, Spechteshart und Wirziburg (Würzburg 1858).

Von den Pflanzen erheben wir uns zu den Thieren; ich glaube, dass aus einer späteren weiteren Ausführung dieses Gegenstandes die Naturgeschichte noch allerlei Honig wird saugen können. Das allgemeine ahd. *tior*, nhd. *Thier* kenne ich aus Tierbach (11?), Teorhage (8) und Tierstadt (11, später Teurstadt), ahd. *fihu*, nhd. *Vieh* dagegen aus Viohbach (10), Fihihusun (11), Fihuriod (11, jetzt Viereth) und Vioweida (10).

Zuerst erwähne ich die Hausthiere. Ahd. *hrind*, nhd. *Rind*: Hrindpach (8, jetzt öfters in Rimbach, Rimbke verunstaltet), Rintfurt (10), Rindertal (8) u. s. w. Ahd. *ohso*, nhd. *Ochs*: Ochsenfurt (11?), Ochsenhusen (11), Oxenvillare (7), doch ist hier auch zum Theil an Personennamen zu denken. Goth. *stiur*, nhd. *Stier*: Stiorstat (8). Ahd. *cô*, nhd. *Kuh*: Chuopach (11), Cogardun (9, jetzt Kaierde), Chumarcha (10); Coburg ist aber unsicher. Ags. *calf*, ahd. und nhd. *Kalb*: Kalbaha (8), Calfstert (11), Kelbirbach (11). — Vielfältig ist ahd. *hros*, nhd. *Ross* vertreten: Hrosbach (8), Rosseberg (8), Hrosdorf (8), Horsadal (10) u. s. w. Eins der verschiedenen Rossdorf, nämlich das südwestlich von Göttingen, ist dagegen wahrscheinlich von dem Flüsschen Rase benannt. Da nun aber im Alts. und Altfr. auch die Formen *hars* und *hers* gelten, so rechne ich jetzt auch hieher Harsheim (11), Herseveld (10), Hersebruck (11), nicht aber Harsleben (sec. 11 wahrscheinlich Ahereslebe) und Hersfeld (sec. 8 Heriulfisfelt). Das jetzt ausser Gebrauch gekommene goth. *aihva*, ahd. *ehu* = lat. *equus* kommt zwar in manchen Ortsnamen vor, doch ist bis jetzt noch kein Beispiel sicher, worin es ohne Vermittelung eines Personennamens auftritt. Ahd. *hengist*, nhd. *Hengst*: Hengistfelden (9, jetzt merkwürdig übersetzt Pferdsfeld), Hengistdorf (8, jetzt Pferdsdorf), Hengestschote (8).

— Zu *scap, scaf, Schaf* ovis: Scapefelden (11), auch wol Scafesperc (9, jetzt Schafberg). Ahd. *awi* = lat. ovis wahrscheinlich in Owiperch (11), Ouviheim (10), Owilah (8), Awisteti (8),
doch ist hier die Scheidung von ahd. awa, nhd. Au schwer.
Ahd. *boch*, nhd. *Bock* in Bochesberg (10) und Bochesrukki (11?);
in einigen Fällen ist es nicht leicht zwischen Bock und Buche
sich zu entscheiden. Ahd. *lamb*, nhd. *Lamm:* Lemberheim
(11?), Lembirbach (9). Bei manchen der zahlreichen neueren
mit Stern- beginnenden Ortsnamen ist sicher anzunehmen, dass
sie zu ahd. *stero* aries gehören. — Goth. *gaitei*, ahd. *geiz*, nhd.
Geis: Keizaha (9), Geizbach (11), Keizperch (8) u. s. w., auch
wol niederdeutsch Getlithi (9, jetzt Gittelde), Getlo (11). — Zu
ahd. *swin*, nhd. *Schwein*: Suinahe (11), Swinfurt (8), Swinhu-
sin (8); unsicherer ist Swindregth (9) und Suinvellun (11). Aber
die alten Namen mit Swein-, Swain- gehören natürlich nicht
hieher, sondern zu ahd. swain bubulcus, subulcus. — Der *Hund*
findet sich in Hundesars (11), Hundesruche (11), Hundeszagel
(11), vielleicht auch noch in einigen alten mit Huntes- beginnenden Ortsnamen, die aber auch Personennamen als Bestimmungswort enthalten können. — Zwischen den zahmen und
wilden Thieren in der Mitte steht die *Katze*, zumal da wir auch
wilde Katzen bis jetzt in Deutschland haben. Es ist unzweifelhaft, dass auch dieses Thier in Ortsnamen vertreten ist; Ka-
zaha (9), Cazfelda (8), Cazzunstaige (11), Cazzenstein (11) können vielleicht dazu gehören; aber namentlich das ungemein häufige Wiederkehren des Namens Katzbach (schon sec. 8 Kazbach)
macht es so gut wie gewiss, dass hier auch noch ein anderes,
wahrscheinlich undeutsches Wort verborgen liegt. Ich weiss
nicht, mit welchem Rechte Mone hierin ein keltisches coti silva
vermuthet hat.

Nach den Hausthieren folgen die wilden Thiere. Häufig
kommt besonders der *Hirsch*, ags. *heort*, ahd. *hiruz* vor: Her-
zinach (11), Hirzowa (11), Hiruzpach (9), Hirzperg (11) und
andere; die neueren Formen Hirzenach, Herzebrock, Herzfeld,
Herzberg u. a. zeigen, dass das Wort in den Namen öfters nicht der
vergröberten nhd. Aussprache folgt; natürlich ist hier nie an
Herz cor zu denken. Ahd. *hinta*, nhd. *Hinde*: Hintberg (10),
Hintinbuch (8, sec. 14 Hinterbuch, jetzt Hinterbach), Hintifeld (8)
Hindahlop (11?). — Ahd. und nhd. *Reh* könnte in Rehbach,
Rehestatt (8) und einigen andern Formen enthalten sein, doch

ist das ziemlich unsicher. Ist vielleicht in dem jetzt häufigen Rehbach an goth. vraiqs krumm zu denken? — Ahd. *elah*, nhd. *Elenn* erscheint am sichersten in Elichpach (8. jetzt Elbach), vielleicht auch in Elehenwang (8, jetzt Ellwangen); bei manchen solcher Formen ist es zweifelhaft, ob nicht goth. alhs templum anzunehmen ist. — Nicht bloss zurückgedrängt wie das Elenn, sondern ganz ausgestorben ist der *Schelch* oder Riesenhirsch, ahd. *scelaho* tragelaphus. Es wäre interessant, dieses Thier noch in den Ortsnamen zu finden, zumal da es sicher in Deutschland bis sec. 10 gelebt hat. Nun giebt es Ortsnamen wie Scalcobah (8), Scalcobrunno (11?) und andere, die man auf den ersten Blick zu ahd. scalc servus stellen möchte; ich gebe zu erwägen, ob sich hierunter nicht auch Spuren jenes Thiernamens in etwas entarteter Gestalt finden. Steht ferner z. B. Scelenhouc (8) für Scelhenhouc und Scellinaha (8, jetzt Schöllnach) für Scelhinaha? — Einige Namen von Thieren sind besonders dadurch schwer zu erkennen, dass sie zugleich als Personennamen gebraucht werden; die Art der Composition (s. das folgende Capitel) giebt hier zwar einigen, jedoch nicht genug sicheren Anhalt. Solche Thiere sind besonders der *Eber*, *Wolf*, *Bär* und *Ur*, zu denen ich jetzt solche Beispiele anführe, die mir am wahrscheinlichsten zum Namen des Thieres unmittelbar zu gehören scheinen. Eparaha (8), Eberstein (11?) — Wolfaha (8), Wolfpach (9), Wolfbuoch (11), Wolvotal (8), Wolfgruoba (8), Wolfoloh (11?). — Pernaffa (9?), Berenbach (8), Berenberg (9) etc.; hier ist, da das Thema consonantisch ausgeht, die Scheidung am unsichersten. — Uraha (10, jetzt Aurach, Urach), Urawa (11), Urbah (8), Urbruoh (11), Urtal (10) etc. — Auch ahd. *wisunt* bubalus kommt als Personenname vor; ich erwähne hier Wisuntaha (8), Wisentouwa (11, jetzt scheinbar sehr poetisch Wiesenthau), Wisuntwangas (9, jetzt Wiesendangen); Wiesenfeld in Hessen heisst noch a. 1283 Wesentvelt.

Besondere Schwierigkeiten macht mir der *Biber*. Die ungeheure Schar von Namen wie Biberaha (7), Bibirbach (8) u. s. w. scheint mir mit der Bedeutung dieses Thieres in gar keinem Verhältnisse zu stehen. Denkt man überdies an sicher keltische Namen wie Bibrax, Bibroci u. s. w., so wird man es mindestens wahrscheinlich finden, dass sich zu den allerdings vom Biber benannten Oertern wenigstens eine eben so grosse

Zahl gesellt hat, in denen ein ganz verschollenes Wort liegt,
welches etwa Wasser oder Fluss bezeichnet haben muss. Aber
das nassauische Biebrich ist nicht hieher zu stellen, sondern aus
ahd. Biburc entsprungen. — Ahd. *ottar*, nhd. *Otter* lutra ca-
stor in Oteraha (8), Otterbach (10), Ottarloh (9). — Ahd. *foha*
vulpes etwa in Foberg (9), Vohapurch (11), doch ist in diesen und ähnlichen Namen noch lange nicht die Untersuchung
geschlossen. Unser *Fuchs* ist in Namen wie Fuchsthal, Fuchs-
winkel oder niederländischen wie Vossegat, Vossekuilen erst
jünger; der Fuchsthurm bei Jena, ein Ueberrest des alten Schlos-
ses Kirchberg, ist vollends vielleicht erst nach studentischen
Füchsen benannt. — Ahd. *dahs*, nhd. *Dachs* in Tahsheim (9),
sicherer aber in Dahsluehirun (11).

Hiemit schliesse ich die Reihe der Säugethiere und gehe
zu den Vögeln über. Ahd. *fogal*, nhd. *Vogel*: Fogalesberg
(11?), Fugulsburc (9), Fogelfelda (9). Ahd. *anut*, nhd. *Ente* in
Anutseo (8). Ahd. und nhd. *Gans* in Gensibach (11) und Gens-
tal (11). Altn. *krâka*, ahd. *krâa*, *kreia*, nhd. *Krähe* wahrscheinlich in Chreginberc (9), Creginfelt (11), Chrawinchil (11) u. s. w.,
doch muss es einen ganz ähnlich lautenden und leicht damit
sich berührenden Stamm für Personennamen gegeben haben.
Ahd. *chranuh*, nhd. *Kranich*: Cranahfeld (11?). Ahd. *habuh*,
nhd. *Habicht* in Habechowa (11), Habuhpah (11), Habohperch
(10, jetzt Habberg); ob die uneigentlichen Compositionen wie
Habechisburc (11, Habsburg) hieher oder zu Personennamen gehören, wird sich erst bei genauerer Untersuchung derjenigen
Punkte feststellen lassen, die ich im folgenden Capitel anzu-
regen gedenke. Im 9. Jahrhundert erscheint im Grossherzogthum Weimar ein Habechesberg, dieses lautet a. 1360 Hays-
berg, jetzt aber (es ist eine gewesene Wallfahrtskirche) Heils-
berg. — Ahd. *heigir*, nhd. *Heher* ardea: Haigrahe (8, jetzt
Haiger), Hegirmos (11). Abd. *sparwari*, nhd. *Sperber* nur in
Sparwarisek (11). Ahd. *speht*, nhd. *Specht* in Spechtbach (9),
Spehtrein (8) und mit uneigentlicher Composition in Spehteshart
(10, jetzt Spessart, welchen man neuerdings sogar mit Zeus
Picus zusammengebracht hat). Ahd. *swan*, nhd. *Schwan* in
Swanebach (9), Suanuburgon (11), Suanse (8). Schlimmer zu
beurtheilen sind zwei edle Vögel, die zugleich zu Personennamen verwandt worden sind, der *Aar* und der *Falke*. Ich er-
wähne hier z. B. Aranbach (11), Arnebrunno (9), Arniburg (10),

ohne mich eines Scheidungsversuches zwischen einem rivus aquilae und einem rivus Aronis u. s. w. unterfangen zu können. Noch unsicherer sieht es bei dem Falken aus, indem hier noch drittens der Volksname Falahi, den wir in Ostfalen und Westfalen zusammengesetzt haben, eine Rolle spielt. Wer könnte hienach wol Falhahusen (9), Falathorp (9), Falcunberg (11), Falchinstein (10), Valcanaburg (9) sicher beurtheilen? Nicht geleugnet werden soll damit, dass in einzelnen Fällen sich die Wahrscheinlichkeit wirklich mehr der einen als der andern Deutung zuneigt.

Je niedriger die Thiere stehen, desto seltener erscheinen sie in Ortsnamen. Von den Amphibien sollte man vor Allem die in mythologischer Hinsicht so wichtige Schlange erwarten. *Schlange* selbst zeigt sich in alten Namen noch nicht, wol aber in einigen neueren wie Schlangenhorst, Schlangenmühle, niederländ. Slangenburg, Slangwijk. Aber das ahd. *lint*, altn. *linni*, nhd. *Lindwurm* könnte eher früh vorkommen und Formen wie Lindburg (10, jetzt Limburg) sind wirklich darauf bezogen worden; meinerseits stelle ich sie lieber zu Linde *tilia*. Der *Drache* jedoch ist auf keinen Fall abzuleugnen, der Drachenfels am Rhein kommt seit 1117 vor und Drachenache (jetzt Dreckenach) ist noch ein Jahrhundert früher belegt. Auch die Niederlande haben Drakenburg und Drakenstein. Am deutlichsten ist (denn in einigen dieser Namen könnte in der That eine Person stecken) ein Oertchen Drachenschwanz im preussischen Sachsen. — Der *Frosch* ist nicht in so alter Zeit zu finden, denn ein Froschheim in den Weissenburger Traditionen scheint aus Frosincheim hervorgegangen zu sein. Von heutigen zahlreichen Oertern wie Froschbach oder Froschmühle kann man ohne die alten Formen nicht urtheilen. Das niederländische *Pogge* kommt am klarsten in dem öfters (auch als Strassenname) begegnenden Poggenpfuhl, Poggenpohl, dann aber auch wol in Poggensee, Poggensiek und einigen andern Beispielen vor. Wie Frosch und Pogge, so entsprechen sich mundartlich *Kröte* und *Padde*. Auch sie sind in Ortsnamen nur neu, vgl. Krötennest, Krötenmühle, Paddemühle, Paddenpoel; so noch manches andere, in einem Falle mit grösserer, im andern mit minderer Wahrscheinlichkeit.

Fische können nur in Namen von Gewässern und erst übertragen in denen bewohnter Oerter vorkommen. All sind

nur wenige dieser Namen. Höchstens das allgemeine Wort
Fisch ist ziemlich häufig, vgl. Fiscaha (8), Fiscbah (8), Fisclacu
(8). Forchenbach (10, jetzt Fahrnbach, Fornbach, Förnbach u. s. w.)
möchte ich zu ahd. *forahana*, nhd. *Forche, Forelle* tructa setzen,
bei andern ähnlichen Formen spricht schon die Föhre picea bedeutend mit. Zu ahd. *carpho*, nhd. *Karpfen* gehört als einziger
alter Name Carphse.

Von den niedrigeren Thierklassen hat die *Ameise* die Ehre
in Ameizbuhil und Ameizunbah vertreten zu sein, doch weiss
ich nicht, ob beide Namen sich schon im 11. Jahrhundert belegen lassen. Der *Egel* hirudo erscheint in Egalseo (8), vielleicht
auch in Egelebahc (11). Die *Biene* in den alten Ortsnamen fehlen zu sehn müsste auffallen; ich gebe hier Binegarden (10)
und Pindorf (8, jetzt Pendorf) zu erwägen. Den *Krebs*, ahd.
krebaz finden wir seit sec. 11 in Crebezbach. — Ich muss hier
schliesslich noch ein dunkeles Wort weiterer Aufmerksamkeit
empfehlen, welches auf irgend ein Schalthier zu gehn scheint.
Man denke an ahd. scerdifedera und scartefedo ostrea, testudo,
mhd. scherzevedere, ferner an den nhd. Ausdruck Federkrebs.
Veranlassung zu diesen Benennungen könnte der bei einigen
dieser Thiere vorkommende feder- oder flossenartige Ansatz
sein, weswegen z. B. das lat. pinna nicht bloss die Feder und
die Flosse (Flossfeder), sondern auch die mit solchem Ansatze
versehene Steckmuschel (pinna squamosa) bezeichnet. Ein solches Wort scheint sich wirklich in Fedarhaim (9), Federwert
(9, jetzt Ferwerd), Phedersee (9, jetzt der Federsee in Wirtemberg) zu finden; bedenklicher ist der zweimal in Baiern sich
findende Flussname Phetarach (8), dessen erster Theil vielmehr
dem in Niederdeutschland vorkommenden Padra (die Pader bei
Paderborn) entsprechen könnte.

Naturgemäss sehn wir also von der Thierwelt die höheren edleren Gattungen in den Ortsnamen bedeutend über die
niedrigern das Uebergewicht haben. Um so weniger können
wir es dem Menschen verdenken, dass er sich selbst unendlich
häufig zum bestimmenden Gliede der Ortsnamen macht. In dem
Benennen der Oerter nach Menschen liegt die älteste und einfachste Art das Andenken eines Mannes zu verewigen; Ortsnamen sind aber auch in dieser Hinsicht die unvergänglichste Art
von Monumenten, unzugänglich dem Kriege und nur zuweilen
durch patriotischen Fanatismus bedroht. Mitunter sind solche

Menschen-Ortsnamen völlig dem Erdenleben entrückt, da die Astronomen und namentlich die Selenographen sich ihrer mit Vorliebe bedienen, um ihrem Gefühle der Verehrung oder ihrer Neigung zur Schmeichelei einen Ausdruck zu geben. Das Versetzen unter die Sterne hat also von den Zeiten der ältesten griechischen Mythen an bis auf die heutige Zeit noch nicht aufgehört.

Hieran durfte hier nur im Vorübergehn erinnert werden; im Uebrigen bleiben wir bei der folgenden Darstellung hübsch auf der Erde und benutzen sogar diesen Abschnitt dazu, den zu hohen Flug einiger Sprachforscher oder Mythologen oder Historiker etwas zu zähmen.

Näher betrachtet hat es aber hiemit folgende Bewandnis: Der Personenname, welcher als Bestimmungswort eines Ortsnamens angewandt wird, ist in dieser Zusammensetzung nach allgemeinem sprachlichen Grundsatze einer stärkeren Verwitterung ausgesetzt als da, wo er seine Selbständigkeit bewahrt. Da nun aber die meisten deutschen Personennamen schon an sich zusammengesetzt sind, so wird von dieser Verwitterung der zweite Theil des Personennamens, der somit die Mitte des ganzen dreitheiligen Wortes bildet, am stärksten betroffen werden und dadurch wird das ganze Gefüge des Namens seine Klarheit verlieren. Es liegt mir nun am Herzen die Verwitterung dieser Wortmitte (die Verunstaltung des ersten Theils der Personennamen zu verfolgen überlasse ich denen, die sich einst speciell mit der Beschreibung der Personennamen abgeben werden) hier etwas genauer darzulegen. Wir werden dann erkennen, dass es in diesem Process des Zersetzens zwar bunt genug hergeht, doch lange nicht so willkürlich, wie namentlich viele Historiker zu grossem Schaden der alten Geschichte und zu noch grösserem der Geographie gemeint haben. Reine Willkür herrscht auch in dieser Sphäre nicht, obgleich das Verhalten unserer neueren Sprache hier nahe an die Willkür streift.

Ich gebe nun hier eine reiche Anzahl von Beispielen, in denen jene Verwitterung ziemlich stark auftritt, wähle jedoch dabei aus grossem Vorrathe nur solche Namen, wo die geographische Gleichsetzung des heutigen Ortes mit dem alten einen hohen Grad von Wahrscheinlichkeit hat. Das Ganze ordne ich nach den die Wortmitte bildenden Stämmen, stelle dabei dasjenige näher zu einander, was uns jenen Verwitterungsprocess in analoger Weise vorgegangen zeigt, und schreite von der schwächeren zur stärkeren Entartung fort.

BALD: Eggiboldesheim Eckolsheim, Gumboldestal Gumpelstüdt, Cundpoldesdorf Gütelsdorf, Ricbaldesgebutle Ribbesbüttel, Erboldeswanc Erbenschwang, Ruoboldisrode Ruperath. — Albolteshoven Albertshofen, Ruotpoldespuoch Roppertsbuch, Gerboltisperc Germannsberg.

BERHT: Liudberteshusen Lübbrechtsen oder Lübrassen, Heribrechtesdorf Herbersdorf, Liutprehtesdorf Loipersdorf, Habprahteshoven Oppershoven, Giselbrehteshouen Geifertshofen, Arprahteshusen Erbshausen, Lantperhtesreode Landsberied oder Lanzenried, Heriperhteshusun Herbstein, Engilbertisriuti Englisreute, Meinbrahteshusun Mörshausen, Marcberteshusun Merkshausen, Gumbrahtestal Gauerstadt, Altberteshusen Albaxen. — Isanpertesdorf Eisselsdorf, Warinpertivilare Wermetsweller, Chuniberteswilare Gunterschwil, Erinberahtstein Ehrenbreitstein.

BIRG: Gerbirgeheim Gerbelheim, Heripirgachiricha Hiernkirchen.

BOD: Wilbotissun Willebadessen, Caisbotesheim Gauspizheim oder Gabsheim, Blabodesheim Plobsheim, Liutpotesheim Lipsheim, Flobotesheim Blotzheim, Gozbodesheim Gochsheim, Hildebodesheim Hillesheim, Meginbodesheim Meinsheim, Heimbodesheim Heimsheim, Malbodesheim Malmsheim. — Cumpotingin Gumperding, Heribodesheim Herbitzheim und Herboltsheim, Hradebodanle Rebberlah. Noch 1308 ber ,net Reinbotenrode, jetzt Remderode.

BRAND: Heribrantesdorf Herbramsdorf. — Waldprandeshoven Walpertshofen.

BURG: Siburgohusun Sieberhausen, Ruobburgorod Ropperode. — Ellinpurgochircha Oelbergskirchen.

CUNI: Waltchunispach Walkersbach.

DAG: Hiridechessun Hardegsen, Thiaddagheshusen Tiedexen.

DRUD: Albdrudeheim Altertheim, Adaldrudowilare Aorazweiler.

FRID: Adalfrideshusum Elfershausen, Reinfrideswile Rifferschwil, Starcfrideshuson Stepfershausen, Unfridestal Umpferstal, Wiufrideshaim Viversheim, Ulfridesheim Ilversheim, Liutfridingas Leipferdingen, Unfridingun Uferting, Herifrideslaiben Herbsleben. — Arfrideshusun Ergertshausen.

GALD (GILD): Mergildeshusen Markeldissen, Herigoldes-
bach Heroldsbach, Caragollesbah Karsbach, Herigeltingerol Har-
lingerode, Folkgeldinghusen Vellinghausen, Rodgellinga Reckeling.

GAR: Ascegeresleba Aschersleben, Adalgerispach Ollersbach, Folcgereshusun Volkershausen, Hogeressem Heiersum,
Ruotgeresberg Rückersberg, Helmgeresberg Hengersberg, Heri-
gerishusa Hergerzhausen, Helidgereshusun Hilkertshausen, Wal-
geresbrunnun Walkersbrunnen, Rabengeresburc Ravengirsburg,
Amalgereswilare Ammerschwyl, Ruotkerisdorf Rührsdorf, Meyn-
gereshusen Meineringhausen, Reingeresdorf Rengsdorf, Brunge-
resfeldun Breunzfelden, Uodelgereshusen Orlshausen, Vungeres-
torp Wunstorf, Wuringereshusen Wiershausen. — Beringeris-
husin Berghausen, Adalgerisbrunen Eliasbrunn.

GARD: Liuocartisdorf Liggersdorf.

GAST: Alagastesheim Algesheim, Anegestingin Engstin-
gen, Longastesheim Lomsheim.

GAUD: Megingaudeshusun Meigudessen, Adalgozeshusen
Algetshausen, Frithegotessin Vardegötzen, Evergoteshem Eber-
götzen, Regingozeshuson Rengshausen, Weringozeslebo Wer-
ningsleben, Ratzocesdorf Rahsdorf. — Rihkozesriut Reichers-
roth, Rihcozeshovum Reichertshofen, Willigozespach Willersbach.

GIS: Argisesheim Ergersheim, Berchgisisheim Berkers-
heim, Herigisesfeld Hergesfeld, Alahgiselebe Elxleben, Ruohgi-
sesfelt Rigsfeld, Alkysinga Alxing oder Algassing, Herigises-
heim Herxheim, Rotgisinga Riexingen, Margiseleibe Merxleben,
Enghisehaim Ensisheim, Herigisinga Hörzing, Eringesingun Ir-
sing, Munigisingun Münsing, Frigisingun Freising, Merigisinga
Mörsing. — Herigisinghusun Höringhausen, Liutgiseshusun Lis-
penhausen, Willigisespuoch Wildenspuch.

GRIM: Wolfgrimeshusen Wolkramshausen, Alegremishu-
sen Algermissen, Anegrimeslebo Ermsleben.

HARD: Engihartesheim Engertsham, Teithartizperc Dic-
tersberg, Folchardesdorf Volkersdorf, Gunthartesdorf Gunters-
dorf, Landhardasdorf Landersdorf, Meginhardeswich Meinerswijk,
Thiethardeshusun Dittershausen, Wighartesheim Weikersheim
und so noch viele Fälle, in denen *hardis*, *hardes* zu *ers* wird.
Meginhardeshagen Meinertshagen, Adalharteshova Aderazhoven,
Willeharteshouun Willeratzhofen, Berahartashusun Beretzhausen,
Folcharteswilare Volketschweil, Luthardeshusen Lürdissen. Achel-
bardestorf Eilsdorf oder Elversdorf, Bernardesroth Bernsrode,

Bernhardestorp Barnstorf, Reginhardesdorf Reinsdorf, Perihartidorf Perersdorf, Ellenharteschirichun Ellenkirchen. Burchartinchuson Borninghausen.

HARL. Ich unterlasse es Beispiele von den sehr zahlreichen Fällen zu geben, in welchen *haries* ohne weitere Verunstaltung zu *ers* wird. Stärkere Entartungen sind folgende: Gozherestat Gosserstädt, Madelhercshuson Melgershausen, Reginherishovin Reichertshofen, Waliereshusen Wellersen, Vulfereshusun Wulferdessen, Gartherisriod Gartelsried, Engilhereshusa Engelshausen, Grimheresleba Grimsleben, Hileresbach Hilsbach, Ruadhereswilare Ruetschwil, Regenhereswilare Riensweiler, Warmeresthorp Wormsdorf, Witheresheim Wittisheim, Willersdorf Wöhlsdorf, Wurmherisbah Wurmspach, Vurmaresleba Wormsleben, Anshareshusir Arreshausen, Thiotheresdorf Diesdorf, Vurmherestat Wormstädt, Egilereshusun Ellingshausen, Reginhereshusen Rielingshausen, Cozcerisvilare Göschweiler, Pollereshusa Boltschhausen, Balderesteti Belstädt, Frumiheresdorf Frohndorf. — Helmeringhusen Helmighausen, Kararshusa Garatshausen, Baldhereswilare Baltenschweil, Puozerisruoda Bisenrüthi, Pileheringa Bierlingen.

HATH: Anthadeshofon Handenzhofen.

HELM: Adalhelmeshusir Adelshausen, Gerhelmesbach Görsbach. — Othelmeshus Ottelmannshausen.

HILD: Gotzilthusa Gesseltshausen, Gerhiltihusun Gerlhausen, Richildinchusa Ricklingsen, Richildesbiuthle Röttgesbüttel. — Suanahiltadorf Schweinersdorf.

HOH: Chunihohstetin Königstädten.

HRABAN: Gunderammesheim Gundersheim, Gundramsried Gundersried, Waldrammesperc Waltersberg. — Waldrammeswilare Wappenschweil.

HROC: Unrochesdorf Unnersdorf.

LAIC: Herlichisheim Herlisheim, Eccheleicheshova Eckeltshof, Hadaleihinchova Hadlikon, Helmlecestorf Helmstorf, Ruadleichesheim Rülzheim oder Rülisheim. Gailsheim heisst noch a. 1543 Galixheim.

LAIF: Etheleveshuson Adelepsen, Coldleibesheim Kolizheim, Oslevesheim Oesselse, Godeleuesheim Goddelsheim, Gerleuiswert Garrelsweer, Amaleueshusen Amelsen, Motlevingerode Millingerode. — Waldelevinga Welfringen.

LAUG: Burlougesuac Burleswagen, Alblokestorp Algesdorf.

LIND: Herilindeheim Herlheim, Regenlindenhuson Relliehausen.

MAN: Germanneshuson Germershausen, Liubmannesdorf Loimersdorf, Simanneshusun Simmershausen, Gramannesdorf Gransdorf, Jungmanneswilare Junkertsweil, Hotmannessun Ochtmissen, Liubmanneswilare Lemenschweil, Liamanneshusen Lemshausen, Salmanneshusun Salmshausen, Wihemannarod Wimmelrode. Doch ist der erste Theil des letzten Namens wol Gen. Plur, (sanctorum virorum).

MAR: Truhtmaresheim Drommersheim, Kermareswanc Germerschwang, Sigimareshusun Simmershausen, und so noch viele Fälle, wo *mares* einfach zu *mers* wird. Liutmarinchoven Leutmerken, Germariskawe Germischgau, Theutmareshusun Deltersen, Blatmarisheim Blödesheim, Germarisdorf Garnsdorf, Vilomaringtharpa Ventrup. — Cummariswilare Gommenschweil, Termareschirichon Diemannskirchen, Godamarestein Godramstein.

MOD: Wolmotingun Wolmating, Perahtmotingas Bermatingen, Ehamotinga Egmating oder Emerting, Sunnemotinga Sulmetingen, Toromoatingun Dormettingen, Agomotingas Ebedingen oder Aimeldingen, Ruommuothuson Rommelshausen, Lademutinga Lamendingen, Plidmoteswanc Pleitmannschwang, Bermodesheim Bermersheim, Wolnodesheim Wolmersheim, Swidmuotachiricha Schweidenkirchen, Glismoderoth Gliesmerode, Windelmuoderode Wilmerode, Truhemuotingun Wassertrüding.

MUND: Willimundingas Wilmandingen, Alahmuntinga Allmendingen, Aostarmuntinga Ostermieding, Wolmunteshusun Wolmuthshausen, Snelmunteshusa Schnellmannshausen (heisst schon a. 1104 Snelmanneshusen), Ebermundesdorf Ebermannsdorf, Tiermuntinga Durmedingen. — Lomundesheim Lommersum, Englimuntesberg Engersberg, Eparmunteshusir Ebertshausen, Hamuntespah Hambersbach, Bazmundinga Basendingen, Ermunteswerde Ermschwerd, Winimunteshusir Widenzhausen, Frimuntaspach Freinsbach, Kermunteshusir Gernshausen, Landmundesheim Lamsheim, Wigmundesheim Windesheim, Baldmunteshus Ballingshausen, Autmundisstat Umstadt, Plidmuntinga Plainting, Liutmundinga Leonding, Heremuntinchovum Hermikon, Hrotmundingtharpa Rottrup, Skieremuntinga Schörging.

NOD: Thiednodeshusen Deensen.

RAD: Oderadeshusen Uttershausen, Odratewilre Ottersweiler, Baldradesheim Ballersheim, Baldrateshusun Bellershausen,

Heimradesheim Heimersheim, Harterateshus Hartershausen, Staud-
ratisdorf Stadersdorf, Waltrateshus Waltershausen, Woluara-
dinghusun Woldringhausen, Geberateswilare Gebhardschweil,
Hestratescethe Hetterscheidt, Erratesdorf Ernsdorf, Nordradeshu-
son Nordshausen, Odratingen Oderding, Baldratingen Ballrech-
ten, Alueratesstete Alberstädt, Ecgerateswilare Eckerweilerhof,
Wilradesbutile Warxbüttel, Froratesheim Froitzheim, Rodratin-
chova Riekofen, Liueredingtharpa Löntrup oder Löwendorf.

RIC: Anttrichingen Entraching, Modriking Mitraching, Mu-
nirihhinga Mintraching, Mundrichinga Mindraching, Gandrikesarde
Ganderkesse. Gerrikesheim Gerresheim, Altrihesdorf Eltersdorf,
Othrichishusun Ichtershausen, Balderichesdorf Baltersdorf, Alti-
richeswilare Alterschwylen, Bizziricheshaim Bissersheim, Edri-
cheslebo Edersleben, Cantricheswilare Ganderschweil, Gunderichesleba Günthersleben, Hadirihhesdorf Hadersdorf, Haderichis-
wert Haderswert, Helmricheshusen Helmershausen, Ingerihes-
heim Ingersheim, Landrichesheim Landersheim, Niwirihishuson
Neuershausen, Deotrihhesheimma Dietersheim, Theotricheshus
Dietershausen, Diotrichasdorf Dietersdorf, Waldrichesbach Wal-
lersbach, Waltrichesstat Wallerstadt, Waltrichesdorf Waltersdorf,
Winricheleba Willersleben, Eburicheshusun Ebershausen, Albri-
ches cella Alberzell, Mechtrichestat Mechterstedt, Munirichesstat
Münnerstadt, Amelricheswilre Ammerschweyr, Haderichesbach
Herschbach, Gerrichistal Gerstall, Geurichesleiba Gorsleben, Ha-
derichesbrucca Hersbruck, Hatherikeshem Hörsum, Ruodrihhes-
dorf Rohrsdorf. Arrikesleva Erxleben oder Irxleben, Alfrikesrod
Alvesrode, Waltricheswilare Waltenschweil. — Wisirihis cella
Weyhenzell, Ansirichesperg Aysberg, Adelrichheim Erlecum,
Palderichesheim Perlsheim.

RID: Agridesheim Oggersheim, Bentritesheim Beintersheim,
Alaridestat Ellerstadt, Meltridesheim Melsheim.

SVINTH: Herisvindohusa Herrschenhausen, Lantswindawilare Leinsweiler.

THIU: Ardeoingas Erding, Rihdiosdorf Reissdorf, Sindeoeshusir Sinzhausen.

VALD: Siualdeshusen Sieboldshausen, Geroltesheim Ge-
rolsheim, Liudoldesheim Liedolsheim, Eicoltinga Eigeltingen,
Adolteshusun Edlzhausen, Otolteshusir Odelzhausen, Adaloltesloh Adelschlag, Buozolteshusa Bosselshausen, Prozzolteheim

Prosselsheim, Gammoltsdorf Gammelsdorf, Gundoldesheim Gundelsheim, Ramuoldispach Ravelsbach, Irminolteshusum Irmelshausen, Thingoltesdorf Dingelsdorf, Mareholteshusun Marlishausen, Perhtoldeshova Perletzhofen, Arnaldesheim Arlesheim, Cundolteswilare Gundisweil, Leimolteswilare Laimisweil, Geroltespach Gerlsbach, Adololdeshusen Ahlshausen oder Albshausen, Ansoldeslebo Andisleben, Onoldesbach Ansbach oder Holzbach, Caroldesbahc Karspach, Geroldisdorf Gölsdorf, Haholtesheim, Halsheim, Heroltosbach Holzbach. — Adaloltiswilare Adetschwil, Arnoldingen Aineting, Ludolteswilare Ludetschwil, Madalolteswilari Madetschweil, Beroldasheim Bertsheim, Perolteswilare Bertschwyl, Frigoltesmos Freitsmoos, Folcoaldesheim Wolcksheim, Rimolteswilare Ringwil, Ratoltescella Radolfzell, Hahaldesleba Haldensleben, Fridolteshova Fritzenhof, Folcoldingen Folkendingen, Gozoltasdorf Gessendorf, Cozzolteswilare Götzenwil, Helfoltiswilare Helfenschweil, Witolteswilare Wittenweil, Heriolteshusun Hörgertshausen, Hruodoldishova Rudertshofen, Rumoltesdorf Rammersdorf, Liutoldesdorf Ludersdorf, Grimolteswanch Greimerting, Starcholteshoven Starkertshofen, Wolfoltesdorf Wolfersdorf, Disaldeshusen Delligsen, Liutoldeshusen Lixhausen oder Lützelhausen, Ingolteswis Engelwies, Wigaldinghus Wildeshausen.

VANDIL: Gerwenteleshus Gerblingshausen.

VARD: Heriwartesdorf Hörbersdorf, Francwardeshusun Frankershausen, Heimvordeschem Heimerzheim, Helmwardeshusun Helmarshausen, Marcwarteshouen Markertshofen, Marchwartisdorf Markersdorf, Ekwardinchusun Eggeringhausen, Liefwordinghuson Leveringhausen, Eidwarteswilare Ebertschwil, Heriwardeshusen Herzhausen, Awartesstete Auerstädt, Brunwardesroth Broterode, Turwardiggerod Darlingerode.

VIG: Rotwigeshusen Rüdershausen, Elewigeshouun Almishofen, Gerwigesthorp Gersdorf.

VIH: Guntwihehus Gundihausen.

VIN: Aburwinesheim Ebernsheim, Iliwineshusen Ilbeshausen, Gerwineshuson Germelshausen, Ansuinesheim Enzheim, Heimwinesbah Hemsbach, Gauzwinesheim Gumsheim. — Liudwinesthorp Leutersdorf, Eltwineshusun Eltmannshausen.

VULF. Da dieses bekanntlich das häufigste Element deutscher Personennamen ist, so eignet es sich besonders dazu, an ihm den ganzen Vorgang des hier vorgeführten Verwitterungsprocesses genauer zu erkennen, und deshalb begleite ich hier die Beispiele mit einigen erläuternden Worten, die ich mir bei den andern Namenreihen versagen musste, um nicht zu sehr ins Weite zu schweifen. Der Stamm VULF in der Mitte von Ortsnamen geht natürlich auf zwei Grundformen zurück, *vulf* und *vulfis*; jene tritt ein, wenn die Endung des Ortsnamens -inga ist, diese, wenn ein volles Grundwort angefügt wird.

I. *vulf*. Der Verwitterungsprocess erscheint in sechs verschiedenen Graden und Formen: 1) *olf*, 2) *elf*, 3) *lf*, 4) *fl*, 5) *f*, 6) *l*.

Beispiele: 1) Eholuingum Eholfing und viele andere Fälle.

2) Antolvinga Andelfingen, Ansolfinga Anselfingen, Truhtolfinga Trochtelfingen, Machtolfingen Machtelfing, Munolfingas Mundelfingen.

3) Agolvinga Elvingen, Tagolfinga Thailfingen, Dragolvingun Trailfingen, Hadolfingun Halfing.

4) Manolfinga Mainfingen (also nicht nach dem Maine benannt), Skerolfinga Schörfling.

5) Ostrolfingen Osterfingen, Ebrolvingen Eberfingen, Pilolfinga Billafingen.

6) Perolvinchova Berlikon.

II. *vulfis*. Hier sind wieder zwei Hauptabtheilungen zu bemerken, der Verwitterungsprocess ist nämlich entweder ein einfacher, oder es ist ein complicirter, mit einer Neubildung verbundener.

Einfache Verwitterung geht folgendermassen vor sich: da von den vier Consonanten der Form *vulfis* das v stets in den neueren, und fast immer schon in den ganz alten Namen geschwunden ist, so sind nur noch die drei Laute l, f und s übrig; schwindet von diesen einer, so entstehen die drei Formen *lf*, *ls* und *fs*; schwinden zwei, so bleibt allein *l* oder *f* oder *s*; schwinden alle drei, so bleibt eben von dem ganzen Worte nichts übrig. Wir haben also hier die sieben Formen: 1) *lf*, 2) *ls*, 3) *fs*, 4) *l*, 5) *f*, 6) *s*, 7) Nichts. Alle sieben Möglichkeiten lassen sich mit Beispielen belegen.

1) *lf*: Meinolvesrode Melverode.

2) *ls*, und zwar *ols*: Eggolfesheim Eggolsheim, Berahtolfesheim Bechtolsheim, Hegolfesheim Egolsheim, Liutolfesperc Luttolsberg, Liutolfesheim Liedolsheim; *els*: Blidolfesheim Pleidelsheim, Botolfesstat Bodelstadt, Fridolfesheim Fridelsheim, Gundolfes-

heim Gundelsheim, Gundolfeshusa Gundelshausen, Haldulfesheim Heidelsheim, Hruodolfesheim Rudelsheim, Hruodolfeshusun Rüdelshausen, Mahtolfeshus Machtelshausen, Marcholfesheim Markelsheim, Ratolfesheim Rottelsheim, Radolfesdorf Rattelsdorf, Ricolfesheim Rekelsum, Sandolfeshusen Sandelshausen, Sindolfesdorf Sindelsdorf, Starkolfeshuson Sterkelshausen; *ls*: Torolfesheim Dorlisheim, Hariolvesheim Herlisheim; *ls*: Dagolfesheim Dahlsheim, Gozolfesheim Gaulsheim, Gotholveshem Golzheim, Graulfesheim Grolsheim, Haholvesbach Halsbach, Hariolvesheim Hölsheim, Hadolvespach Halsbach, Magolfesleba Molschleben, Risolfesheim Reilsheim.

3) *fs*: Egilolfesheim Eglofsheim, Craolfestal Grafstall; mit Entartung des f zu b: Auolfesheim Albsheim.

4) *l*: Auwolfesstetin Ohlstadt, Berolfesstat Berlstädt, Rudolfesstat Rudolstadt. Da diese Form nur vor einem mit s beginnenden Grundworte eintritt, so kann man sie auch als *ls* ansehn.

5) *f*, welches aber als *b* erscheint: Heriolfestat Herbstadt, zu beurtheilen wie Nr. 4.

6) *s*: Aldolfesbach Alsbach, Altolfesdorf Allsdorf, Albolfesheim Albsheim, Adalolfesleiba Alsleben, Blidolflshusin Pliezhausen, Geldolfeshusen Gölshausen, Heriulflsfelt Hersfeld, Helmulfisheim Helmsheim, Leboluesdorf Lobesdorf, Reinolueshusen Renshausen, Richolveschiricha Reiskirchen, Cilulfesheim Zeilsheim; selten mit dem Vocal l: Rudolfeslebo Rudisleben.

7) Nichts: Altolvesteti Altstätten, Paugolveswilare Buweil, Holzolveshusen Holzhausen.

Diese sieben Klassen umfassen denjenigen Vorgang, den ich oben einen einfachen Verwitterungsprocess nannte; complicirt wird aber nun ferner dieser Vorgang dadurch, dass sich neue Laute erzeugen, die in jener Form *vulfis* nicht liegen und nun das neue Gebilde völlig unkenntlich machen würden, wenn hier nicht Geschichte und Geographie der Sprachwissenschaft eben so zur Leuchte dienten, wie es oft umgekehrt geschieht. Die sich so erzeugenden Laute sind aber die drei Consonanten n, r und t; bemerkenswerth ist, dass, wo sie eintreten, von jenem *vulfis* stets das l und das f schwinden und nur noch das s entweder bleibt oder auch schwindet; dafür können aber die neuen Laute rt zusammen in den neuen Formen auftreten. So ergeben sich folgende Gestalten: 1) *ns*, 2) *rs*, 3) *ts*, 4) *rts*, 5) *n*. Nun Beispiele dazu:

1) *ns*: Alaholvesbach Allensbach; mit folgendem *s* des Grundwortes: Osulfstidi Olvenstädt, Liudolvessceith Lüdenscheid.

2) *rs*: Lutolfesleibo Lodersleben, Dietolfesdorf Dietersdorf, Zeizolfeswilre Zaisersweiler.

3) *ts*: Berolfeswilari Bäretschweil, Eberulfesheim Ebertsheim, Heimolfeshofen Heimetshofen, Varnolfishusa Wernezhausen oder Farnzhausen.

4) *rts*: Haholfeshusun Hagertshausen.

5) *n*: Baldolfesheim Baltzenheim.

Hiemit sind die bloss lautlichen Umwandlungen des Stammes VULF erschöpft; in allen übrigen daraus hervorgehenden Gebilden erkenne ich volksetymologischen Einfluss, den man übrigens auch schon in einigen der oben verzeichneten Formen annehmen möchte. Solche volksetymologischen Bildungen sind mir folgende: Turolveswilare Daffertschweil, Grazolfeshusen Gräfenhausen, Heicholfesheim Eichholzheim, Heidolveswilare Heldschweil, Roholvesriuti Rossrüti, Roholveswilare Rossweiler, Hisolucstat Eibelstadt, Radulveroth Rottleberode.

So weit über die zusammengesetzten Personennamen als Bestimmungswörter von Ortsnamen; nun können aber auch Ortsnamen auch mit Personennamen zusammengesetzt sein, die bloss aus einem Stamme und einem Suffixe bestehen; in diesem Falle ist dieses Suffix natürlich im höchsten Grade der Verwitterung oder gänzlichen Verflüchtigung ausgesetzt. Auch hier gebe ich zur Beurtheilung dieser Erscheinungen eine reiche Sammlung von Beispielen und setze jeder Klasse den Nominativ- und den Genetivausgang des Personennamens vor:

Nom. *i*, Gen. *is*: Adistharpa Astrup, Baldisheim Balzheim, Edisleve Etzleben, Hrocchesheim Roxheim, Radistharpa Raestrup oder Rasdorf.

Nom. *o*, Gen. *in*: Patindorf Bendorf, Balinholz Banholz, Abenrod Abberode, Auinbach Ambach, Babinberg Bamberg, Papinchirihun Bämkirchen, Appenchiricha Habkirchen, Apinstein Eppstein, Egininhusa Egenhausen, Egininstein Egenstein, Emilinhusen Emmelhausen, Ingilinheim Ingelheim und ähnliches noch in hundert andern Fällen; einzelne auffallendere Veränderungen sind Abbenhulis Appelhülsen, Oninburrin Ennabeuern, Possinmunsturi Postmünster.

Nom. *a*, Gen. *un* (Femin.): Ekkilunpurc Ekelburg.

Nom. *ic*, Gen. *ikis*: Ensichesbeim Entzhelm, Pozigesheima Putzham, Bodikeshusen Bödexen, Buricheslebo Borxleben, Hehichesdorf Heisdorf, Muzzihhestorph Mitschdorf, Hatticheshuson Hetgershausen, Hosicheshusun Oelshausen, Nendicheswank Nandelswang.

Nom. *iko*, Gen. *ikin*: Asikinthorp Aschendorf, Gundihhinhaua Gaienhofen, Abecenwalde Abkoude, Emichinbrunnin Engabrunn, Kerihhinwis Gergweis, Hunichinwilari Hinwil, Rimichinaha Rinchnach, Embrichenhusun Empfershausen.

Nom. *id*, Gen. *idis*: Bennedesthorp Bendesdorf, Hehhidesheim Hechtsheim, Immideshusun Emissen oder Eimsen, Thechidesheim Dexheim.

Nom. *il*, Gen. *ilis*: Bodelsbach Bohlsbach oder Putzenbach, Tenileschirichun Tölzkirchen, Pluvileshusirum Bleuelhausen, Ebilesfelt Ebensfeld, Ebilizdorf Ebsdorf.

Nom. *ilo*, Gen. *ilin*: Appilinhusun Appelhausen, Ahhilinstat Achelstedt, Poatilinpach Pietelbach, Cagelenstat Kalstadt, Hetilendorf Hallendorf, Ezilinchircha Etzelskirchen.

Nom. *ilin*, Gen. *ilinis*: Witilinsbach Wittelsbach, Buabilineswilare Bollschweil, Potilinesprunnin Pottenbrunn, Ruozelenswilre Ritzweier, Vuchilinisdorf Volkersdorf.

Nom. *in*, Gen. *inis*. Diese Klasse ist sehr häufig und ich mache daher Unterabtheilungen. 1) Erhaltung des n und des s: Basinesheim Bensheim, Gimminesheim Geinsheim, Ratinishofen Ranshofen. 2) Schwinden des s, Erhaltung des n: Albineswilare Allenwil, Fiskinestal Fischenthal, Wirtinisberk Wirtemberg. 3) Schwinden des n, Erhaltung des s: Audinesheim Oetisheim, Auvinesheim Oebisheim, Bobinesheim Bamsham, Bladensheim Blesheim, Bosinesheim Buxheim, Bucineswilare Bitschweil, Botinesbach Butzbach, Buodenesheim Budesheim, Didineshalm Deidesheim oder Diedesheim, Fagineswilare Fägschweil, Volchinisdorf Volksdorf, Jebinesheim Jebsheim, Gimminesheim Gimsheim, Gundinesowe Gündisau, Habuhinesheim Habsheim, Herinesowa Herisau, Hildinisheim Hildesheim, Ruethenesberg Roesberg, Hruodinesheim Riedesheim und Rüdesheim, Hundinishaim Hindisheim, Hyppineshaim Hipsheim, Ibirinesowa Ebersau, Ibernesheim Ibersheim, Imminisheim Immesheim, Morinesheim Mörzheim, Morinishusun Merishausen, Modenesheim Müdesheim, Muncinesheim Münzesheim, Namenesheim Namsheim, Richeneshovan Reichshofen, Walinesheim Welzheim, Zullineshalm Zillisheim. 4) Untergang des ganzen Suffixes: Aparinesseo Abersee, Hastinesleba Hassleben, Rodinesburon Robern, Ersinesheim Erschheim, Wezinesprunnin Wessobrunn. 5) Erzeugung eines *l*: Aginesheim Hoheneggelsen, Didineshaim Diedelsheim, Wizinesheim Wisselsheim. 6) Erzeugung eines *r*: Egizinisdorf Enzersdorf, Domeneslevo Domersleben, Etinesloch Etterschlag, Gotzinsdorf Götzersdorf, Imizinisdorf Inzersdorf. 7) Erzeugung eines *t*: Keriniswilare Geretschweil. 8) Volksetymologie: Ediniswilare Entschweil.

Nom. *uni*, Gen. *unis*: Gartuneshusa Gartelshausen.

Nom. *ing*, Gen. *ingis*: Bruningesheim Breungeshain, Honengesbuttele Hankensbüttel, Liudingeshuson Lödingsen, Rohingeshus Rönshausen, Alingisbach Elsbach, Heimingesbach Hemsbach, Hukengeswage Hükeswagen, Willingishusen Wilshausen, Bruningisstedi Bornstedt, Halbingestat Helmstadt, Ratingesstat Ranstädt, Willengisheim Welgersheim, Hozingeshem Hönze.

Nom. *ung*, Gen. *ungis*: Gerungesberch Gersberg.

Nom. *unga*, Gen. *ungun* (Fem.): Altungunhusun Allenhausen.

Nom. *ant*, Gen. *antis*: Siezzanteshusa Sinzhausen.

Nom. *ist*, Gen. *istis*: Brunisteshusun Brunshausen, Erdisteshusun Erzhausen.

Nom. *izo*, Gen. *izun* (Fem.): Morizunwilare Merzweiler.

Hiemit schliesst die Uebersicht der als Bestimmungswörter von Ortsnamen verwandten alten Personennamen. Es wäre hier noch viel über diese wunderbare Mischung von Analogie und Anomalie zu sagen, doch muss das specielleren Untersuchungen überwiesen werden. Wie gross die Fülle der alten und die armselige Einförmigkeit der neueren Formen ist, mögen nur zwei Beispiele klar machen. Die beliebtesten Mittelsilben unserer Ortsnamen sind die Verbindungen *els* und *ers*. Nun beachte man folgende Zusammenstellung neuerer scheinbar ganz gleich gebildeter Formen mit den entsprechenden alten:

1) *els*: Gütelsdorf Cundpoldesdorf.

Eisselsdorf Isanpertesdorf.

Gartelsried Gartherisriod.

Adelshausen Adalhelmeshusir.

Goddelsheim Godeleuesheim.

Rommelshausen Ruommuothuson.

Bosselshausen Buozolteshusa.

Germelshausen Gerwineshuson.

Fridelsheim Fridolfesheim.

Nandelswang Nendicheswank.

Etzelskirchen Ezilinchircha.

Wittelsbach Witilinsbach.

Diedelsheim Didinesheim.

2) *ers:* Herbersdorf Heribrehtesdorf.

Walkersbach Waltchunispach.

Elfershausen Adalfrideshusum.

Ollersbach Adalgerispach.

Liggersdorf Liuocartisdorf.

Willersbach Willigozespach.

Ergersheim Argisesheim.

Volkersdorf Folchardesdorf.

Einersheim Einheresheim.

Schweinersdorf Suanahiltadorf.

Gundersheim Gunderammesheim.

Unnersdorf Unrochesdorf.

Germershausen Germanneshuson.

Drommersheim Truhtmaresheim.

Bermersheim Bermodesheim.

Engersberg Engilmuntesberg.

Ballersheim Baldradesheim.

Günthersleben Gunderichesleba.

Oggersheim Agridesheim.

Ludersdorf Liutoldesdorf.

Frankershausen Francwardeshusun.

Rüdershausen Rotwigeshusen.

Leutersdorf Liudwinesthorp.

Lodersleben Lutolfesleibe.

Hetgershausen Hattucheshuson.

Volkersdorf Vuchilinisdorf.

Enzersdorf Egizinisdorf.

Welgersheim Willengisheim.

Wir sehn also die Bildung *els* aus dreizehn, die Form *ers* aus achtundzwanzig Quellen entsprungen, und dabei sind diese Verzeichnisse noch bei weitem nicht vollständig. Das zeigt uns an einem recht einleuchtenden Falle, wie thöricht die an den Sprachforscher oft gerichtete Frage nach der Herkunft eines Namens dann ist, wenn nicht die alte Form desselben Namens vorliegt. Wir können ohne diese alte Form auf diese Frage nicht eher antworten, als bis man auf die Frage wird Bescheid geben können, auf welchem Berge ein bestimmtes bei Hamburg geschöpftes Glas Elbwasser entquollen sei; beide Antworten sind gleich unmöglich, beide Fragen gleich thöricht.

Wir haben uns geraume Zeit hindurch nur mit den alten deutschen Personennamen beschäftigt, insofern sie in den Ortsnamen enthalten sind. Weniger anziehend für den Sprachforscher, jedoch der Vollständigkeit halben hier nicht ganz zu übergehn sind die übrigen Schichten der in unsern Ortsnamen vorkommenden Personennamen, diese Schichten, die sich in unserer Sprache wie die tertiären und alluvialen Gebilde der Geologie über das feste Urgebirg abgelagert haben. Ich meine die fremden Vornamen, die Vornamen neueren Datums und drittens die Familiennamen, durch welche der eigentliche ursprüngliche Name erst zum Vornamen wird.

Am ältesten von diesen sind die fremden Namen in den Ortsnamen; so erscheint sec. 11 Agathenkirika, Beatuseschirichun, Cristinehusen, Jacobinga, Jacobsweg, Jacobesperc, Johaningun; Merginlaim (das doch wol aus Marienheim zu deuten ist), Mertinefeld, Miheleschirichun. Das zehnte Jahrhundert liefert schon weniger Beispiele, wie Johannesdorf, Petrishusa, Stephanesvirst, Steuaneskirchen (nicht Beatenforst, welches vielmehr Bettenforst zu lesen ist). Jenseits dieser Grenze werden solche Namen Seltenheiten; Augustburg wird vor dem 9. Jahrhundert nicht nachgewiesen sein, Machsminreini und Justineshova fällt in dieselbe Zeit, Johanniswilare (sec. 7) ist wol die älteste Bildung dieser Weise. Paternisheim sec. 8 kann von einem der mehrfachen heiligen Paterni benannt sein. Neuerdings findet sich solche hybride Art in weit grösserem Masstabe; der mit Charlotten- beginnenden besonderen bewohnten Orte sind allein in Deutschland jetzt mehr als hundert, ungerechnet die Charlottenstrassen in einigen Städten und die Charlottenwege in unzähligen königlichen oder fürstlichen Anlagen. .

Neugebildete Vornamen deutschen Ursprunges haben wir Deutschen überhaupt weniger, da unser ganzes Vornamenwesen überhaupt durch die Familiennamen, durch die Kalender und durch die leidige Gewohnheitsknechtschaft in arge Verkümmerung gerathen ist. Daher sind denn solche Namen wie Gotthelfshof grosse Seltenheiten; sie sind es schon deshalb, weil die grosse Mehrzahl der Orte schon lange vor der Entstehung dieser Namen ihre feste Benennung hatten.

Familiennamen in den Ortsnamen aufzufinden ist ein schwieriges Ding, wenn man nicht genaue historische Angaben über die Gründung eines Ortes hat; den deutschen Familiennamen klebt als jüngeren Bildungen etwas Unselbständiges, von keiner sprachschöpferischen Kraft Getragenes an. Zwei ihrer zahlreichsten Klassen entziehen sich ohne jene historischen Angaben gänzlich der Beurtheilung, diejenigen, welche aus alten Eigennamen entsprungen sind und diejenigen, welche einen Stand oder eine Beschäftigung ausdrücken. Ob einem Orte wie Hermannsacker eine Familie Hermann oder ein einzelner mit seinem eigentlichen (Vor-) Namen Hermann genannter Mann zu Grunde liegt, können wir eben so wenig aus dem Namen an sich wissen, wie wir es einem Bischofsberg an sich ansehn können, ob dort ein wirklicher episcopus oder eine Bürgerfamilie Bischof zuerst gehaust hat.

Im ganzen werden Familiennamen sich weniger als Bezeichnung selbständiger und deshalb meistens älterer Ansiedelungen finden, mehr dagegen in Strassennamen. So ist unter der Regierung Friedrich Wilhelms IV. mehreren Strassen und Plätzen Berlins (theils neugebauten theils umgenannten) der Familienname berühmter Männer gegeben worden; wir haben jetzt in Berlin eine Büschingstrasse, Lennéstrasse, Neandergasse, Ohmgasse, Schadowstrasse, Besselstrasse, Linksstrasse und einen Enkeplatz; die drei letzten finden sich im Adresskalender von 1844 noch nicht.

Die Familiennamen bilden den Uebergang zwischen den eigentlichen Personennamen und denjenigen Ausdrücken, welche eine bestimmte Menschenklasse, einen Stand oder ein Gewerbe benennen; der gröste Theil der Familiennamen gehört sogar einer von diesen beiden Wörterkategorien selbst an. Darum gehn wir jetzt zu denjenigen Ortsnamen über, deren erster Theil die Person nicht nach ihrem Namen, sondern nach ihrem Stande bezeichnet. Wir halten uns auch hiebei vorzüglich an die aus alter Zeit überlieferten Formen.

Der *Kaiser* fehlt uns vor 1100 ganz, während jetzt in Deutschland Kaisersberg, Kaiserhammer und viele andere Beispiele, in den Niederlanden Keizersdijk, Keyserslool, sogar auch ein Keizerinnesluis begegnen.

11*

Der *König* zeigt sich sec. 8 in Chuningesheid, Chuningesheim u. dgl.; unter den heutigen Ortsnamen sind ausser zahlreichen mit Königs- beginnenden Formen noch die Contractionen Kainsbach (aus Königsbach), Kinsheim (aus Königshcim) zu bemerken. Nicht hieher gehört aber Königrode, sec. 10 Cuninggarod, und das einfache König (sec. 9 Cunticha, noch a. 1348 Kuntich, aber 1349 kommt schon Künnich vor).

Der älteste zu *Herzog* gehörige Name ist Herzogenburch (11). Neuere deutsche Formen wie Herzogenburg, Herzogsmühle, niederländische wie Hertogenbosch, Hcrtogspolder zeigen beide Declinationsweisen des Wortes.

Der *Fürst* fehlt vor 1100; jetzt Fürstenau, Fürstenwerder, Vorstenbosch u. s. w.

Der *Graf* begegnet sec. 9 in Grauindorf, sec. 10 in Gravenhuse, sec. 11 in Gravenberch, Grevenbruck, Crauinegga, doch sind diese Namen fast alle sehr unsicher zu beurtheilcn, da ahd. graw grau theils unmittelbar theils durch Vermittelung von Personennamen hier in Betracht kommt. Neuere Formen beginnen zahlreich mit Grafen-, Gräfen-, Greven-, niederl. Graven-. Auch erscheinen Decomposita wie Landgrafmühle, Landgrafroda (1499 Landgrauerode), Markgrafenstrasse.

Der *Vogt*, ahd. *fogat* advocatus: Uogitisawa (11, jetzt Voitsau), Fogeteshagen (11); jetzt viele Formen mit Vogts- und Voigts-.

Zu ahd. *fron* dominicus setze ich Fronberch (11), Franlo (9), Fronohus (11), Fronerot (9), Fronestalla (10), Fronothorp (11), doch liegen schon hier die zu Frau domina gehörigen Bildungen so wie der Personenname Froja sehr nahe, um so mehr bei neueren Namen.

An der Spitze der Geistlichkeit steht der *Bischof*. Er begegnet oft, z. B. in Biscofesheim (8), Biscoppeshusen (8) u. s. w. Unter den neueren Formen zeigt sich ausser zahlreichen Bischofs- (niederl. Bisschops-) auch verderbtes Pischelsried, Pischelsdorf, Pischeldorf, Bischfeld, Bischhausen, Bisdorf. Fischhausen in Ostpreussen ist aus Bischofshausen contrahiert und nach dem samländischen Bischofe Siegfried benannt.

Der *Abt* findet sich in Abbatesberc (11), Abbatisdorf (11), u. s. w., heutzutage in Abtsholz, Abtsroda u. dgl., aber auch in Absberg, Abstetten, Apersdorf, Appenzell und andern entarteten Formen.

Probst praepositus kenne ich vor 1100 in Probestreut und dem eigentlich ganz undeutschen Provestocella (9); jetzt zeigt es sich in Probsthof, Probstheide und manchen andern Formen. Bemerkt werden mag gleich, dass Praust bei Danzig aus Probstei entsprungen ist.

Ahd. *phafo*, nhd. *Pfaffe*: Papsteti (8), Pfaffenheim (9), Phaffindorf (10); bei den heutigen mit Pfaffen- und Papen- beginnenden Namen liegt es oft im Dunkel, wo sie unmittelbar hieher oder zunächst zu einem Familiennamen Pfaff, Pape gehören; derselbe Zweifel waltet natürlich auch bei den mit Bischof, Probst u. s. w. zusammengesetzten Namen.

Mönch, ahd. *munich* in Munihhusa (9), Municheim (10) u. s. w., das friesische *monik* in Monicesloe (9); jetziges Mönch-, Münch-, Mönchen-, München-, niederl. Monniken- ist häufig.

Von denen, die das Klostergelübde abgelegt hatten, den sogenannten *Professen*, hiess früher eine Strasse in Danzig Professengasse, die aber gegenwärtig, wo jenes Wort ausser Gebrauch gekommen ist, stets Professorgasse genannt wird.

Da wir es bei diesen Bezeichnungen für allerlei Würden fast nur mit unerquicklichen Fremdwörtern zu thun haben, so unterlasse ich es für die Wörter Prinz, General, Admiral, Präsident, Prior, Pater und ähnliche, die sich allerdings vereinzelt in modernen Ortsnamen finden, Beispiele zu häufen.

Indem ich mich anschicke von den allerhöchsten, höchsten und sonst ehrwürdigen Herrschaften zur misera plebs herabzusteigen, liegen mir noch die beiden zwar auch fremden, aber mehr als andere bei uns eingebürgerten Ausdrücke Meister und Meier im Wege, welchen beiden es gemein ist, dass sie vom hohen zum niedern Range, vom erlauchten Hochmeister bis zum Schafmeister, vom Hausmeier bis zum einfachen villicus hinab und hinauf schwanken. Bei Meistreshaim (8) und Meistersele (11) ist natürlich noch an keinen Ordensmeister zu denken, aber was mag die specielle Bedeutung dieses Wortes hier und eben so in neueren Namen mit Meisters- sein? Meisterswalde im Kreise Danzig wird wol vom Hochmeister seinen Namen haben. — Der Meier zeigt sich zuerst in Meiarespah (10) und Meiresberg (11), jetzt öfters, wie in Meiersdorf, Meiersfeld u. dgl.

Der eigentliche Bürgerstand findet sich erst seit dem späteren Mittelalter in Namen wie Bürgerwald und den zahlreichen zu den einzelnen Gewerben gehörigen Bildungen. Sehr schüchtern treten diese städtischen Gewerbe als ortsnamenbildend auf. Nur ahd. phister pistor begegnet mir schon sec. 11 in Phistarheim, so wie unter allen gewerblichen Anlagen die Mühle in den Ortsnamen am ältesten und weitesten vertreten ist. Höchstens ist aus Gleserecella (11?) ein ahd. glasari nhd. Glaser zu folgern.

Aelter zeigen sich Belege für den Hirtenstand. Sweinpach (8), Sweinberg (10), Sweinheim (8) gehören zu ahd. swain bubulcus; deshalb sind neuere mit Schwein- beginnende Namen sehr vorsichtig zu beurtheilen. Ahd. scafari nhd. Schäfer findet sich sec. 8 in Scafersheim, sec. 9 in Scafarafeld (jetzt Schärfenfeld), so wie der Kuhhirte, ahd. sweigari, sec. 8 in Sueigerheim (jetzt Schwaigern) und Suegerestete (jetzt Schwerdtstädt); aus Gansaraveldi (11) möchte ich auf ein ahd. gansari Gänsejunge schliessen. Zu dem allgemeineren ahd. hirti, nhd. Hirt dürfte man, wenn die Formen sicher sind, ein westfälisches Herdensehle, ein schwäbisches Hertfeld (beide aus sec. 11) setzen; Neueres wie Hirtenberg, Hirtenkathe u. s. w. findet sich leicht. Zu der längeren Form ahd. hirtere, niederl. harder u. s. w. weiss man keinen älteren Ortsnamen; aus der neueren Geographie dürfte am ehesten Harderwijk in Geldern hieher zu stellen sein.

Unser Knecht, ahd. kneht servus, miles etc. zeigt sich zuerst sec. 11 in Knechtahusun, früher dagegen (sec. 9) ahd. scalc in Scalcobah und Scalcstat, sec. 11 In Scalcaburg, doch kann man sich nicht hinreichend auf die Genauigkeit der überlieferten Formen verlassen, um sie von den zum Personennamen Scalco oder Scalh gehörigen Bildungen zu scheiden; um so mehr thut man gut, neuere Formen noch gar nicht anzurühren, zumal da öfters Assimilationen den Verhalt der Sache ganz verdunkelt haben.

Zu den Menschenklassen gehört auch gewissermassen ahd. *hari* exercitus. Am deutlichsten möchte Heribeddi (9), Heristraza (10) und Haristal (8) dazu zu rechnen sein, welcher letztere Name schon im annalista Saxo durch locus castrorum übersetzt wird. Bei Herifeldun, Harburg und andern Bildungen spricht einerseits das Wort *har* mit, welches ich oben im Sinne von Anhöhe nachwies (S. 46), andrerseits aber auch *hesi, heri*, denen ich die Bedeutung von Wald zuschrieb (vgl. S. 56).

So wie die Männer, so wirken auch, wenngleich seltener, die Frauen mit zur Bildung von Ortsnamen. Die Wörter Nonne, Frau, Weib, Magd und das ahd. quena, ags. cven (uxor, regina) sind hiebei betheiligt. Beispiele: Nunnenpuhel (11), Nunnenwerd (11), Nunnunwilare (10); Frowindorf (11), Frawunpiunt (11?) Vrowunstein (11?); Wibetal (11), Wibestetan (8); Magdabrunno (11?), Magathaburg (9); Quenstedi (10). In solchen Namen mag manche mythologische Beziehung stecken, doch überlasse ich es Anderen, dieselbe aufzuspüren. Auch versteht es sich, dass bei Frau und Magd schon in alter Zeit oft speciell an die Jungfrau Maria zu denken ist.

Das eben angeführte zusammengesetzte *Jungfrau* weist kein deutscher Ortsname vor 1100 auf; jetzt begegnet es häufig, z. B. in Jungfrauenpforte, Jungfernheide, niederl. Jufvrouwenweide, Juffrenbcek, eben so wie wir das entsprechende Masculinum in Jungherrenthal, Junkerhof, niederl. Jonkershuizen finden.

Wir müssen aber noch einmal zu denjenigen Wörtern zurückkehren, die an einen gewissen Beruf erinnern. Ausserordentlich zahlreich sind nämlich in Deutschland gegenwärtig Strassennamen, welche auf ein bestimmtes Gewerbe hindeuten. Um die Wichtigkeit dieser Namenklasse anschaulich zu machen, gebe ich hier ein kleines alphabetisches Verzeichnis von hieher gehörigen Ausdrücken; ich füge dazwischen gleich einige auf niedere Beamte hindeutende Strassennamen. In Parenthese setze ich die Stadt, in welcher die betreffende Strasse liegt.

Ankerschmiedegasse (Danzig).

Aschgeberstrasse (Stettin).

Aschweberstrasse (Stettin).

Badergasse (Dresden); Badergässchen (Breslau).

Bandschneidergasse (Königsberg).

Barbiergasse (Nürnberg).

Beckenwerperstrasse (Braunschweig).

Beckmacherstrasse (Hamburg).

Beckschlagergasse (Nürnberg), jetzt Bettschlagergasse gesprochen.

Beutlergasse (Danzig); Beutlerstrasse (Stettin).

Bindergasse (Nürnberg).

Bognergasse (Wien).

Bootsmannsgasse (Danzig).

Bräuergasse (Dresden).

Büttnerstrasse (Breslau).

Drehergasse (Danzig), d. h. Bernsteindrehergasse.

Eimermacherhof (Danzig).

Gräupnergasse (Breslau), d. h. Graupenhändlergasse.

Grapengiesserstrasse (Stettin).

Gröpergasse (Halberstadt).

Hafnerberg (Augsburg), zu mhd. havenaere Töpfer.

Heidereutergasse (Berlin).

Hosennähergasse (Danzig).   ·

Hutsteppergässel (Wien).

Irrergasse (Nürnberg); Ircher sind Weissgerber.

Kannengiesserstrasse (Braunschweig).

Karrenführerstrasse (Braunschweig).

Knochenhauerufer (Magdeburg).

Korkenmacherstrasse (Danzig); Korken sind Pantoffeln.

Küferstrasse (Göttingen).

Kutscherstrasse (Magdeburg).

Landhofmeisterstrasse (Königsberg).

Lauferstrasse (Nürnberg).

Lodergasse (Nürnberg); Loder = Tuchmacher.

Löhergraben (Aachen); daselbst sind Lohgerbereien.

Mälzergasse (Danzig); mhd. malzaere Brauer.

Müntlergasse (Breslau).

Metzgergasse (Heilbronn, Wiesbaden).

Naglergasse (Gratz).

Permentergasse (früher in Nürnberg).

Pfannenschmiedgasse (Nürnberg).

Platnergasse (Prag); mhd. blatenaere, Verfertiger von Harnischplatten.

Rathsdienergasse (Wernigerode).

Reifschlägerstrasse (Stettin).

Röpergasse (Danzig); ahd. reifari tortor.

Scharmachergasse (Danzig); Verfertiger von Pflugscharen? oder von Schirmen?

Schauflergasse (Wien).

Schlächtergasse (Hamburg).

Schleifergässchen (Augsburg).

Schlotfegergasse (Nürnberg).

Schrötergässchen (Leipzig); zu ahd. scrôtan secare.

Schwertfegerstrasse (Magdeburg).

Spenglergässchen (Augsburg).

Sporergasse (Dresden); Spornergasse (Prag).

Stadtknechtsgässchen (Nürnberg).

Stallschreibergasse (Berlin).

Stechergasse (Braunschweig).

Stempfergasse (Gratz).

Tagnetergasse (Danzig); Tagneter (poln.) sind Trödler.

Taschnergässlein (früher in Nürnberg).

Trabantengasse (Dresden).

Wamslergässchen (Augsburg); mhd. wambiser Verfertiger von Wammsen.

Weinmeisterstrasse (Berlin).

Weissgerberstrasse (Magdeburg).

Wollwebergasse (Danzig).

Zeltnergasse (Prag).

Zirkelschmiedsgasse (Nürnberg).

Vermehrt man, wie ich es wünsche, dieses Verzeichnis, in welchem ich absichtlich alle ganz gewöhnlichen und fast überall vertretenen Gewerbe, wie Tischler, Fleischer, Schlosser, Bäcker, Töpfer u. s. w. übergangen habe, so wird man daraus nicht unerhebliche Resultate ziehen können. Zunächst wird sich die geographische Grenze mancher dieser Ausdrücke ergeben; die Schlächter-, Metzger- und Fleischerstrassen, die Hafner- und Töpfer-, die Mälzer- und Brauer-, die Nadler- und Spengler-, die Tischler- und Schreinerstrassen und anderes werden in Deutschland jede ihr abgesondertes Gebiet haben. Ferner wird man culturgeschichtlich anziehende Blicke auf die früher vorhanden gewesene grosse Specialisirung der Gewerbe so wie auf manche ganz untergegangene Handwerke werfen können. Endlich wird man die Gegend und ihren Charakter in diesen Namen für den Beruf der Einwohner abgespiegelt finden; dass die Ankerschmiede, die Bootsleute, die Bernsteindreher in Danzig, die Permenter und die Zirkelschmiede in Nürnberg ihren Sitz haben, dass moderne Residenzen arm an dergleichen Bezeichnungen sind, hat ja seine Bedeutung. Wenn man dagegen folgende Strassennamen in einer Stadt noch heute zusammenfindet: Artillerie-, Dragoner-, Grenadier-, Husaren-, Jäger-, Invaliden-, Kasernen-, Kanonier-, Kommandanten-, Kürassier-Landwehr-, Militair-, Pionierstrasse, — so kann man kaum einen

Augenblick schwanken, in welcher Stadt der Erde dergleichen allein möglich ist.

Die verschiedenen Klassen der Menschen führen uns auf den Begriff des Volkes. *Volk* selbst erscheint in Folchaa (10, jetzt Volkach), Folcfeld (8) und Folcweg (8); ahd. *liut* populus in Liutchirichun (9, jetzt Leutkirch); ahd. *diot* populus in Theotbacis (7), Dietprucce (11), Teutoburgium (1), Theotfurt (9), Thietkiricha (11), Theotoloh (11?), Theotmalli (8, jetzt Detmold), Thiedmarsi (8), Thioddorf (8), Diotweg (8); ahd. firhi vulgus in Firihsazi (9).

Einzelne Volksnamen, die sich als Bestimmungswörter finden, werden einer Specialuntersuchung willkommenen Anhalt zur Geschichte der Völkerwanderungen und Colonien bieten. Bis jetzt finde ich folgende Völker in dieser Weise vertreten: Langobarden in Bardengai (8), Bardanwich (8) und Langobardonheim (9), vielleicht auch Lampartheim (9, im Elsass) und Lamperdem (11, jetzt Lampedem bei Trier); Burgunden in Burgunthart (8, jetzt Birket), wozu man noch den auf der Grenze zwischen deutschem und nordischem Gebiete liegenden Burgundarholm (jetzt Bornholm) füge; Bructerer vielleicht in Bruderholt (11); Chamaven in Hamaland (9); Franken in Franconodal (8), Franconofurt (8), wozu sich noch einiges andere von minderer Sicherheit fügt; Friesen in Fresionoveld (8) und Fresionowic (9); Hessen in Hassago (8), Henseneberch (11), Hessewech (11); Chauken in Hugmerchi (8), vielleicht auch in Huculvi (8); Marsen in Merseburg (10), vielleicht auch in Marstem (6? mit Einschub des t wie in Ansulflstheim, Bergasthavid, Madalestwillare u. s. w.); Rugier in Rugikamp (11), Rugtheim (9), Rugehusen (11), Rugilant (5) und heutigem Rügenwalde; Sachsen in Sachsonaganc (11) und Sahsonolant (11?), woran sich noch anderes leicht fügt; Schwaben in Suabaha (8), Suabowa (9), Suabbach (11), Suaboheim (8), Suabohusum (8), Suabelebe (11?), Suabareod (9, jetzt Schwebert); Thüringer in Thurinkiberg (11), Duringfeld (8), Thuringoheim (8, jetzt Türkheim und Dörnigheim), Thuringehoven (11?), Thuringohus (9); sogar Elsasser in Alisazgowe (8). Das sind nur Beispiele von alten Völkern, die wir bis jetzt schon kennen; es unterliegt aber keinem Zweifel, dass uns manche deutsche Völkernamen, besonders zwischen der Niederelbe und Weser, noch ganz entgehen. Auch ihre Spuren werden noch grossentheils in Ortsnamen zu finden sein, doch ist es für den Augenblick noch

nicht gerathen sehr danach zu suchen und ich unterdrücke hier
lieber das, was doch nur in der Form grosser Unbestimmtheit
erscheinen dürfte.

Auch Namen ungermanischer Völker dürfen wir nicht übergehn. Wir finden ihrer in solchen Compositionen mit einiger
Sicherheit nur vier, zwei keltische, Bojen und Walchen, und
zwei slavische, Wenden und Wilzen. Beispiele: Bojohaemum
(1), Bajuvarii (6), Beierbach (11), Paierbrunnen (8), Peirheim
(11); Walahpach (8), Walahheim (7) und Anderes; Winidowa
(8), Windohaim (8) u. s. w.; Villaburg (7). Misslicher ist es
die Römer in dieser Weise aufzufinden, doch erinnere man sich
an Rumundorp (10, jetzt Rondorf bei Cöln) und an Romaninchova (8, jetzt Rumingen im südwestlichen Baden). Neuere
Namen interessiren weniger; bekannt sind z. B. die zahlreichen
Schottenkirchen und Schottenklöster (wie in Regensburg); bei
Danzig liegen zwei Ortschaften Alt- und Neuschottland.

Alle hier angeführten Beispiele enthalten den betreffenden
Völkernamen unmittelbar. Nicht zu vermischen sind damit
die durch die Art der Composition leicht erkennbaren Fälle, in
denen eine Person, die ihren Namen von einem Volke entlehnt
hat, ihrerseits diesen Namen wieder auf einen Ort überträgt.
Solche Bildungen wie Thuringesgibutli (11), Duringesrod (11?)
und zahlreiche andere bilden daher wiederum eine besondere,
für die Geschichte unfruchtbarere Klasse.

Von den Menschen erheben wir uns zu den Göttern.
Ihre Spuren in Ortsnamen zu suchen bin ich besonders ängst-
lich; es ist in diesem Punkte, wie man auch schon erkannt und
erörtert hat, mehrfach zu viel geschehn, indem man nämlich
den Fehler begangen hat, als wollte man (um an die eben besprochenen Völkernamen zu erinnern) aus Rumanishorn auf eine
römische Ansiedlung schliessen. Zwischen den Götter- (oder
Heroen-) und den Ortsnamen steht nämlich oft ein ganz simp-
ler prosaischer Menschenname in der Mitte und da will es mir
gewöhnlich verständiger erscheinen, dass wir uns an diesen
zunächst halten, natürlich ohne eine weitere Beziehung dieses
Personennamens auf die mythologische Sphäre abzuleugnen.
Aus diesem Grunde lasse ich diesmal alle die schönen Spuren
von Frikka, Wioland, Gibieho, Mimi u. s. w. auf sich beruhn.
Eben so erregen auch die Grundwörter der betreffenden Ortsnamen öfters bescheidene Zweifel; ist der letzte Theil ein -haus

oder -dorf oder -weiler, so bin ich der mythologischen Welt gegenüber skeptischer als bei einem -berg oder -stein u. dgl. Den ersten Grad der Wahrscheinlichkeit, dass eine unmittelbare Beziehung zur Mythologie anzunehmen ist, möchte ich den folgenden Namen zugestehen und also in ihnen die verhältnismässig sichersten dieser Errungenschaften anerkennen: Dispargum (5), Eresloch (8), Erisburg (8), Fosetisland (9), Idisiaviso (1), Thuneresberg (9), Wodenesberg (10). Ich weiss, dass diese geringe Anzahl Manchem nicht gelegen ist, aber — ich kann nicht anders; man darf nicht ein Spiegelbild für den wirklichen Gegenstand nehmen.

Das allgemeine *Gott* deus finde ich in Gotewich (11, Göttweig) und Gotaloh (9, Goddelau); in letzterem Namen dürfte das Wort einem heidnischen Ausdrucke substituirt sein. Unter den neueren Formen sind besonders Bergwerksnamen wie Gottesgabe u. s. w. hervorzuheben; aber Gottesbüren lautet sec. 11 Gundesburc. — *Herr* ist in den Ortsnamen ausserordentlich häufig, bezieht sich aber meistens auf den Ritterstand; für Gott steht es nur vereinzelt und modern, z. B. in Herrnhut. Auch *Himmel* wollen wir hier erwähnen; Himilesberch sec. 8 wird der älteste Beleg sein. Unter den neueren Ortsnamen fällt die Häufigkeit des Namens Himmelreich auf, welcher in Deutschland etwa 25 Male vorkommt; Himmelberg, Himmelgarten, Himmelpforte ist gleichfalls mehrfach vertreten; fern zu halten ist aber von dieser Stelle Himmelsthür bei Hildesheim (sec. 11 Hemethesdoron), Himmelgeist bei Düsseldorf (sec. 10 Humilgise) und Himmelstadt bei Würzburg (sec. 9 Imminestat). *Christus* ist vor 1100 nur in dem einzigen Christikerka (sec. 11) zu finden; das Gründungsprivilegium von Christburg in Westpreussen datirt von 1290; sonst sind hieher gehörige Beispiele nicht häufig. Endlich ist an diesem Orte noch auf Namen hinzudeuten wie Heiliggeistmühle, Dreieinigkeitskirche, Dreifaltigkeitsberg, Dreifaltigkeitshaus.

Haben wir es bis hieher mit Personen zu thun gehabt, wie sie theils durch ihren Namen, theils durch ihren Stand, theils durch ihr Volk bezeichnet werden, sind wir dann zu den fingirten Namen heidnischer Götter und endlich zur Persönlichkeit des wahren Gottes aufgestiegen, so fragt es sich, ob die Ortsnamen uns nicht auch eine Andeutung von dem liefern, was zwischen der Person und dem Ausdruck des Gedankens mitten

Inne liegt, nämlich von der Thätigkeit. Diese wird durch
Verba ausgedrückt, während wir bisher im ganzen Verlaufe
dieses Capitels nur Substantiva und Adjectiva (oder Zahlwör-
ter) als Bestimmungswörter der Ortsnamen fanden. Compositionen mit Verbis als erstem Theile hat unsere Sprache nicht
viele, das Gothische giebt uns noch kein sicheres Beispiel her
und in unserem späteren Deutsch dürfte auf funfzig nominale
Compositionen nur höchstens eine verbale treffen; denn das
Verbum als die selbständigste aller Wortgattungen verschmäht
es meistens sich in die Dienstbarkeit eines Substantivums als
Grundwortes zu geben. Ganz vereinzelt tritt es daher in alter
Zeit als erster Theil von Ortsnamen auf; ich weiss fast nur
das ahd. petapur capella, delubrum, welches sich schon sec. 9
in Bedebur (jetzt Bötbur, Böbber, Beber) zeigt; andere Beispiele lassen es zweifelhaft, ob wir ein Verbum oder Nomen
im ersten Theile anzunehmen haben. Unter den gegenwärtigen
Ortsnamen begegnen wir z. B. der Stadt Schneidemühl (während die zahlreichen Namen Schneidemühle sonst noch meistens
nur eine derartige Anlage bezeichnen, also nicht für echte Namen zu achten sind), manchen zum Theil ausgedehnten Dörfern
Namens Schmelzhütte, ferner Strassennamen wie Stechbahn (in
Berlin) und Reitbahn (in Danzig). Doch verlohnt es in der
That nicht die Mühe, für diese nie zu rechter Entfaltung und
Blüte gekommene Art Beispiele zu häufen. Desgleichen schweige
ich auch über die jetzt nicht seltenen Namen, deren erster Theil
die Früchte der Thätigkeit, nämlich Fabrikate mannigfacher
Weise andeutet.

Die letzte Klasse der Bestimmungswörter besteht aus *abstracten* Begriffen verschiedener Art. So z. B. kommt der *Hun-
ger* heutzutage nicht selten vor, namentlich in dem vielfach wie-
derkehrenden Hungerbach (der im Sommer austrocknet); das
Hungerwinchel (8) könnte hieher gehören, wenn man des genauen Abdrucks der Urkunde gewiss sein könnte. Merkwürdig ist, dass grade dieselbe Urkunde uns einen Mendilberch
(mhd. mendelberc mons gaudii) überliefert hat; beide Namen
stehn ganz vereinzelt und sind daher fast verdächtig; ein Freu-
denberg finde ich erst a. 1525. Sicherer sind die Begriffe von
Krieg und Sieg, Hülfe und Freiheit schon in den alten Namen
vertreten: Hadeburg (10), Hadeburun (11, jetzt Heudeber), Hat-
heim (9), Haduloha (6, jetzt Hadeln), Hademini (11, jetzt Hede-

münden), Hadastat (11?), Hadamar (10), Hadawit (11); Hildibach (9), Hildeberc (11), Hildbrunnus (8); Wigbeke (9), Wigahaim (8); Sigiburg (8); alles hieher gehörig nur unter der Voraussetzung, dass nicht etwa Verstümmelung eines Genetivs im ersten Theile vorliegt. Eben so Helphawa (8); Friburg (11), Friefurt (11?), Friheim. Restiberg (9), jetzt Rastberg bei Passau, enthält ahd. resti requies und weist auf eine alte Lagerstätte hin.

Eben so wie die oben durchgegangenen personalen Bezeichnungen führen uns endlich auch dergleichen abstracte Begriffe (und damit erheben wir uns auf die höchste Stufe, die unter den Bestimmungswörtern möglich ist) auf das Gebiet der Religion. Ahd. *wîh* sacer am sichersten in Wihanstephane (11) und dem curios pleonastischen Wihensanctipetri ecclesia (11), nächstdem in Wihegazn *quod est sanctitatis via* (11), vielleicht in Wihdorf (10), wenn es nicht verderbt ist, und endlich (wenn nicht der Personenname Wiho darin liegt), in Wihengewe (11?) und Wihinheim (8, jetzt Weinheim). Ahd. *hailag*, nhd. *heilig* in Heiligbrunno (9, Heilbronn), Halogokircan (11), Halagland (11, jetzt Helgoland), Heilegelo (11), Halahtre (10, jetzt Haltern), auch wol noch in einigen andern alten Formen so wie in manchen neuen; in etlichen derselben sicher, in andern wenigstens mit Wahrscheinlichkeit noch aus dem Heidenthume stammend. Specieller christlich ist ahd. *sâlig*, nhd. *selig* beatus. Das von Karl dem Grossen errichtete Bistum Seliganstad ist der älteste dazu gehörige Name, während Seligenstadt am Main, seit a. 802 genannt, zwar sicher auch als locus beatorum verstanden wurde, aber nach einer römischen Inschrift aus sec. 3 auf der Stelle eines castrum Selgum liegt. Jetzt kennen wir ausserdem noch zwei bairische Oerter desselben Namens, ferner drei Oerter Seligenthal, ein Seligenfeld und ein Seligenwisch; in einigen dieser Namen mag allerdings ein Personenname Salaco, Salacho liegen. Die *Taufe* baptisma findet sich in Toufchircha (11) als Uebersetzung des in Urkunden häufigen ecclesia baptismalis; jetzt giebt es acht Oerter Namens Taufkirchen in Deutschland. Die begrifflich damit verwandte *Gnade* lässt sich erst in neueren Bildungen nachweisen und ist namentlich durch die Brüdergemeinden Gnadau, Gnadenberg, Gnadenfeld, Gnadenfrei üblich geworden. Die vollkommenste Vereinigung von Concretem und Abstractem weist endlich ahd. cruzi crux auf, und es werden uns als hieher gehörig schon seit sec. 10 die Namen Cruziberg, Cruciburg, Cruzibuhil, Crucistetin überliefert.

Zahlreiche andere abstracte Begriffe, auf die ich mich hier nicht einlassen kann, sind nur in der wilden Weise heutiger Namenbildung möglich, wie sie uns das sechste Capitel kennen lehren wird.

V. Zusammensetzung.

Im dritten und vierten Capitel haben wir eine Musterung der Elemente gehalten, aus denen die organisch gebildeten deutschen Ortsnamen bestehen; wir haben jetzt zu reden über die verschiedenen Weisen, in denen sich diese Elemente zu einem Ganzen vereinigen. Da es sich hier um sehr feine und flüchtige Worttheile handelt, so werden wir uns noch mehr als im vorigen Abschnitte an das Licht halten müssen, welches von den alterthümlichsten Bildungen ausgeht.

Der eigentlichen Composition als der älteren, aber später vielfältig beeinträchtigten Schwester gebührt der Vortritt. Ihre Betrachtung zerfällt hier in drei Theile, je nachdem das erste Wort entweder ein primitives vocalischer (starker) Declination, oder ein primitives consonantischer (schwacher) Declination oder endlich ein abgeleitetes Wort ist.

Für die Zusammensetzung mit Wörtern vocalischer Declination gebe ich hier als Zeugnis der ältesten Regel die vier Beispiele Dalaheim, Stetiheim, Widuberg und Buriaburg, in welchen sich das Thema des Bestimmungswortes auf a, i, u und ja endet; das sind die ältesten erreichbaren Formen. Beispiele, in denen sich die Regel in solcher Reinheit darstellt, darf man wol im Sanskrit, durch welches uns in der Compositionslehre erst die Nacht zum Tage geworden ist, aber nicht viele in dem Gewirre unserer altdeutschen Namen erwarten: sie sind in diesem ganzen Meere nur rari nantes in gurgite vasto. Die dritte und vierte der genannten Klassen gehn am ersten unter; von dem Thema auf ja giebt noch das Altsächsische Beispiele mit Entartung zu ie, wie Bikieseton, Bikiesterron, Bikietharpa (Bikiesisprin wird wol in Bikiegispring zu ändern sein); das Hochdeutsche kennt nur noch einfaches i, z. B. in Bachital. Hunio-

feld und Hunloham (jetzt Hünfeld und Hünhahn) dürfen kaum
als Beispiele angeführt werden, da beide Oerter an der Haun
liegen, die alt Huna Hunaha lautet; es sind wol nur misver-
ständliche Anlehnungen an den alts. gen. plur. Huneo Hunno-
rum, wie Gerland in seiner im zweiten Capitel angeführten Abhandlung schön dargethan hat.

Jener reine Vocalismus, den die obigen Beispiele belegten,
wird nun frühe in den verschiedensten Richtungen getrübt. Der
älteste Laut, der sich hier eindrängt, ist das *o* als Vertreter des
a; die von den Römern überlieferten Formen Marcomanni, Lan-
gobardi, Teutoburgium u. s. w. geben uns Beispiele aus der frühesten Zeit. Es darf gefragt werden, ob dies *o* nicht eine Ei-
genthümlichkeit irgend einer westrheinischen Mundart darstellt,
die in diesem Punkte schon entartet war, während das Gothische, Altsächsische und Althochdeutsche uns noch in späterer
Zeit das reine *a* bewahrt haben.

Die Geschichte der Entartung des Themavocals bis zur
Entstehung des tonlosen *e* und zum gänzlichen Verschwinden
hinab darf hier nicht weiter verfolgt werden; sie gehört in die
allgemeine deutsche Grammatik. Die zum grossen Theile aus
späten und schlechten Abschriften geschöpften Namenformen bieten dazu in der That das unbrauchbarste Material, während
derjenige Theil von ihnen, welcher wirklich echte Formen darstellt und aus authentischen Diplomen oder gleichzeitigen Nachrichten herstammt, erst dann recht erspriesslich betrachtet werden kann, wenn er mit dem ganzen übrigen Sprachschatze zusammen der Untersuchung unterzogen wird; dann werden grade
die Namen vielfältige Aufklärung bieten.

Gehört der erste Theil des zusammengesetzten Namens der
consonantischen Declination an, so kann man natürlich öfters
zweifeln, ob man eigentliche oder uneigentliche Composition vor
sich hat, da das Thema und der Gen. Sing. und Plur. einander
lautlich sehr nahe liegen. Doch rechne ich mit Entschiedenheit
(da sonst die weiter unten aufzustellende Regel ganz getrübt
werden würde) zur eigentlichen Composition folgende Fälle:

1) Masculina. Brunnunstat, Poumgartuntal, Pigartinpah,
Falcunberg, Falchinstein, Ochsenhusen u. s. w. Bei den mit
Berin-, Arin- ist man ganz unsicher, wo man unmittelbar an
das Thier oder an den dazu gehörigen Personennamen zu denken hat, in welchem letzteren Falle natürlich uneigentliche Com-

position anzunehmen ist; dasselbe gilt von den umgestellten
Formen Berni-, Arni- u. dgl.

2) Feminina. Etrahuntal und Ascafenburg liegen an den
Flüssen Aitraha und Ascafa, der Alpengowe um einen Fluss,
der noch jetzt die Alb heisst. Clingenowa und Clingental zu
ahd. klinga torrens (zuweilen auch Masculinum). Ferner gehören Thiernamen hieher: hinta cerva in Hintinbuch, die Katze,
Lerche, Krähe In Katzunstaig, Lerichunvelt, Chreginfelt (jetzt
Kreienfeld). Muli Mühle schwankt, wie in der übrigen Sprache,
so auch in den Namen zwischen vocalischer und consonantischer Declination; so kommt Mulinpeche neben Mulipach, Mu-
linhusa neben Mulihusa, Mulindorf neben Mulidorf vor; es ist
nicht gut gethan, wenn man in den letzteren Formen das *n*
als ausgefallen ansieht, zumal da die einzelnen Oerter fast ganz
an der einen oder der andern Form festhalten; Mühldorf am
Inn hatte nie ein *n*, Müllendorf bei Cöln immer.

Wenn einmal Biettemburg für das heutige Bidburg steht,
so ist diese Form deshalb nicht zu beurtheilen, weil wir die
Etymologie des dazu gehörigen Bedagowa nicht kennen.

Länger beschäftigt uns die Erörterung des dritten Falles,
wo nämlich der erste Theil des Namens ein Derivatum ist.
Hier erwähne ich zuerst als auf der Grenze zwischen Flexions-
und Derivationssuffixen stehend das pluralbildende ursprünglich
nur neutrale *ir*. Es findet sich z. B. in Lemberheim, Lembirbach, Rynderbach, Huonerhusin und Kelbirbach (ein ganz sicher
sec. 11 vorkommendes Kelbirisbach mag ganz andern Ursprung
haben). Man kann hier streiten, ob hier nicht vielmehr uneigentliche Composition vorliege; ich entscheide mich für die eigentliche.

Im Uebrigen hat sich hier die Betrachtung auf zwei Endungen zu beschränken, *-in* und *-ing*; die übrigen finden ihre
Stelle an einem andern Orte.

1) *-in* (Thema *-ina*), eine Ableitung für stoffanzeigende
Adjectiva; die Substantiva, von denen sie gebildet sind, gehören meistens zur Sphäre der Pflanzen und Minerale. Ich gebe
hier zuerst nur Beispiele, in denen sich der Themavocal *-a* erhalten hat: Eichinaberg, Eschinabach, Espinaveld, Pirchinapach,
Pirchinawanch, Bochinafeld, Bokinavurdi, Griuzzinabah, Hagani-
nasol, Irdinaburc, Mazzaltrinaberg, Sannanabiki (für Sandina-).
Steininahova, Widinapach. Die älteste Entartung des Vocals

ist auch hier die, welche wir oben in Marcomanni fanden; ich erwähne Bucinobantes aus sec. 4. Später verbleicht dieses -*ina* zu -*ine* (Eichineberg, Boumineburch, Spurchinebach), -*in* (Erlinbach), -*ene* (Widenewanch) und -*en* (Eichenfeld), wozu sich die Beispiele leicht häufen lassen. Hiezu gehören denn auch unsere zahllosen Namen wie Büchenberg, Eichenforst u. s. w; sie gehn also ganz in die Analogie der Wörter wie Falkenstein über, die ich oben erwähnte, sind aber eigentlich ganz verschiedenen Ursprungs; natürlich lässt sich die Grenze zwischen beiden Klassen nicht immer ganz haarscharf ziehen.

2) -*ing* (Thema -*inga*). Ich nehme an, dass die Bedeutung dieses Suffixes ursprünglich noch nicht die patronymische ist, sondern dass es zunächst nur die Verwandtschaft mit dem Begriffe des Stammwortes bezeichnet; ferner scheint mir, als sei es zuerst zur Bildung von Adjectiven verwandt worden, welche freilich fast alle schon frühe zu Substantiven geworden sind und neben welchen sich dann durch die Macht der Analogie sogleich hunderte von Substantiven unmittelbar bildeten. Von jenem ältesten adjectivischen Gebrauch finde ich nun in den folgenden Ortsnamen die deutlichsten Spuren; mir ist jetzt Dagmaringahem nicht mehr die Wohnung der Nachkommen eines Dagmar, sondern so zu sagen eine Dagmarische Wohnung. Nähere Begründung gehört in eine Monographie hierüber. Dass grade diese Endung früh patronymischen Sinn erhielt, liegt in ihrer Gewohnheit sich an Personennamen anzuhängen. Die folgenden Beispiele zeigen uns, dass sich -*inga* zu den Menschen eben so verhält, wie -*ina* zu Pflanzen und Steinen. Deshalb sind auch die Grundwörter fast aller hieher gehörigen Ortsnamen solche, die auf die Thätigkeit des Menschen sich beziehen (die zweite Hauptklasse des dritten Capitels). Von 448 alten Namen, die in der Mitte ein -*inga*- haben, gehn 147 auf *hof*, 106 auf *heim*, 78 auf *hus*, 52 auf *dorf*, 34 auf *rode* aus, unter den übrigen, nur 31, befinden sich mehrere auf *wilari, burg* u. s. w., so dass Namen auf *tal, berg, wald, bruch* hier entweder zu den äussersten Seltenheiten gehören oder gar nicht vorkommen. Wie bei *ina* so gebe ich auch hier zunächst nur Beispiele mit vollem *inga*: Addingahim, Berningahem, Henrikingahem, Siggingahem, Hugipertingahofa (von 310 alten Namen auf *hof* gehn 147, also fast die Hälfte, auf *inga-hof* aus), Bettikingahusun, Hemezungahusun, Wolgatingahusun, Dasingarod,

Walingarothe, Bodingaburstal, Swattingaburich, Quidilingaburg
u. s. w. Die älteste Entartung des thematischen Vocals wird
auch hier wol die in *o* sein (Papingohusen), daneben gilt *inge*
(Batsingehusen), *ing* (Kempingwerva), *inc* (Berinchusen) und
einige seltenere Formen. Zu bemerken ist auch das häufige
igga, igge (Cuniggarod, Turwardiggerode), worin ich nicht eine
gräcisirende Schreibung, sondern eine wirklich veränderte Aussprache annehme, zumal da sich Formen wie Abdigerod, Aff-
legem, Anigheim, Odighusen, Evergehem und andere daneben
zeigen, die sich namentlich in Flandern (aber auch sonst, z. B
in Wernigerode, während der gleichnamige Ort am Südabhange
des Harzes stets Werningerode geschrieben wird) bis auf den
heutigen Tag erhalten haben.

Nach dieser Darstellung wird kein Mensch mehr aus Quidilingaburg auf einen Personennamen Quidiling schliessen, der
vielmehr ein Quidilingisburg bilden würde, wie wir ähnliche
Namen ja viele besitzen. Man wird ja doch aus Bochinafeld
nicht einen Baum Namens *bochina* folgern.

Die uneigentliche Composition, zu der wir uns jetzt
wenden, giebt uns, ausführlicher behandelt, reiches Material zur
Geschichte der Declination, und zwar zunächst des Genetivs.
Wir können uns hier nur auf die Hauptsachen einlassen und
müssen in den Beispielen eine gewisse Sparsamkeit beobachten.

Wir beginnen mit der vocalischen Declination, und zwar
zunächst mit den Masculinen.

Die Themata auf *a* haben ihren reinsten Genetiv *as* in
altsächsischen Beispielen: Ecghardtasrothe, Adoluas curtis, Ast-
hrammashuuila, Astdagasson und viele andere. Im Ahd. ist die
ältere, dem Goth. noch gleichstehende Endung *is*. Diese findet
sich noch ziemlich häufig, z. B. in Adalgerispach, Adaloltiswilare etc. Beide Endungen, *as* und *is*, verbleichen zu *es* und
zu blossem *s*, wofür ausser Aburwinesheim und Eigilsprunne
leicht Beispiele in Menge sich finden.

So weit die Regel. Nun ist aber gar nicht zu leugnen,
dass auch in hochdeutschen Mundarten noch hie und da ein
as sich erhalten hat, das sich unmöglich auf Rechnung einzelner Verderbnisse setzen lässt. Man beachte bairisches Berahartashusun, Tagaprehtasdorf, Eparanashusa, Eigilaspah, elsässi-
sches Beroldasheim und Sowinasheim; selbst Erfurt wird in

12*

einer bairischen Quelle Erfasfurt geschrieben. Noch auffallender, und doch auch Thatsache, ist ein Gen. auf *us*; so erscheint Alhfridushusen und Hunwercushusun in Sachsen, Cisolfustat am Main, Haidulfusheim im Elsass, Haribertusvillare in Schwaben. Auch ein *os* findet sich in Biscofosheim aus der Maingegend, wogegen Aloshusin und Geroshusen in Wirtemberg wirklich nach einer Verderbnis aussehn. Für alles dieses muss ganz vollständig gesammelt werden, ehe man darüber abspricht; es giebt im älteren Deutsch mehr ganz specielle Mundarten, als Mancher sich träumen lässt, der aus dem uns so fragmentarisch Ueberlieferten gern Regeln für Dialekte zimmern möchte, die wir noch nicht kennen.

Die Stämme auf *i* und *ja* haben im Altsächsischen noch ein klareres *ies*, das wir z. B. in Meckiestorp, Siniestorp und Tadicsleke finden. Tasiesdorf liegt bei Weimar, Hariesheim in der Gegend von Weissenburg (die uns überhaupt mehrfach an sächsische Formen erinnert), Ekkileviesroth westlich vom Mittelrhein und Flaniesfelt ist seiner Lage nach unbekannt. Neben diesem *ies* findet sich alts. *is*, z. B. in Egisbergun und Ileristorp, sehr häufig aber schon das gemeine *es*, z.B. in Hildesleve. Hochdeutsch gilt fast ohne Ausnahme *es*, z. B. in Hillesheim (d. h. Hiltzheim im Elsass).

Das Verhalten der Stämme auf *u* zu beobachten ist kaum Gelegenheit; Eildissun und Oildisleuben gehören zwar zu goth. *thius*, dessen Declination setzt aber einen Stamm *thiva* voraus.

Feminina finden sich seltener als Masculina im ersten Theile der Namen, doch noch immer häufig genug, um ihre Formen sicher beurtheilen zu können. Ich habe für sie ziemlich vollständig gesammelt.

Stämme auf *a* und *i* (*ja*) lassen sich hier nicht scharf von einander sondern, da die letzteren mehrfach in die ersteren übergehn, wie schon das Schwanken zwischen beiden lateinischen Endungen *a* und *is* zeigt, die sie im Texte der Urkunden erhalten; *is* erhält sich in den meisten Fällen nur bei gardis, gildis und lindis; dagegen tritt neben birgis, burgis, drudis, fridis, gundis, hildis, sindis, swindis die Form auf *a* sehr oft ein; bei berhta, gisa, grima, ramna, rada, walda, wina ist *is* seltene Ausnahme. Diesem Schwanken gegenüber muss ich hier eine Anordnung nach Wortstämmen eintreten lassen:

BIRG: Heripirgachiricha, Margbergavilare, Rapirgahusa, Dietbirgiriut, Gerbirgeheim, Humbergehusun, Lantbirgehoven.

BURG: Gerburgaburg, Werenburgawilre, Hrothburghuhusen, Ellinpurgochircha, Ruobburgorod, Siburgohusun, Ellenburgehusun, Foleburghehusun, Marbburgehusen, Wilpurgeriet.

DAG: Wirintagaroth.

DRUD: Adaldrudowilare, Albdrudeheim.

GARD: Blikardaroth, Wisigartadorf, Wisigartaweck.

GILD: Merzildehusen.

GUND: Wolfgundawilari.

HILD: Cozhiltahusun, Grimhiltaperg, Suanahiltadorf, Sehilturode, Achiltihaim, Averhilteburchstal, Gebehildehuson, Einseltheim. Gerhiltihusun gilt neben Gerhiltahusum.

LAUG: Berchtlougarod.

LIND: Herilindeheim, Rutlindehusen, Gozlinthusa. Sollte nicht statt Gebirindofurt Gebilindofurt zu lesen sein?

LIUB: Dhaneleobahaim, Wallibehuson.

MOD: Swidmuotachiricha, Hugimuododung, Glismoderoth, Windelmuoderode, Ruommothuson, Rimuothusun, Wihtmuudhem.

RAD: Alstratahusen, Waltratehus, Oteratewilre Neben einander zeigen sich die Formen Gerratuhuson, Garradohuson und Gerratehus.

SINTH: Wolfsindawilare.

SVINTH: Lantswindawilare, Hiriswithuhuson, Ruodswinduhusen, Heriswindohusa, Hiriswitherotlie, Gerswindetorf, Ekkiswindebrunno.

WIH: Guntwihehus.

Regel wäre für die Stämme auf *a* im Genetiv alts. *a*, ahd. *o*, für die auf *i* und *ja* in beiden Mundarten *i*. Auffallend sind die alts. Formen mit *u* wie Hrothburghuhusen und Hiriswithuhuson, neben welchen in Ostfranken (um Meiningen und Schweinfurt, eben da, wohin althermundurische Bevölkerung schon frühe eine Colonie gesandt hat) und in derselben Zeit (a. 901, 906, 944) ein Gerratuhuson, Ruotswinduhusen und Schilturode erscheint. Diese Formen haben das Ansehn sächsischer Dative von A-Stämmen; hat etwa das dativische Grundwort fälschlich das Bestimmungswort in seinen Casus hinübergezogen? ich glaube nicht.

Wie leicht hier unorganische Bildungen eintreten, sieht man aus den drei im 11. Jhd. begegnenden Formen Brunhildisdorf,

Richildesbiuthle und Witildcsbutile, wo Feminina in männlicher Declination auftreten.

Es folgt nun die consonantische Declination. Bei dieser ist es unmöglich Masculina und Feminina genau zu scheiden, da sich die Vocale in den Urkunden sehr verwirren. Die alterthümlichste Gestalt der Stämme auf *a* hat bei den Mascul. der Genetiv auf -an. Er findet sich besonders in sächsischen Formen wie Eccanhusen, Eccandorph, Aidanthorp, Aldanthorp, Amanhuson und vielen andern; auch Bavanberg (Bamberg) erscheint in sächsischen Quellen. Ich kann noch nicht ausfündig machen, ob sich unter diesen Genetiven auch sächsische Feminina finden.

Sehr zu bemerken ist es aber, dass dieses *an* auch in entschieden hochdeutschen Gegenden und zwar nicht vereinzelt, sondern ausserordentlich häufig vorkommt. Um dies darzuthun, nenne ich bloss aus den beiden ersten Buchstaben meines Namenbuchs: Arananch (11) und Pussanwanch (9), beide aus der Schweiz; Papanhaim (8) und Baldanheim (9), beide aus dem Elsass; Anzanhart (11) aus Baiern; Aranbach (11) aus dem Odenwalde; Owanheim (10) aus Baden; Beonanheim (8) vom Neckar; Berhtanstad (11) aus dem Grossherz. Hessen; Awanleiba (11?) aus der Gegend von Nordhausen; Basanbrunno (9) aus der Gegend von Coblenz. Da ist nach tieferen Gründen nachzuspüren, wenn auch sicher die ungenaue Schreibung oft die alleinige Veranlassung ist.

Nächst dem *a* ist (im Sinne von Bopp) das *u* der schwerste Vocal. Ein *un* sollte nur den Femininen, und zwar sowol den hochdeutschen als sächsischen zukommen (Abunheim, Abbunwilari, Egizunforst, Ekkilunpurc u. s. w.), aber es gilt mir als ganz sicher, dass unter dieser Form auch Masculina versteckt sind. Man wird die aus der übrigen Grammatik gewonnene Regel nicht zu straff an die Eigennamen halten dürfen, wenn man z. B. erwägt, dass Altunhusir und Altinhuson denselben Ort bezeichnet.

Neben diesem *un* läuft nun ein sehr häufiges *on*, von dem sich das Genus wieder noch nicht sicher ausmachen lässt. Es ist besonders sächsisch (Amonhurst, Amoekonthorp, Odonhcm, Oronbeki, Auonhuuila, Bardonhusen u. s. w.), doch findet sich z. B. im Elsass Hononheim, in Lothringen Baddonviler, bei Constanz Patolonusun, in Flandern Aldomhem; wegen des *m* halte man zu letzterem die Formen Inglimhaim und Ingelemheim.

Die gewöhnliche hochdeutsche Form der Masc. der A-Stämme (Nom. *o*) ist im Gen. *in*; Beispiele wie Abinberch und Appilinhusun finden sich leicht zu hunderten.

Alle diese Formen *an, un, on, in* gehn nun sehr leicht in *en* über, z. B. Abenberg, Abbichenrot u. s. w. Ueber das Auftreten dieses *en* kann man nur Untersuchungen anstellen, wenn man die Sammlung auf Urkunden beschränkt, die wirklich als diplomata authentica vorhanden sind; die apographa lehren darüber nichts.

Spuren einer schwachen Declination der Stämme auf *ja* sind selten; ich kenne nur Guddianstede (9, Braunschweig), Rothianseli (11, Westfalen), Willianstedi (9, Bremen) und Willianwege (10, bei Sangerhausen).

Das ist wenigstens das Gerippe zu einer Untersuchung des Gen. Sing. in den Bestimmungswörtern der Ortsnamen. In neueren Beispielen geht hier Alles wild durcheinander; während wir z. B. in *Greifswald* scheinbar vocalische Declination vor uns haben, begegnet uns noch a. 1519 jemand, welcher *de Grippenswaldis* herstammt.

Aber auch der Gen. Plur. bietet Ausbeute. Sieht man ab von Formeln wie *frigero manno velt* (jezt Bremenfeld) oder *ad domum wildero wibo*, in welchen man mehr Ortsnamenkeime als wirkliche Ortsnamen zu sehn hat, so ist hierüber etwa Folgendes zu bemerken:

Der Gen. Plur. hat sowol im Hochdeutschen als im Sächsischen die Form *ô*. Sie hat ihre Hauptstelle bei Ortsnamen, deren erster Theil aus einem Volksnamen besteht. So gehört zu den Schwaben Swaboheim und Swabohusum, zu den Thüringern Thuringoheim und Thuringohus, zu den Wenden Windohaim, Winithohus und Winidomarca, zu den Walchen Walahofeld und Walhogoi; ob auch das Bojo- in Bojohaemum (sec. 1) schon als Gen. Plur. zu fassen ist? Die Leute in der Gegend von Megina (jetzt Mayen) haben dem Gau Meginovelt den Namen gegeben, der daher auch mit Megenensium pagus wiedergegeben wird.

Ob auch wol Gisalolfincomarca und Herilungoburg dem Swaboheim und Thuringoheim gleich zu stellen ist? Oben hatte ich (S. 179) ein Papingohusen unter einem ganz andern Gesichtspunkte aufgefasst. Zu diubo latronum muss das bairische Diupodorf gehören.

Diesem *ð* steht im Gothischen ein *ê* gegenüber; mitten zwischen beiden liegt ein *â*, welches neben dem regelmässigen *ð* zuweilen in sächsischer Mundart gegolten haben muss. Vgl. Biscopamandorp (i. e. Mandorp episcoporum, sc. Halberstadensium), Knechtahusun, Scalcaburg, Wihemannarod (novale sanctorum virorum?); sogar in der Gegend von Fulda kommt einmal die Schreibung Swabareod vor. Das mittlere *a* in Hassaga gehört nur dem an der Saale liegenden Hessengau, nicht den beiden andern Gauen dieses Namens an. Vielleicht liesse sich auch der erste Theil des oben in anderer Weise gefassten Buriaburg als Gen. Plur. betrachten. Aber dagegen muss ich mich sträuben, wenn man die oben besprochenen Bildungen mit *inga* alle hieher nehmen wollte; sie sind dazu viel zu häufig und das dann regelmässigere *ingo* zu selten.

Diese vollen Vocale *o* und *a* entgehn nun natürlich dem allgemeinen Verderben durchaus nicht, derselbe Ort, welcher Thuringoheim hiess, lautet später Turingeheim und Dorincheim, wozu sich noch viele Parallelen finden liessen.

In Hornsetehuson mag ein alts. regelrechter Gen. Plur. Hornseljô- stecken (eorum, qui apud cornu agrorum sedent).

Besonders häufig ist das Suffix *ari*, welches die Bewohner eines Ortes oder Landes anzeigt. Sein Gen. Plur. *aro* bildet häufig den ersten Theil von Ortsnamen. Am klarsten nach Form und Sinn sind solche Beispiele wie Aadorvaromarcha, Pinuzolfingarodorf, Puzwillaringeromarca, Luteraroheimmaromarcha, Stocheimaroburch, Sumbrinaromarcha. Zusemarohusun sind die Häuser der Anwohner des Zusamflusses wie Chinzigerogewe das Land der Anwohner des Kinzigflusses. Cuningeroheim bleibt mir dunkel; Entstellung aus Cuningesheim ist nicht anzunehmen, da der Ort jetzt Köngernheim lautet. Ein *u* zeigt sich in Odderstaterumarcha.

Auch hier tritt jenes oben erwähnte *a* statt *e* ein, wie Werneraholthusen (jetzt Holthusen bei Werne) zeigt; Vagarafolda sec. 10 liegt in Holland, Ruzaramarca sec. 9 in Niederöstreich (ich vermuthe das jetzige Rietz bei Steyer). Eben so ist wol die Bildung von Stedieraburg oder Stidaraburg (Stederburg bei Wolfenbüttel) zu beurtheilen, woneben auch einfaches Stedera vorkommt; vielleicht sogar Hotumbacharia marcha (Ottenbach in der Schweiz). In Friesland bleibt das *a* bis auf den heutigen Tag, z. B. in Baarderadeel, Wymbritseradeel und Aehnlichem.

Dieses *o* und *a* verbleicht dann wieder zu *e*, z. B. in Eggenheimere marchu. Eben so gebildet ist Velfereburg. Die niederländischen Orte Bomelrewert und Tyelreweert liegen bei den heutigen Orten Bommel und Thiel. Camperebroch heisst jetzt Campen und Snederebroch scheint irgend einen Ort Namens Snevithi vorauszusetzen, wie ein solcher, freilich in anderer Gegend, wirklich vorkommt.

Der Schlussvocal des Genetivs ist ganz fortgefallen in Adiningermarca, Hotmunder marca, Baccherheim, Bubenheimerstraza, Falheimermarca, Ternouterworde, Welperstete und in den zum Namen der Baiern gehörigen Formen wie Beierbach, Paierbrunen und Peirheim. Gegenwärtig sind die Bildungen dieser Art besonders häufig in den Niederlanden, z. B. in Aduarderzijl.

Sehr auffallend ist die Schreibung in Grinderiga, in Walbusariberc, in Weigeribroch, in Filisarihart (am Flusse Filisa?) und in dem unbekannten Fulbacchuremarca.

Auch in den Wörtern, welche Gewerbtreibende bezeichnen, wie in Gansaraveldi, Scafarafeld, Suegerestete, Sueigerheim, Weberestal, Gleserecella, Sadelerhuser marca, Phistarheim werden wir Gen. Plur. annehmen müssen. In Sangarhusun scheint mir ein ahd. *sangari* (derjenige, welcher den Wald niedersengt) zu liegen. Rechterefled (9, jetzt Rechtenfleth an der unteren Weser) scheint auf ahd. *rihtari* judex hinzuweisen, woneben eine ahd. Form *rehtari*. altn. *rettari* vorkommt, während freilich das Altfries. in der Regel die Schreibung *riuchtere* hat; südlich von jener Gegend liegen jetzt zwei Orte Rechtern und Rechterfeld, die ich also durch judicibus und judicum campus übersetzen möchte. So kann auch noch in einer andern ähnlichen Bildung eine Hinweisung auf eine alte Gerichtsstätte liegen, nämlich in Scidere (9, jetzt Schieder im Fürstenthum Lippe), welcher Ort auch Scidirimarca und Skidrioburg geschrieben wird. Das ahd. *sceidari* (qui conjicit s. interpretatur) liegt zwar hier nicht unmittelbar vor, denn dann müsste der Ort alts. Scedere lauten, aber an das mhd. (freilich erst im 13. Jahrhundert begegnende) Verbum *schîde* darf wol gedacht werden; auf jeden Fall haben wir in Skidrioburg einen sehr alterthümlichen Gen. Plur.

Alle bis hieher genannten Formen des Gen. Plur. gehören der vocalischen Declination an; wir wenden uns jetzt zur consonantischen, bei welcher die Endung *ono* der hochdeutschen

und sächsischen Mundart gemeinsam ist. Auch hier müssen
Völkernamen den Vortrab bilden. Die Langobarden sehn wir
in Bardangai, Bardanwich, Langobardonheim, die Franken in
Franconodal, Franconofurt und vielleicht auch in einigen andern
Formen, die eben so gut zu einem Personennamen Franco gehören könnten. Die Friesen erscheinen in Fresionoveld, Fresionowic und vielleicht auch sonst, die Hessen, da sie ursprünglich stark decliniren, wol nur in Hessencberch (jetzt Eschen-
berga), die Sachsen in Sahsonaganc und Sahsonolant, wozu
noch gewiss einige unklare Formen kommen.

Auf diese Formenentartung hier wieder näher einzugehn
enthalte ich mich; sie ist im Ganzen der bei der vocalischen
Declination beobachteten analog und wer alle Möglichkeiten der
Lautverflüchtigung vor Augen haben will, braucht nur den Blick
auf die unglaublich zahlreichen von mir gesammelten Formen
des Namens Franconofurt zu werfen.

Den Völkernamen sprachlich gleich stehen Bildungen wie
Ebilihfeldono marca, Roosdorffono marca, Ithharteshusono biuang,
Munirihstetono marca, Rugiheimono marca, Thiodorfono marca,
Werangewono marca, auch mit Uebersetzung des Grundwortes
ins Lateinische, während das Bestimmungswort seine deutsche
Flexion behält, wie in Geltresheimono fines und Hohheimono
fines. Ueber die beiden Oerter Seligenstadt habe ich schon
oben gesprochen; am klarsten Gen. Plur. ist die Form Selego-
nostat, die in einer Urkunde von 1002 begegnet.

Es bleibt hier noch der Name von Osnabrück übrig, der
als Osnabrugga seit sec. 8 erscheint. Man hat dieses Wort
durch Asenbrücke gedeutet, wobei freilich dem altn. Gen. Plur.
Asa gegenüber die consonantische Declination auffallend ist.
Ob es nicht besser wäre den Namen als Osningabrugga vom
Osninggebirge abzuleiten? der Gleichklang der dritten und fünften Silbe könnte Grund für die Verkürzung sein.

Nach dieser Uebersicht der eigentlichen sowol als uneigentlichen Composition ergiebt sich nun die Hauptregel: Uneigentliche Composition tritt ein, wenn das Bestimmungswort Personen bezeichnet (wozu nicht bloss Namen einzelner Menschen,
sondern auch Wörter für ganze Menschenklassen gehören); sonst
gilt stets eigentliche Zusammensetzung. Alle Beispiele, die ich
bisher in diesem Capitel aufgeführt habe, bestätigen diese Regel, und in der That, sie ist auch eine sehr natürliche. Ein

wahrhaft possessives Verhältnis, wie die uneigentliche Composition es ausdrückt, kann nur der Mensch entwickeln, während die appositionellen oder localen Beziehungen, in denen die übrigen Bestimmungswörter zu ihren Grundwörtern stehn, mehr ein untrennbares Verwachsen beider Begriffe begünstigen.

Betrachten wir nun die Ausnahmen von dieser Regel und zwar 1) eigentliche für uneigentliche und 2) uneigentliche für eigentliche Composition.

Jenen ersten Fall möchte ich nun ganz leugnen und alle die Formen, in denen er vorzukommen scheint, einfach der Lautverwitterung zuschreiben. Der häufigste Vorgang ist hier der, dass das genetive *s* schwindet, wenn das Grundwort selbst mit *s* anfängt, z. B. Abbatesteti, Eggistat, Alaridestat, Altolvesteti u. s. w. Dasselbe Fortfallen des *s* geschieht aber auch vor andern Consonanten, z. B. in Abbetrode; dass vor dem *d* in Abbadorf nun auch noch das *t* schwindet, wird niemand wundern. Ein Hauptgrund für den Ausfall der Genetivendung liegt gewiss oft dann vor, wenn das Wort in seiner letzten Silbe schon ein *s* besitzt, wie z. B. Alahgiselebe oder Enghisehaim für *-gises-*. Noch natürlicher ist dies bei einem Fremdworte, daher ist für Augsburg die Form Augustesburg gar nicht mehr zu belegen; es heisst immer Augustburg, und Augustgowe steht gar für Augustesburggowe. Budinifeld heisst in der ältesten Urkunde Budinisfeld, wie Buodenheim in echterer Schreibung als Buodenesheim überliefert ist. Dergleichen Fälle liessen sich eine Unzahl anführen. Auch Carlabach und Charlaburc möge mir niemand als eigentliche Composition ansehn; die genaue Uebersetzung ist wahrscheinlich nicht rivus oder arx Caroli, sondern r. oder a. virorum. Eben so möchte ich das niederländische Agastaldaburg mit arx mercenariorum übersetzen und mit dem schwäbischen Hagestaldeshusen nicht unmittelbar zusammenstellen.

Eben so oft wie das *s* der vocalischen schwindet auch das *n* der consonantischen Declination. Man vergleiche Anolofelde, Ennilhusa, Endilstetin, Ansilheim, Eskilpach, Bufflleba und vieles andere. Wie uns der Name Frankfurt die hundertfache Mishandlung eines Gen. Plur. zeigt, so liefern uns die Proteusgestalten des Namens Ingelheim einen Beleg für alle Leiden, denen ein Gen. Sing. ausgesetzt ist. Auch in diesem Falle belehrt uns die neben der entarteten bestehende echtere Form über die Auffassung des Namens, wie z. B. das Amanhuson neben Ammohusun.

Heisst Gotewich (11, jetzt Göttweig) wirklich deo sacrum, so haben wir in dem ersten Theile bloss einen angerückten Dativ, keine wirkliche Zusammensetzung, heisst es aber dei domus, so ist wol eigentliche Composition anzunehmen und wir hätten dann vielleicht hier die einzige Ausnahme von der Regel; daneben wäre höchstens noch Gotaloh (9, jetzt Goddelau) zu erwägen.

Auch bei dem umgekehrten Falle, dem Eintritte der uneigentlichen für die eigentliche Composition, ist erst manches Scheinbare aus dem Wege zu räumen, ehe wir den wahren Kern der Erscheinung finden. Solche Fälle z. B., wie Ecchenheimomarca, Franchenheimemarca, Olleimomarca, Izinheimomarcha, Hlidhamomarcha, Wiccobrochomarcha (doch vgl. auch Altheim a marcha) sehe ich als bloss lautlich verstümmelt aus -heimono marca u. dgl. an; sie gehören gewiss nicht hieher.

Der einzige Fall, in welchem wirklich eine uneigentliche Composition berechtigt ist, ohne dass der erste Theil des Namens eine Person bezeichnet, scheint mir der zu sein, wo das Bestimmungswort zum Grundworte im Verhältnisse des Ganzen zu seinem Theile steht; das ist das Einzige, welches mit dem Verhältnis der Person zu ihrem Besitze eine Aehnlichkeit hat. So sehn wir namentlich den Ausdruck für irgend ein Thier mit dem Worte verbunden, welches einen Körpertheil anzeigt; so z. B. in Hundesars, Hundesruche, Hundeszagel, Bochesrukki (alle erst aus sec. 11); oder wir finden den Begriff für Anfang und Ende (Spitze, Quelle, Mündung) hinter das Wort gesetzt, welches das Ganze (Berg oder Fluss) ausdrückt; so z. B. in Bergashovid, Sesboipit, Lechsgimundi, Viscahisgimundi (letzteres sogar mit falschem Genetiv).

Alle übrigen Fälle, die allerdings nicht abzuleugnen sind, können doch nur so erklärt werden, dass die Fülle der zu Bestimmungswörtern verwandten Personennamen mit ihrem genetivischen *s* auch auf andere Wörter einen assimilirenden oder attrahirenden Einfluss ausübte, sogar ohne danach zu fragen, ob diese Wörter, z. B. Feminina oder consonantisch declinirte Masculina, das Recht auf ein solches *s* haben. Wir wissen, wie dieses *s* in unserer Sprache jetzt um sich gegriffen hat, in tausenden von Wörtern wie Empfindungsvermögen, Gelegen-

heitsgedicht u. s. w. Es hat dieses *s* allerdings auch eine eu-
phonische Bedeutung, jedoch nur secundär, nicht ursprünglich.
Ein Theil dieser eigenthümlichen Bildungen bezeichnet Oerter, die in der Nähe eines Flusses liegen; so wird doch z. B.
Regunisburg keiner im Ernste vom Regen trennen wollen;
Sliaswig liegt am Schley, Rinasburg am Rhein, Cilarestal an
der Ziller; ähnlich gebildet sind Vischpachisowa, Elhpahesowa,
Arabaesheim. Recht augenfällig wird der Einfluss von Personennamen auf diese Bildungen in Gandinesheim (jetzt Gandersheim) und Eitrungesbach, die an den Flüssen Ganda und Al-
traha liegen und diese Flussnamen nun in eine Gestalt zwän-
gen, die ihnen das unverdächtigste Ansehn von Personennamen
geben würde, wenn wir nicht die Flussnamen auch ausserhalb
der Composition kännten. Zusmarshausen leitet gewiss jeder,
der bloss diese Form kennt, von einem Manne Namens Zusmar
ab; und doch liegt der Ort an dem Flusse Zusam und lautet
sec. 9 Zusemarohuson, ja sogar noch a. 1528 Susmerhausen.
In einem andern Falle ist dies Hinüberziehn in eine falsche
Analogie zwar versucht worden, aber nicht durchgedrungen;
der alte Bischofssitz Padrabrunno nämlich, an der Pader liegend, ist so klar wie möglich gebildet; trotzdem habe ich unter
unzähligen richtigen Formen nicht weniger als zwanzig Stellen
aus ganz verschiedenen Schriftstellern gesammelt, wo der Ort Pad-
resbrunna u. s. w., ja sogar Patrisbrunna lautet; in der Gegenwart hat das richtige Paderborn wieder die Oberhand erlangt.
Dransfeld hat von der vorbeifliessenden Dramme den Namen,
obwol wir von diesem Flusse die alte Namenform nicht kennen. Bei Biberesthorf wird wol eben so wie bei Biberesheim
einer der zahlreichen Bäche Namens Bibaraha fliessen oder ge-
flossen sein. Sollten nicht eben so Rorisbach, Rorsheim, Sal-
zisberg auf eine Roraha und Salzaha hinweisen? Was so den
einzelnen Flüssen passiren kann, das ist einmal auch dem allgemeinen Worte Wasser in Wazzeresdal begegnet. Endlich
setze ich in diese Abtheilung noch Luitirinsehespahc.
In allen diesen Beispielen erscheinen also dem lebendigen
Sprachgefühle eigentliche Mitteldinge zwischen Gewässern und
Personen, wahrhafte (aber männliche) Najaden. Dieses Verhältnis zwingt uns fast mit Nothwendigkeit, auch nach dem Vorhandensein von Dryaden zu fragen, und in der That begegnen
uns solche personalen Baumcompositionen einige Male. Bei-

spiele: Piripounesdorf, Affolterspach, Affoltresperch, Ascasberg, Eichesfeld, Eicheshart (die letzten wieder mit falscher Declination), bei welchen Wörtern wir jetzt, da wir sie in diesem Zusammenhange sehn, nicht mehr nach passenden Personennamen oder nach Genetiven von Eichahi u. dgl. zu suchen brauchen. Und wie das oben erwähnte Gandinesheim sich noch um ein persönliches Suffix verlängert erwies, so zeigt sich auch in der jetzt verhandelten Klasse ein Ahornincswanc. Wie ferner das allgemeine Wort Wasser in Wazzeresdal auftrat, so sehn wir auch hart silva in Hartesburg am Harze und brauchen in Waldisbecchi, Waldislevo, Waldismor wenigstens nicht mit Nothwendigkeit den allerdings vorhandenen Personennamen Waldi anzunehmen.

Noch vereinzelter ist alles übrige der Art, so z. B. einige Thiere, wie in Spehteshart, Scafesperc, Bochesberg, besonders der Habicht in Habuhesbah, Habechesberg und andern Compositionen. Schliesslich ist noch als ganz anomal zu nennen Furtesfeld, Chelichspach, Puhilesbach, Buchilesperc und Chitanreinishowa; damit sind aber auch alle mir bekannten älteren Beispiele für diese ungehörigen Genetive auf *s* erschöpft.

Habe ich Recht, wenn ich den Grund dieser Erscheinung in einer Attractionskraft von Seiten der tausende männlicher Personennamen suche, so begreift es sich, dass andere Genetive, feminine, consonantische und plurale, fast gar nicht in dieser Weise vorkommen. Solche Fälle wie Lerichunvelt, Katzunstaig u. dgl. habe ich oben (S. 177) als eigentliche Composition angesehn, in Wolvotal einen Gen. Plur. anzunehmen scheint mir auch unpassend, es wird wol dem Teutoburgium in seiner Bildung gleich sein. Höchstens ist hier ein femininer Gen. Ilminumunstura (für Ilminun- vom Nom. Ilmina) anzuführen, wofür sich auch wirklich urkundlich die Uebersetzung monasterium Ilmae findet. Ist Wurziaburg in der That die echte Form (sie ist nur in zwei Stellen, beide aber aus sec. 8 belegt), so haben wir hier die einzige plurale Genetivform dieser Kategorie, denn Buriaburg glaubte ich oben (S. 175) anders fassen zu müssen.

Da die Urkunden, aus denen wir unsere Namen schöpfen, fast ohne Ausnahme in lateinischer Sprache abgefasst sind und da ferner ein Theil dieser Ortsnamen auf später romanischem Gebiete liegt, so ist hier noch am Schlusse des Capitels die

Frage aufzuwerfen, wie sich germanische und romanische Declination in den Bestimmungswörtern der Ortsnamen zu einander verhalten. Dabei sind zwei Fälle möglich, entweder ist jenes Bestimmungswort selbst romanisch oder es ist deutsch.
Ist ersteres der Fall, so kann zufällig romanische und germanische Declination zusammenfallen wie in Abbatisdorf, oder es
kann römisch declinirt werden wie in Christikerka und anderen Beispielen oder es wird endlich das Fremdwort germanisch
declinirt. So haben wir einen Gen. Sing. Masc. in Beatuseschirichun, Paternisheim (jetzt Pfedersheim), Petrishusa, Ruma-
neshusir, Rumanishorn, einen Gen. Sing. Fem. in Agathenki-
rica und einen Gen. Plur. in Castorapah für Biberbach.

Ist aber das erste Wort germanisch, so kann der lateinische Tenor des Schriftstückes so weit auf jenes Einfluss haben,
dass es auch lateinisch declinirt wird. Beispiele giebt es davon
sehr viele, wie Albuinipara, Amalpertiwilari, Perahtramnivilare,
Perahtoldipara, Perihartidorf, Albunivilla, Arnoldi villa, Adalungi
cella, die letzten sogar mit lateinischem Grundwort; auch Fe-
mina dieser Art finden sich, wie Otprigae riot. Es scheint
diese ganze Weise fast nur dem südwestlichen Deutschland anzugehören.

Interessanter ist die Wahrnehmung, dass nicht bloss ech-
tes Lateinisch, sondern auch in den Grenzbezirken deutscher
Zunge die romanische Volksmundart ihre Formen in die deutschen Namen eingemischt hat. Und zwar erscheint hier der
Personenname des ersten Theils

1) in einer Form auf o, z. B. in Actulfouillari, Ansfrido
hoba, Ansoldowilare, Arnulfo auga, Audaldovillare, Auduino-
villa, Aunulfouilare, Badenandowilare, Baltowiler, Beronowilare,
Pleanungovillare, Dructogiso marca, Eberhardo villare und hundert
andern Formen. Von den genannten dreizehn Beispielen stammen
zwei aus Baden, die übrigen alle aus dem Elsass und Lothringen;

2) in einer Form auf i oder e: Bobunivillare, Bettunemarca,
Ballonevillare, Berunivillare, Danonewilare u. s. w., sämmtlich
aus dem Elsass oder aus Lothringen.

Alle Lehre von der Zusammensetzung zerfällt eigentlich in
zwei Theile, in die Behandlung ihrer Form und die ihres Sinnes. Letztere, oder die Betrachtung des zwischen beiden Theilen der Composition bestehenden geistigen Verhältnisexponenten
möchte ich, so sehr auch mit Recht ihre Wichtigkeit in unsern

Tagen hervorgehoben ist, hier ganz übergehn, da in dieser Beziehung die Eigennamen mit der übrigen Sprache zusammen betrachtet werden müssen.

Indem ich also hiemit die Lehre von der Composition schliesse, ist zu bemerken, dass mein drittes, viertes und fünftes Capitel die ganz organischen Bildungen der Ortsnamen erschöpft, denn das dritte betrachtete gewissermassen den Kern, das vierte die Schale, das fünfte die Verbindung beider zu einem Ganzen. Dass aber hiemit durchaus noch nicht das ganze Wesen unserer Ortsnamen, am wenigsten das der neueren, erfasst ist, werden die beiden folgenden Capitel darthun.

VI. Ellipse.

Wie zu den Namen der Personen im Laufe der Zeiten die Familiennamen hinzugefügt wurden, zunächst nur als eine nähere Bestimmung, so trat zu den ursprünglichen Grundwörtern der Ortsnamen das unterscheidende Bestimmungswort. Der Unterschied bei beiden Namenklassen ist nur der, dass das jüngere Element bei den Personennamen nach-, bei den Ortsnamen aber vorangestellt wurde, bei jenen deshalb die Selbständigkeit eines besondern Wortes bewahrt, bei diesen aber zu einem dienenden Worttheile herabsinkt. Dieses jüngere Element nun erhielt von Seiten der Sprache eine grössere Pflege, da es gewissermassen seine Säfte aus einer viel grösseren Anzahl von Wurzeln ziehen konnte als das ältere; Beweise dafür findet man in Potts Buche über die Familiennamen und in meinem obigen vierten Capitel. Dem gegenüber verkümmerte das ältere Element; die zu blossen Vornamen herabgesunkenen alten Namen eben so wie die Grundwörter der Ortsnamen wurden an Zahl (wenigstens an Zahl der wahrhaft gebräuchlichen) immer mehr beschränkt und galten immer mehr für den unwesentlichen Theil des ganzen Namens. So kam man dazu, dass man im gewöhnlichen Leben den Vornamen (besonders in Norddeutschland, weniger im Süden) oft ganz fortliess oder in der Schrift nur durch seine Anfangsbuchstaben andeutete. Nur das Innere der Familie (besonders in Bezug auf die Kinder), die Kirche und das Gericht, also die conservativsten Sphären des

Lebens, pflegen dem Vornamen noch sein volles Recht ange-
deihen zu lassen.

Aehnlich ist nun die Sprache auch dahin gelangt die Grundwörter der Ortsnamen als entbehrlich zu betrachten und sie
ganz fortzulassen. Das ist die Ellipse, von der dieses Capitel
handeln soll; sie zerfällt aber in zwei sehr verschiedene Arten,
in die genetivische und die dativische.

Die genetivische Ellipse besteht darin, dass man von einem
uneigentlich componirten Ortsnamen einfach den regierenden
Nominativ (das Grundwort) auslässt und nur den übrigbleiben-
den Genetiv des Personennamens (das Bestimmungswort) allein
setzt. Solche Fälle sind zum Theil schon recht alt, jedoch vor
1100 noch ziemlich selten. Adalmundes (jetzt Almus) und ein
Paar andere Fälle in den fuldischen Traditionen werden die
ersten Beispiele sein. Ueberhaupt ist die Gegend von Fulda
und das westlich anstossende grossherzogliche Oberhessen so
wie das östlich liegende Land bis Meiningen hin der eigentliche
Herd dieser Erscheinung. Aus sec. 12 erwähne ich als Beispiel Weninges (jetzt Wenings) und Citerades (Zitters), aus
sec. 13 Erkinfredis (Merkfritz) und Witterams (Wiedermus),
aus sec. 14 Beinhardts (Beinhards) und Burkhardes (Burkhards),
aus sec. 15 Rudolffs (Rudlos).

In neuerer Zeit hat nun dieser Gebrauch intensiv und ex-
tensiv ganz bedeutend um sich gegriffen; es begegnen Beispiele
aus Oestreich (Ehrenreichs), Tyrol (Ramings), Baiern (Tagmanns),
Schwaben (Schirings), am Niederrhein (Schumanns) u. s. w., ja
sogar in den östlichen colonisirten Ländern wie Greissings oder
Petermanns im Regierungsbezirk Königsberg. Am leichtesten
sind diese Formen bei zusammengesetzten oder deutlich abgeleiteten Personennamen zu erkennen; so findet sich -balds in
Eisenbolz, Engelbolz, -brechts in Helmbrechts, Harprechts u. s. w.,
-brands in Almbranz, Habranz, Hörbranz, Seibranz, -frids in
Merkfritz, Imfritz, Sterbfritz (Starcfrides), -gauds in Malges,
Malkes (für Madalgaudes), -hards besonders häufig, z. B. in
Burkhards, Gebhards, woneben auch Formen auf -harz und
-erz erscheinen wie Geiselharz, Engelharz und Opperz, Reinerz;
-helms in Wilhelms; -ings in Warnings, Sterklings (im Ganzen
in etwa hundert Formen), -mans sehr häufig, z. B. in Will-
manns, Witzmanns, Hilmes (Hildemanns), -mars in Willmars,
-rads in Bellers (Baldrates), -richs in Dietrichs, Friedreichs u. s. w.,

13

-walds in Friedlos (Fridwuldes) und Heblos (Ebenoldes), -wulfs
in Machtols und Magdlos (beide für Mahtolfes), Rudlos (Hruo-
dolfes) u. s. w.

Natürlich sind hiemit die rhätischen Namen in Tyrol, der
Schweiz etc. nicht zusammenzustellen, wie Stembis, Natters,
Aldrans, Schlins; ihr Verbreitungskreis verdient auch nach den
Forschungen von Steub noch eine erneute Untersuchung. Dagegen können leicht einige der friesischen Formen wie Heppens, Schortens, Wippels hieher gehören, während von einem
andern Theile derselben oben (S. 85) eine Zusammensetzung
mit *hus* vermuthet wurde. Vereinzelte Formen auf *is*, die sich
durch ganz Deutschland finden, wie Worbis im Eichsfelde (a.
1344 Wurbiz), Collis im Reussischen, Havenis und Langenis in
Holstein, Nörtis in Ostfriesland dürfen nicht eher abgeurtheilt
werden, als bis das in den Quellen zerstreute Material auch für
das 12.—15. Jahrhundert gesammelt und geordnet ist; einzelne,
wie Ahornis in Oberfranken, sind deutlich Verstümmelungen
aus altem -*ahi* (vgl. S. 61).

Es versteht sich, dass solche elliptische Ausdrücke allmählich aufhören, lebendig als Genetive gefühlt zu werden. Wie
man um Fulda sagt „ins Otten oder ins Stuckharts" gehn, d. h. in
Ottos, Stuckharts Haus, so heisst jetzt ein Quellfluss der Haun
bei Fulda das Dipperzer Wasser von dem aus Thiotberhtes
entstandenen Dipperz.

Zu bemerken ist noch, dass wir auch mitunter mit aus-
ländischen Namen ganz ähnlich umgehn, wenn wir z. B. von
einem Pastor zu St. Nicolai reden und den Begriff Kirche un-
ausgedrückt lassen.

Mehr als die genetivische beschäftigt uns die dativische
Ellipse. Ein Beispiel mag den Vorgang erläutern. Am Südabhange des Harzes mögen vor undenklichen Zeiten zwei einzelne Häuser gelegen haben, das eine grade südlich vom andern; das erste nannte man Sundhus, das zweite Nordhus. Zu
beiden Häusern gesellten sich im Laufe der Zeit noch mehrere
und nun wurde der Pluralis nothwendig; es bildete sich also
mit der gothischen Neutralendung ein Sundhusa und Nordhusa.
Diese Neutralendung hat sich nun bei den Namen, wie mir
scheint, sehr lange erhalten; denn in dem Nordhusa des 9. und
10. Jahrhunderts möchte ich weder die lateinische Endung des
Femininums annehmen (wogegen das Genus spricht) noch den

regelmässigen ahd. Dat. Sing. (womit die inzwischen erwachsene
Grösse des Ortes schlecht stimmen würde). In der zweiten
Hälfte des 10. Jahrhunderts nun scheint man das Unpassende
gefühlt zu haben, dass man eine wirkliche Stadt als einen Complex einzelner Häuser benannte; man erdachte daher einen Namen wie etwa *diu stat zi den Nordhusun* oder *Nordhusastat*
und bezeichnete den Ort nun kurzweg durch Nordhusun. Nun
erst mag auch jenes Nordhusa als Dat. Sing. gefühlt worden
sein. Dass solche Bildungen wie jenes Nordhusastat eine Zeit
lang wirklich eine Realität erlangen konnten, zeigt namentlich
eine Urkunde von 979, in welcher grade Formen wie Scrop-
penlevalßurg, Altstedeburg, Cornfurdeburg u. s. w. dicht neben
einander vorkommen.

Solche im Laufe der Zeit dativisch gewordenen Formen
giebt es nun schon sehr frühe unzählige, ausser *husa, husum,
husirum* mit ihren zahlreichen Nebenformen auch *hova hovum,
felda feldum, dorfa dorfum, wanga wangum, steti stetim, brun-
nin brunnum;* Badun (Baden) heisst ad lavacra, Giezen (Giessen)
bedeutet ad fluenta. Andere sind ihrer Bedeutung nach fast
immer nur im Sing. gebräuchlich gewesen wie *walda, wega,
roda, munta, furti.*

Anziehend sind mir besonders die alterthümlichen altsächsischen Dat. Plur. der Stämme auf *i* und *ja;* sie lauten noch
-jun, wo das Hochdeutsche schon *-in* oder *-un* bildet. Ihr Vorkommen ist ein rechter Beweis für die Echtheit der Urkunden,
in denen sie sich finden (eben so wie in anderen Fällen das
alte *-m* für *-n*); dergleichen konnte kein späterer Fälscher er-
finden, auch nicht einmal ein ungenauer Abschreiber irrthüm-
lich hineinbringen.

Ich gebe hier ein Verzeichnis dieser bis ins 11. Jahrhundert hinab reichenden Formen. Zu den Stämmen *burgi* (arx),
buri (habitatio), *muli* (mola), *riudi* (novale), *bruggi* (pons) gehören die Ortsnamen Burgiun (jetzt Borg), Burlun, Burion (jetzt
Gottsbüren oder Bühren), Thiekburiun (unbekannt), Boffesbu-
riun (Boffesborn), Muliun, Mulion (Mühlen), Riudiun (Rhüden),
Hembruggion (unbek.). So heissen auch die beiden westlichen
Hessengaue Hessiun und Hession. Adalmandinga vurthien
könnte den Dat. Plur. von furd (iter, vadum) enthalten. Ausserdem aber giebt es noch eine ganze Reihe ähnlicher Formen, die einst, genauer erwogen, eine willkommenere Bereiche-

13°

rung des uns so mangelhaft überlieferten altsächsischen Sprachschatzes bilden werden; hier geht uns nur die Endung an,
durch die sie sich als elliptische Namen kennzeichnen. Ich erwähne Anaimuthiun (vielleicht Anemolter), Anion (unbekannt),
Bernsiun (Berssen), Brenkiun (Brenken), Bukkiun (Bücken),
Dueriun (Zwergen), Gession (Gesseln; ein Lession giebt es
nicht), Hemlion (Hemeln), Lanclerion (Langlern), Longion (Lon-
gen), Meppiun (Meppen), Smahtiun (so lese ich jetzt statt Mah-
tiun und finde den Ort in dem heutigen Schmechten), Tundi-
riun (Tündern), Walkiun (unbekannt), Wetiun (unbekannt). Dazu
wird auch wol Kemnium (Kemme), vielleicht auch Fardium
(Verden) gehören, und nun darf sogar gefragt werden, ob nicht
Τευδέριον und Τευτοβούργιον aus sec. 2 schon von dem
Griechen misverstandene Dative Plur. seien. Anansia (jetzt
Ense) könnte ein Dat. Sing. sein.

Solche Dative nehmen im Laufe der Zeit immer mehr zu;
wurde ein Wald, ein Thal, ein Feld mit Häusern bebaut, so
war es ja ganz natürlich, dass der neu entstehende Ort auf
-walde, -thale, -felde ausging; Wittenberge ist natürlicher benannt als Wittenberg. In diesen Dativen erhalten sich alte For-
men, die ausserhalb der Namen in der Sprache längst untergegangen sind, wie -hofen, -hausen, -felden. Die Wörter auf -le-
ben haben erst nach 1100 ihre plurale Gestalt angenommen;
vorher lauteten sie auf -leiba, -leva, aber auch auf -levo, -levu
aus; dergleichen ist wol zu berücksichtigen, wenn man die Bedeutung eines Grundwortes untersucht; hiesse -leben z. B. Haus,
so wäre es ein wahres Wunder, dass man vor 1100 fast keiner pluralen Form begegnet.

Das gebräuchliche Fortlassen des eigentlichen Grundwortes
macht es nun auch möglich den Ort oder das Land gradezu
durch die Personen oder die Einwohner im Dat. Plur. zu bezeichnen. Schon oben begegnete uns Hessiun als ein solcher
Fall; vgl. auch Ostfalahun pagus. Bekannt sind solche Ländernamen im Mhd., wie Swaben, Osterfranken, Kerlingen, Hessen,
auch Kriechen. Ehe sie ganz gäng und gäbe wurden, müssen
Constructionen mit in oder ze vorausgegangen sein, wie in
Burgonden, zen Burgonden, ze Swaben, ze Friesen, ze Sah-
sen, zen Hegelingen, zen Stürmen; schon ahd. galt in Walhum,
in Vrankon, Wascun, Lancbartun; ist schon Ῥούγιον bei Ptolemaeus, das doch wol zum Volksnamen der Rugi gehört, aus

einem solchen Dat. Plur. entstanden? Der nach den thüringischen Angeln genannte Gau Angilin, in deren Bereich jetzt die
Dörfer Feldengel, Holzengel u. s. w. liegen, ist ein sicheres Beispiel eines Ländernamens dieser Art.

Wir haben jetzt viele solcher dativen Ländernamen wie
Hessen, Sachsen, Schwaben, auch Schweden, Polen, doch verfahren wir dabei sehr willkührlich, da wir kein Griechen sondern Griechenland, kein Dänen sondern Dänemark, kein Mon-
golen sondern Mongolei bilden. Zwischen Angeln und England,
zwischen Franken und Frankreich unterscheiden wir, indem wir
uns die verschiedenen Möglichkeiten zum Vortheile unseres
Sprachschatzes zu Nutze machen. Formen wie Italien, Indien
sind nach der Analogie gebildet und stimmen nicht zu den bei
uns gebräuchlichen Formen der betreffenden Völkernamen.

Hier finden nun auch die zahlreichen Namen ihre Stelle,
welche zu den ahd. Endungen -ari und -ing gehören. Von
Leuten, die am Bache, Berge, Hügel, Abhang, Brunnen, Forste,
Walde, See, an der Brücke oder im Thal, Winkel (Horn) wohn-
ten, sind ihre Wohnplätze schon seit dem 9. Jahrhundert Pacharun, Pergarn, Puhelarn, Litarun, Brunnaron, Forstarun, Walda-
run, Sewarin, Prukkarn, Talarin, Winkelarn, Hornarun benannt.
Bei Mutarun (Mautern) müssen Zöllner (zu goth. môtareis), bei
Huotarn Wächter, bei Chuopharen Küfer, bei Sciltarun scutarii,
bei Goldarun Goldarbeiter, bei Frumarun Diener (ahd. frumara
ministri), bei Telsaran werden vielleicht Färber (mhd. telze co-
lor) gewohnt haben. Werdarin geht auf eine Insel, Satalarun
auf einen Bergsattel oder auf Sattler, Bramaren und Lindaren
auf Brombeer- oder Lindenanpflanzungen. In diese Analogie
fällt auch Winzurn, obgleich das ahd. winzure, nhd. Winzer ein
Fremdwort aus lat. vinitor ist.

Weiterer Erwägung stelle ich noch Gamanaron, Figularun,
Muvarun, Wincharn, Zangaren, Zeinarin anheim, zu denen sich
vielleicht noch Sluohterin (jetzt Schlüchtern) fügt. Ist Γραυιο-
νάριον bei Ptol. schon aus dem deutschen Dat. Plur. entstanden? auf der tab. Peut. giebt es ein Grinario.

..Solcher Klarheit erfreuen sich die heutigen zahlreichen
Formen auf -ern nicht; viele von ihnen gehören gewiss hieher,
aber Beispiele wie Zabern aus Taberna oder Hallern aus Ha-
lostron müssen uns Vorsicht lehren.

Neben diesen Bildungen auf -arin, aber viel zahlreicher

als sie, stehn die auf *ingun*, die sich ganz ähnlich verhalten. Ihre regelmässigen alten Formen zeigen sich als -*ingum* (Gauseningum), -*ingun* (Kisalheringun), -*ingon* (Crellingon), -*ingan* (Holzollingan), -*ingim* (Chizzingim), -*ingin* (Comerichingin), -*ingen* (Rumheringen). Daneben gilt seltneres -*ungun* (Luckiungun) u. dgl. Heutzutage ist die regelrechte Form -*ingen* (über -*ing* wird unten zu reden sein). Sollte vielleicht *Ἀσχαλίγγιον* bei Ptol. und Caspingium auf der tab. Peut. eine Spur der Dativendung enthalten?

Zu diesen Formen auf -*arin* und -*ingun* stellen sich auch die wenigen Dative von *man* vir wie Pahmannun, auch mit Adjectiven wie Rotenmannum, Frienmannum.

Zeichen des lebendig gefühlten Dativs ist es nämlich, dass der erste Theil des Namens, wenn er ein Adjectivum war, mit declinirt wurde. So Wizenchirichen, Pouminunchirichun, oder mit Participien wie Bockendun bircun, Hangentinpurun, Stenten brukken. Diese Dativform des Adjectivums bleibt sogar bestehn, wenn das Grundwort bereits seine adjectivische Endung verloren hat, wie wir noch jetzt Blankenburg oder Wittenberg sagen. Wie sich ein elliptischer Name von einem vollständigen unterscheidet, kann man an dem Verhältnisse von Schwarzenberg zu Schwarzburg sehen.

Alle Dativbildungen elliptischer Namen hören aber allmählich auf wirklich als Dative gefühlt zu werden; sie behalten dann entweder ihre Dativform, werden aber als Nominative behandelt, oder sie verlieren sie mit Zurücklassung von Spuren, oder endlich sie verlieren sie ohne solche zurückbleibenden Spuren.

Von dem ersten Falle sehn wir Beispiele im Mhd.: in disem teile Swâben lît, daz Alemannia hiez ê; an Swâben stoezet Beigerlant und darnâch Osterfranken; an Osterfranken stoezet dâ Dürîngen; Kerlingen daz lant was; dô Kriechen sô stuont; von Rîne si durch Hessen riten u. s. w. Nhd. decliniren wir Schwaben Schwabens, Hessen Hessens, was nicht besser ist, als wollte man von Omnibus den Gen. Omnibi, von Rebus Rebi machen. Wann mag diese Declination aufgekommen sein? Ich finde etwas ähnliches schon (da hier kaum falsche Schreibung anzunehmen ist) in alten Bildungen wie in pago Prisingine, Rumilingene marcha, Loubingaêre marcha. Ein weiteres Zeichen dieser Versteinerung ist das neutrale Genus dieser Wörter, z. B. das zerrissene Thüringen, das alte Sachsen.

Den zweiten Fall haben wir in Namen wie Wittenberg und Blankenburg; es giebt aber auch viele recht alte Beispiele davon wie Rotinbach (8), Mekelenborch (10), Luziluno wa (8). Dahin gehören auch Adjectiva, die noch mit einer Endung versehen sind, wie in Boumineburch (11?), Horaginpach (9), Lintinonseo (8), Steininunchiricha (10), Farnugunwisa (9), Salzigunmunde (10), Dornaginpah (9), Hageneedenberg (10), Winithiscanburg (10), Winediscunsalebizi (11). Desgleichen Participia wie Blechentenstain (11), Chlaffintinpach (11), Hangentinheim (11), Hangintenstain (10), Hellendemberg (9; das könnte ein Echo bezeichnen), Rispendenberc (9, Bedeutung unbekannt), Stechendenberc (11), Steckandenstein (10), Wallendenbrunno (11).

Der dritte Fall tritt besonders oft ein. Zuerst in der häufigen Erscheinung, dass Oerter von den Flüssen, an denen sie liegen, benannt sind. Hier liegt offenbar dativische Ellipse zu Grunde, Zorge ist das Dorf an der Zorge, Eger die Stadt an der Eger, Kaiserslautern und Königslutter liegen an der Lauter und Lutter. Die Zeit des Ursprungs von diesem Gebrauche können wir wegen Mangel an genügend alten Urkunden nicht ergründen; im achten Jahrhundert begegnet uns schon eine Anzahl von Beispielen. In der Regel sind es natürlich nur kleine Flüsse, die ihren Namen den daran liegenden Oertern verliehen (daher die vielen Dörfer auf -bach); grosse Ströme hätten an ihren Ufern zu viele Ortschaften, die auf den gleichen Namen Anspruch machen würden. Dass umgekehrt Flüsse nach Oertern heissen, ist eine ganz moderne Erscheinung und gehört nicht hieher.

Eben so bekannt ist der neue Gebrauch, dass Länder nach den Städten oder Burgen benannt werden, um welche herum sie liegen, wie Baden, Waldeck, Anhalt, Hanover, Braunschweig, Mecklenburg u. s. w. Es fehlen noch genauere Sammlungen, um von der Entstehung und dem allmählichen Einreissen dieser Unsitte uns ein rechtes Bild zu geben. Ganz durchgeführt ist diese Benennungsweise bei den kirchlichen und politischen Verwaltungsbezirken, bei Bisthümern, Dekanaten, Ephorien, Regierungsbezirken und Kreisen. Von den acht Provinzen des preussischen Staates haben nur zwei noch ganz gesunde Namen (Schle-

sien und Rheinland), vier sind elliptische Dative von Völkernamen (Preussen, Pommern, Sachsen, Westfalen) und zwei (Posen und Brandenburg) verdanken ihren Namen der eben besprochenen Unsitte. Selten nur ist man von letzterer wieder zurückgekehrt, wie z. B. darin, dass man die Mark Meissen in ein
Land Sachsen verwandelt hat; in einzelnen Fällen kann man
davon noch ohne Anstoss zu geben zurückkehren, wenn man
z. B. statt der Regierungsbezirke Oppeln oder Stralsund Oberschlesien oder Vorpommern sagt; durchführbar ist aber diese
Rückkehr nicht mehr.

Ferner zeigt sich dieser dritte Fall häufig bei dem Suffixe
-ing. Hier gilt schon seit sec. 8 die Endung des Nom. Plur.
-inga wie in Papinga, Patinga, Ansolfinga, Alunga u. s. w., daneben aber auch noch ein an das gothische und altsächsische
-os erinnerndes -ingas wie in Ascwendingas (8), Buatgisingas
(8), Pleoningas (9), Florichingas (9); es würde der Mühe ver-
lohnen nachzuforschen, wie lange dieses -ingas bestanden hat;
ich glaube diese Endung -as auch in Aldunpurias (8) und Affaltrawangas (8) zu finden. In den heutigen Namen waltet das
volle -ingen besonders in Schwaben, während in Altbaiern östlich vom Lech meistens blosses -ing gilt, wie in Merching, Meh-
ring, Ottmaring, Freising.

Eben so sind aus jenen alten Formen auf -arun, -arin
manche auf den Nom. Plur. -ara gebildet; vgl. Galganara, Uz-
hovara, wo uns die entsprechenden Formen auf -un nicht mehr
überliefert sind, während wir Pachara, Frumara, Geldara, Ga-
manara, Litara, Zidelara neben Pacharun u. s. w. aufgezeichnet
finden.

Beiden besprochenen Endungen, -inga und -ara, ist es nun
ferner gemein, dass sie, wie so manche andere Wörter, in die
Declination der Stämme auf -i hinüberschwanken und daher
Nominative auf -ingi und -ari bilden. Mich zieht es an diese
Erscheinung ihrer localen Beschränkung wegen hier weiter zu
verfolgen, da sie uns in dem Formengewirre der alten Sprache
ein Beispiel gewisser Ordnung darbietet.

Also erstens Beispiele von -ingi (worunter natürlich von
Völkernamen keine Rede ist, da in diesen keine Ellipse zu
Grunde liegt). Friesisch und niederländisch sind: Buxingi,
Craslingi, Einingi, Fladirtingi, Hrussingi, Midningi, Sedlingi,
Taglingi, Thrustlingi, Weingi. Sächsisch: Osnengi (der Teuto-

burger Wald), Arpingi, Britlingi, Derlingi, Glethingi, Gruoningi, Grupilingi. Heringi, Hesingi, Hoingi, Elisungi, Lasingi, Lauhingi, Lithingi, Luhtringi, Scahiningi, Sophingi, Steoringi, Tehtlingi, Uplingi, Waddingi, Wiringi. Thüringisch: Ostmilingi, Baringi, Guttingi, Scithingi, Snesliggi, Suliggi, Sumeringi, Waldbaringi. Und so wie die Thüringer überhaupt in einem kleinen Land-striche dauernd über den Thüringerwald nach Süden vorge-drungen sind, was ja auch einige Namen auf -*leben* beweisen, so finden wir ein Helidinge südlich von Hildburghausen, ein Hen-tingi südöstlich von Melrichstadt, ein Hnutilingi bei Kissingen. Diese ganze Erscheinung des -*ingi* schliesst mit einer solchen Eleganz und Sauberkeit ab, dass ich kein einziges Beispiel davon aus Hessen, Franken, Baiern, Schwaben, Oestreich und den westrheinischen Landen nachweisen kann. Dass daneben auch dieselben Oerter auf -*inga* ausgehn, darf nicht wundern.

Setzen wir diesem -*ingi* das passendere -*ari* für -*ara* entgegen, so finden wir friesisch und niederländisch: Davanteri, Huleri. Sächsisch: Balgeri, Gasgeri, Ickari, Ihtari, Kelveri, Lammari, Lashuggeri, Nagiri, Rederi, Thesperi, Waveri, West-nederi. Thüringisch: Arnari, Asguri, Corneri, Fanari, Furari, Germari (oder Ger-mari), Kezzilari, Neviri. Ausser diesen For-men kenne ich nur noch ein Kalthari in Tyrol, ein Priari in Schwaben, ein Solari bei Regensburg, und den Gau Trachari bei Coblenz. Diese Ausnahmen sind aber wol nur scheinbar; Kalthari, Priari, Trachari werden undeutsch sein und Solari scheint unser *Söller*, so dass dann alle vier Namen nicht hie-her gehören und sich vollständig die Regel bestätigt: die No-minative auf -*ingi* und -*ari* sind nur friesisch, sächsisch und thüringisch. Ich hoffe, dass diese sichere Wahrnehmung noch die Grundlage zu andern Funden sein wird; zunächst möge sie die nähere Zusammengehörigkeit jener drei Volksstämme an-deuten, für die das neunte Capitel weitere Angaben brin-gen wird.

Wir haben noch nachzuholen, was aus den -*arin*, -*ara*, -*ari* in unserer heutigen Geographie geworden ist. Natürlich meistens ein -*er* (wie ja auch schon alt öfters -*ere* gilt), z. B. Oerner, Fahner, Körner, Rieder; doch kommen auch, nament-lich in Thüringen, andere Formen vor, wie Aschora, Furra, Nebra, Süssra.

Sehr ausgebreitet haben sich nun heutiges Tages die zusammengesetzten nomina agentis auf -*er*; unsere topographischen Wörterbücher zeigen z. B. im eigentlichen Deutschland (abgesehn von Niederland, Belgien und Schweiz) etwa 200 bis 300 Ortsnamen auf -*bauer* (Oedbauer, Sandbauer, Strassbauer), acht auf -*binder* (Riedbinder, Wiesbinder), etwa ein Dutzend auf -*fischer* (Burgfischer, Waldfischer), nahe an zwanzig auf -*jäger* (Dilljäger, Schildjäger), ein Dutzend auf -*macher* (Fassmacher, Wegmacher), beinahe 200 auf -*maier* (Hintermaier, Kirchmayer, Bühelmayr), zwanzig bis dreissig auf -*meister* (Holzmeister, Wachtmeister)), etwas weniger auf -*müller* (Saumüller, Stegmüller), circa vierzig auf -*schneider* (Feldschneider, Vogelschneider), eben so viel auf -*schuster* (Holzschuster, Winkelschuster), nur sieben auf -*wagner* (Dobelwagner, Neuwagner), dreissig bis vierzig auf -*weber* (Lohweber, Maisweber) und endlich noch vieles vereinzelte wie Bergkramer und Beilhacker. Bei Arlon in Luxemburg liegt ein Ort Scherenchleiffer (amtlich so geschrieben). Auch nhd. *Winzer* (aus vinitor) ist vertreten in Breitenwinzier, Hofwinzier, Kelheimwinzer u. a. m., ja sogar ahd. winzuril, bairisch Weinzürl, findet sich öfters in niederbairischen und österreichischen Oertern Namens Weinzierl; das Wort, obgleich nur abgeleitet, nimmt den Schein einer Composition (gleichsam Weinzieher) an. Selten sind Feminina von diesen Formen auf -*er*, wie Hälterwärterin oder Oberschäferin.

Da nun diese Endung in unserer Sprache nicht bloss die Beschäftigung, sondern auch die Herkunft von einem Orte anzeigt, so finden wir in dieser Klasse fast alle im dritten Capitel verzeichneten Grundwörter wieder. Ich lasse hier eine Anzahl derselben, jedes nur in einem einzigen Beispiele erscheinen: Aberger, Ackfelder, Aderleithner, Ainlehner, Algasser, Altenbucher, Alteneder, Altschieder, Amtskastner, Bauernreiner, Baumgartner, Bienzeller, Blumegger, Brandhuber, Brandstätter, Brandstaller, Brandweger, Breitenauer, Breitenörter, Brunnerfeichtner, Brunnhauser, Buchhofer, Buchholzer, Christophsheimer, Creuzlindner, Dürnbacher, Ebenbichler, Edengruber, Edlfurtner, Eilwanger, Einhecker, Franzlmarter (markt?) u. s. w. Im nordwestlichen Deutschland haben wir auch Ortsnamen auf -*köter* (d. h. Einlieger in einer Kothe oder Kathe), z. B. Nordschweyer-Köter. Besonders häufig ist in dieser Klasse die Verbindung der beiden im Vorigen besprochenen Endungen, wie z. B. in

Aichinger, Bachinger u. dgl. Alle hier erwähnten Namen sind also ursprünglich Ortsnamen, die dann durch eine Endung zu Familiennamen und hierauf in dieser erweiterten Gestalt wieder zu Ortsnamen geworden sind.

Von hier ist nur ein kleiner Schritt bis zum Gebrauche eines jeden Personennamens zum Ortsnamen; der Leichtsinn unserer neueren Sprache hilft auch darüber hinweg. Man betrachte folgenden Auszug aus einem Register von mehr als einem halben Tausend hieher einschlagender Namen: Achmer, Adelgund, Albert, Angermann, Arnold, Backfried, Baltram, Behnke, Behrend, Bertholf, Bökelt, Olmuth, Spehnenmartin, Ziegelpeter; sollte man nicht darauf schwören, dass diese Namen aus dem Adresskalender einer deutschen Stadt entnommen seien? Es sind aber in der That deutsche Oerter und ihre Lage kann man in den betreffenden Hülfsmitteln nachschlagen.

Mögen diejenigen, in deren Nähe solche Oerter liegen, uns bald Nachricht darüber geben, wie das Volk und wie die Gebildeten diese Namen im Satze behandeln. Werden sie noch mit Erinnerung an ihren personalen Ursprung oder schon ganz als echte Ortsnamen construirt? Verändern sie noch öfters ihren Namen beim Einzuge neuer Besitzer? Aus der Nähe meines jetzigen Wohnorts weiss ich nur ein Beispiel. Zwischen Wernigerode und Schiercke liegt ein Waldhaus, „die drei Annen" genannt, welches seinen Namenursprung noch klar genug zeigt. Das Volk sagt jetzt schon allgemein die Dreianne (als Paroxytonon) und fragt z. B.: wie weit ist es bis zur Dreianne?

Hieher gehört auch der Gebrauch, Festungswerke aller Art, Citadellen, Schanzen u. s. w. mit dem Namen berühmter Generale zu bezeichnen, z. B. Feste Boyen, Lunette Ziethen, Fort Alexander. Dieselbe Sitte waltet auch in den Niederlanden; drei Forts und Schanzen bei Vlissingen heissen Admiral de Ruiter, Adm. Tromp, Adm. Zoutman.

Wir haben die Sprache auf ihrem Wege vom Organischen zum Unorganischen Schritt für Schritt verfolgt. Zuerst wurden die Grundwörter und die Präpositionen fortgelassen und es blieb nur der Dativ übrig, zweitens wurde dieser Dativ ideell und zum Theil auch formell als Nominativ angesehn, drittens wurden sogar Wörter und Namen, welche Personen bezeichnen, als Ortsnamen verwandt. Mit alle dem aber ist die Sprache noch lange nicht am Ziele ihres Uebermuthes. Bis hieher sahen wir nämlich noch im Ganzen ziemlich dieselbe Sphäre von Begriffen zur Verwendung kommen, die das Deutsche schon in älteren Zeiten für die Ortsnamen anwandte. Mit der dativischen Ellipse aber wird einer Menge von Begriffen der Zutritt zu den Ortsnamen gestattet, welche unser älteres Deutsch verschmähte oder wenigstens nur ganz vereinzelt anwandte. Einen einzelnen Baum zu benennen ist nicht Sitte; höchstens müsste es ein so ausgezeichnetes Exemplar sein wie die Merwigslinde bei Nordhausen. In alten Grenzbestimmungen ist daher wol ein Wort Dierboum, Melboum, Piriboum vorhanden, doch kann man das noch keinen Namen nennen, da hiemit in der That keine andere Oertlichkeit, sondern nur ein wirklicher Baum bezeichnet wird; etwas mehr Namencharakter haben schon Plurale wie Eperespouma, Nuzpouma, vollständig in die Onomatologie eingeführt wird das Wort erst durch die dativische Ellipse, die ich hier zuerst sec. 11 in Budenbomen finde. Gegenwärtig giebt es ganze Städte und grosse Dörfer auf -baum wie Birnbaum, Schönbaum, Oranienbaum; die Zahl der in Deutschland vorhandenen bewohnten Oerter auf dieses Wort (auch zuweilen niederl. -boom, wie in Heesboom, Schutsboom) beträgt nicht viel weniger als zweihundert.

Wörter für einzelne Baumklassen habe ich schon oben viele angeführt, da sie zum Theil auch ohne dativische Ellipse in Namen erscheinen; hier hole ich noch die mit mhd. *kranewite* Wacholder gebildeten Formen nach, von denen mir kein altes Beispiel in Namen bekannt ist; Oerter wie Kranabeth, Kranawit, Kronawitt, Kronwitten giebt es sehr viele und in den mannigfachsten orthographischen Verschiedenheiten.

Noch unwichtiger als der Baum und also für Namen noch unpassender ist das in seinen Zweigen hangende Nest; und doch finden wir schon ganz vereinzelt im achten und neunten Jahrhundert ein Cramfesnesta und Dodnesta (Dat. Sing. oder Nom. Plur.?); jetzt giebt es Oerter wie Storchnest, Kiebitznest, Zeisignest; auch Wolfsnest und manche andere etwas auffallende Bildungen wie Affennest, Geisennest, Krötennest, Welschennest, in Deutschland zusammen etwa vierzig Formen; ausserdem kenne ich aus den Niederlanden zehn (z. B. Arendsnest), aus Belgien sechs, aus der Schweiz drei Beispiele. Es scheint, als sei das Wort in diesen Namen öfters auf menschliche Wohnsitze übertragen worden.

Ganz ohne Spur unter den alten Namen sind die unschein-
baren Vegetabilien wie Gras, Kraut, Blatt. Ich bemerke Grö-
negras, Schöngras, Stöckelgras; Grünkraut, Kaltenkraut, Was-
serkraut; Kleeblatt, Kiwitsblatt, Kostenblatt; doch ist bei den
letzteren auch hie und da an slavisches *bloto* Sumpf, Schmutz
zu denken. So erscheint auch sogar die *Blume* in Namen wie
Blaublum, Guntersblum, Maiblümchen und einem Dutzend anderer.

Ahd. *griuz* glarea erscheint ein einziges Mal sec. 9 in Bi-
lingriez. jetzt haben wir Länggries, Obergries, Pfarrhofgries,
Brunngries u. dgl.

Ein rechtes Zeichen zum Wiedererkennen gewisser Häuser bilden Gegenstände wie ein *Block*, eine *Stange*, ein *Pfahl*,
eine *Säule*. Sie alle kommen in Ortsnamen vor wie Aichen-
block, Holmblock, Hohenblöcken, Querblöcken; Bahnstangen,
Vogelstange; Echterspfahl, Scheidepfahl; Schwedensäule, Ir-
menseul, Armenseul (während die alte Irminsul noch nicht
als Name anzusehn ist, geschweige denn die Pseudoirmensäule
im Dom zu Hildesheim). Auch *Balken* findet sich in Griesen-
balken, Meesbalken, Probstbalken, Schierenbalken. Dahin gehört auch *Kreuz*: Heiligenkreuz, Hochkreuz, Lindenkreuz,
Schwarzkreuz und Anderes, zum Theil von einem öffentlich
aufgerichteten Kreuze, zum Theil aber auch von heiligen Reliquien so genannt. An letzteren Sinn schliessen sich Namen
auf *Bild* wie die Wallfahrtskirchen Höttinger Bild in Tyrol und
Vesperbild im bairischen Schwaben, obgleich ich im Uebrigen
von den Oertern auf -bild schon S. 45 angedeutet habe, dass
sie Schwierigkeiten machen.

An die Begriffe von Weg oder Strasse fügen sich *Trift*
und *Bahn* an; wir kennen Oerter wie Dauentrift, Gänsetrift
oder Langenbahn, Reperbahn, Wildbahn, Stechbahn (ein häufiger Strassenname); besonders begegnen oft niederländische Namen auf -baan und flämische auf -baen; im Osten mag mitunter poln. *bagno* Sumpf zu Grunde liegen. Eine nur an der einen Seite bebaute Strasse scheint man mit den Wörtern *Zeile, Seite,
Reihe* zu benennen, so in Koppenzeil Oberzeil oder in Strassennamen wie die Jägerzeil in Wien; ferner Freiseite, Kleinseite,
Moorseite, Morgenseite. Neben -reihe (Horstreihe, Kirchreihe)
gilt auch -riege (Gänseriege, Teichriege), -riehe (Brandriehe,
Kreuzriehe), -rege (Heidrege, Moorrege), -rühe (Fuhlenrühe).

Auch *Flucht* bezeichnet die grade Linie, in der Häuser, Zäune, Bäume auf einander folgen; dazu gehörige Namen sind Ahrensflucht, Hinflucht, vielleicht auch, wenn im ersten Theile ein Personenname liegt, Falkenflucht. Seltener als alles dieses findet sich in Namen das ahd. *halba* latus, regio, noch jetzt mundartlich *Halbe* für Seite. Im bairischen Schwaben liegt ein Ort Ritzensonnenhalb und dabei ein Ritzenschattenbach, wodurch also das bezeichnet wird, was man sonst durch Sommerseite und Winterseite ausdrückt.

Schon im dritten Capitel erwähnte ich die Namen auf *-theil;* moderner sind die synonymen auf *-stück* wie Breitenstück, Krummenstück u. s. w. und damit berührt sich wieder *-fleck*, z. B. in Amtsfleck, Nesselfleck, Schönfleck, während dasselbe Wort, insofern es in den Sinn von vicus (Flecken) übergeht, schon im dritten Capitel seine Stelle finden musste.

Ein mit Moos bewachsener Grund heisst bairisch *-filz*, z. B. in Aichlofilz, Oberfils, Simsfilzen u. s. w., genau zu scheiden von den an einem Flusse Vils, alt Filusa, liegenden Oertern wie Langvils.

Es fällt in die Augen, dass die Scheidung dieser Namen, die erst durch den Vorgang der dativischen Ellipse möglich gemacht wurden, von denen, welchen ich eine Stelle im dritten Capitel einräumte, nicht eine ganz scharfe sein kann, doch wird man im Ganzen den Eindruck erhalten haben, dass es sich mit diesen modernen Bildungen in der That etwas anders verhält als mit jenen älteren.

Wir hatten oben bei Formen auf *-pfahl, -stange* u. dgl. gesehen, wie ein solcher in der Nähe eines Hauses angebrachter Gegenstand dem Hause selbst und damit auch ganzen Oertern durch Ellipse den Namen verleiht. Das führt uns gleich auf die grade zum Zwecke der Benennung an den Häusern angebrachten Zeichen, die Schilder und Inschriften. Sie werden besonders an Wirthshäusern angewandt, in Badeörtern aber oft auch an jedem andern Hause, das zur Aufnahme von Gästen offen steht; der Gebrauch ist früher viel allgemeiner gewesen; aus Paris kennen wir eine ganze Anzahl solcher benannten Häuser aus dem 16. Jahrhundert.

In nichts bestehen diese Zeichen häufiger als in Thiernamen. Theilweise waltet hiebei noch eine gewisse Natürlichkeit, wie in Brauner Hirsch, Buntekuh, Goldfisch, Rothe Hahn, Schwar-

zenraben, Wilde Gans, Weissenpferd, dann aber wird es namentlich mit der Farbe nicht mehr genau genommen, wie in
Blauenfuchs, Goldochs, Grüne Sau, Weisse Adler. Zum Eintreten sollen auffordern solche Bildungen wie Blauer Hecht, Fette
Henne, Hungriger Wolf, Lockfinke, und endlich giebt es daneben noch mancherlei Ungethüme, von denen der Grund schwer
einzusehen ist, wie Wehrwolf, Faule Katze, Dreckente u. s. w.
Die Dreischweinsköpfe, ein Ort bei Danzig, sind aus dem Wap-
pen einer ehemals dort begüterten Patricierfamilie entnommen.
Nicht ganz selten kommt in solchen Namen das Wort *Vogel*
vor: Bonvogel, Hirschvogel, Kothvogel, Krannbethvogel u. s. w.

Sehr bunt ist aber auch ausserhalb der Thierwelt das
Reich der Wirthshaus- und damit zusammenhangenden andern
Ortsnamen. Die sprachlich besseren unter ihnen haben auf das
Wirthshausleben irgend einen Bezug, wie Bratwurst, Butterfass
(Salzfass, Bierfässchen), Feinschluck, Fröhlicher Mann (bei Hof
in Baiern liegt auf einem Berge sogar das Gasthaus zum Fröh-
lichen Stein), Kaffeekanne, Leerenbeutel (Fegebeutel, Zehrbeutel),
Letzter Groschen (-Heller, -Stüber; auch in Ostflandern Laesten
Stuyver), Schönmädel, Weintraube; andere erfreuen sich eines
mehr willkürlichen und deshalb meistens auch edleren Wap-
pens, wie Blauer Stern, Halbemond, Hohensonne, Blauhand,
Eiserne Hand, Dreikronen, Rautenkranz, Dreililien, Dreitrom-
meln, Nackte Engel, Weisse Rose, Silberne Rose (letzteres ist
eine Einöde in Oberfranken; ein Bernhardus de argentea rosa
dioecesis Pragensis begegnet a. 1529).

Ich habe bis hieher absichtlich lauter solche Gasthäuser angeführt, die nicht in Städten oder Dörfern, sondern einzeln liegen und gewissermassen besondere Ortschaften bilden; ihre
Lage lässt sich leicht aus den topographischen Nachschlagewer-
ken erfahren.

Die städtische Bezeichnung solcher Häuser ist natürlich
etwas vornehmer, noch mehr im Norden Deutschlands als im
Süden; besonders werden viel hohe Personen als Aushänge-
schild verbraucht. Dergleichen Namen wie „zum Kronprinzen,
zum Kaiser von Russland" werden in dieser dativischen Form
meistens nur auf dem Schilde geführt, in der gewöhnlichen
flüchtigeren Sprache sagt man schon „der Kronprinz ist theuer,
der Kaiser von Russland ist verkauft." Eben so verfährt man
mit den von Städten hergenommenen Gasthausnamen, „die Stadt

Hamburg" u. s. w. Die vornehmste Bezeichnung, das unver-
meidliche Hôtel de —, gehört nicht in eine deutsche Namenkunde.

Ganz ähnlich wie bei diesen Gasthausnamen ist der Vorgang, wenn Häuser, die eine freie Lage haben und dem Winde
ausgesetzt sind, gradezu Allenlüften oder Allenwinden genannt
werden, wie wir solche Namen besonders in der Schweiz mehrfach haben; Tout-Vent und Tous-Vents giebt es im Hennegau
und in Brabant, Koeelucht in Overyssel; eine Gegend bei El-
bingerode im Harz heisst aus demselben Grunde die Unart.

Solche Namen wie die verzeichneten haben an sich schon
gar keine Realität mehr; sie vertreten die bezeichneten Oertlichkeiten schon durch eine starke Abstraction, vermittelst einer
oft etwas complicirten Idee. Und so ist es denn auch möglich
geworden, überhaupt abstracte Begriffe zu Ortsnamen zu
verwenden. Diese krankhafte Verirrung des Sprachgeistes
wurde nur herbeigeführt durch jene ersten oben besprochenen
Schritte und deshalb gehört sie als Folge der Ellipse recht eigentlich hieher; sie ist erst in einer Zeit erfolgt, wo man schon
längst darüber hinaus war sich noch mit dem Bilden oder Em-
pfinden der Dative in den elliptischen Namen aufzuhalten. Es
ist ein komisches Trauerspiel, das sich hier unserm Blicke entfaltet, und wir werden auch hier die Kleinheit des Schrittes
vom Erhabenen zum Lächerlichen wahrnehmen.

An der Spitze aller abstracten zu Ortsnamen verwandten
Begriffe stehn zwei Ausdrücke, welche Zustände bezeichnen,
nach denen der natürliche Mensch vor Allem strebt, die Ju-
gend mehr nach dem einen, das Alter nach dem andern; es
sind das die beiden Begriffe der Lust und der Ruhe. Der
Ort, bei welchem ein gewisser Heinrich seine Ruhe oder seine
Lust suchte oder fand, müsste *zur Heinrichsruhe, zur Heinrichslust* heissen; damit macht sich aber die Sprache in dieser
jungen Periode nicht zu schaffen; es heisst einfach Heinrichsruhe, Heinrichslust. Im Ganzen finde ich als Namen bewohnter Oerter (der unbewohnten, die so benannt sind, giebt es Le-
gion) in Deutschland 35 Mal *-lust* und 93 Mal *-ruhe*, z. B. Char-
lottenlust, Ravenslust, Rheingrafenlust; Augustenruh, Dallwigs-
ruhe, Ludwigsruhe. Auch in den Niederlanden ist -lust (Duin-
lust) und -rust (Diepenrust) nicht selten; bei Gröningen liegt
sogar ein Rust-lust, bei Delft ein Rust-en-lust. Das idyllische

Bild von Ruhe und Lust wird vervollständigt durch den Ge-
sang der Vögel, und Vogelsang ist in der That ein sehr häufiger Ortsname (einen Waldnamen Vogelgesang finde ich 1674);
auch Lerchensang und Zeisiggesang kommt vor.

Weit seltener als Ruhe und Lust zeigen sich andere Ab-
stracta, so in Deutschland 9 Mal Glück (Friedrichsglück, So-
phienglück), 5 Mal Freude (Karlsfreude, Marienfreude), 5 Mal
Huld (Königshuld, Friedrichshuld), 6 Mal Gabe (Frederiksgabe,
Theresiengab), 6 Mal Gnade (Gottesgnade, Königsgnade), 2 Mal
Hülfe (Friedrichshülf, Mariahülf), 8 Mal Wunsch (Johanniswunsch,
Wilhelmswunsch), 12 Mal Wille (Fürstenwille, Josephswille),
6 Mal Fleiss (Burchardsfleiss, Hellerfleiss), 5 Mal Mühe (Erd-
mannsmühe, Leopoldsmüh), 5 Mal Treue (Gottestreu. Weiber-
treue), 4 Mal Segen (Louisensegen, Vaterssegen), 3 Mal Hoffnung (Adamshoffnung, Gute Hoffnung). Alle diese Begriffe
fassen sich zusammen in *Leben* vita, vgl. Armesleben, Langesle-
ben, Mühleben, Ruhleben, Freileben, Friedleben, Friedrichsleben,
welche mit den im dritten Capitel erörterten organischen Bildungen auf -leben nicht zu verwechseln sind. Dazu kommen
dann noch Namen von Kirchen und Kapellen wie Maria Heim-
suchung, Maria Himmelfahrt, Maria Schmerz, Maria sieben
Schmerzen.

Scherzhaft klingt das folgende Verzeichnis, bei dem man
ordentlich Mühe hat nicht zu vergessen, dass es sich um Ortsnamen handelt, die auf den Specialkarten leibhaftig eingetragen
sind: Friedrichsgüte, Friedrichsmilde, Ennoswonne, Gottesbesche-
rung, Gottesbelohnung, Wilhelmsgrille, Landstrost, Abgunst,
Missgunst, Ungunst, Vergunst, Unruhe, Verdruss, Adamsverdruss,
Friedrichsverdruss, Aergerniss, Neu-Aergerniss, Hinderniss, Armuth, Vorsicht, Weibergram, Weiberkränke, Aussicht, Fried-
richsanfang, Friedensfolge, Beschluss, Königsdank, Abdank,
Landspreis, Frauendienst, Platendienst, Dietrichspflicht, Frauen-
lob, Freundschaft, Kundschaft, Gesellschaft, Nachbarschaft, Vereinigung, Anfertigung, Erinnerung, Zufriedenheit, Gelegenheit,
Herrlichkeit, Eintracht, Gutthat, Nimmerfried, Zuflucht, Glocken-
klang, Hochzeit, Blumenschein, Sonnenschein, Mondschein, Abend-
roth, Morgenröthe, Frühling, Unwerth, Unwürde, Unverzug, Fröh-
liche Wiederkunft, Ehre des Landes, Friedrich der Grosse, Blü-
chers Vorwärts. Sogar Adjectiva kommen so vor, wie Sorgen-

14

frei, Wohlbedacht, Unverdorben, Ungewiss, Freudenreich, Tugendreich.

Ganz ähnlich steht es in Niederland; da finden wir z. B. Dankbaarheid, Vrolijkheid, Eendragt, Ongemak, Boerenverdriet, Vrouweverdriet, Schraaljammer, Kort-Beraad, Vrije Keur, Buitengedochten, Nooit-Gedacht, auch participiale Bildungen wie Kostverloren und Weltevreden.

Man sollte glauben, dies sei der letzte mögliche Schritt zum Unorganischen; es ist aber erst der vorletzte. Endlich nämlich schlägt dieses Abtödten alles Sprachgefühls dahin um, dass die Oerter gar nicht mehr darauf warten, bis man ihnen ihre schlechten Namen beilegt, sondern dass sie gewissermassen erzürnt über solchen Sprachunfug selbst gespensterhaft lebendig werden und ihren Namen ausrufen. Das sind die imperativischen und interjectionellen Namen. Der häufigste von diesen, in Deutschland sehr oft begegnend, ist der Name Siehdichum, d. h. also ein Ort, der so beschaffen ist, dass er, wenn man ihn besucht, diesen Namen auszurufen scheint. Damit berühren sich nahe Luginsfeld, Schauinsland, Gucklnsdorf (ein alter Thurm in Danzig heisst Kick in de Koek), Sieh auf, Kuckum, niederl. Kijkuit. Andere Oerter ermahnen zur Vorsicht: Passauf, Passop, Sichdichfür (Sichtigfür, Sichtigvor, Sidafür, Sieh dich für); Sichdichfür und Traunicht liegen im Kreise Sagan in Schlesien dicht neben einander. Andere laden zum Eintreten ein: Duckunder, Krupunder, Legan, wozu auch wol niederl. Vreet-op gehört. Einige sprechen fromme Wünsche und Grüsse aus, wie Glückauf, Glückzu, Gotthelf, Gotthilf, Grüssgott, Helfmirgott, Schönwillkomm, Willkommen, Wohlauf, oder sie haben einen Abschiedsgruss wie Behütgott, Ruhewohl, Kehrwedder, Kehrwieder. Japup, Lurup, Schlutup sind niederdeutsch, Hupfauf hochdeutsch. Ganz vereinzelt sind Habenichts, Hornshurrah, Juchheh, Reissaus, Thumirnicht, Wärstdubesser; mit welchem Wunsche wir diese ganze wilde Art der Namengebung beschliessen.

Man könnte noch als eine Art von Ellipse diejenigen Fälle ansehn, wo man den einen Endpunkt einer Linie nach den Bewohnern des andern nennt, wie Potsdamer Thor, Frankfurter Bahnhof, Spandauer Strasse (das erste Wort ist hier immer ein Gen. Plur., wird aber jetzt als Adjectivum gefühlt), doch liegt darin mehr eine Gedanken- als eine Wortellipse, oder anders ausgedrückt, der Exponent der Composition ist hier genau genommen ein sehr complicirter.

VII. Differenzirung.

Die Differenzirung ist das Gegentheil der Ellipse; während bei der letzteren ein wesentlicher Theil des Namens fehlt, wuchert bei ersterer ein überschüssiges Glied hervor. Die Differenzirung erwächst aber andererseits aus derselben Wurzel mit der Ellipse; beide gehen davon aus, dass das Grundwort des Namens im Laufe der Zeit immer mehr gegen das Bestimmungswort zurücktritt; während die eine dieser Erscheinungen diesem Triebe durch Subtraction vom Grundworte nachkommt, leistet ihm die andere durch Addition zum Bestimmungsworte Genüge.

Eine Definition dieser Namendifferenzirung würde also darauf hinauslaufen, dass sie behufs Unterscheidung zweier gleicher Namen den einen oder auch beide zugleich durch ein dem schon fertigen Namen vorangestelltes neues Bestimmungswort erweitert. So schwer es ist die Grenze zu bezeichnen, durch deren Ueberschreitung ein Wort zum Namen wird, so verschwimmend ist auch oft der Uebergang von einem gewöhnlichen zu einem differenzirten Ortsnamen; eben so wenig, wie die erstgenannte Schwierigkeit von der Ortsnamenforschung überhaupt abhalten darf, eben so wenig darf die letzte von der Untersuchung der differenzirten Namen zurückschrecken.

Es versteht sich, dass nicht immer der differenzirte Namen aus drei Gliedern zu bestehen braucht; zwei genügen vollkommen. Ostfranken und Westfranken sind sicher differenzirte Namen, da zur Zeit ihrer Entstehung das Wort Franken kein blosses Appellativum mehr, sondern schon ein wirklicher Namen war; die Nordmannen sind dagegen ein ohne Differenzirung bezeichnetes Volk, da es kein Volk Namens Mannen gegeben hat.

Wie ich oben die Grundwörter der Ortsnamen mit unsern Vornamen, die Bestimmungswörter mit unsern Familiennamen verglich, so entsprechen die differenzirten Ortsnamen den Namen unserer einzelnen Geschlechterlinien. Ein Mendelssohn-

14°

Bartholdy nimmt unter den Personennamen sprachlich dieselbe
Stelle ein wie ein Altranstädt unter den Ortsnamen.

Die ältesten Differenzirungen zeigen sich bei den Völker-
und Ländernamen und in dieses Gebiet gehören sie auch in
der That am natürlichsten, da sich der Zusammenhang zweier
lebendigen Volksstämme leichter ergiebt, als der zweier benachbarten Städte oder Dörfer. So erscheinen die Austrogothi
und Wisigothi seit sec. 4 und 5, die Nordosquavi an der Bode
seit sec. 7, Ostfalahi und Westfalahi sec. 8, In demselben
Jahrhundert auch die Norththuringi und die Landschaft Nort-
thuianti, sec. 9 die Nordalbingi, während das erste Vorkommen der Ostsaxones von der Abfassungszeit der unech-
ten Capitularien Karls d. Gr. abhängt. Austrifrancia und West-
frisia tritt erst sec. 11 auf. Andere Differenzirungswörter als
die Ausdrücke für Weltgegenden sind sehr selten, doch kommen Moinwinidi, Nabawlnida und Radanzwinida bekanntlich
sec. 9 vor und auch Trunwalha (sec. 8) könnte als differenzirter Volksname gefasst werden. In unbestimmter Zeit werden einmal Walagothi erwähnt.

Alle übrigen differenzirten Ortsnamen ziehe ich vor nach
den Kategorien der Differenzirungswörter zu ordnen, wobei sich
auch zugleich der landschaftlich mehr oder weniger beschränkte
Gebrauch der Differenzirung ergeben wird.

Der häufigste Gebrauch dieser Art wird den Bezeichnungen der Weltgegenden zu Theil. Friesische Namen vor dem
Jahre 1100 sind folgende: Ostanbretana, Osterbintheim und We-
sterbintheim, Ostsaghem und Westsaghem, Osterburghem und
Westerburghem, Hosteppenheri und Westeppenheri (so wird
wol statt Westeppenhem zu lesen sein), Westerkinlosun, West-
ristan beverigiseti, unter elf Fällen also nur Ost und West,
kein Nord und Süd.

Westfalen liefert Vieles: Asthlacbergon, Astrammashuvila,
Astnederi und Westnederi. Nortburgnon, Northgardinum und
Suthgardinum, Northliunon, Suthemisahornon, Suthreni, Su-
thar(z)ezzehon, Westhelnon, Westhornon, Westjudinashuvila,
Westsmithikingthorp, Westerhesi, Westerelisungen, Westarlac-
seton.

Aus Engern kenne ich nur ein Northsulerecampon. Ostfalen enthält ein Ostwerri, Suthlochtenheim, Sudergletinge, We-
sterkiella.

Nordthüringen hat Folgendes: Osteregolon und Westeregel,
Ostersalthusen, Osterwaddinga, Nordammunesleva, Westergro-
ningen.

Das eigentliche Thüringen weist auf: Ostfanero und Nortfanere (also kein directer Gegensatz), Ostmilingi und Westmi-
lingero marca, Ostersnên, Nortsumeringen, Westerenerich.

Dieser Menge von Beispielen gegenüber, die einen Zusammenhang friesischer, sächsischer und thüringischer Art bekunden, weisen Lothringen, Elsass, Ripuarien, Ostfranken, Schwaben, Baiern und die Ostmark zusammen nur sechs Beispiele
auf, nämlich Osterspeia und Westerbeia in der Gegend von
Coblenz, Sundphorran am oberen Laufe der Donau, Nordflusa
in Baiern, Sundermaeningen in Oestreich und Northessi in unbekannter Gegend.   Ostheringa in Oberöstreich gehört nicht
hieher, sondern ist nur eine Ableitung des Personennamens
Osther.

Von allen genannten Formen erscheint eine zuerst seit
sec. 8, neun seit sec. 9, sechszehn seit sec. 10 und neunzehn
seit sec. 11, die Zeit der übrigen ist unbestimmt.   Aus dieser
Angabe ergiebt sich das Auftreten dieser Erscheinung in geographischer und historischer Beziehung. Beispiele für den heutigen Gebrauch dieser Namenbildung liefern die geographischen
Wörterbücher in Menge; es ist daher hier nicht nöthig sie zu
verzeichnen. Im Ganzen wird man auch noch gegenwärtig solche Namen auf das nordwestliche Deutschland und die Niederlande beschränkt sehn.

Den Weltgegenden zunächst stehn an Häufigkeit als Differenzirungswörter die Begriffe von *hoch* und *tief*. Ich führe
hier alle mir bekannten vor 1100 vorkommenden Namen an,
daneben noch einige spätere: Berghalostron, Perhpuopinga,
Perchwilling. — Talamazinga. — Hohperchach, Homessingen,
Honredere, Hohseoburg, Hohspira, Hohberahbah (Hohenlandes-
perg a. 1544). — Nidirenbibiraha, Nederencoufunga, Nidergel-
tingen. — Operachalpacha, Oberargewe, Oberbebonouillare, Ovoronbeverungen, Overencoufunga, Ovorandvergian, Oberen-Loge-
nahe, Uberan-Malsna, Obermarestad, Overspeion, Obersulegen.
— Ubhriustri, Uflelda, Ufturunga, Upweredun, Upwilcanhem.
Diese Gegensätze verbreiten sich mehr durch ganz Deutschland
als die der Weltgegenden.

Unsere jetzige Geographie zeigt solche Bildungen in grosser

Menge und sehr zerstreut. Die hohe Lage wird bezeichnet durch *hoch* (Hochwolkersdorf, Hohenschambach), *ober* (Obersalzbrunn), *Berg* (Berglangenbach; von diesen Differenzirungen mit Berg giebt es etwa ein Dutzend, darunter die Hälfte in Baiern). Die niedrige Lage dagegen bekunden die Ausdrücke *tief* (Depenrehmen, Tiefenhöchstadt, letzteres eine auffallende Zusammensetzung), *unter* (Untersteinbach), *nieder* (Niederpriesching, Niedernalltag 1554, Niederheydesberg 1443), *Thal* (Thalreichenberg). Zu bemerken ist, dass *nieder* ein älteres Differenzirungselement ist als *unter*; das jetzige Unterstoppel in Hessen heisst noch 1409 Niedernstopfel.

Auf Berg und Thal weisen auch Gschlachtenbretzingen und Rauhenbretzingen in Wirtemberg, ferner die mit *kalt* gebildeten wie Kaltenlengsfeld, Kaltennordheim (sie sind recht im Rhöngebirge zu Hause).

Auch die mit *Winter* zusammengesetzten mögen hier ihre Stelle finden, obgleich damit vielleicht weniger ihre hohe Lage als die Lage an der Nordseite gemeint ist. Die ältesten Beispiele dieses differenzirenden *Winter* datiren aus sec. 9 wie Winterfulinga und Wintersulaga; Winterschonfeld finde ich a. 1534. Ein sicher differenzirendes *Sommer* ist unter den zahlreichen so beginnenden Namen kaum mit Gewissheit nachzuweisen.

Zwischen der Höhe und Tiefe steht die *Mitte*. Sie erscheint sec. 9 in Midlistan-fadhar-vurde (jetzt Misselwarden), sec. 11 in Mittirnoulag, gegenwärtig z. B. in Mittelherwigsdorf, Mittelneifnach, Mitterarming, Mittergrasseck u. s. w.

An hoch und tief schliesst sich begrifflich am nächsten der Gegensatz von *Wald* und *Feld* an. Alte Namen sind nur im mittleren und südlichen, nicht im nördlichen Deutschland zu finden: Hartbeningas, Holcbiberen, Holzeggtide, Holzmohingas, Holzsuozara, Holzzollingan, Waldbaringi, Waldgermice, Waltunnin, Veltegglethe, Feldgundinga, Feldmochinga, Feldtuhhinga. Dieselben Ausdrücke erscheinen auch gegenwärtig differenzirend, wie in Hartpenning, Holzthalleben, Waldlaubersheim, Feldengel. In den heutigen Ortsnamen kommt auch statt des allgemeinen *Wald* der Name einer einzelnen Baumart so vor, vgl. Thannhöcking, Thannschöpfen, Thannsüss, Eichenbarleben.

Auch die älteste Bedeutung des Wortes *Gau* tritt noch in der Gegenwart durch die Differenzirung recht klar hervor; vgl. Gaualgesheim und Waldalgesheim, Gauangelloch und Waldangelloch, Gauaschach und Waldaschach. Dieser Gebrauch des Wortes Gau beschränkt sich auf die Pfalz (sowol die bairische als auch die hessische und badische), während Gau als G r u n d - w o r t in der Bedeutung von Feld (z. B. Oberammergau) im südlichen Baiern zu Hause ist.

Wie man aus dem Walde ins *Freie* hinaustritt, so könnte *frei* auch in differenzirten Namen, wie Freienbessingen, Freien- seiboldsdorf, Freiensteinau, Freyenorla (letzteres a. 1535) eine unbewaldete Gegend bezeichnen, wenn nicht der Sinn von Frei- heit, den ich S. 104 anführte, hier vorzuziehn ist.

Der nächste Gegensatz ist der von *gross* und *klein*. Als alte Beispiele erwähne ich: Langon-Buokheim, Lengerit (jetzt Grossheret), Langmeissina, Scammunfulda, Scamnirote, Scanwi- lina, Smalensinna. In der Gegenwart werden so gebraucht: gross (Grossingersheim, Grossenbuseck, a. 1344 Grozon Rom- stete), michel (Michelwinnenden), lang (Langensalza, Langhen- nersdorf), breit (Breitenworbis, Breitforchach); das Gegentheil bezeichnen: klein (Kleinmünchen), lützel u. s. w. (Lützelwiebels- bach, Lützelrimbach, Lütjenhastedt, Lütgenwistedt), schmal (Schmalenbergham), kurz (Kurzenkünzing); endlich wenig (ge- genwärtig etwa zwanzigmal, wovon zehn Fälle in der Nähe von Weimar, z. B. Wenigenjena). Von diesem *wenig* begegnen Beispiele seit sec. 14 differenzirend: Wenigin Romstete a. 1344, Wenige Löme 1434; aber das jetzige Wenigen-Umstadt bei Aschaffenburg ist falsch verstanden, sec. 11 hiess es Wine- mundestat.

Noch häufiger als gross und klein werden sich die Be- griffe *alt* und *neu* entgegengesetzt, wobei zu bemerken ist, dass die Namen mit *neu* in der Regel älter sind als die mit *alt*, da erstere den Gegensatz der letzteren hervorriefen. Natürlich ist es ferner, dass es unzählige Neu- giebt, denen das entspre- chende Alt- fehlt, sei es dass der letztere Ort untergegangen ist oder dass es niemals zur Bildung eines entsprechenden Na- mens mit Alt- kam; vgl. Brandenburg (nicht Alt-Br.) und Neu- brandenburg (Neobrandenburg a. 1552). Wie viele Städte mö- gen eine Neustadt, aber keine ausdrücklich so benannte Altstadt haben! Die Altstadt von Dresden wird noch 1550, als beson- dere Stadt, Altendresden genannt. Wie sehr sich der Begriff Neustadt häuft, so dass er zur Differenzirung auffordert, zeigt die Alte Neustadt und die Neue Neustadt bei Magdeburg.

Trotzdem finde ich vor 1100 noch keine Differenzirungen
mit neu, wol aber manche mit alt: Aldinbuggin, Altgatersleve,
Aldenglane, Aldenguberen (wol -guderen zu lesen), Altenhei-
liuge, Altenherise, Aldonhotnon, Oldenhreni, Aldenlether, Aldin-
mulhusin, Alden Schildece, Aldenwaddinge, Althenwineden.
Jetzt sind Namen mit Alt- sehr häufig (Altranstädt, Altenoythe),
noch häufiger aber solche mit Neu- (Neuenmarhorst, Neulinden-
berg, Nienseebogen, Negenharrie; Neuenhaldesleben a. 1544).
Statt des letzteren kommt auch *jung* vor, z. B. Jung-Bunzlau
oder niederl. Jong-Breskens.

Das Vorhandensein des *Wassers* bei einem Orte oder die
dürre und *wüste* Lage desselben begründet einen weiteren Gegensatz. Alte Beispiele sind: Ahatuhhinga, Seorebininga, Thur-
ron bokholta, Duriugrasmarasaha, Duren Withendal, Wostun-
steinaha. Denen entsprechen neue Formen wie Dürrenhetten-
bach, Dürrenmettstetten, Wüstenberscheid, Wüstenberghausen.
Auch *Wasser* kommt so vor, z. B. in Wasserbiblos, Was-
serbillig. Das bairische Wassertrüdingen heisst noch sec. 11
Truhemuotingen, a. 1541 Wasserdrihendingen, a. 1558 Was-
sertrittungen. Eben so begegnet *nass*, z. B. Nassenerfurt, und
trocken, z. B. Trockenerfurt. Ja es werden so die Namen
einzelner Flüsse verwandt, wie der Rhein (Rheinbischofsheim,
Rheinbreitbach), die Donau (Donaueschingen, Donauwörth), der
Neckar (Neckargröningen, Neckarkatzenbach), der Main (Main-
stockheim, Mainbernheim, a. 1532 Mhaynbornhaim), der Tauber (Tauberrettersheim, Tauberscheckenbach). Goldkronach
(a. 1539) liegt an der Kronach; etwa an dem Einflusse einer
Gollach? Filtzbiburg (a. 1534, jetzt Vilsbiburg) liegt an der
Vils. Brendlorenzen an der fränkischen Saale, sec. 9 nur
Branda, finden wir an der Mündung eines Baches, welcher jetzt
Brente heisst. Vippachedelhausen (a. 1380 Vipechwedelnhu-
sen) im Grossherzogthum Weimar wird von der Vippach be-
spült. Hält man dazu noch die oben genannten Moin-, Naba-,
Radanzwinida, so ergiebt sich leicht der Bezirk, in welchem
diese Bezeichnung zu Hause ist und welchen sie selten über-
schreitet. Merkwürdig ist die Umstellung von Bestimmungs-
und Grundwort in Traishorloff (Hessen), d. h. Trais an der
Horloff; noch 1387 hiess der Ort richtiger Hurlffdreyse.

Besonders die Flüsse werden häufig durch Zusatz eines
Ausdrucks für *Farbe* differenzirt. So finden sich alte Namen

wie Rotiutruna und Wizziutruna, Witzmoune, Wizer regin; bei
Thietmar zuerst wird auch die Elstra nigra genannt. Geläufig
sind uns Ausdrücke wie schwarze und weisse Elster, rother
und weisser Main (Weismain a. 1541). Andere Oertlichkeiten
ausser den Flüssen bezeichnen wir selten so, z. B. Gruonen
Widechen (jetzt Wittichen), Schwarzendachsberg. Es scheint
diese ganze Bezeichnungsweise aus dem Slavischen entlehnt zu
sein, wo sie sehr blüht.

Nicht ganz selten ist das Verhältnis der Lage zweier Oerter durch ein vorgesetztes *Hinter-* (*Achter-*) oder *Vorder-* angegeben, doch nur in neueren Namen, z. B. Hintergrünbach,
Hinterhartenthal, Achterdeich, Achterberg, Vorderholzleiten, Vor-
derhornbach. Wie zu diesem Vorder- und Hinter- stets noch
ein dritter Ort gedacht werden muss, von welchem aus der
eine Ort vorn, der andere hinten liegt, so auch in dem seltenen Gegensatze von *nah* und *fern.* Fernmittenhausen und Nä-
hermittenhausen liegen im Landgericht Neuburg an der Donau,
Näherstille liegt näher an Schmalkalden als seine beiden Gegensätze Mittelstille und Springstille. Nähermemmingen liegt bei
Nördlingen; in Sachsen südöstlich von Chemnitz findet sich
Gross- und Klein-Rückerswalde, für deren ersteres auch Fern-
Rückerswalde gilt. Im nördlichsten Theile von Rügen ist ein
Fern-Lütkevitz verzeichnet; in Hanover liegt ein Fernhavekost
und Paulmannshavekost neben einander; sonst sind noch Fern-
breitenbach, Fernbromberg, Fernegierscheid, Ferneichelberg bekannt. In den Niederlanden findet sich Naastebest und Ver-
rebest.

Ein ähnlicher Gegensatz liegt in *aussen* und *innen,* z. B.
Aussernzell und Innernzell in Niederbaiern, Binnenwete-
ring und Buitenwetering in Overyssel, Uiterstewehr in Ostfriesland.

Seltener kommen manche andere Bildungen differenzirend
vor; ich verzeichne z. B. aus dem Buchstaben H folgendes:
Heidenoldendorf, Herzbochold, Heugrumbach, Himmellindach,
Hornoldendorf, Hornsömmern. Es verlohnt nicht der Mühe
dergleichen in grösseren Massen zu sammeln; die Deutungen
sind leicht und ergeben sich aus den vorigen Capiteln.

Alle bisher erwähnten Differenzirungen beziehen sich auf
natürliche Verhältnisse. Aber auch der Mensch mit seinen Namen, seinen Bauten, seinen Einrichtungen giebt zu dieser Aus-

drucksweise Veranlassung, wenn gleich diese Kategorien lange nicht so häufig vorkommen wie die vorhin genannten.

Ganz vereinzelt steht unter Bildungen dieser Gattung ein altes Wegballithi, dem nichts Heutiges direct entspricht, doch findet sich noch jetzt ein Strass-Eberbach, Strass-Tendering und Aehnliches.

Für andere Arten lässt sich schon eher eine kleine Sammlung anlegen. Personennamen als Mittel zur Differenzirung gebraucht finde ich vor 1100 nur in wenigen Beispielen: Imenwaddinga, Wolfesbaringa, Wasunbifloz (jetzt Wasserbiblis, also falsch verstanden), Walesqueicha (Nebenfluss der Queich), Popponlurun (an der Lauer), Wanifredun (an der Friede). Von heutigen Namen möchte ich z. B. Heckendahlheim, Hitzendumicke und ähnliches zu Personennamen stellen; einiges wie Walternienburg ist klarer und bedarf keiner Sammlung.

Von den Gebäuden ist das älteste Differenzirungselement das Wort *Kirche*; vor ˙1100 begegnet schon Chirihbaringa und Kiricheilingen; jetzt haben wir in Deutschland über hundert differenzirte Ortsnamen mit Kirch-, Kirchen-, wovon über vierzig in Baiern liegen, besonders in Oberbaiern und der Oberpfalz; in Hanover und Braunschweig finden sich ein Dutzend; die andern sind durch ganz Deutschland zerstreut, selten kommen sie in Oestreich vor. Beispiele wie Kirchengel (a. 1556), Kirchehrenbach, Kirchenthumbach finden sich leicht. Der Bedeutung nach müsste man hier eigentlich zwei Klassen von Ausdrücken unterscheiden, nämlich solche, die einen Ort mit einer Kirche, und solche, die einen im Besitz einer Kirche befindlichen Ort bezeichnen. Synonyma von Kirche differenziren selten und spät, vgl. Klosterneuburg (Klosternaumburg a. 1531), Zellrüglingen.

Auch die *Burg*, obwol so alt in gewöhnlichen Namen, differenzirt erst so viel ich weiss seit sec. 16. Burgschwalbach finde ich erst 1540, bis 1424 kommt der Ort nur als Swalbach u. s. w. vor. Burkbornhaim findet sich a. 1543, Burckunstad 1555, heutzutage haben wir Burgpreppach, Burgsittensen, Borgholzhausen u. dgl. Warempne in Belgien ist die wallonische, Borchworm die flämische Form desselben Ortes. Neu ist natürlich *Schloss* wie in Schlossilbenstadt und Schlossvippach, letzteres entgegengesetzt dem Marktvippach (Martvipech a. 1221). *Hof* zeigt sich in Hofgeismar, Hofhegnenberg u. dgl.

Auch *Dorf* und *Stadt* wird jetzt zuweilen den Namen differenzirend vorgesetzt, z. B. in Dorf-Erbach, Dorf-Itter, Stadt-Ilm, Stadt-Oldendorf, Stadtcranach (letzteres a. 1558); die Schreibung, ob in einem Worte oder in zweien, schwankt natürlich sehr.

Namen bestimmter Städte und Dörfer zur Differenzirung gebraucht finden sich früh, aber selten; vgl. Suzereheilinge (d. h. Heilingen bei Süssra), Werneraholthuson (d. h. Holthusen bei Werne). Neuere Beispiele: Heiligkreuzsteinach, Kirchheimbolanden; gehört dahin auch Heimlichschönau?

Die Vereinigungen der Klosterbrüder, Nonnen und Ritter geben Anlass zu differenzirten Ortsnamen mit *München-*, *Frauen-* und *Herren-*. Ein München-, Mönchen- findet sich kaum dreissig Mal, davon ein Drittel in Baiern, ein halbes Dutzend in Thüringen, sonst vereinzelt; Frauen- zeigt sich etwa zwei Dutzend Mal, die Hälfte davon in Baiern, besonders im Süden; es fehlt in Hessen, Westfalen, Hanover und Umgegend; differenzirendes Herrn- kommt nur ein halbes Dutzend Mal vor. Beispiele, die sich zu je zweien auf einander beziehn, sind Münchengrebin und Herrengrebin, Frauenzimmern und Herrenzimmern, Frauenbreitungen und Herrenbreitungen. In München-lohra bei Nordhausen (a. 1290 Monkelar) ist merkwürdiger Weise niemals ein Mönchs-, sondern stets ein Nonnenkloster gewesen.

Auch die Wörter, welche Fürsten, Herrscher und Beamte verschiedenen Grades bezeichnen, sind in diesem Zusammenhange zu erwähnen. So erscheint der Kaiser in Kaiserslautern (a. 1522 nur Luthrea) und Kaiserswaldau. Der König kommt vor in Königschaffhausen und Königslutter; auch Stuhlweissenburg, lat. Alba regalis, weist auf den Ort hin, wo die Könige gekrönt und auf den Stuhl ihrer Vorfahren erhoben wurden. Der Herzog erscheint in Herzogenaurach und Herzogbirbaum, der Graf in Grafentraubach und Gräfentonna. Gräfenhaynchen heisst 1540 bloss Henigen, 1541 Grefenheinchen, doch noch später einfach Heinchen u. s. w. Für den Bischof erwähne ich Bischofwerda vom Jahre 1545; Bischofflorcha a. 1526 ist wol das wirtembergische Lorch. Sonst fällt hieher Voigtsdahlum, Voigtsreichenbach, Probstjesar, Abtsbessingen u. dgl., doch nichts altes.

Daran schliessen sich die Namen der Völker, wobei öfters

die Grundwörter (auf die es hier nicht ankommt) selbst undeutsch sind. So entspricht sich Deutsch Krone und Polnisch Krone, Deutschbrod, Böhmischbrod und Ungarischbrod; ferner Deutschmatrey und Windischmatrey, Preussisch- und Pommerisch Stargard; eben so kommt auch Welschbillig, Welschsteinach, Dänischmüssen vor. Ein aus Schwäbisch Hall Geborener erscheint a. 1524 als Hallensis ex Swevis. Das älteste Beispiel dieser Art ist Winediscunsalebizi aus sec. 11. Wünschensuhl im Grossherzogthum Weimar heisst a. 1283 Wendisch Sula, und so ist auch wol noch anderes Wünsch- zu erklären.

Nach dieser allgemeinen leicht zu erweiternden Uebersicht der in dieser Namendifferenzirung vorkommenden Begriffsklassen habe ich weiteren Forschern auf diesem Gebiete noch eine Warnung mitzuthcilen, welche sich auf eine hier oft fast unlösliche Schwierigkeit bezieht. Das ist die Schwierigkeit der richtigen Theilung dreitheiliger Namen. Man liest z. B. den Namen Vorderbüchelberg; er ist entweder Vorder-Büchelberg oder Vorderbüchel-Berg; im ersten Falle liegt ein differenzirter Name, im zweiten ein in gewöhnlicher Weise zusammengesetzter vor; da muss man sich also in Acht nehmen. Beim gegenwärtigen Beispiele ist übrigens die Entscheidung nicht schwer; denn da in der Nähe des genannten Ortes (im Jaxtkreis Wirtembergs) ein Hinterbichelberg liegt, so muss der Name zur Klasse der differenzirten gehören. Aehnliche verschieden zu beurtheilende Formen sind Kleinschneiderhof, Steingrabberg, Daubesbergmühle, Neugeistermühle, Oberbrunnwald, Edelthalhammer u. s. w.

Bleibt die Differenzirung innerhalb ihrer natürlichen Grenzen und ohne Verbindung mit einer ausschweifenden Composition, so kann sie der Sprache sehr zum Vortheil ausschlagen. Sie ist ein gutes Mittel die Zusammengehörigkeit gewisser Oerter anzudeuten und giebt dadurch oft einer Gegend eine Art von landschaftlichem oder heimathlichem Charakter.

Wir haben deshalb noch von den Namengruppen zu sprechen, die durch diesen Vorgang entstehn. In den bei weitem meisten Fällen bestehn diese Gruppen nur aus zwei Gliedern, deren Differenzirungswörter gradezu entgegengesetzte Begriffe sind, wie die unzähligen Gross- und Klein-, Ober- und Nieder-, Alt- und Neu-; so Nassenerfurt und Trockenerfurt, Hohenebra und Thalebra; andere Beispiele sind schon oben angeführt. Zuweilen aber ist der Gegensatz ein etwas freierer, wie in dem alten Ostfanero und Nortfanere, womit ausgedrückt wird, dass der eine Ort östlich, der andere nördlich von einem gewissen Punkte liegt, unter sich also der erste südöstlich vom zweiten und dieser nordwestlich vom ersten. So stehen sich Landkern und Moselkern gegenüber, wo letzteres das bestimmtere Mosel statt des allgemeinen Wasser- gesetzt hat.

Interessanter ist es Gruppen von mehreren Gliedern zu betrachten, da hier nie mehr ein ganz directer Gegensatz möglich ist und da hier Differenzwörter vorkommen, die ich ihrer grösseren Seltenheit wegen oben noch nicht angeführt habe. Am natürlichsten ist hier die Verbindung von Ober-, Mittel- und Nieder-, wie in Ober-, Mittel- und Nieder-Friedersdorf in der Lausitz. Hier können kleine Störungen eintreten; das bekannte Schmalkalden müsste Oberschmalkalden lauten, da neben ihm ein Mittel- und Niederschmalkalden liegt. So besteht neben Oberspay und Niederspay (oberhalb Coblenz) noch ein Osterspay, so wie neben Oberzenn und Niederzenn an der Zenn in Baiern noch ein Langenzenn (letzteres schon a. 1543). — Viel freier ist die Gliederung in anderen Gruppen: In der Gegend von Sondershausen liegt Holzsüssra, Marksüssra und Rockensüssra (in Urkunden dafür Suzzaren und Holzsuozara), nicht weit davon ein Wasser-, Holz- und Stein-Thalleben, nordwestlich von Gotha ein Oster-, Wolfs- und Gross-Behringen, An der Still, südöstlich von Schmalkalden, finden wir ein Näher-, Mittel- und Spring-Stille, an der Solms im Kreise Wetzlar ein Burg-, Hohen- und Kraft-Solms, im oberbairischen Landgericht Erding ein Glas-, Berg- und Nieder-Lern, an der Isen neben einfachem Isen noch Hofisen und Kirchisen.

Weiter entfaltet die Differenzirung vier Glieder. Südlich von Magdeburg haben wir ein Alten-, Oster-, Langen-Weddingen; urkundlich begegnet einfaches Waddinga und daneben Alden-, Oster- und Immenwaddinga, doch sind überhaupt wol nur drei Oerter gemeint. Die vier südlich von Sondershausen liegenden Dörfer Wald-, Feld-, Kirch- und Westerengel (alt dafür Englidi, Veltegglethe und Holzegglide) bezeichnen die Wohnsitze der thüringischen Angeln. Bei Langensalza findet man schon sec. 11 die vier Namen Heilingen, Altenheilinge, Kirchheilingen, Suzereheilingen, jetzt an deren Stelle Bothen-, Issers-, Kirch- und Neun-Heilingen. Immer sehn wir Thüringen, sowol das nördliche als das südliche, als Hauptbezirk die-

ser Namengruppen und finden im Einklange mit anderen Erscheinungen auch in der Gegend südlich von Meiningen solch
thüringisches Wesen; dort liegt an der Streu die viergliedrige
Namengruppe Ober-, Mittel-, Unter- und Heustreu. Im übrigen
Deutschland begegnet dergleichen seltener; am Günzbache, südlich von Giessen, zeigt sich ein Lang-, Eber-, Kirch- und Pohl-
göns (letzteres bedeutet das Göns am Pfahlgraben). Vier Quell-
flüsse der Naab differenziren sich als Wald-, Schweine-, Fich-
tel- und Heidenaab (letztere schon a. 1541 Heidenab, während
die Waldnaab sec. 11 Crumbanaba lautet). Eine Gruppe von
sieben Gliedern zeigt sich in der Gegend von Erfurt und
Weissensee, also wieder auf thüringischem Boden, wo wir folgende
Namen finden: Sömmerda oder Gross-Sömmern, Gangloff-,
Mittel-, Haus-, Horn-, Wenigen- oder Klein-, Lützen-Sömmern;
urkundlich vor 1100 noch ohne Differenzirung, nur in den
Schreibungen Sumeridi und Sumeringa; a. 1521 finde ich
Gangolffsommerden.

Man sieht aus mehreren der obigen Beispiele, dass es
eine Hauptveranlassung zur Differenzirung ist, wenn an einem
Flusse mehrere Orte liegen, die alle nach jenem Flusse benannt
sind, eine Erscheinung, die wir als Ellipse im vorigen Capitel
erwähnten; so giebt es also elliptische Namen, die zugleich zu
den differenzirten gehören; jenes Heustreu würde ohne Differenzirung bloss Streu, ohne Ellipse etwa Streudorf lauten.

Complicirt wird diese Erscheinung, wenn sie sich an meh-
reren gleichnamigen Flüssen wiederholt, die in derselben Gegend fliessen. Das auffallendste Beispiel hiervon findet sich in
der Mitte Deutschlands. In die Rednitz nämlich fliessen von
Westen her drei Flüsse des Namens' Aurach. An der ersten
Aurach liegen die Orte Peters-, Veit-, Bartelmes- und Roth-
Aurach, an der zweiten finden wir gar die sieben Namen Los-,
Glas- (oder Claus-), Kotzen- (oder Kurzen-), Mettel-, München-,
Herzogen- und Frauen-Aurach und an der dritten untersten,
zugleich auch kürzesten Aurach ein Unteraurach und ein Ober-
aurach, welches auch Stegaurach genannt wird. Wir finden
a. 1525 ein Herzoaurach (so), a. 1555 ein Hertzogenaurach,
sonst aber kann ich keine dieser Formen aus älterer Zeit
belegen.

Wird die Differenzirung, wie schon in diesem Beispiele,
bis ins Masslose getrieben, so ist dieses Mittel ein sehr gefähr-

liches, wenn es ein gewisses Stocken des lebendigen Sprach-
triebes verdecken soll; es führt dann zur Schwerfälligkeit, Ein-
tönigkeit und zu einer wahrhaft amerikanischen Vielsylbigkeit.
Am weitesten ist hierin der friesische Volksstamm gegangen;
ich weiss aber nicht, wie weit hier das Volk selbst und wie
weit etwa höhere Verordnungen gewirkt haben; manche Namen
jener Gegenden sehn mehr wie gemachte als wie gewordene
aus. Ein Beispiel möge das erläutern. Im Grossherzogthum
Oldenburg nicht weit vom südöstlichen Ufer des Jahdebusens
liegt ein Dorf Namens Schwey. In dessen Nähe finden wir
nun folgende Orte (es sind ausdrücklich alle als bewohnte
Orte bezeichnet): erstens Schweyburg, zweitens Schweyer-Al-
tendeich, drittens Schweyer-Aussendeich, viertens Schweyer-
feld, fünftens Schweyerkirchdorf, sechstens Schweyermühle.
Damit ist die Zusammensetzung dieser theilweise schwerfälligen
Bildungen noch lange nicht vollendet; bei Schweyer-Aussen-
deich liegen vielmehr zwei Bauerschaften Namens Schweyer-
Aussendeicher-Hausleute und Schweyer-Aussendeicher-Köter.
Damit könnte es nun genug und übergenug sein; nun tritt aber
noch die unglücklichste Differenzirung hinzu, und zwar in zwei
Richtungen. Erstens nämlich zerfällt jenes genannte Schwey-
burg in zwei Theile, Norderschweyburg und Süderschweyburg.
Zweitens aber liegen neben jenem Schwey, dem Stammvater
dieses ganzen Stammbaums, zwei Oerter, Norderschwey und
Süderschwey. Zu Norderschwey gehören wieder drei Ansiedlungen Namens Norderschweyer-Hausleute, Norder-Nordschweyer-
Köter und Süder-Nordschweyer-Köter. Dagegen gehören zu Süderschwey wieder drei verschiedene Orte, benannt Süderschweyer-
Hausleute, Nord-Süderschweyer-Köter und Süder-Süderschweyer-
Köter. Diese ganze Genealogie hier nach den Regeln der Kunst
bildlich darzustellen ist nicht anders möglich als bei Querfolioformat,
deshalb muss hier darauf verzichtet werden. Wer's nicht glauben
will, sehe genau Karten oder topographische Lexica nach. Und das
ist, wenn auch die gröste, doch nicht die einzige solcher Orts-
familien in jener Gegend. Dergleichen ist entweder eine sprachliche oder eine administrative Verirrung.

Bis hieher ist in diesem Capitel nur von derjenigen Differenzirung die Rede gewesen, durch welche ein dem Namen
vorgesetztes Element mit demselben verwächst. Dieser festen
Differenzirung steht aber noch eine losere entgegen, die darin

besteht, dass dem Namen ein anderer näher bestimmender Ausdruck mit Hülfe einer Präposition nachfolgt. Beide Arten verhalten sich zu einander wie die eigentliche und uneigentliche Composition; die erstere ist die echtere und ältere, die zweite die jüngere und auf weniger lebendigem Sprachgefühl beruhende. Es scheint diese letzte Art der Differenzirung wesentlich durch den zunehmenden und in weitere Fernen sich erstreckenden Verkehr hervorgerufen zu sein, um Irrthümer zu vermeiden. Daher auch sehr entfernt von einander liegende Oerter durch solche Zusätze unterschieden werden, wie Königsberg in Preussen und K. in der Neumark, Frankfurt am Main und F. an der Oder, Kirchheim im Ries und K. unter Teck. Am häufigsten verwendet man hier die Präpositionen *an* und *in*, das eben erwähnte *unter* ist selten. Wo man *bei* braucht, wie etwa Sundhausen bei Gotha oder S. bei Nordhausen, pflegt der Zusatz nicht eigentlich zum objectiv feststehenden Namen zu gehören. sondern ist mehr nur eine subjective Erläuterung des Sprechenden oder Schreibenden; in Süddeutschland pflegt man in diesem Falle auch *nächst* (Grinzing nächst Wien) zu verwenden. In den Niederlanden unterscheidet man z. B. Krimpen aan de Lek und Kr. op den Ijssel.

Am meisten solcher Differenzirung bedürftig sind die häufigsten Namen, vor allen der allergewöhnlichste, der Name Neustadt. Wir haben Neustadt an der Waldnab, — an der Aisch, — an der Saale, — am Kulm, — am Main, — an der Hardt, — am Harz, — unter dem Hohnstein, — am Rübenberge, — an der Mettau, — an der Heide, — an der Orla, der anderen hier nicht zu gedenken, die durch feste Differenzirung gebildet werden. Diese deutsche Art der Bezeichnung ist immer noch viel lebendiger, als die steife Manier, mit der man die nordamerikanischen Oerter durch Angabe von Staat und District differenzirt. Dass sie aber überhaupt nöthig ist und dass man für eine neubebaute Stätte in hunderten von Fällen trotz der übergenug vorhandenen Sprachmittel keinen andern Ausdruck fand als Neustadt, das gereicht uns nicht zum Ruhme.

Belgien eigenthümlich scheint es zu sein, dass auch ohne Präposition Elemente der Differenzirung den Namen angehängt werden, z. B. Wilsele-Beneden und Wilsele-Boven. Da diese Anordnung dem deutschen Sprachgeiste widerspricht und eben

daselbst auch französische Namenpaare wie Hermalle Basse
und Hermalle Haute zahlreich vorkommen, so wird man darin
romanischen Einfluss zu sehn haben.

VIII. Suffixe.

Blicken wir auf den bisherigen Gang der Untersuchung
zurück. Wir haben uns im dritten und vierten Capitel mit den
Grund- und den Bestimmungswörtern beschäftigt als den Bau-
steinen, aus welchen das stattliche Gebäude unserer Ortsnamen
aufgeführt worden ist, blickten dann im fünften Abschnitte auf die
Weise, wie diese Bausteine mit einander verkittet werden, und
lernten dann im sechsten und siebenten, wie man im Laufe der
Zeit am Fundamente immer mehr spart oder auch dasselbe
ganz für entbehrlich hält, während man anderseits den Oberbau
bis in schwindelnde Höhe hinaufführt und daran allerhand Zier-
rath und Schmuck anbringt, der nur zu oft das Unsolide des
Ganzen verdecken soll. Es kann nicht fehlen, dass wir bei
dieser Betrachtung des Stoffes schon öfters auf die Form, die
man ihm gegeben, eingehn mussten, doch verlohnt es sich wol,
noch ausserdem diese Form zum Gegenstande einer besondern
Untersuchung zu machen.

Auf die Casusendungen näher einzugehn ist bei einer Untersuchung über die Namen nicht der Ort, das gehört (eben so wie
die aus den Ortsnamen gewonnenen Sätze über die Lautlehre)
in die Grammatik der gesammten Sprache. Wo es aber nöthig
war, haben wir dergleichen schon in den früheren Abschnitten
berührt. Auf die Genetive Sing. führte uns das fünfte Capitel,
auf die Dative Sing. auf -a und -i das sechste, auf die Nom.
Plur. auf -a, -i und -as (z. B. -inga, -ingi, -ingas) das dritte
und sechste, während die Plur. Neutr. auf das kaum eine Ca-
susendung zu nennende -ir gleichfalls schon im dritten begegneten. Die Genetive Plur. kamen im fünften Capitel vor, die
hochdeutschen und altsächsischen Dative Plur. im sechsten.
Auch bot besonders das fünfte Capitel Gelegenheit, auf das
Thema der A-Stämme einzugehn.

Je weniger ich nun hier nochmals alles dieses besprechen kann,
desto mehr muss ich darauf dringen, dass die deutsche Gram-

matik mehr Notiz von den Casusendungen nehme, die wir aus
den Ortsnamen erfahren. Die Datirung der Urkunden und die
geographisch bestimmte Lage der Oerter geben uns für die in
diesen Quellen enthaltenen Casusformen ein werthvolleres Material an Hand, als irgend ein Schriftsteller, dessen Zeit und Auf-
enthaltsort wir vielleicht nicht kennen oder dessen Sprache
manches subjectiv Eigenthümliche enthält. Die Geschichte unserer Sprachformen hat ihre schätzbarste Quelle (vom Gothischen und der Conjugation abgesehn) in den Ortsnamen. Der
Umstand z. B., dass in den Urkunden so viele Ortsnamen mit
der Praeposition *in* oder *ad* verbunden sind, liefert uns alterthümliche Dative in Fülle, deren Verbreitung und allmähli-
ches Absterben man hier mit Händen greifen kann. Solche
Formen sind: in Grechu, in Werlahu, in Hesilinu, in Heribeddiu,
ad Mosahun, in Eigenstedie, in -levu, in -marcu u. s. w. Für
manche einzelne Wörter haben wir eine ganze Reihe archaisti-
scher Formen von grosser Bedeutung; ich erwähne z. B. von
unserm *Bach* rivus die Nominative Sing. Theotpacis, Deopacis,
Chaganpabi, Offenbaci und die Dative Raurebacya, Ebalihbechiu,
Popponbikie; das sind Formen, die sich die deutsche Grammatik nicht darf entgehen lassen. Beachtung verdienen namentlich die ganzen deutschen Redensarten in lateinischen Urkunden, die sich besonders bei Grenzbestimmungen finden, wie
z. B. ze dero haganinun huliu. Manches dergleichen muss freilich von den Schlacken flüchtiger Abschrift oder nachlässigen
Druckes gereinigt werden, und es lassen sich noch schöne Con-
jecturen der Art machen, wie z. B. Grimms glänzendes *dar pi
deru lahhun za deru mikhihun eichi,* das erst aus den Ungeheuern Darpidern, Lahha, Zideru, Michilm, Eichi gefunden werden musste.

Mehr hieher gehört die Betrachtung der eigentlich wort-
bildenden Suffixe. Ich ordne sie nach den Consonanten, indem
ich auf das allzu bewegliche Element der Vocale näher einzugehn mir nicht den Raum nehmen darf. Zuerst mögen die
Suffixe ihre Stelle finden, die nur einen, dann diejenigen, welche mehrere Consonanten enthalten.

Ein labiales Suffix ist eine grosse Seltenheit, denn die
meisten auf *pa* und *fa* oder jetzt auf *pe, fe, p, f* ausgehenden
Formen sind Zusammensetzungen, nicht Ableitungen, wie wir
im dritten Capitel (S. 30) sahen. Anderes ist sicher keltisch,

wie das Gelduba bei Tacitus, anderes höchst wahrscheinlich,
wie die elsassischen Oerter Heudiba und Falaba, oder Gunipa
an der Maas, noch anderes slavisch wie Nelibi in der Gegend
von Halle. Zur Erwägung gebe ich hier als muthmasslich
deutsch nur den alten Namen Schleswigs Heidiba (obwol hier
auch Composition vorliegen kann) und einen Ort in der Gegend
von Meiningen, der etwas auffallend in den Schreibungen Elisba,
Elispa und Elisopium vorkommt.

Weit ergiebiger ist eine dentale Endung, die wir in sächsischer Gestalt als -*ithi*, in hochdeutscher als -*idi* nebst manchen Entartungen sehn; ein -*itha*, -*ida* daneben ist so selten,
dass es eben als eine solche Entartung angesehn werden darf.
Eine urdeutsche Gestalt -*iti* finden wir vielleicht schon in den
ptolemaeischen Oertern Βουνίτιον in Mecklenburg und Ὀυιρίτιον
in Brandenburg. Und so wie diese beiden Oerter in Norddeutschland vorkommen, so können wir überhaupt dieser ganzen Wortbildung das Praedicat einer friesisch-sächsisch-thürin-
gischen zuerkennen. In Friedland, incl. den Niederlanden, zeigt
sich ein Hamaritha, Palethe, Thrumithi, auch heisst es einmal
in Dubridun, was wol gleichfalls hieher gehört. Ausserordentlich häufig ist dagegen diese Bildung im ganzen Umfange des
alten Sachsens; ich gebe hier mein Register vollständig, da
durch solche Vollständigkeit der Gegensatz, die Abwesenheit
einer Formation in andern Gegenden, desto klarer hervortritt:
Amplithi, Asithi, Bencthe, Birithi, Boclithi, Buginithi, Cizide,
Culite, Curithi, Cuzzide, Dumete, Eketha, Ekthi, Fariti, Felmedo,
Vernethe, Flenithi, Flotide, Girithi, Hallithi, Hamarithi, Hawide,
Helerithi, Herithe, Herste, Hesithe, Hramisitha, Hucrithi, Hupida,
Iliside, Illidi, Ivorithi, Lechidi, Lemede, Linnithe, Liuithi, Mal-
ride, Midilithe, Mengide, Meschethi, Oride, Ouethe, Reimdi, Riu-
denithe, Scogethe, Sermethe, Sinithi, Sturmithi, Sulithe, Thunede,
Thurnithi, Durpethe, Tihide, Tilithi, Tritidi, Tyndeldi, Ullede,
Wallithi, Wegballithi, Wellethe, Welmithe, Wepplithi, Vernethi.
Etwas weniger zahlreich sind die thüringischen Formen: Eng-
lidi (Velteggiethe, Holzegglide), Buhbulede, Burihtridi, Collithi,
Dullide, Dungide, Felichide, Gelithe, Helpithi, Hersiti, Honigede,
Ingridi, Lengithi, Palithi, Remnidi, Silithi, Sneuithi, Sumeridi,
Suebada, Umpredi. Gern gebe ich zu, dass hier einer oder
der andere Name falsch aufgefasst ist, dass z. B. vielleicht hie
und da eine Zusammensetzung und keine Ableitung anzuneh-

15*

men sein wird, das ändert aber das Resultat im Ganzen nicht. Was gewährt uns nun das übrige Deutschland für diese Bildung? Zunächst scheint sich thüringisch-sächsischer Einfluss bis ins eigentliche Hessen zu erstrecken: Felmide (Velmeden, südöstlich von Cassel), Grifethe (Grifte, südlich von Cassel), Hebilide (Hebel zwischen der Fulda und Schwalm). Abgesehn hievon aber liefert mir das ganze übrige Deutschland nur vier, sage vier Bildungen dieser Art und die könnten ihrer geographischen Lage nach sehr leicht gar nicht hieher gehören, sondern keltisch sein; es sind Minsilido (Minseln, nordöstlich von Basel), Emmelde (Emmel bei Trier), Commede (Kumd, Regierungsbez. Coblenz) und Sorethe (Sürdt im Kreise Cöln). Festes Ergebnis ist also: das Suffix -ithi, -idi in Ortsnamen ist nur friesisch, sächsisch und thüringisch, durchaus nicht fränkisch, schwäbisch, bairisch. Ein uraltes deutsches Volk, die *Δανδοῦτοι*, kommt gleichfalls im nordwestlichen Deutschland vor.

Die heutige Gestalt dieser Bildung ist mannigfach. Am natürlichsten ist -de oder -te, wie in Helfte, Harste, Störmede, Söhlde, Dörenthe, Thiede, Drütte, Uelde u. s. w., zuweilen mit Erweiterung in -den, z. B. Lengden, Lehmden, oder mit Fortlassung des auslautenden Vocals wie in Pelt, Oeft, Büchold. Oft findet Uebergang des Dentals in -n statt, z. B. Hillern, Tindeln, Brüchtern, Schneen, Engeln. Zuweilen fällt die Spur der Endung ganz fort wie in Hebel, Hone, Oehrie, Scheie, Serm, Wöbbel. Thüringen liebt ein alterthümlich aussehendes -da (dem oben S. 201 angeführten -ra entsprechend) mehr in der Schreibung als in volksthümlicher Aussprache, vgl. Cölleda, Tilleda, Velchta, Höngeda, Engerda, Remda, Silda, Schwebda, Gumperda, Stempeda, welches -da auf sächsischem Gebiete selten ist, vgl. Welda und Haweda.

Ueber die Function dieses Suffixes dürfen wir uns nicht eher eine feste Ansicht erlauben, als bis die Stammwörter dieser Namen in grösserer Klarheit ermittelt sind, was bei der Mangelhaftigkeit unserer Kenntnis des thüringischen und sächsischen Sprachschatzes noch ziemliche Mühe kosten wird. Ich erwähne hier, dass diese Endung sicher zuweilen angewandt wird, um von Volksnamen den Namen einer Ansiedlung abzuleiten. Englidi geht bekanntlich auf die thüringischen Angeln, Burihtridi könnte eine bructerische Colonie sein, Felichidi mag

von den Falhen ausgehn. Hersiti könnte die Cherusken ver-
rathen, Ingridi die Engern, Sturmithi die Bewohner des
Gaues Sturmi. Man scheut sich viel unsicheres Material zu
häufen, doch mag die Sache angeregt sein.

Den auf den ersten Blick sehr fremdartig aussehenden alt-
sächsischen Ort Aspithara wird man wol auf ein einfacheres
Aspithi zurückführen müssen und in ihm eine um ein zweites
Suffix verlängerte Form zu erkennen haben.

Bemerkt werden muss noch, dass in zusammengesetzten
Ortsnamen solche Grundwörter, welche auf ein Suffix -t ausgehen, besonders dem nordwestlichen Deutschland und den Niederlanden angehören (abgesehn von wenigen gemeindeutschen
wie -furt). Dergleichen sind -börde, -bold, -bracht, -bucht,
-buurt, -delft, -gehucht, -gracht, -höchte, -slagt; vgl. S. 38, 43,
75, 79, 80, 81, 83, 85, 86. Die entsprechenden einfacheren
Bildungen, wie -beuern, -graben, -höhe, -schlag, erstrecken sich
viel weiter durch Deutschland.

Von dem gutturalen Suffixe -c, -ch in deutschen Ortsnamen sollte man eigentlich gar nicht reden, so lange wir noch
immer auf eine ganz unerlässliche Vorarbeit warten, die von
gröster Wichtigkeit ist und keine erheblichen Schwierigkeiten
darbietet, wenn man nicht etwa von dem falschen Streben ausgeht, Alles gleich mit einem Schlage ins Reine bringen zu wollen. Ich meine eine Sammlung der keltischen Namen auf
-iacum (-iacus) mit den sich am sichersten daran anschliessen-
den anderen Bildungen. Diese Sammlung würde uns Forschern
auf germanischem Gebiete gleich eine grosse Last abnehmen,
die wir nicht gänzlich über Bord zu werfen wagen, von der
wir aber wissen, dass sie uns fast durchgängig nicht angehört
und also fast von keinem positiven Werthe für uns ist, obwol
von desto grösserem negativen. Aus diesem -iacum sind eine
Unzahl jetziger Namen auf -ig, -ich, -ach in Deutschland, auf
-ai, -gny, -aken in Belgien und Frankreich entstanden. Interessant ist es, dass die meisten dieser Namen vor diesem Suffixe
noch ein n vorhergehend haben, wie z. B. eine kleine Sammlung von 31 alten belgischen Namen 18 solche mit diesem n
enthält. Die aus diesem -iacum entstandenen heutigen Bildungen lassen sich nun massenhaft an der grossen Heerstrasse keltischer Einwanderung, die Donau aufwärts und den Rhein ab-

wärts, dann aber westwärts sich ausbreitend verfolgen. Namentlich zerfallen sie in eine österreichische und eine rheinisch-belgische Gruppe, zwischen denen in Baiern und Schwaben, vielleicht aus Anlass einer früheren rhätischen Bevölkerung, diese Bildungen weniger dicht gesät erscheinen; doch kommt auch hier ein Alpicha, Simplicha, Suvelich vor. Für die österreichische Gruppe ist es charakteristisch, dass sich in ihrem Gebiete auch viele anscheinend dazu gehörige Flussnamen befinden, wie Bersnicha, Maticha u. dgl., was bei der rheinischen weit weniger der Fall ist. Und doch giebt es selbst in diesen beiden Gruppen Namen, die wie Wisicha oder Ahornic ein ganz deutsches Gepräge haben, deren wir uns aber erst dann werden erfreuen können, wenn das Undeutsche ausgeschieden sein wird. Andrerseits werden unsre deutschen Ansprüche auf Gutturalsuffixe auch dadurch auf ein bescheidenes Mass zurückgeführt, dass sich alte slavische Namen mit einer ähnlichen Endung nicht ableugnen lassen, wie z. B. Cloboco, Gozzica, Liezeke, Piepecha. In denjenigen deutschen Landschaften, welche weder vom slavischen noch vom keltischen Einflusse dauernd und tief eingreifend berührt worden sind, finden wir diese Bildungen sehr selten, also namentlich in Schwaben, dem grösten Theile von Baiern, Franken, Thüringen, Hessen; ein thüringisches Erike (jetzt Ehrich), ein fränkisches Chizzichi (jetzt Kissingen) stehn ganz vereinsamt da. Nur Sachsen, besonders Westfalen, macht eine Ausnahme. Hier findet sich ein Ambrichi, Armike, Asnig, Assiki, Ebike, Legreke, Budiche, denen jetzt ein Emmerke, Embrick, Armke, Lengerich entsprechen. Da hier von jenem Vorherrschen des *n* vor der Endung keine Spur ist, so werden wir hier wirklich an deutschen Ursprung denken müssen, obwol im Einzelnen noch manches zweifelhaft ist. Als Flussnamen bemerke ich die Salica (Selke) aus Sachsen und die Kinzicha (Kinzig) sowol aus Franken als aus Schwaben. Beide Namen möchte ich nicht für deutsch halten; das Stammwort des ersteren finden wir in dem häufigen Saale, das des letzteren in der Quintaha, die bei Trier in die Mosel als Quint und bei Passau in die Donau als Kinze fliesst. Ueber ein ganz anderes gutturales Suffix, das besonders für Waldnamen bestimmte -*ahi*, haben wir bereits im dritten Capitel (S. 61) gesprochen.

Weit bedeutender als die Mutae sind in den deutschen

Suffixen, auch ausserhalb der Ortsnamen, die Liquidae vertreten; betrachten wir sie in der Reihenfolge *m, n, l, r, s.*

Am seltensten kommt hier, ganz wie bei den Mutae, der
labiale Laut vor. Ich erinnere mich hier an Formen wie Ekama
(Westfalen), Baltremodorf (Friesland), Flattima (Vlatten, südöstlich von Aachen), Anghoma (bei Augst), Gudulma (Godelheim,
südlich von Höxter), muss aber die Möglichkeit offen lassen,
dass manche solcher Formen Entartungen von *-heim* enthalten,
worauf uns der neuere Name des letztgenannten Ortes fast eben
so mit Nothwendigkeit hinweist, wie die häufige sächsische Umwandlung des alten *-heim* zu neuerem *-um*, die wir bereits im
dritten Capitel (S. 98) besprachen. Auch ist hier noch die alte
Superlativform *metamo* medius zu erwähnen, die wir nicht bloss
in dem Ortsnamen Metama, Metamun (Metten, zwischen Strau-
bing und Passau). sondern auch in einem Flussnamen Metama
vor uns haben.

Bei den Namen, welche ein Suffix *-n* aufweisen, müssen
wir verschiedene Kategorien unterscheiden; die erste derselben
bilden die Flussnamen. Diese finden sich durch das ganze
deutsche Gebiet zerstreut. Friesisch und niederländisch: Bor-
dine, Digena, Huoltena, Marne, Struona, Sumina; sächsisch: Bilena, Zuentina (diese beiden vielleicht slavisch), Etterna, Aldena,
Almina, Bicina, Delchana, Travena, Hardna, Lagina, Lerna, Tui-
stina, Ursena, Wizena; thüringisch: Helmana. In Hessen und
Nassau: Amana, Fliedina, Hwilina, Orcana, Oumena, Richina,
Scanwilina; in Ostfranken: Quistina; in der Moselgegend: Drona,
Melana; im Elsass: Fachina, Isana, Sorna, Sumphone; in Schwaben: Brigana, Britzina, Sulmana, Ulvana; in Baiern: Druna,
Trewina, Isana, Lauffina, Regin, Wirmina; in Oestreich: Albana,
Druna, Trewina, Gurduna, Merina, Nardina, Tullina. Bei dieser Verbreitung, die sich übrigens noch weit über das angege-
bene Gebiet hinaus erstreckt, und bei der Dunkelheit der meisten in diesen Namen enthaltenen Wortstämme können wir uns
über den deutschen oder undeutschen Ursprung dieser Bildungen noch durchaus nicht entscheiden, sondern dürfen nur vermuthen, dass die meisten derselben nicht deutscher Herkunft
seien.

Bei den heutigen Formen dieser Flussnamen ist zu bemerken, dass sie sehr oft das ganze Suffix abwerfen; aus Etterna,
Aldena, Almina, Amana, Bicina, Bilena wird Eyter, Olle, Alme,

Ohm, Wieste, Bille u. s. w. Zusammensetzungen lassen oft ihr
Bestimmungswort in einer älteren Gestalt erscheinen, als es von
der Composition losgelöst auftritt. Dass die Alm Almana, die
Dille Dilina, die Ilse Ilsina, die Miele Milina geheissen hat, folgern
wir aus Almanga, Dillenburg, Ilsineburg und Milindorp, in
deren erstem Theile wir nicht etwa ein Adjectivsuffix wie in
Eichinaberg u. s. w. (vgl. S. 177), noch weniger einen schwach
declinirten Genetiv sehen. So liegt auch Eldena an der Elde,
Meissendorf an der Meise, die alte Form Ilmina für die Ilm
wird dadurch Ilmenau und Ilminumunstura beglaubigt und die
montes qui vocantur Uhsinebergu finden wir an der Oechse,
nordöstlich von Fulda.

Wir müssen hier gleich die Namen bewohnter Oerter
anschliessen, zumal da viele von ihnen gewiss eigentlich Flussnamen
sind; die äusserst mangelhafte Bezeichnung der kleineren
Gewässer selbst auf unsern besten Specialkarten hindert
uns hier sehr oft an einem festen Urtheil. Ich gebe auch hier
die Uebersicht nach Landschaften, und zwar der grösseren Fülle
wegen etwas specieller eingetheilt als bei den Flussnamen.
Westliche Niederlande (Holland, Utrecht): Haltna, Marsana.
Hamaland: Altina, Alladna, Angrina, Fasna, Lefna, Rathnon,
Thuvina. Landschaften an Waal und Leck: Biettine, Birni,
Putten, Crempene, Fethna, Haften, Liendna, Rexna. Ripuarien:
Begina, Blisena, Kempeno, Ebeno, Vochena, Ureggana, Galmina,
Glessene, Gruthene, Hespina, Marsana, Mutzhena, Sceveno, Selstena,
Zussena. Friesland: Ostanbretana, Frisgana, Holana.
Westfalen: Bersene, Blesnon, Burgina, Dragini pagus, Elbeno,
Etlinun, Fornon, Hanguni, Hesnon, Hiruthnun, Hotnon, Muskena,
Muschinon, Musna, Rechne, Sindinon, Werstine. Engern: Ekina,
Eltene, Bechina, Berghegenon, Burgina, Faristina, Gardinun, Netene,
Nordburgnon, Northgardinun, Stidinan, Sutburgnon, Wachana.
Ostfalen: Bechina, Bantanon, Betanun, Bursinun, Inglinen,
Liuline, Ruotnun. In Thüringen scheint diese Bildung, und
das ist merkwürdig genug, ganz zu fehlen. Passini (Passenhain
bei Naumburg) und Uthini (in derselben Gegend) scheinen
mir die gewöhnliche slavische Endung -in zu enthalten und das
zweimal begegnende Crozina (Greussen, nördlich von Erfurt,
und Crossen an der Saale) wird eben so wie Crusina bei Baireuth
und die zahlreichen neueren Crossen und Krossen als
slavisch zu erachten sein. Landschaften an der Mosel (Loth-

ringen): Alkena, Bollana, Burgena, Fulina, Llemena, Megina, Makena, Modena, Salmana, Tavena. Hessen: Dusinun, Elheno, Gullinen, Mathanon, Mursina. Rheinfranken: Eichina, Brachina, Brichina, Findene, Lichene, Ulmena, Wirena. Ostfranken: kein Beispiel. Elsass: Hadana, Munduni. Deutsches Schwaben: Ulmena, Ursinun, Wimpina, Wostene. Schweiz: Alcina, Murtena, Surnon, Sillana, Wagana. Baiern: Pirgilinc, Crivina, Fagana, Funzina, Germana, Idina, Langene, Penchin, Seudinon, Stetinun, Stargina. Oestreich: Butino, Garstina, Liubina, Turdina. Salzburg, Tyrol etc.: Fasiana, Funzina, Tuontina.

Ein weit östlich in Pannonien liegendes Burgenae auf der tab. Peut. ist hier noch hinzuzufügen, da es echt deutsch zu sein scheint. Im Uebrigen finden sich in diesem Verzeichnisse schon etwas mehr Beispiele mit deutschem Anklange als bei den Flussnamen, doch ist noch immer des Fremdartigen ausserordentlich viel: eine Theilung dieser Formen in solche auf -ina und solche auf -ana oder auf -uni will auch noch zu keinem Resultate führen. Eine auffallende und wahrscheinlich zu weiteren Ergebnissen führende Bemerkung über ist es, dass gerade in der Mitte des jetzigen Deutschlands ein zusammenhangendes grosses Gebiet, bestehend aus Thüringen und Ostfranken, diese Namen fast gänzlich entbehrt, wie auch die obigen Flussnamen hier am schwächsten vertreten sind.

Mit alten Berg- und Waldnamen sind wir schlecht versorgt; wir haben jedoch hier grade ein Paar sehr alte Formen zu verzeichnen, nämlich Bacenis (Boconia), Semana und Marciana; aus späterer Zeit wird uns in Baiern ein Ritano mons erwähnt.

Ergiebiger sind die Völkernamen; sie zerfallen in zwei Gruppen, deren eine bei den römischen Schriftstellern auf -ones (also wol urdeutsch -ans), die zweite auf -ini ausgeht. In der ersten fallen uns zunächst die drei grossen Stammnamen Inguaeones, Istaevones, Herminones auf; sie scheinen mehr genealogische als geographische Bezeichnungen gewesen zu sein und vorzüglich dem Liede und der Sage angehört zu haben, wodurch sich auch ihr geringes Haften und frühes Verschwinden erklärt. Die Vertheilung der übrigen Völker dieser Formation ist nun höchst auffallend. Auf der cimbrischen Halbinsel und den benachbarten Inseln finden wir die Teutones, von denen die Ambrones ja wol nicht fern gewesen sein werden, die

Aviones, die Nuithones oder Vithones, die Saxones, die Sigu-
lones, die Suardones, jenseits des Meeres noch die Suiones und
Hilleviones, in Brandenburg die Semnones, zwischen Oder und
Weichsel die Burgundiones und Helvecones oder Helvaeones,
an der Weichsel selbst die Guttones, ganz im Osten endlich die
Sidones. Und allen diesen -ones schliesst sich auf dem ungeheuern Gebiete zwischen Elbe und Rhein durchaus nicht das
geringste an; es ist hier eine gewaltige Lücke, in deren Mitte
jenes kleinere thüringisch-ostfränkische Gebiet liegt, das wir
ohne die Endung -ina, -ana sahen. Erst am Rheine finden
wir die Ligones im Gebiete der Alamannen, die Ingriones am
Mittelrhein und die Vangiones um Worms. Das kann nicht
Zufall sein; ich erinnere daran, wie in der Mitte jenes östlichen
Gebietes bei den Semnones die Hauptkraft der alten Suevi gewesen sein soll, während derselbe Suevenname dann wieder
am Rheine auftritt; daraus konnte leicht ein alter Irrthum entstehen, dass die letzteren westlichen Sueven bis in den fernen
Osten reichten. Wir haben hier vielmehr einen in zwei Theile
zerrissenen Volksstamm vor uns.

Die Deutung aller dieser Volksnamen muss man im Zusammenhange versuchen. Die Aviones hat man als goth. *au-
jans* Inselbewohner, die Vangiones von ahd. *wang* campus, die
Ingriones von *angar* pratum, die Burgundiones von goth. *baurgs*
arx gedeutet, die Vithones zu *witu* lignum silva gestellt; dergleichen stützt sich gegenseitig gut. Wenn man bei den Suardones an die Schwartau denkt, so mag den Guttones vielleicht
der Guttalus nicht fern stehn. Jene Endung -ones scheint aber
wirklich an dem bezeichneten Gebiete zu haften; von allen genannten Völkern haben sich drei länger in Glanz und Blüthe
erhalten, die Saxones, Gothones, Burgundiones. Die ersten
blieben in ihren Sitzen (obwol sich ihr Name über viele verwandte Stämme ausdehnte) und sie behielten auch die Form
ihres Namens, die beiden andern zogen in weite Ferne und
ihre Namen wurden nun Gothi und Burgundari oder Burgun-
dii; erst im Mhd. tritt Burgonden wieder hervor. Franken und
Friesen bilden sich erst seit sec. 9 nach Analogie von Saxones
zu Francun Francones oder Frisun Frisones, die älteren Formen Franci und Frisii wissen von dieser Endung nichts und
können nach obiger Auseinandersetzung davon auch nichts wissen. — Dass natürlich auch viele ungermanische Völker bei

römischen Schriftstellern auf -*ones* ausgehn, ist bekannt und hier nicht näher zu besprechen.

Die zweite kleinere Gruppe von Völkernamen mit einem N-Suffixe liefert kein Ergebnis, weil sie zu geringfügig ist, und da sie nur unbedeutende Völker umfasst, nicht einmal immer die Schreibung sicher festgestellt werden kann. Die Cotini sind nach Tacitus Gallier und werden also wol gar nicht hieher gehören, die belgischen Morini werden wol ebenfalls für keltisch zu halten sein, die Sudeni scheinen zu Sudeta zu gehören und mit diesem Gebirgsnamen zusammen deutschem Ursprunge fremd zu sein, die Lygischen Omani sind vielleicht nur eine verderbte Form; von den Peucini, die mit den Bastarnen zusammengestellt werden, ist ihre Deutschheit ganz ungewiss. So bleiben nur noch übrig die Bateni, deren Namen man mit den Batavi zusammengestellt hat, die Varini, die man an der Havel und Elbe, aber auch wol am Niederrhein zu suchen hat, und die muthmasslich zu den Rugiern gehörenden Seidini.

Mehr zieht es mich an zu bemerken, dass in der bekannten Stelle der tab. Peuting., aus welcher ich schon oben (S. 138) die Vaplivarii herauslas, noch ein Volksname vorkommt, den man Rhepstini zu lesen pflegt, dessen vierter Buchstabe aber sehr unsicher ist. Da man darin auch leicht Rherstini finden kann, so liegen mir nun die Riostringe der friesischen Rechtsbücher (in der Nähe der Jahde) sehr nahe, wir können dann (was bei der tab. Peut. keineswegs auffallend wäre) eine Entstellung von Rherstini aus Hrestringi annehmen, zumal da die Endung -*ini* in jener Gegend auffallend, -*ingi* aber ganz in der Ordnung wäre. Sind die beiden Nachbarvölkchen der Vaplivarii und Hrestringi durch die Feldzüge des Drusus entdeckt und dadurch in jene römische Generalstabskarte gekommen? Meine Hypothese in Bezug auf beide Völker ist unsicher; wem sie nicht gefällt, liefere eine bessere.

Wir haben nun noch nach geminirtem *n* zu fragen, welches übrigens hier vielleicht immer aus *nj* entsprungen ist. Virgunnia ist der bekannte Name des Erzgebirges und des Höhenzuges zwischen Ansbach und Ellwangen; man hat es längst mit goth. fairguni mons zusammengestellt. Marsunnon liegt in der Gegend von Osnabrück, Osunna vielleicht in der Nähe von Halle, Waltunnin westlich von Fritzlar in Hessen. Daneben existirt ein -*inna* in Menithinna (nördlich von Düsseldorf), Wirdinna an der Ruhr, und bei Gent die beiden Oerter Berginna und Hachtinna. Wir haben ferner ein Frethenna erstlich zwischen Weser und Leine und zweitens westlich von Münster, ein Sidenni bei Hameln, ein Wolfenni im Südwesten des Harzes, ein Bochenne in der Gegend von Würzburg. Alle diese Wörter sind dem südlichen Deutschland, in welchem die Kelten länger hausten, ganz fremd, und da überdies die Stammwörter von mehreren derselben ihren deutschen Ursprung auf der Stirne tragen, da ferner neben Bochonia auch Buochunna geschrieben wird, so werden wir nicht fehl gehn, wenn wir diese Formen im Ganzen für deutsch halten. Aber Gefahr liegt auch hier in der Nähe, da ein -*unna* (Antunn-acum) und ein -*enna* (Ravenna) unzweifelhaft auch keltisch war, und so werden wir Deutschen an das ungarische Parienna bei Ptolemaeus und an die Alkimoennis (Altmühl) so wie an einen bairischen Fluss Süvinna eben nicht laute Ansprüche erheben dürfen.

Der dritte der flüssigen Consonanten, welche hier zu betrachten sind, ist das *l*. Flussnamen auf -*l* giebt es kaum halb so viel als auf -*n*, doch sind sie eben so wie jene überall hin zerstreut. Schon von Preussen her erstrecken sie sich in uralter Zeit bis zu den Niederlanden hin durch ganz Norddeutschland. Der Guttalus, die Vistula und die Havela kommen uns hier zunächst in den Sinn. In Thüringen begegnet uns die Hursilla (die Hörsel bei Eisenach), in Hessen die Timella (Diemel) und die Ursella (Ursel, Nebenfluss der Nidda), im Nassauischen der Brechelebach, zwischen Lahn und Sieg die Crumbele. Altsächsisch ist Finola (die Vehne bei Oldenburg) und die westfälische Angela (jetzt Angel). In den Niederlanden finden wir die Albla bei Dordrecht, die Dubla und die beiden Isela (Yssel, die bekanntere in Geldern, die andere bei Utrecht). Gehn wir rückwärts von Westen nach Osten durch Süddeutschland, so finden wir westlich vom Rheine ausser der bekannten Mosclla die Apula (Appelbach, Nebenfluss der Nahe), die Kurdela (bei Trier) und die Aquila (Eichel, Nebenfluss der Saar); im Odenwalde fliesst die Urtella. Am engsten zusammen haben wir diese Flüsse aber in Oestreich, wo die Iscala (Ischl, Nebenfluss der Traun), die Arla (Arl, Nebenfluss der Salzach), die Urula (Url, Nebenfluss der Ips), die Raotula (Rötel) und die Sprenzala (Sprenzel) vorkommen. Hier mag namentlich vieles keltisch sein; fliesst doch auf der tab. Peuting. eine Bersula von Süden in den Po.

Die Namen bewohnter Oerter mit Suffix -*l* sind in folgender Weise vertheilt. Friesland und die Niederlande: Bemele, Bomele, Empele, Ginnele, Hesola, Hlegilo, Hosle, Humelle, Niwele, Rentilo, Tremella, Ukele. Ripuarien: Aspola, Assela, Barla, Brakela, Burgela, Curnilo, Dubla pagus, Hosla, Langela, Stumbele, Unkela. Sachsen: Ecla, Espila, Berkolo, Berle, Pithili, Bocla, Brakela, Burcla, Burela, Borsla, Dassila, Dawisla, Diaslon, Grafla, Hamalon, Hemlion, Hrisal, Konilo, Lanchel, Langal, Medeli, Snesla, Sümpeli, Tiuhili. Lothringen: Bredal, Egela, Vankela, Merila, Nittele, Palcele, Reitle. Thüringen: Rosla. Rheinfranken: Bargilli, Dresla, Sodila. Hessen: Cruftila, Disele, Gredila, Langele. Morile, Spanclo. Ostfranken: Bargilli. Baiern: Burgili, Humpla. Schwaben: Hunsola, Kirtzel, Riegola, Scubilo (ein Bergname), Stofola. Elsass: Zinzila. Schweiz: Burgilla, Cobolo. Man sieht in dieser Vertheilung ein entschiedenes Vorherrschen der nördlichen Gegenden; Ostfranken, Thüringen, Baiern scheinen am schwächsten bedacht zu sein, ganz ähnlich, wie wir das Resultat bei dem Suffixe -*n* fanden.

Wir haben nun von denjenigen Bildungen zu sprechen, deren Endung als einzigen Consonanten ein *r* zeigt. Die gewöhnlichste dieser Endungen, jenes eigentlich für Personennamen bestimmte -*ari*, wurde bereits im sechsten Capitel (S. 197) in ihren verschiedenen Gestalten angeführt, da sie sich in Ortsnamen nur durch Eintritt einer Ellipse erklären lässt. Hier haben wir dagegen drei andere Gruppen zu besprechen, in denen keine Ellipse waltet; es sind die Berge, die Völker und die Flüsse mit dem Suffix -*r*.

Von alten Bergnamen erwähne ich Albere (bei Lübeck, oder ist Alberc zu lesen?), Fugleri (der Vogler, nördlich von Holzmünden), Salteri (westlich von Gandersheim an der Leine), Steigira (der Steiger, westlich von Fulda; doch vgl. irisch *staigre* Stufe), Enstalar (der Ensthaler, an der Ens), Loubari (im südlichen Baiern). Betrachtet man die Gestalt dieser Namen und nimmt man dazu noch neuere Formen wie Gross-Glockner, Brenner, Meissner, Arber, Heder (bei Herzberg am Harz), Reifträger (im Riesengebirge), Schäder (unweit Goslar), Jenner (bei Berchtesgaden), Beyer (bei Lengsfeld, südlich von Eisenach), Hochkalter (in der Gegend von Salzburg) u. a., so scheint es einleuchtend, dass wir, wo wirklich Deutsches vorliegt, ein von jenem *ari* durchaus nicht verschiedenes Suffix vor uns haben.

Es erscheint in der That passend, die Berge gewissermassen
als Riesen zu behandeln und ihnen die Bildung von Personennamen zu geben; haben wir doch sogar Berge und Felsen auf
-mann wie der Watzmann, der silberne Mann u. dgl.; giebt es
doch auch Berge Namens Altvater, Grossvater in Fülle, wobei
mir mythische Beziehungen nicht gerade nöthig erscheinen. Im
Ganzen werden wir hier entschieden deutsche Namen vor uns
haben; Gefahr ist nur darin vorhanden, dass ein solches Suffix
leicht mit Zusammensetzungen mit jenem *heri* Wald verwechselt
werden kann, das wir im dritten Capitel (S. 56) besprachen.

Nun folgen die Völkernamen. Es sind ihrer folgende:
Cimbri, Bructeri, Sigambri, Tencteri, Tungri, Toxandri, Flandri;
aus Davantria (Deventer) möchte man noch auf ein uns sonst
nicht bekanntes Volk Davantri schliessen. Es sind viele zum
Theil halsbrechende Versuche zur Deutung dieser wichtigen Namen gemacht worden; ich möchte bitten, bei künftigen Versuchen dieser Art nicht sowol den einzelnen Namen ins Auge zu
fassen, als vielmehr, ähnlich wie es bei den Namen auf *-ones*
angedeutet wurde, die ganze Gruppe in ihrem Zusammenhange
der Untersuchung zu unterwerfen. Dass aber diese Gruppe
wirklich zusammengehört, lehrt ihre geographische Verbreitung.
Die Flandri, Toxandri und Tungri führen uns nach Belgien, die
Tencteri, Bructeri, Sigambri und Cimbri in das nordwestliche
Deutschland; lauter Gegenden, die von den vorher besprochenen
-ones ganz unberührt bleiben. Ueber die Form dieser Namen
ist ferner zu bemerken, dass nur die Bructeri und Tencteri einen
Vokal vor dem *r* haben; bei diesen beiden Namen würde eine
Synkope eine grosse Härte hervorbringen. man möchte hieraus
schliessen, dass die andern fünf Formen synkopirt seien. Da
die zusammengesetzten Namen auf *-varii* wie Chattuarii, Vaplivarii, Chasuarii, Angrivarii, Ripuarii u. s. w. grossentheils (doch
nicht immer, vgl. Vidivarii, Bajuvarii) auf dasselbe geographische
Gebiet hinweisen, da sie zuweilen ihr *v* einbüssen (Sturmarii,
Hattarii, Angraria), da andrerseits statt Bructeri schon in früher
Zeit Boructuarii vorkommt, so kann man auf den Gedanken kommen, als seien jene Ableitungen mit *-r* nur uralte Entartungen
dieser Zusammensetzungen; doch scheint das eine zu kühne An-
nahme. Für neue Deutungsversuche möchte ich erwähnen, wie
es vielleicht nicht zufällig ist, dass die Tungri grade in jenen
Gebieten vorkommen, in welchen wir die Ortsnamen auf *-donk*,

-dung u. s. w. finden. Ist damit wirklich ein Hügel oder Erd-
aufwurf gemeint, so könnten Tungri (Thungri) in der That solche
auf Hügeln wohnenden Leute sein. Die Sigambri haben bis an
die Sieg gereicht; dass dieser Fluss Sigana, Sigina geheissen
hat, ist nicht bloss durch Urkunden, sondern auch durch die
Existenz der Stadt Siegen ersichtlich; Sieganwohner Sigan-ri könnten aber schwerlich in einer andern Gestalt erscheinen, als in
der Form Sigandri; sollte indessen die Endung *-ri* wirklich
nur aus *-varii* verunstaltet sein, so gäbe sogar die Form Sigambri eine willkommene Zwischenstufe. Im pagus Toxandria
finden wir sec. 8 einen Ort Diosna super fluvium Digena (jetzt
Diesse); beide Namen scheinen zusammen zu gehören; setzen
sie etwa ein Digosna voraus, so kann der Name Toxandri wol
Anwohner dieses Flusses bezeichnen; sec. 10 erscheint ihr Land
als pagus Dehsendron, womit wir jenem Flussnamen noch näher
kommen. Wo ich hinaus will, das ist nicht sowol diese schwachen Vermuthungen zu empfehlen, als vielmehr die Deutung von
Völkernamen aus den Namen bestimmter Oertlichkeiten als die
beste Führte anzurathen; natürlicher ist solche Deutung in der
That, als wenn man in dem Namen eines Volkes den Sinn von
Siegesstarken u. dgl. finden will. Eine Schwierigkeit entsteht
freilich dadurch, dass ein Volk recht gut z. B. von einem Flusse
benannt sein kann, dessen Ufer es schon in vorhistorischer Zeit
verlassen hatte; in solchen Fällen sind wir bis auf Weiteres
ganz rathlos.

Drittens kommen wir nun auf die Flussnamen zu sprechen, welche auf *-ra* ausgehn. Will man an das überaus schwie-
rige und in Zukunft gewiss überaus lohnende Geschäft gehn,
Flussnamen einem bestimmten namengebenden Volke zuzuwei-
sen und demnächst zu deuten, so gebe ich den Rath, mit denjenigen Namen zu beginnen, welche an mehreren Orten zugleich
vorkommen; das müssen die natürlichsten Benennungen sein,
nach deren Etymis wenigstens in der Sphaere der Begriffe
am wenigsten weit zu suchen sein wird. Dergleichen Namen
kommen aber grade bei der in Rede stehenden Endung mehrfach vor. Vor allem erwähne ich die *Wipper*. So heisst ein
bekannter pommerscher Küstenfluss, von dem ich nicht weiss,
aus wie alter Zeit bereits sein Name belegt werden kann; urkundlich kennen wir die Wipper schon vor 1100 als einen Nebenfluss der Saale, zweitens als einen Nebenfluss der Unstrut

und drittens als einen Nebenfluss des Rheins; den letzteren pflegt man jetzt Wupper auszusprechen. *Scuntra* bezeichnet die Schunter, einen Nebenfluss der Ocker, wie die Schondra, einen Nebenfluss der fränkischen Saale, eine Sunter fliesst jetzt auch in die Werra. *Scutara* ist die Schutter, Nebenfluss des Rheins bei Kehl, und Nebenfluss der Donau bei Ingolstadt. *Agara* heisst urkundlich sowol die Eger in Böhmen als die Eger bei Nördlingen. Wenn nun drei Nebenflüsse der Altmühl *Lapara*, jetzt Laber heissen und dieser Name mit Recht an das kymrische *llafar = labar* vocalis, sonorus, canorus, loquax geknüpft wird, so erweckt das auch für die andern Namen die Vermuthung keltischen Ursprungs, obgleich ich wol weiss, dass Scuntra sich auch leicht aus dem Deutschen deuten lässt. Diese Vermuthung wächst durch den häufigsten aller dieser Namen, die *Isura* oder *Isara*. Dahin gehört ausser der bekannten bairischen Isar die Iser im Riesengebirge, die Iser in Nassau (Nebenfluss der Lahn), der Iserbach in der Rheinprovinz (Nebenfluss der Sayn), die südfranzösische Isère und die nordfranzösische Oise, welche beiden gleichfalls in alter Form Isara lauten. Hier spricht die geographische Verbreitung deutlich für keltischen Ursprung.

Also an die bisher erwähnten Namen mögen sich die Keltologen, zu denen ich nicht gehöre, zuerst machen, dann aber an die folgenden: Ackara (die Agger, Nebenfluss der Sieg), Alara (die Aller) Chochara (der Kocher), Cupfere (die Kupfer, Nbfl. des Kochers), Elera (der Ellerbach bei Kreuznach), Hidera (der Iderbach, Nbfl. der Nahe), Ilara (der Iller), Ispera (die Isper, Nbfl. der Donau in Oestreich), Ivarus (die Salzach), Lamer (die Lamer, Nbfl. der Salzach) Lesura (die Lieser, Nbfl. der Mosel), Matra (die Moder, Nbfl. des Rheins im Elsass), Nicar (der Neckar), Patra (die Pader bei Paderborn), Richara (in Holland) Ruvera (die Ruver, Nbfl. der Mosel), Sevira (die Zeyer in Oestreich), Simera (die Simmer, Nbfl. der Nahe), Smuttura (die Schmutter, Nbfl. der Donau bei Donauwörth), Tongera (die Tanger, Nbfl. der Elbe), Wochara (Nbfl. des Rheins); dass die Helde in Thüringen Heldara geheissen haben muss, lehrt das daran liegende Heldrungen. Zuletzt möge man an den norddeutschen Ἐρυγρος bei Dio Cassius gehn, den ich kaum in der Ohre wiederfinden möchte. Weniger als specielle Flussnamenendung ist das *r* in Dubra (Tauber) zu betrachten, da das Wort zum keltischen *dubr* aqua gehört und auch sonst in keltischen

Ortsnamen hinreichend belegt ist; lässt sich der Tiberis dazu
halten? sein eigentlich italischer Name scheint Rumon gewesen
zu sein. Bei keiner Namenklasse werden wir also mit solcher
Gewalt auf das Keltische gewiesen. Zu überlegen ist übrigens,
dass hier nicht immer Ableitungen, sondern auch zuweilen Zusammensetzungen mit dem alten viel verbreiteten Flussnamen
Ara (Aar, Ahr, Ohre, Orla u. s. w.) vorliegen mögen.

Die Suffixe mit *s* (und geminirtem *ss*) bilden die letzte
Klasse der Endungen mit einem einzigen Consonanten. Hier
tritt uns zunächst wieder eine Anzahl von Flussnamen entgegen, deren häufigstes Suffix *-isa* ist, obwol daneben auch ein
-asa und *-usa* vorkommt; über deutschen oder undeutschen
Ursprung desselben ist wie bei den oben angeführten Klassen
noch zu streiten; ich trage hier nur das Material zusammen
und beginne mit denjenigen Namen, die mehrfach vorkommen,
von denen also eine solide Forschung naturgemäss auszugehn hat.

Der Name *Filusa* steht seiner Häufigkeit wegen hier an
der Spitze; ich sehe ihn wegen der Zusammensetzung Filiwisgawe als entstanden aus Filiwisa an; hier scheint allerdings
ahd. felwa salix nahe zu liegen, wenn der Anklang nicht Zufall ist. Flüsse, die diesen Namen tragen (für den mir jedoch
nicht bei allen alte Belege zu Gebote stehn) sind: 1) die Vils,
Nbfl. der Donau, W. v. Passau, 2) die Vils, Nbfl. der Naab,
3) die Fils, Nbfl. des Neckar, nordwestlich von Ulm, 4) die
Fils bei Saalfelden in der Gegend von Salzburg, 5) die Vils,
Nbfl. des Lech in Tyrol. In den Niederlanden unweit des Dollart heisst ein kleines Gewässer Kronenfels. Chremisa ist
1) die Krems, Nbfl. der Traun (woran Kremsmünster), 2) die
Krems, Nbfl. der Donau (woran Krems). Amasias, Amisia die Ems
(aber die Ems in Nassau heisst sec. 9 Aumenza, s. unten). Armisia die Erms, Nbfl. des Neckar. Chalusus, ein norddeutscher
Fluss, vielleicht die Schwartau, Nebenfluss der Trave, was indessen der oben erwähnten Deutung der Suardones widersprechen
würde. Glemisa (zu schliessen aus Glemisgowe) die Glems, Nbfl.
der Enz. Hunusa (zu schliessen aus dem pagus Hunusga) die
Hunse, nördlich von Gröningen in Friesland (das einfache Wort
ist vielleicht in Huna, die Haun, Nbfl. der Fulda, enthalten).
Idasa, die Ilz bei Koburg. Chelasa (zu schliessen aus Chelas-
gave) die Kels bei Ingolstadt. Ibisa die Ips, Nbfl. der Donau
in Oestreich. Ilzisa die Ilz bei Passau, Nbfl. der Donau. Juchisa

die Jüchse bei Meiningen. Milzisa, die Mülmisch, Nbfl. der
Fulda, südlich von Cassel. Nemesa, die Nims, Nbfl. der Sure
in Luxemburg. Nersa, die Niers, Nbfl. der Maas. Ramisa (zu
schliessen aus Ramesdal) die Rems, Nbfl. des Neckar. Salisus
die Selse, zwischen Mainz und Bingen (vgl. bei Mela eine gallische Salusa, fons non dulcibus sed salsioribus aquis). Sinsa
die Simbs bei Rosenheim in der Nähe des Inn. Slidesa, die
Schlitz, nordwestlich von Fulda. Zuweilen tritt an diese Endung noch eine zweite, oder auch ein zweites Wort. Ilsina (zu
schliessen aus Ilsineburg) die Ilse, Nbfl. der Ocker; eine andere Ilse ist ein Nbfl. der Innerste, ein Ilsebach fliesst im Kreise
Minden. Ilsina möchte ich als Il-is-ina fassen und den eigentlichen Stamm des Namens auch in Ill, Iller u. s. w. wieder finden. Nerschina, ein Nbfl. der oben erwähnten Nersa. Liubi-
saha, die Loisach, Nbfl. der Isar. Lihsaha, jetzt Leuzigen, südwestlich von Solothurn. Milsibach, ein Bach bei Tulba, nördlich von Hamelburg.

Die Endung -isa wird durch die Macht der Analogie so
verbreitet, dass sogar für die ganz ausserhalb des deutschen
Namengebietes liegende Athesis (Etsch) in mittelalterlichen Quellen Etisa vorkommt, umgekehrt findet sich für die Anisa (Ens)
auch Anasis, Anesis. — An der Lenne, südöstlich von Hanover, liegt ein Linisi, jetzt Linse.

Ohne Verbindung mit Flussnamen kommt ein S-Suffix nur
selten bei Ortsnamen vor. Blekisi liegt in Westfalen bei Soest,
Lihesi ist Leisa an der Eder, Herisi Heerse, Culisin Kulsen,
beide südöstlich von Paderborn, Clingison Klings, nordwestlich
von Meiningen.

Ganz ausserhalb der Grenze deutscher Namen liegen die
zahlreichen rhaetischen Namen auf -s, wie z. B. Skennines (jetzt
Schönis) und Kernz (jetzt Kerns), beide in der Nähe des Vier-
waldstädter Sees.

Weit seltener als -isa ist die Verdoppelung in -issa. Al-
zissa die Alz, welche aus dem Chiemsee fliesst, Donnissa Den-
zen, westlich von Bingen, Gundissa Göns (Lang-, Eber-, Kirch-,
Pohl-Göns) am Günzbach, südlich von Giessen. Niiissa heisst
die Nette, Nebenfluss des Rheins bei Coblenz; Saltrissa ist
1) Selters bei Weilburg an der Lahn und 2) Selters bei Or-
tenberg, nordöstlich von Hanau. Im Südwesten kommt auch
-ussa vor, Biberussa ist Bibersch bei Solothurn, Undussa die

Undltz in Baden, südlich von Kehl. Die Vergleichung mit oben angeführten Formen wie Amisia, Armisia führt auf die Vermuthung, dass in diesem -*issa* eine Assimilation vorliegt. Sind griechische (oder vorgriechische) Namen wie Ilissos, Kephissos, Krimissos auf demselben Wege oder so entstanden wie die griechischen ss meistens, d. h. aus Gutturalen $+$ j?

Die zweite Hauptklasse von Suffixen bilden nun diejenigen, in welchen mehr als ein Consonant vorkommt. Unter diesen tritt als das wichtigste die Endung -*ing* oder -*ung* auf. Wir sind ihr schon zweimal begegnet, im fünften Capitel sahen wir sie in ihrem eigenthümlichen Verhalten als Erweiterung des ersten Theiles einer Composition, im sechsten zeigte sie sich in Folge der Ellipse in dativischer, dann aber auch in mehrgestaltigen nominativischen Formen. Damit ist ihr Verhalten noch nicht erschöpft; wir haben sie vielmehr noch in vier verschiedenen Beziehungen zu betrachten.

Wie die beiden Suffixe -*ari* und -*ing* in mehrfacher Hinsicht einander parallel gehn, so sehn wir sie auch darin einander ähnlich, dass sie beide für Bergnamen angewandt werden und die Berge dadurch den Personen erheblich nähern. Von -*ari*, -*er* sammelte ich schon oben einige Beispiele; von -*ing* erwähne ich den bekannten westfälischen Osning, den Pellinch in der Gegend nordöstlich von Trier, den Spizzinch, jetzt die Spitzingalp am Spitzingsee im südlichen Baiern, den Thrimining, jetzt Drömling, nordöstlich von Braunschweig, den Warminc in Oberöstreich und in auffallender dativischer Form Varnungon, den jetzigen Schwabunger Berg bei Schmalkalden. Dazu kommt noch als neuerer Name der Solling.

Zweitens erscheint dieselbe Endung auch in Flussnamen. Schon weit im Osten finden wir in einer Gegend, die wir im nächsten Capitel näher ins Auge werden zu fassen haben, einen Fluss Agalingus auf der Peutingerschen Tafel; es könnte etwa der Dniestr sein. Eine Mardunga fliesst in Friesland, eine Mathlinge in Holland, Waplinga ist die Wapel, südlich von der Jahde. In dem mittleren Theile der grossen deutschen Völkerstrasse vom schwarzen Meere bis nach Holland, in der Nähe der Weichselmündung, fliesst der Elbing ins frische Haff; die von Lübeckern im 13. Jahrhundert in der Nähe des alten Truso erbaute und nach diesem Flusse benannte Stadt heisst zunächst *zum Elbinge* oder *tom Elbinghe*. Penninchaha ist die Pinka,

16*

welche aus Niederöstreich nach Ungarn fliesst. Und so wie
wir in dativischer Gestalt einen Berg Varnungon fanden, so
auch einen Fluss Mimilingum, jetzt die Mümling, einen Nebenfluss des Mains im Odenwalde.

Für alle diese Berg- und Flussnamen muss man noch vollständiger sammeln, ehe man sich über ihre Deutschheit oder
Undeutschheit entscheidet; bekanntlich giebt es auch ein keltisches Suffix *-inc, -incum*.

Die dritte Klasse ist mir am anziehendsten; es sind diejenigen Ortsnamen auf *-ungen* (seltener *-ingen*), welche von Flussnamen abgeleitet sind. Sie beruhen zwar sicher auf Ellipse,
jedoch bespreche ich sie erst hier, weil ich einerseits die Fülle
der elliptischen Erscheinungen oben nicht bis zur Verwirrung stei-
gern wollte und weil sich andrerseits nun erst bei Betrachtung
mehrerer Völkernamen gezeigt hat wie dieselben häufig von
Flussnamen abgeleitet sind; drittens muss ich daran einige Bemerkungen knüpfen, die erst hier ihre rechte Stelle finden.
Kann nun ein ganzes Volk als Anwohner eines Flusses aufgefasst werden, so ist das auch bei den Einwohnern eines einzelnen Ortes möglich; von diesen Einwohnern konnte dann der
Name auf den Ort selbst übertragen werden. Zwischen Harz
und Thüringer Wald ist der Hauptsitz dieses Gebrauches.
Durch die goldene Aue fliesst östlich von Nordhausen die Tyra;
in ihrer Nähe liegt Tyrungen (sec. 11 Tyrungun), weiter aufwärts an demselben Flusse Ufirungen (alt Ufiurunga, d. h. Ober-
tyrungen). Nicht weit von hier, südöstlich von Frankenhausen,
finden wir eine Helde, die in die Wipper fliesst; an ihr liegt
Heldrungen, sec. 9 Heldrunga. In dieselbe Wipper geht westlich von Nordhausen eine Bode und an ihr liegt der Ort Bo-
dungen (alt Badungen). In der ganzen Gegend giebt es viele
Oerter auf *-ungen*; wüssten wir dort nur die Namen aller,
auch der kleinsten Bäche, so würde über Formen wie Breitun-
gen, Wechsungen, Haferungen, Gratzungen, Schiedungen bald
Licht aufgehn. Der letzt genannte Name erinnert an das thüringische Troja, jetzt Burg-Scheidungen an der Unstrut (seit
sec. 6 Scithingi). An dem kleinen Flüsschen Leine, nordöstlich von dem obengenannten Tyrungen, sehn wir Gross- und
Klein-Leinungen. Westlich von diesem ganzen Gebiete finden
wir nordwestlich von Göttingen ein Moringen an der Moor oder
dem Mohrenbach (der Ort heisst sec. 9 Marungun, sec. 11 Mo-

ranga). An der Weser und zugleich an der Bever, südlich von Höxter, liegt Beverungen (sec. 9 Beverungun), in dessen Nähe sec. 11 ein Ovoronbeverungen vorkommt. Im Norden von Eisenach haben wir Madelungen (seit sec. 11 genannt) an der Madel. Bei Salzungen an der Werra (sec. 8 Salzunga) liegen uralte Salzquellen, der alte Streitpunkt zwischen Chatten und Hermunduren; diese Quellen haben dem Orte den Namen gegeben. Gleich südlich vom thüringer Walde findet sich Schleusingen an der Schleuse. Ein Gau an der Fulda heisst alt Milisunge, woselbst jetzt der Ort Melsungen liegt; da daselbst auch die Milzisa (jetzt Mülmisch) fliesst, so werden wir das Wort (etwa als Milizisunga) an diesen Namen anzuknüpfen haben. Nordöstlich von Schweinfurt endlich liegt Lauringen (sec. 8 Lurungun) an der Lauer. Nicht sehr viel anders ist es, wenn Wasungen bei Meiningen von ahd. waso cespes benannt ist; der Werragrund breitet sich in der That um die Stadt herum zu einem sehr schönen ovalen Wiesengrunde aus.

Im Ganzen sehen wir also aus dieser Verbreitung, dass in dieser Bezeichnungsweise der Oerter ein echt thüringischer Gebrauch vorliegt; was ausserhalb dieses Gebietes vorkommt, wird sich wol stets anders verhalten. So z. B. Oehringen, östlich von Heilbronn, an der Orre (alt Orana); wir würden den Namen hieher setzen, wenn wir nicht wüssten, dass er aus Oringowe entstanden ist.

Zuletzt sind die Völkernamen auf *-ingi* ins Auge zu fassen. Hier ist es nun vor Allem auffallend, dass das berühmteste jener Völker, die Thuringi, gerade dasjenige ist, in dessen Bereich wir so eben den Gebrauch walten sahen, durch diese ng-Endung aus Flussnamen Bezeichnungen für Ansiedlungen herzuleiten. Ist es nun da nicht am natürlichsten, diesen Volksnamen als auf ähnliche Weise gebildet anzusehn? Ist es nicht ferner natürlich, dass das Wort von jener Tyra (immerhin vielleicht ursprünglich einer keltischen Dura) herkommt. welche gerade in dem gesegnetsten Theile des Thüringerlandes fliesst? Wende mir niemand ein, es sei unpassend, ein grosses Volk von einem kleinen Flusse zu benennen; ich bin überzeugt, dass unsere meisten und ältesten Völkernamen zunächst nur von ganz kleinen Gebieten ausgehn und sich erst in Folge geschichtlicher Ereignisse weiter verbreiten. Damit fiele dann der sprachliche, nicht aber der sachliche Zusammenhang zwischen Hermunduren

und Thüringern fort; jene zu Strabos Zeit an der Niederelbe neben den Langobarden angesessenen Hermunduren mögen bei
ihrem Vordringen nach Süden (von den Sachsen gedrängt?) den
Namen der Thüringer angenommen haben, wie ähnliches ja oft
geschehen ist. Auf den Namen der Hermunduren einzugehen
unterlasse ich; freuen aber würde es mich, wenn sich in eben
jenem Gebiete an der Niederelbe, aus welchem ich im dritten
Capitel schon eine Delvunda und eine Isunda nachwies, oder
vielleicht auf der cimbrischen Halbinsel, auch eine Hermunda
aufzeigen liesse. Wie sich neben jenem Hermundurenlande ein
südliches Thüringen bildete, so sehn wir jenen beiden nördlichen Flüssen entsprechend im weimarischen Gebiete einen noch
jetzt so lautenden Fluss Scherkonde.

Die Norththuringi zwischen Ohre und Bode kommen erst
sec. 8 vor und bezeichnen wol einen mehr im Norden zurück-
gebliebenen, nicht einen rückwärts verpflanzten Hermunduren-
stamm.

Die Endung -ingi für Volksnamen erstreckt sich aber viel
weiter. In Holstein sind die Nordalbingi bekannt, die also ebenfalls von einem Flusse den Namen führen, und eben dahin werden auch die Reudingi (Reudigni) zu setzen sein, die ich am
liebsten von ausgerodeten Wäldern herleiten möchte. Gleichfalls an der Niederelbe erscheint sec. 8 die Landschaft Scorin-
gia, woraus wir auf ein Volk Scoringi schliessen müssen, das
vielleicht zu ags. *score* ripa gehört. Aus dem Mittelalter kennen wir an der untern Weser die Butjadinger und die Stedin-
ger, jene nach ihren Wohnsitzen ausserhalb der Jahde, diese
wol nach dem Gestade an der Weser genannt. In derselben
Gegend, um Bremen zeigen sich seit sec. 8 die Wimodii oder
in reinerer Form Wihmuodi so wie der Gau Wihmuodinga; die
eigentliche Bedeutung ist mir hier noch nicht klar. Ursprünglich an der Ostsee scheinen Odoakers Turcilingi gewohnt zu
haben. Zwischen Elbe und Oder werden sec. 2 Silingae genannt und weiter nördlich, in Brandenburg, sec. 9 Smeldingi,
bei denen sich ein uralter suevischer Name auf später dort
angesessene Slaven übertragen zu haben scheint. Hiess doch
ein suevischer Stamm in der Nähe der Weichsel im ersten Jahrhundert Marsingi, und als die Germanen gegen das Römerreich
vorgerückt waren, im dritten Jahrhundert gleichfalls ein Sueven-
volk an der Donau Juthungi. Am obern Maine oder an der

Rednitz sind die Marvingi des zweiten Jahrhunderts zu suchen; schiene nicht das bekannte Mauringa des Langobardenzuges im Osten der Elbe zu liegen, so möchte man es zu diesem Volksnamen halten.

Besonders heimisch muss dies -*ingi* bei den Gothen gewesen sein; ihnen gehören im 2. bis 4. Jahrhundert die Lacringi, Astingi. Tervingi, Greutungi an, von denen die beiden letzten Namen wol am natürlichsten aus der Beschaffenheit ihrer Wohnplätze, von goth. triu arbor und ahd. grioz glarea zu erklären sind; es sind Bewohner von Waldgegenden und von Sandsteppen.

Die Frage kann aufgeworfen werden, ob auch ungermanische Völkernamen (ich sage nicht etwa Namen ungermanischer Völker) auf -ingi ausgehn. Die Tulingi, welche bei Caesar an der oberen Rhone erwähnt werden, werden auch von Zeuss für deutsch benannt gehalten; die Scotingi oder Scudingi, welche im Mittelalter am Doubs vorkommen, können ein versprengter alamannischer Stamm sein. Auf der entgegengesetzten Seite von Deutschland, unter preussisch-litauischen Völkern, erwähnen polnische Chronisten ein Volk Namens Jazwingi; ist das noch ein Nachhall früherer germanischer Ansiedler? Unter allen Ingi-Völkern ist übrigens nur eins deutlich patronymisch, die späteren Lotharingi.

Auf diese mehrseitig betrachtete Endung -*ing* lasse ich ein viel unsicherer germanisches -*nt* oder -*nz* folgen. Genauer scheint sich diese Endung als -*anti* zu bestimmen; ihrer Function nach gehört sie Flussnamen an. Sehn wir zuerst auf ihre Verbreitung, so zieht sich diese durch ganz Süddeutschland. Die Fladinz erscheint jetzt als Fladnitz 1) Nebenfluss der Donau in Niederöstreich, 2) unweit der Quelle des Regen. Die Radantia ist die Rednitz, die Rethratanze ihr Quellfluss Rezat, die Paginza ihr Nebenfluss Pegnitz. Südwestlich davon ist die Solanza zu finden, jetzt die Sulz, Nbfl. der Altmühl. In der Gegend von Donauwörth und Ulm fliesst die Brantia, jetzt Brenz, und die Warinza, jetzt Wernitz. Oestlich von Heidelberg haben wir die Scaplanza oder Scaplentia, jetzt Scheflenz. Der häufigste dieser Namen ist Alisontia; er bezeichnet sowol den Elsenzbach, südlich von Sinsheim in Baden, als auch die Elsenz, Nebenfluss der Nahe, als auch drittens die Alzette bei Luxemburg. Die Premantia heisst jetzt Prims, Nebenfluss der Saar bei Saarlouis. In den Ill im Elsass fliesst die Argenza, jetzt Ergers. Die Bri-

gantia ist die Bregenz am Bodensee, woran die Stadt gleiches
Namens liegt. Die Ems, Nbfl. der Lahn in Nassau (woran das
Bad Ems) heisst sec. 9 Aumenza, sec. 10 Ouminci.

So weit wäre diese Endung räumlich abgeschlossen, doch
geht sie über diesen Kreis noch weit hinaus. Ich erwähne hier
die Druentia (jetzt Durance), den Isonzo in Illyrien, allenfalls
noch den Casuentus und den Busento in Unteritalien. Andrerseits kann an die Tollense in Mecklenburg und an die Persante
in Pommern erinnert werden. Die Drewenz in Westpreussen
gemahnt sehr an die Druentia, vielleicht auch der Truentus
(Tronto) in Picenum, der Dorowention in Britannien (bei Beda,
Dorvantium beim geogr. Rav.)

Wie einerseits manche entschieden unslavische Flussnamen
neuerdings auf *-nitz* ausgehn, so mag auch manches *-nitz* in
slavischen Gegenden nicht die bekannte slavische Endung, sondern die hier besprochene sein.

Als deutsch erkennbar ist kaum der Stamm von irgend
einem einzigen der genannten Flussnamen, denn dass Fladinz an
ahd. flât purus anknüpft, mag Zufall sein.

Dagegen scheinen sich öfters die einfachen Wörter, von
denen jenes *-anti* ableitet, gleichfalls als Flussnamen zu zeigen;
vgl. zu Premantia die Primma, zur Radantia die Radaha, Ra-
taha und die heutige Rada am Harz, zur Alisontia Namen wie
Ilse, Els u. dgl., zur Warinza das alte Wara und das neuere
Wohra, zu Druentia den Dravus. Auch Ableitungen mit *-n*
stellen sich dem *-anti* gegenüber, der Alisontia, Argenza, Warinza, Druentia z. B. Alisna, Arguna, Warinna, Truna; trotzdem
leite ich nicht die ersteren von den letzteren, sondern beide
von einer einfacheren Gestalt ab.

Ob Brantia (die Brenz) wirklich das Suffix habe, kann bezweifelt werden, wenn man an deutsche Flussnamen wie Brant-
bach oder an die italiänische Brenta denkt.

Das *-anti* würde sich als ein sanskritisches Partic. Fem.
fassen lassen; Druentia (vielleicht auch die Drewenz) ent-
spräche einem Skr. dravanti die laufende, wie Bopp den Dravus (Drau) von demselben Verbum abgeleitet hat; vielleicht
bieten noch andere der genannten Flüsse eine participiale Natur dar.

Ueber die in alten Städtenamen öfters begegnende Endung
-untum oder die Völkernamen auf *-ontii* zu reden enthalte ich

mich, da ich in ihnen keine nähere Beziehung zum deutschen Sprachgebiete entdecken kann.

Näher ist dagegen hier ins Auge zu fassen ein Suffix mit den Consonanten *rn.* Dass ein solches germanisch ist, geht aus Bildungen wie goth. viduvairns oder eisarn, ahd. diorna u. dgl. hervor. Trotzdem haben die Namen auch hier manche besondern Bedenken; vgl. den Fluss Aternus u. a. in Italien. Am häufigsten erscheint eine solche Bildung in Flussnamen, und in diesen besonders auf altsächsischem Boden. Zum Gebiete der Oste, des letzten Nebenflusses der Elbe, gehören die Uterna, Quistirna und Biverna, jetzt Otter, Twiste und Bever. Bei Rehme fliesst in die Weser die Waharna (jetzt Werre), bei Gandersheim finden wir eine Eterna; ein Nebenfluss der Lippe heisst Stibirne (jetzt Stever). Selbst die Eder hat statt ihrer alten Form Adrana schon früh und oft Adarna oder Aderna. Unsächsisch sind nur die Nitorne, jetzt Nidder in der Wetterau, die Letherna, jetzt Lienne, in Belgien, und die Zaberna, jetzt Zaber, Nebenfluss des Neckars. Man könnte das Suffix leicht als ein aus zweien zusammengesetztes ansehn, wenn man die Waharna mit der Wochara, die Biverna mit der Biberaha, die Eterna mit der Aitaraha vergleicht. Wegen des Stammes von Quistirna und Stibirne erwöge man, dass auch Flussnamen Quistina und Stibinna vorkommen.

Von Völkernamen hat man bisher drei als deutsch erklärt, die Bastarnae im Südosten, die Gugerni am Niederrhein und die Daliterni an der obern Rhone; die Deutungen aller drei sind noch äusserst unsicher, so viel weises und unweises auch darüber schon geschrieben ist. Auffallend bleibt, dass die drei Namen auf geographisch so weit auseinander liegende Gegenden weisen; in deutschen Volksnamen haben wir mehrfach ein engeres Zusammenliegen ähnlicher Bildungen bemerkt. Dazu kommt noch, dass sich aus drei ganz entschieden undeutschen Namen auf -*rni* ein noch weit grösseres Dreieck bilden lässt, aus den Liburni in Illyrien, den Arverni in der Auvergne und den Iverni auf der nach ihnen genannten Insel Hibernia. — Sonst giebt es mit -*rn* nur Weniges; erwähnt sei der Gau Gasterna in Flandern und der salzburgische Ort Scuoparna.

Die Endung -*sc* steht unter deutschen Namen zu bezweifeln. Mempiscum, ein Gau in Flandern, leitet allerdings deutlich genug von den Menapii her, aber ob diese Ableitung als

deutsch anzusehn sei, ist ganz ungewiss. Die Warasci am
Doubs sind doch ein vielleicht keltisches Volk, wenn auch die
Niederlassung einzelner Alamannenschaaren in dieser Gegend
unzweifelhaft ist. Die Nurisci des Tacitus am Fichtelgebirge hat
man in Varisti gebessert. Dazu kommen ganz entschieden undeutsche Völker, wie die Scordisci, Aravisci, Taurisci in Illyrien, Pannonien und Noricum. Es bleiben also nur die Cherusci
übrig, die man, um ihren Namen mit dem der Saxones ins
Gleichgewicht zu bringen, von *hairus, heru* gladius abgeleitet
hat. Ich möchte eine andere Deutung vorschlagen, die mir den
Vortheil gewührt, die Sitze des kleinen Völkchens näher zu bestimmen (denn hier ist von dem grossen Völkerbunde, den sie
stifteten, nicht die Rede) und zweitens einige merkwürdige Namen, die bisher unbesprochen sind, damit in Verbindung zu
setzen. Südöstlich von Paderborn liegt ein Herisi, jetzt Heerse,
östlich von Paderborn ein davon abgeleitetes Heristi, jetzt Herste,
zwischen Cassel und Warburg Herste, jetzt Ersten. An der
Diemel, die zwischen diesen Oertern durchfliesst, liegt der pagus Hersigo; vielleicht ganz damit identisch ist der öfters in
dieser Gegend . vorkommende pagus Nihthersi oder Niftharsi.
Dort findet sich auch im nördlichsten Theile des Kurfürsten-
thums Hessen der pagus Ohteresgo. Getrennt davon, doch
durch nicht allzugrosse Entfernung, ist der pagus Treveresga,
südöstlich von Soest. Solches geographische und lautliche Zusammenstimmen darf nicht dadurch aus einander gerissen werden, dass man etwa Ohteresgo zu einem Personennamen Oht-
her zieht. Vielmehr sehn wir in allen diesen Wörtern ein
deutliches *heris*. Ob dieses Wort etwa eine Waldgegend bedeutet und eine Ableitung von dem im dritten Capitel (S. 56)
belegten *heri* ist, mag ungewiss bleiben; genug, um die Diemel
lag ein Land Herisi (älter Herusi?). Was bedeuten nun dessen beide Theile, die ich Oht-herisi und Niht-herisi schreiben
möchte? Etwa den Osten und den Westen, zu ahd. *uohta* der
Morgen und zu *naht* (ags. *niht*)? Treveresga könnte der Wald-
Hersigau sein (zu goth. *triu* arbor). Sind nun nicht die Cherusci mit blosser K-Ableitung Bewohner dieses Herisi-Landes?
treten sie dadurch nicht dem Schauplatze ihres höchsten Ruh-
mes, dem Teutoburger Walde, näher als bisher? sind sie nun
nicht erst wahre Nachbarn der im Ederthale angesiedelten echten Chatten? tritt nun nicht erst die Eresburg als wahrhafter

heiliger Mittelpunkt eines Volkes hervor, wie es der Gudens-
berg bei den Chatten gewesen zu sein scheint? Auf Wider-
sprüche bin ich gefasst; besonders wird man es übel vermer-
ken, dass ich die Namen Sachsen und Cherusken, so wie Hermunduren und Thüringer unabhängig von einander und in ganz
verschiedenen Gegenden entstanden sein lasse. Für mich hat
die spätere allgemeinere Bedeutung des Sachsen- und Thürin-
gernamens eben nicht grösseres Recht als der heutige Volksnamen Preussen oder Oestreicher.

Ausser Gau- und Völkernamen ist *sc* selten und zweifelhaft, ob es deutsch ist. Isunisca auf der tab. Peuting. könnte
das heutige Isen am Flusse gleiches Namens sein.

Weiter haben wir nach einer Endung *st* zu fragen. Hier
wird sich wieder Deutsches und Fremdes mischen. Von Flussnamen bemerke ich die Agasta, jetzt Aist in Oberöstreich und
Jagista, jetzt Jaxt. Von Oertern erwähnt uns Ptolemaeus bereits ein Alistus in Norddeutschland, vielleicht in Mecklenburg.
Im Bistbum Hildesheim liegt Segusti (jetzt Segeste) und Thui-
guste, in Westfalen Argeste (jetzt Ergste) und Bilisti, in den
Niederlanden zwischen Nimwegen und Arnheim Eliste (jetzt
Elst). Ein Niusta in fuldischen Urkunden ist unbekannt, Uliste
liegt in Baiern, Humiste ist Imst in Tyrol, Solist wird beim
geogr. Rav. in der Maingegend erwähnt, Sonista bei demselben
(und der tab. Peut.) in Pannonien.

Hiemit ist die Reihe der zu betrachtenden Suffixe geschlossen mit Ausnahme einer Klasse, der Deminutiven, über die ich
ganz kurz sein kann, da sie in einer bloss nach der lautlichen
Erscheinung geordueten Betrachtung eigentlich keine Stelle haben. Deminutiva auf -*k* wären besonders auf altsächsischem
Gebiete zu erwarten, doch steht mir kein sicheres Beispiel zu
Gebote. Hochdeutsches -*l* wird man in dem oben mitgetheilten Register über dieses Suffix mehrfach in deminutivem Sinne
erkennen, wie in Burgili, Burgila u. dgl. Gegenwärtig sind
Ortsnamen auf -*bächle*, -*häusle* u. s. w. nicht selten; vgl. Lau-
tenbächel, Rabenhäusel, Sillenhäusle; daneben steht schweizeri-
sches Kornweidli, Rütli u. s. w. Für die zusammengesetzten
Endungen -*chen* und -*lein* findet man alte Beispiele nur selten:
Husikin und Holzilin kommen wol als Ortsnamen vor dem 11.
Jahrhundert nicht vor. Auf -*häuschen*, -*wäldchen*, -*feldchen*,
-*berglein*, -*kirchlein* lassen sich neue Beispiele finden; ungemein

häufig sind niederländische Bildungen auf *-poldertje, -buurtje, -veertje* und unzählige andere. Aber Ailertchen in Nassau führt irre, da es alt Eylhartengen lautet. Bemerkenswerth ist, dass die Endung *-chen* auch volksetymologisch in slavische Namen auf deutschem Gebiete eingedrungen ist, vgl. Cüstrinchen, Berlinchen, Werncuchen.

Von ursprünglichen Zusammensetzungen, die in unserer neueren Sprache den Charakter von Ableitungen angenommen haben, erwähne ich ahd. *-scaf* in Grascaf (sec. 9), Engere-herescephe (sec. 11) und vielleicht in Ledscipi (sec. 11); neuere Namen auf *-bauerschaft* sind nicht selten, aber auch andere, wie Schwaigerschaft, Grafschaft und einige dunklere; Erfkamerlingschap liegt in Geldern.

Am Schlusse dieser ganzen Abhandlung über die Suffixe ist noch ein merkwürdiger Gebrauch anzuführen, der darin besteht, dass von zwei Flussnamen, welche benachbarte oder zusammenhangende Gewässer bezeichnen, der eine durch ein Suffix vom andern abgeleitet wird. Schon längst hat man die Mosella als die kleine Mosa angesehn, in derselben Gegend hat die Niers, alt Nersa, einen Nebenfluss Nerschina. In Oestreich dagegen nimmt die Drau eine Drän und eine Dravnitz auf, in die Mur fliesst die Mürz. Im Innern von Deutschland kenne ich nur ein Beispiel der Art, die Nidda in der Wetterau und ihren Nebenfluss Nidder (alt Nida und Nitorne). Auf jeden Fall ist diese Weise lebendiger, als wenn man z. B. die grosse und die kleine Laber unterscheidet.

Für Praefixe, auf die wir noch anhangsweise den Blick richten müssen, ergeben die Namen Weniges. Die Praeposition *bi-* erscheint in Bivanc, Biburg, Bigarten; besonders in den Niederlanden findet sich jetzt öfters ein Bijdorp, Bijland, Bijduin. — Das untrennbare *ga-, gi-* sehn wir in Biangibudiburg, Dallangibutli, Thuringesgibutli, Herskesgebutle, Meginsulthegibutle, Devangebutli, Ricbaldesgebutle, Holtgibutli; ferner eine Anzahl auf *-gimundi* wie Viscahisgimundi, Lechsgimundi u. s. w.; endlich einzelne wie Geturne, Gilicha, Gesiki; gegenwärtig ist dergleichen besonders in der Schweiz häufig, wo wir zahlreiche *-grüti, -gschwend, -gsteig, -gstein* u. dgl. finden. In Rütli oder Grütli steht die Form mit und ohne Praefix neben einander. Sehr häufig sind Wörter Namens Kreut, Kreuth, Kreit, in denen das Praefix eines ahd. *giriuti* mit dem Worte selbst (wie

in so manchen Ausdrücken der übrigen Sprache) ganz verwachsen ist. — Andere Praepositionen, wie z. B. *uf*, wurden schon
bei Gelegenheit der Differenzirung erwähnt. Bemerkenswerth
ist noch schliesslich, dass die Praeposition *za*, *zi* oft mit dem
folgenden Namen in Urkunden und Abdrücken zusammenge-
schrieben wird und dadurch mitunter die wahre Gestalt des
Namens etwas verhüllt, vgl. Zigoutilinlant, Zitiufinpahe, Zitemo-
rotenstenni, Zetileshusir (z'Etilesh.).

IX. Die Ortsnamen im Raume.

Wäre die Sprachwissenschaft lediglich ein Theil der Natur-
wissenschaft, so könnten wir hier, nachdem die Ortsnamen nach
Laut, Form und Function erörtert worden sind, die Untersuchung füglich abbrechen. Sprache ist aber zugleich That des
freien Menschengeistes, voller Athem der menschlichen Seele,
hörbar dargestelltes Denken; sie wird daher in weit höherem
Grade als die blosse Natur durch die beiden Schranken unseres Seins und Denkens, durch Raum und Zeit näher bestimmt
und geleitet; und so wird auch derjenige Theil der Sprache,
mit dem wir es hier zu thun haben, die Ortsnamen, sich dem
Einflusse des Raums und der Zeit nicht entziehn können.
Daraus ergeben sich denn mit Nothwendigkeit die beiden Begriffe einer Ortsnamengeographie und einer Ortsnamengeschichte;
eine Uebersicht und erste Anbahnung der ersteren soll dieses
Capitel, der zweiten das nächste liefern.

In der Verbreitung der deutschen Ortsnamen spiegelt sich
die Verbreitung der Deutschen ab, freilich nicht in allen Theilen dieses Spiegels mit demselben Grade von Genauigkeit. Nun
aber hat sich unser Volk auf zweierlei Art ausgedehnt, zuerst
dadurch, dass seine einzelnen Stämme, wenn auch mit Zurücklassung von Resten, weiterzogen, später jedoch dadurch, dass
diejenigen, welche sich eine neue Heimath aufsuchten, dieses
als Einzelne, nicht als Volk thaten, wenn auch diese Einzelnen
sich oft zu gewaltigen Massen erobernder Heere zusammenball-
ten. Jenes ist die organische, dieses die unorganische Verbreitung; es endet aber die erste mit dem Langobardenzuge nach
Italien im sechsten Jahrhundert, mit welchem die Völkerwande-

rung schliesst, die zweite hat schon vor dem Ende der ersten begonnen, währt aber noch in unsern Tagen in ziemlicher Stärke fort. Richtete sich die organische Verbreitung in historischer Zeit im Ganzen gegen Süden und Westen, so nahm dagegen die unorganische ihren Lauf vorzugsweise nach Norden und Osten; in jener sehn wir im Wesentlichen einen Anprall des Germanenthums gegen das Keltenthum und Römerthum, zum Theil des Heidenthums gegen das Christenthum, in dieser verbreiteten christianisirte Germanen das neue Licht über die Gegenden, die sie selbst einst verlassen hatten und in die inzwischen heidnische Völkerstämme eingerückt waren.

Die Hauptmomente dieser Rückverbreitung der Deutschen während des Mittelalters sind folgende: die Stiftung der avarischen und der windischen so wie der thüringischen und der Nordmark durch Karl den Grossen, die Herstellung der Mark Schleswig unter Heinrich I, die Germanisirung des Landes bis zur mittleren Oder und bis zur mecklenburgischen Ostseeküste durch den grossen Markherzog Gero und durch die Stiftung der Bisthümer Havelberg, Oldenburg und Brandenburg unter Otto I, die innigere Verbindung Böhmens mit dem Reiche seit Konrad II, die Stiftung der Mark Brandenburg durch die Ascanier unter Conrad III, die Ansiedlung der Sachsen in Ungarn und Siebenbürgen unter Geysa II, die Eroberung Preussens durch den deutschen Orden im dreizehnten Jahrhundert, so wie die gleichzeitige der russischen Ostseeprovinzen durch die Schwertbrüder, in Folge deren diese Landschaften mehr oder minder germanisirt wurden, am durchgreifendsten der westliche Theil von Ostpreussen. In den letzten Jahrhunderten scheint auch die Einwanderung von Wallisern in die piemontesischen Thäler am Monte Rosa erfolgt zu sein, wo sich die sogenannten Silvier noch bis heute erhalten haben; etwas früher mögen die sogenannten Cimbern der sette communi an der oberen Brenta und der tredeci communi bei Verona sich angesiedelt haben. Nach dem Abschlusse des Mittelalters ging diese Verbreitung noch vereinzelter und unorganischer vor sich; doch wanderten im Anfange des vorigen Jahrhunderts die Pfälzer nach Irland und etwas später die Salzburger Emigranten nach Norddeutschland aus. Auch kann hier an die Versetzung von Deutschen an die untere Wolga unter Katharina II, so wie an die massenhafte Uebersiedelung in diesem Jahrhunderte nach Amerika und Austra-

lien, endlich an die Gründung zahlreicher Missionsstationen erinnert werden.

Nach allen diesen Gebieten hin verbreiteten sich mit den
Deutschen auch die deutschen Ortsnamen; so liegen z. B. an
der untern Wolga Schafhausen, Unterwalden, Philippfeld, im
Staate Ohio die Oerter Martinsburg, Petersburg, Reynoldsburg,
Hanover, in Südaustralien Hahndorf und Lobethal und so noch
zerstreut manche andere. Beispiele zu sammeln ist hier nicht
nöthig, da sie für die Wissenschaft kaum irgend eine ergiebige
Seite haben; höchstens kann man daraus vorsichtig auf den
Ort schliessen, aus welchem die Einwanderung erfolgt ist.
Ueberhaupt gewähren unorganisch verbreitete Ortsnamen auf
der Karte ein ganz anderes Bild als solche, welche durch organische Verbreitung entstanden sind. Als Beweis dafür erwähne ich das Marienburger und Danziger Werder zwischen
Nogat, Weichsel, Mottlau und Radaune, welches erst durch die
grossartigen Dammbauten der deutschen Ritter unter Landmei-
ster Meinhard von Querfurt (seit 1288) völlig der Cultur zugänglich geworden ist. Wir finden hier auf kleinem Raume
die Dörfer Herzberg, Gottswalde, Neunhuben, Müggenhall, Hundertmark, Langenfelde, Osterwieck, Trutenau, Scharfenort, Gütt-
land, Quadendorf, Schönrohr und viele andere, also ein wildes
Durcheinander der verschiedensten Grundwörter, deren keines
irgendwie vorherrschend ist, während auf jedem Gebiete, wo
sich ein Volksstamm in organischer Weise niederliess, eine gewisse regelmässige Einförmigkeit der Grundwörter, oft in zu
hohem Grade, gleich in die Augen fällt. Wüsste man nun auch
nichts Historisches über jene deutschen Ansiedlungen im Weich-
seldelta, so müsste man schon aus diesem Verhalten der Ortsnamen den Schluss machen, dass hier nicht Wohnsitze jener
alten Germanen an der Weichselmündung, sondern nur Colonien vorliegen. Auch die Bemerkung drängt sich auf, dass in
solchen Colonieländern mehr die allgemein deutschen, noch jetzt
in der Sprache leicht verstandenen Endungen vorherrschen,
wie *-dorf, -berg, -wald*, während seltenere, dunklere, weniger
verstandene und local mehr beschränkte Grundwörter wie *-bo-
stel, -lar, -fehn, -hart* mehr in den Stammländern vorkommen.

Wir verlassen dieses unfruchtbare Gebiet und wenden uns
zu denjenigen Ortsnamen, welche durch die organische Verbreitung des deutschen Volksstammes entstanden sind. Ich

halte fest an der Ansicht, dass deutsche Ortsnamen in jedem Gebiete zahlreich müssen vorhanden gewesen sein, wo auch nur ein einziges Jahrhundert lang eine massenhafte deutsche Bevölkerung gehaust hat, selbst wenn jene Bevölkerung in einem solchen Gebiete während der Dauer ihres Aufenthaltes auch nicht ein einziges Dorf zu Stande gebracht hätte; Ortsnamen sind ein zu natürliches Bedürfnis des Menschen, als dass wir uns die Sache anders vorstellen könnten. Sind aber deutsche Benennungen in allen jenen Gebieten zahlreich gegeben worden, so liegt es in der Natur der Sache, dass viele von ihnen auch dann noch geblieben sein müssen, als in denselben Landstrichen andere nachziehende Völker herrschend wurden, ja manche müssen. wie auch immer unkenntlich gemacht, noch bis auf die Gegenwart fortdauern. Und ich glaube in der That, dass das Material vorhanden ist, um diese ehrwürdigen Zeugen einer grauen Vergangenheit wiederzuerkennen und als unser Eigenthum zu beanspruchen, sicher aber ist es, dass bis zum Gelingen solcher Aufgabe noch viel, sehr viel zu thun sein wird. Denken wir uns nun, wie im ersten Capitel (S. 8) angegeben ist, als Wegweiser des ältesten Germanenzuges seit der Trennung dieses Volkes von den Slaven das Nordufer des kaspischen Meeres, den Nordabhang des Kaukasus (dessen Höhen jedoch von einem Theile des Volkes auch nach Süden hin überstiegen sein mögen), das Nordgestade des schwarzen Meeres, den Dniestr, den äusseren Karpathenrand und die Weichsel, so ergiebt sich das Gebiet, auf welches wir ein scharfes Auge zu richten haben. Griechen und Römer müssten uns hier viele uralte Ortsnamen überliefert haben, wäre nicht für sie dieser ganze Zug vom kaspischen Meere bis zur Weichselmündung eine Reise aus kimmerischem Dunkel in hyperboraeischen Nebel gewesen. Nur an einem einzigen Punkte wird dieser Weg von den Strahlen griechisch-römischer Cultur stärker getroffen, an dem Punkte, wo Dniestr und Donau nahe bei einander das Meer erreichen. Was jenseits dieses Punktes liegt, rühre ich hier nicht an, obwol und weil manche verführerische Namenanklänge von dorther erschallen.

Und grade aus diesen Landstrichen um die Donaumündungen sind uns aus hohem Alterthume her Namen überliefert, die uns an deutschen Klang und an deutsche Wortstämme erinnern. Ich habe an einem andern Orte dargethan, dass der schon 900

Jahre vor unserer Zeitrechnung bekannte Name des untern Do-
naulaufes, *Ister*, zu einer grossen Klasse von Flussnamen gehört, deren locale Verbreitung es fast wahrscheinlich macht,
dass wir hier mit uralten deutschen Wortbildungen zu thun haben. Der Name des *Dniestr* ist uns als Danaster erst seit dem
vierten Jahrhundert überliefert, während in höherem Alterthume
der Name Tyras galt; sollte nicht mit der Ausdehnung des
Gothenreiches eine schon uralte Benennung, die sich vielleicht
lange Zeit hindurch nur auf den oberen Lauf des Flusses eingeschränkt hatte, für den ganzen Fluss zur Geltung gekommen
sein? In eben derselben Gegend verzeichnet die tab. Peuting.
(also im 3. Jahrhundert) einen Fluss *Agalingus*, der an eine
im Deutschen ungemein häufige Endung anklingt, während ein
solcher Ausgang bei fremden Flussnamen ungewöhnlich ist.
Noch klarer tritt das Deutsche hervor bei dem Flusse *Ava*, den
der geogr. Ravennas neben dem Dniepr nennt. Selbst die insula *Peuce*, die einen Theil des Donaudeltas bildete und nach
der die Peucini genannt sind, darf man mit Grimm als ein
Fichtenland deuten, und dann scheint es mir natürlicher, nicht
an das griechische Wort für Fichte, sondern an eine alte germanische Gestalt desselben zu denken; die Endung müsste etwa
aus einer dem ahd. -ahi vorhergegangenen Form entstellt sein.
Wenn endlich Polybius eine Bank vor der Donaumündung
Στήθη nennt, so scheint hier in der That altfries. statha, alts.
stath und unser nhd. Gestade sich besser anzuknüpfen als irgend ein anderes Wort irgend einer Sprache. Auf dergleichen
Ausdrücke wird noch mehr zu achten sein; einzeln genommen
begründen sie keine grosse Wahrscheinlichkeit, in ihrer Ge-
sammtheit aber dürften sie schon nicht ganz kleinen Anspruch
auf deutschen Ursprung erheben.

Was zwischen den Mündungen der Donau und der Weichsel liegt, dürfen wir nicht anrühren, ehe nicht ein altslavisches
Ortsnamenbuch vorliegt; zur Abfassung eines solchen wird wol
niemand befähigter sein als Miklosich, der sich ja auch auf dem
so überaus fruchtbaren Grenzgebiet zwischen Sprache und Geschichte angesiedelt hat. Erst aus einem solchen Werke heraus,
dessen Verfasser sich nicht vor den Fehltritten fürchten möge,
die der erste Wurf nothwendig mit sich führt, werden wir festen
Fuss fassen. Erst dann dürfen wir z.B. fragen, ob die beiden
Flüsse *Bug*, der in das schwarze Meer und der in die Weichsel

fliessende, sich besser aus dem Slavischen als aus dem Deutschen deuten lassen, wo z. B. die bairischen Flüsse Namens Bogen recht nahe liegen; oder ob der *Wiprz* (Nebenfluss der Weichsel) wirklich mit den norddeutschen Wippern und Wuppern übereinkommt; denn die slavische Deutung dieses Flussnamens durch wildes Schwein wird man doch nicht im Ernste aufrecht erhalten wollen.

Die gröste Aufmerksamkeit verdient die Gegend um die Weichselmündung, wo lange ein Hauptsitz deutscher Bevölkerung gewesen sein muss. Aber deren gewiss vorhandene Spuren in den Ortsnamen wieder herauszufinden wird noch saure Mühe erfordern. Denn über jenen deutschen Grund haben sich im Laufe der Zeiten noch mehrfache andere Schichten germanischer Ortsnamen, mit slavischen durchsetzt, gelagert. Wie weit skandinavische Rückwanderungen, wie weit die vorübergehenden Eroberungen des Dänenkönigs Waldemar II hier Einfluss geübt haben, ist zweifelhaft; die deutschen Kreuzheere dagegen und die Colonisten in ihrer Begleitung haben die augenfälligsten Folgen auf onomatologischem Gebiete. Dazu kommen dann spätere, besonders niederländische (mennonitische u. a.) Colonien und endlich ist selbst nach den polnischen Theilungen die preussische Herrschaft mehrfach für die Ortsnamen von Einfluss gewesen. Da erwächst nun die Aufgabe, alle diese Namenschichten von einander zu scheiden, besonders aber die älteste unter ihnen als den innersten Kern herauszuschälen. Und diese Aufgabe wird noch dadurch erschwert, dass der benachbarte baltische (litauisch-preussische) Sprachstamm in seinem Sprachschatze und besonders in seinen Ortsnamen Elemente enthält, die dem Bilde sehr nahe liegen, welches wir uns von dem Deutschen um die Zeit des Beginnens unserer Zeitrechnung machen müssen; und zwar nicht zufällig, sondern weil in der That das Litauische unter allen Sprachen genealogisch der nächste Verwandte des Germanischen ist. So steht das lit. *kaimas* Dorf, welches in den heutigen zahlreichen Ortsnamen auf -kehmen erscheint, dem deutschen *haim* sehr nahe; *laukas* Feld (Oerter auf -lauken und -laken) hat mit dem deutschen *loh* lucus eine eben so nahe Berührung, ich weiss nicht ob nur äusserlich oder auch etymologisch; *uppe* Fluss stellen wir zu deutschem -*affa*, -*uf*, über welches wir schon oben (S. 30) sprachen. *Naujas* ist ein eben so häufiges Element von Namen wie das

deutsche *neu*; der Ortsname Nausedzei entspricht fast genau
unserm deutschen Neusitz, wenn auch die Form (das lit. Wort
ist Plural) eine andere ist. Der Name der Nogat (wie mag er
zuerst urkundlich lauten? a. 1674 finde ich die Schreibung
der Nagott) sieht im ersten Theile mehr litauisch als deutsch
aus, während der zweite wol das überall verbreitete germanische *gat* u. s. w., goth. *gatvô* ist, das ja in mehreren Mundarten auch die specielle Bedeutung von Wasserstrasse oder Fluss-
mündung annimmt; neue Mündung wäre ein um so passende-
rer Sinn des Namens, da die mit der Nogat fast zusammen
ins Haff mündende Elbinger Weichsel zugleich den Namen der
alten Weichsel führt. Doch ist nicht zu verschweigen, dass es
bei Marienwerder auch eine alte Nogat giebt; noch südlicher
kommt ein Dorf Nogat vor. Was uns dringend Noth thut, ist
eine Zusammenstellung urkundlich beglaubigter alter Ortsnamen
aus Westpreussen, immerhin germanischer, slavischer und balti-
scher durch einander; erst auf eine solche Sammlung kann die
Scheidung derselben sich gründen.

Aehnliche Verhältnisse weisen die westlich von Preussen
liegenden Ostseeländer auf; nur ist hier dem skandinavischen
(dänischen) Einflusse mehr Spielraum zu gestatten, während das
baltische Element sich wahrscheinlich nie weit über die Weichsel ausgedehnt hat. Auch hier sind urkundliche Namensamm-
lungen höchst wünschenswerth. Dieser Einwanderung der
Deutschen steht ihre Auswanderung nach Süden und Westen
gegenüber, als sie sich aufmachten das Römerreich zu zertrüm-
mern. Franken und Burgunder haben sich in Gallien, Westgothen und Sueven in Spanien, Ostgothen und Langobarden in
Italien niedergelassen; ihnen allen aber ist gemeinsam, dass sie
nur äusserlich siegten, innerlich aber durch die mit dem Christenthum verbündete romanische Cultur besiegt wurden. Trotzdem werden wir bei weiter vorgeschrittenen Sammlungen sicher
erkennen, dass die Mundarten dieser Stämme, wie sie den romanischen Sprachen jener Länder bedeutende Elemente zuführ-
ten, so auch in den dortigen Ortsnamen Spuren hinterlassen
haben; von Burgos, der Hauptstadt Altcastiliens, wissen wir
längst, dass es eine solche Spur ist. Ja es darf gefragt werden, ob das mehr als hundertjährige Vandalenreich in Nord-
afrika so ganz ohne germanische Hinterlassenschaft untergegangen ist. Ein tüchtiger Forscher hat einmal (so viel ich weiss

nur mündlich) auf die Möglichkeit aufmerksam gemacht, dass
die Zuaven, ein besonders eigenthümlicher Araberstamm in Al-
gier, in ihrem Namen noch an die mit den Vandalen ausgezo-
genen Sueven erinnern; solche Möglichkeit darf weder mit Bestimmtheit geleugnet, noch die Wirklichkeit fest behauptet
werden.

Nach einer andern Seite hin, in Pannonien, Dacien, Mösien
liessen sich Gepiden und Ostgothen nieder. Ihre Spur verra-
then besonders sicher Namen, die das deutsche *burg* arx unverkennbar enthalten, so zuerst im zweiten Jahrhundert Teutoburgium in Niederpannonien, sec. 3 Burgenae, gleichfalls in
Pannonien, welches sich mit altwestfälischem Burgina berührt;
dann aber sec. 6 die von Procop erwähnten an der untern
Donau liegenden Orte Halicaniburg, Laccoburg, Lukernariaburg,
Mareburg, Sculcoburg, Süliburg, Tulcoburg. Auch das Scarabantium des dritten Jahrhunderts in Oberpannonien liesse sich
ja ganz gut aus dem Deutschen erklären, falls hier nicht ein
sprachlicher Sirenenklang vorliegt. Doch auch in diesen Gegenden wird die Forschung dadurch erschwert, dass sich spätere germanische Namenschichten auf diesen älteren ablagern,
und zwar bis in die neueste Zeit hin, wo noch Colonien wie
Maria-Theresienstadt in den durch die Türkenkriege verwüste-
ten Ebenen des Banats gestiftet wurden.

So ungeheuer ist das Gebiet, auf dem einst deutsche Sprache dauernd geklungen hat. Viel engere Grenzen umschreiben
sicher diejenigen Landschaften, in welchen zu irgend einer Zeit
deutsche Ortsnamen die Regel, fremde nur die Ausnahme gewesen sind. Diese Grenzen aber zu finden ist noch durchaus
nicht möglich und deshalb müssen wir sofort zu einer dritten
Frage übergehn. In welchen Landschaften sind gegenwärtig
deutsche Ortsnamen vorherrschend? Der Blick auf die Landkarte giebt hier Auskunft, obgleich die Grenze zuweilen ziemlich verwischt ist. Ich möchte sie folgendermassen ziehen. An
der Ostsee beginnt sie mit der Bucht von Wismar und geht
dann grade südlich bis zum Schweriner See, dem sie bis zu
seinem südlichsten Punkte folgt. Hierauf ziehe ich sie südwestlich, bis sie die Elbe etwa bei Boitzenburg trifft. Dann geht
sie die Elbe aufwärts bis zur Mündung der Jeetze bei Hitzaker,
nun in westlicher Richtung bis zur Ilmenau in der Gegend von
Bevensen, hierauf südöstlich mitten zwischen Bodenteich und

Salzwedel durch, noch mehr östlich, bis sie die Elbe etwa in der Gegend von Stendal erreicht, der sie dann aufwärts folgt bis an die Mündung der Saale. Die Saale bildet die freilich hin und her oft überschrittene Scheidung bis ziemlich zu ihrer Quelle hinauf. Von hier aus streckt sich eine schmale deutsche Ortsnamenzunge in das obere Egerthal nach Böhmen hinein, während im Uebrigen der Böhmer Wald die Grenze fortsetzt, doch so, dass auch sein Nordostabhang vorzugsweise deutsch ist. Dann läuft die Scheide längs der Thaya bis zu ihrem Einströmen in die March und längs der March bis zu deren Mündung in die Donau. Südlich von diesem Strome fällt noch die Gegend um den Neusiedler See dem deutschen Ortsnamengebiete zu. In der Gegend von Fürstenfeld berührt die Linie die steirisch-ungarische Landesgrenze und folgt dann dieser südlich bis zur Mur. Hier entsteht ein rechter Winkel und es zieht die Südgrenze des Ortsnamengebietes rein westlich die Drau aufwärts bis nach Villach, dann aber die Gail aufwärts bis zu ihrer Quelle in Tyrol. Nun geht es weiter westlich, Brixen links lassend, dann aber wendet sich die Grenze etwas südwestlicher, etwa auf Meran zu, und nun die Etsch aufwärts bis zur schweizerischen Grenze. Sprachgrenze, Landesgrenze und Namengrenze fallen nun eine Zeit lang zusammen bis in die Gegend des Fürstenthums Lichtenstein. Nun verfolgt die Linie die Glarner Alpen bis zum St. Gotthardt und dann die Berner Alpen bis zur Grenze des Cantons Waadt. Darauf zieht sie längs der Saane nach Norden, über Aarberg nach Biel und nun in der Richtung auf Basel, welche Stadt sie jedoch rechts lässt, indem sie sich an der Quelle des Ill westlich wendet. Dann verfolgt sie die Höhe der Vogesen bis zur Quelle der Saar und nimmt nun eine ziemlich rein nordwestliche Richtung an, indem sie mitten zwischen Metz und der preussischen Grenze durchzieht. Mit einigen Biegungen erreicht die Linie nun Longwy und damit die belgische Grenze; sie verfolgt dann dieselbe nach Norden zu bis in die Nähe von Aachen, worauf sie sich wieder westlich wendet, zwischen Lüttich und Mastricht hindurch nach Löven, Brüssel, mitten zwischen Gent und Tournay hindurch bis an die Lys, deren Quelle sie dann aufsucht, um endlich in der Gegend von Boulogne das Meer zu erreichen. Abgeschlossen wird die Grenze durch eine Linie, welche etwa in der Breite von Flensburg Schleswig durchzieht

Ausser diesem zusammenhangenden Lande herrschen die deutschen Ortsnamen nur noch in einem einzigen grösseren Gebiete vor, nämlich in den Niederungen um die Weichselmündung, in der frischen Nehrung, der Gegend von Elbing und dem grösten Theile des Königsberger Regierungsbezirks.

Die Grenzen des onomatologischen Deutschlands, welche ich angegeben habe, sind natürlich durchaus nicht so bestimmt, wie die sprachlichen oder die politischen Grenzen unseres Vaterlandes, indessen reicht doch die obige Angabe hin um zu ersehen, dass sie zu vier Fünfteln fast genau mit der gegenwärtigen Sprachgrenze zusammenfällt. Nur zwischen dem Fichtelgebirge und der Ostsee ist die deutsche Sprache über gewaltige Gebiete vorgerückt, ohne den onomatologisch vorherrschend slavischen Charakter diesen Gebieten nehmen zu können. Aehnlich hat im Westen die romanische Zunge Eroberungen gemacht, ohne die Mehrheit der deutschen Ortsnamen zu unterdrücken.

Daraus ergiebt sich nun klar genug der Satz: Allmähliche Colonisirung vermag zwar die Sprache einer Gegend, aber nicht die Mehrzahl ihrer Ortsnamen umzuschaffen; dazu gehört ein Eroberungskrieg, ja in der Regel wol noch mehr als das, ein Vernichtungskampf. Ein solcher ist allerdings ein halbes Jahrhundert lang in jenen ostpreussischen Gegenden, die wir oben bezeichneten, wirklich geführt worden und davon sind die Ortsnamen noch bis heute die stummen oder wenn man will lauten Zeugen. Als ich die oben erwähnte Grenze mitten durch Mecklenburg zog, was gewiss einem Theile meiner Leser aufgefallen sein mag, ahnte ich nicht, dass ich Tages darauf in der Besprechung eines mecklenburgischen Gräberfundes über dieses Land die Worte lesen würde: es ist mehr als wahrscheinlich, dass, während im westlichen Theile des Landes der Andrang der siegreichen Deutschen die heidnischen Slaven schnell vertilgte, im östlichen Theile ein allmählicher Uebergang stattfand.

Wie die verschiedenen Grundformen der Pflanzendecke den Eindruck bestimmen, den eine Landschaft auf den empfindenden Beschauer macht und wie der gröste Naturforscher unseres Jahrhunderts sogar von dem landschaftlichen Charakter eines Theiles des Sternenhimmels spricht, so bildet auch die Berührung und Durchdringung der vielfachen Namenformen mit

ihren mannigfaltigen Elementen gewissermassen sprachliche Landschaften, die das geistige Auge des sprachsinnigen Beobachters
mehr oder minder fesseln. Ja es ist wol nicht zu kühn, wenn
man auch von diesem Standpunkte aus von schönen und von
traurigen Gegenden spricht. Wenigstens wenn ich das einför-
mige Grundwort *-leben* fast die ganze Gegend zwischen Ohre
und Bode erfüllen sehe oder dagegen die regellosen Bildungen
des westlichen Ostpreussens überblicke oder endlich die wie
zufällig unter Slavisches gesäeten den verschiedensten Typen
angehörigen deutschen Ortsnamen Böhmens durchmustere, so
fühle ich mich erst wieder auf gesundem tragfähigen Boden,
wenn ich in Landschaften wie Holstein oder der deutschen
Schweiz zwar eine wohlthuende Mannigfaltigkeit, aber zugleich
eine Regel und eine Beschränkung wiederfinde. Dass hinter
diesem landschaftlichen Eindrucke mehr verborgen liegt als ein
unbestimmtes und darum unfruchtbares Gefühl, müssen einige
weitere Bemerkungen darthun; dann wird sich wol ergeben,
dass aus diesen Dingen, welche die Wissenschaft bisher meistens wie taube Schlacken fortgeworfen hat, sich in Zukunft
noch ein gutes und edles Stück unserer ältesten Geschichte wird
ausmünzen lassen.

Eine Uebersicht in Zahlen bringt diese Verschiedenheit des
landschaftlichen Charakters am besten zu elementar fasslicher
Anschauung. Mir liegt eine Musterung über etwa 350 Ortsnamen der Gegend um Nordhausen und eine andere über 213
Namen der Umgegend von Stuttgart vor. Hebe ich aus beiden
Abtheilungen die am häufigsten vorkommenden Grundwörter
heraus und ordne sie nach der Anzahl der Procente, welche
jedes dieser Grundwörter von der ganzen Zahl der Ortsnamen
der betreffenden Gegend umfasst, so ergiebt sich Folgendes:

Nordhausen:		Stuttgart:		
rode 21 Procent.		ingen 20 Procent.		
ungen (ingen) 9 Proc.		hausen 9	—	
leben	6 —	heim 8	—	
stadt	5 —	bach 8	—	
hausen	4 —	berg 6	—	
dorf	4 —	weiler 5	—	

Beide Gegenden haben also das Gemeinsame, dass der
Grad der Mannigfaltigkeit ihrer Ortsnamenmischung ziemlich derselbe ist, indem der an Häufigkeit erste Ausgang der Ortsnamen

in beiden Gebieten etwa ein Fünftel der ganzen Masse, der im
sechsten Range stehende dagegen in beiden Landschaften etwa
$\frac{1}{20}$—$\frac{1}{25}$ ausmacht; das deutet also auf denselben Grad von
Naturwüchsigkeit der Ortsnamen oder auf dasselbe Mass organischer Verbreitung derselben in beiden Gebieten. Trotzdem
ist der landschaftliche Charakter beider Gegenden so verschieden,
dass unter den sechs häufigsten Ausgängen in der einen Gruppe
sich nur zwei (ingen und hausen) finden, die auch in der andern Gruppe zu den sechs häufigsten Endungen gehören. Die
Gegend um Stuttgart ist etwas einförmiger als die um Nordhausen, da in ersterer sechs Namenausgänge zusammen schon
56, in dieser nur 49 Procent aller Ortsnamen bilden.

Die regelloseste Mischung kommt übrigens nicht bloss in
Colonieländern vor, wie schon oben bemerkt worden ist, sondern auch im Innern der Gebirge, welches in dieser Hinsicht
also als später angebaut den Colonieländern fast gleich steht.
Sieht man eine Karte des Harzes an, so wird man das bestätigt finden; man wird bei den im Innern des Gebirges liegenden Orten nicht sagen können, welcher Ausgang der Ortsnamen
hier der häufigste ist.

Es kann bei diesen eigenthümlichen Verbreitungsverhält-
nissen nicht fehlen (und damit gelangen wir auf ein künftig noch
viel Frucht verheissendes Feld), dass in einigen Gegenden gewisse
Grundwörter ganz mangeln, wie z. B. dem Kurfürstenthum
Hessen die Formen auf -leben, -wang und -weiler. Zum Theil
liegt dies darin, dass Oertlichkeiten, welche ursprünglich durch
diese Grundwörter bezeichnet wurden, wirklich in der einen
oder andern Gegend nicht vorkommen; Meerbusen und Vorgebirge wird man z. B. in Thüringen nicht suchen. Doch darf
man dieser Rücksicht nicht zu viel Spielraum gewähren. Wenn
man z. B. weiss, wie kleine Anhöhen das Volk fast überall
mit dem Worte Berg bezeichnet, so wird es nicht auffallen,
dass in den Niederlanden mehr als hundert Oerter Namen haben, die auf Berg endigen. Der Hauptgrund, warum gewisse
Bildungen einzelnen Gegenden abgehn, liegt offenbar in dialektischen Verhältnissen und damit in uralten historischen Vorgän-
gen, und das ist es eben, was uns dieses Gebiet anziehend macht.

Als Beispiel dafür, dass Vieles zweien Gegenden gemeinsam ist, während Anderes von der einen gewährt wird, der
zweiten aber mangelt, gebe ich hier eine Uebersicht über den

deutschen Grundwörterschatz für die Ortsnamen der Niederlande und der Schweiz, wobei ich nur solche Bildungen auslasse, die entweder ganz vereinzelt oder mir aus irgend einem Grunde zweifelhaft sind, da mir der Raum für weitere Entwickelungen hier mangelt. Gemeinsam ist beiden Ländern Folgendes:

Niederlande.	Schweiz.
aa (ae, ee u. s. w.)	aach
akker	acker
auw (ouw)	au
bank	bank
beek	bach
berg	berg
boom	baum
born	brunn (brunnen)
brug, brugge	brück (-e), bruck, brugg
buren (buiren, buur, boer)	büren
burg (borg, borgh, burgh)	burg
clinge	klingen
daal, dal	thal
deel	theil (viertel)
doorn	dorn
dorp (terp)	dorf
eik, eyk	eich
esch	äsch
vang	fang
veld	feld
fort (voort u. s. w.)	furt
forst (voorst)	forst
gaard (gart)	garten
gat	gasse
goed	gut
gouw (gaauw, geeuw u. s. w.)	gau
graaf (graven u. s. w.)	graben
groeve	grub (gruben)
grond	grund
hage (hagen)	hag
heide	heid
hem (heem, ham, heim, um, om u. s. w.)	heim

Niederlande.	Schweiz.
heuvel (heul)	hubel (hübel)
hoef (hoeve)	hub
hof (hoven)	hof (hoefe, kon, ken u. s. w.)
horn (heurne)	horn
horst	horst
hout (holt)	holz
hutte	hütte (hütten)
huis (huizen)	haus (häusern)
-ing (-ink)	-ingen (-igen)
kerk (kerke)	kirch (kilch)
land (landen)	land (landen)
lo (loo)	loo (loh)
loop	lauf
made (-n), meeden?	maad (matte)
moer	moos
molen	mühle
nest	nest
oord	ort
plaat (plaaten)	platte (platten)
plaats	platz
rade (rath, raad, rode, roth u. s. w.)	rüti (rüthi, reuti, rhoden, roth u. s. w.)
rijk	reich
rug (ruck, rugge)	rück (rücken)
slag (slagt)	schlag (schlacht)
sprong	sprung (sprungen)
stad (steede, stee, state)	stadt (städten, stetten u. s. w.)
steeg	steig (stegen, stieg u. s. w.)
steen (stein)	stein
straat	strasse
toren	thurm
waard (waarden, weerd, werd u. s. w.)	werth
wiel	wyl (weil)
weg	weg
weide (wijde)	weid
winkel	winkel
woud (wald, wolde)	wald
zande	sand

Niederlande.	Schweiz.
zee	see
zijde	seite (seiten).

Diesem gemeinsamen Eigenthum beider Länder gegenüber steht nun ein ansehnlicher Sonderbesitz, vornehmlich der Niederlande, weniger der Schweiz.

Die Niederlande liefern uns (auch hier übergehe ich Vereinzeltes und Zweifelhaftes) folgende Bildungen, die der Schweiz abgehn: aard (aardt, art, aert), ambacht (ambt), baan, boezem, bosch, braak, brink, broek, buurt, dam, delft, delle (-n), diep, dijk, donk, drecht, duin, eind, eng (enk), erf, vaart, veer, verlaat, veen (ven), vlak, vliet, vlugt, voet, voorwerk, vreugd, gantel, gang, gaast (geest), gemeente, genoegen, geregt, gors (gorz), goor, graft (gracht, grift), hamrik, haar (-en), have (-n), heerd, hees (heeze), hil, hoek, hoofd, hoog, hoogte, hol, hoop, kaag, kade, kamer, kamp, kant, karspel (kerspel), kil, klooster, kluft, kolk, koog, koop, kogge, kuil, kreek, laan (loon), laar, lage (laag), laken, lust, maar, meer, markt, mond (muiden), morgen, nisse, over (oever), oog, pad, pas, plas, poel, polder, poort, rak, regt, rijge, rijp, rijt, rust, schans, schat (schot, schoten), schorre (-n, schoor, schor) schouw, sloot, sluis, spijk, streek, stroom, tijd, til, tocht, wade (wadde), waal (wal), water, watering (wetering), weer (wier), werf (werven), werk, wijk, wijn, woning, zigt, zijl, zwaag, zorg.

Das Sondergut der Schweiz ist dagegen folgendes: allmend, bad, bezirk, boden, buch, bühl (bohl), ebnet, egg (eck), fels, fluh (flüh), gaden, halden, hard, hasli (haslen), kinden, lehn, loch, rain, ried, rohr (-en), satz, schachen, scheuer, schlucht, schwand, (schwändi u. s. w.), sellen, siedel, stadel, stalden, stall, stiel, stock (stöcken u. s. w.), tann (-en), wag, wang (ang), wart, weiher, weilen, weiler (wyler), wies, winden, zaun, zelg, zell.

Diese Grundwörter, (zu denen auch solche Fremdwörter gerechnet wurden, welche deutsches Eigenthum geworden sind) stellen sich in folgenden Zahlenverhältnissen dar:

Gemeinsamer Besitz 71.

Sondergut der Niederlande 117.

Sondergut der Schweiz 44.

Das Verhältnis dieser Zahlen wird durch Verbesserung etwaniger Irrthümer nicht wesentlich geändert werden. Für beide Länder habe ich gleichmässig gesammelt; meine Quellen

waren für beide ziemlich von gleicher Güte. Woraus erklärt
sich nun das ungeheure Uebergewicht des niederländischen Reich-
thums? Nicht etwa aus dem Umstande, dass die physische
Gestaltung Niederlands die Anwendung zahlreicher Grundwörter
begünstigt, die mit dem Wasser irgendwie zusammenhangen,
denn die Bergformationen der Schweiz rufen dagegen den Gebrauch vieler andern Ausdrücke hervor. Auch nicht in dem
Grössenverhältniss beider Länder, denn die Schweiz hat 725
Quadratmeilen und wird sogar nach Abzug der romanischen
Landschaften den 641 Quadratmeilen der Niederlande nicht so
gewaltig nachstehen. Vielmehr ist der Grund darin zu suchen,
dass in den Niederlanden (wenn auch ein keltisches Element
dort nicht ganz abzuleugnen ist) eine seit älterer Zeit ansässige
und weniger mit früheren Einwohnern vermischte Bevölkerung
lebt, in welcher sich die deutsche Sprache freier und eigenthümlicher entfaltet hat. Die beiden grossen lexicalischen Arbeiten,
welche jetzt in den Niederlanden vorbereitet werden und deren
Erscheinen alle im Felde deutscher Sprache Wirkenden so sehn-
süchtig entgegensehn, müssen uns grossen Aufschluss über diese
Entfaltung und zugleich Licht über manche bisher noch dunkele
Ortsnamenbildungen jener Gegenden liefern.

Was zwei Länder, die so grundverschieden in ihrer Natur
und in der Entwickelung ihrer Sprache sind und welche ausserdem durch einen gradlinigen Abstand von sechzig Meilen getrennt werden, dennoch gemeinsam haben, das hat hohen Anspruch darauf überhaupt als gemeindeutsches Eigenthum zu gelten. Es zieht mich an dieses gemeinsame, d. h. überall noch
unverlorene Gut noch von einer andern Seite her näher zu bestimmen. Ich wähle dazu die uns aus der Zeit vor dem Jahre
1100 bekannten deutschen Ortsnamen und liefere meine Angaben nach dem Standpunkte, den meine Sammlungen hatten, als
ich sie im Jahre 1859 veröffentlichte; zwar liegen mir jetzt diese
Sammlungen bei unablässigem Fortarbeiten in weit grösserer
Vollständigkeit vor, doch wird dadurch ihre Brauchbarkeit für
den jetzigen Zweck nicht viel erhöht. Die häufigsten Grundwörter dieser alten Ortsnamen werden in der Regel auch die
am meisten räumlich verbreiteten sein und deshalb zum Gemein-
gut aller deutschen Stämme gehören; seltener wird der Fall
eintreten, dass ein sehr häufiges Grundwort sich auf verhältniss-
mässig engem Terrain übermässig breit macht. Nach dem Grade

ihrer Häufigkeit ordnen sich nun jene gewöhnlichsten Grundwörter unserer alten Ortsnamen in folgender Weise, wobei die Zahlen aus den von mir veröffentlichten Registern entnommen sind:

haim 1132.	wilari 271.	kirik 106.
-ingo 1008.	feld 255.	stain 101.
hus 838.	burg 223.	loh 95.
thurp 757.	rode 193.	wang 77.
bac 682.	gawi 192.	furd 73.
stad 413.	lib 150.	sew 59.
birg 359.	awa 139.	buri 58.
hof 310.	brunn 134.	hard 51.
aha 277.	dal 120.	

Von diesen 26 Bildungen gehören 22 dem oben mitgetheilten Gesammteigenthum der Niederlande und der Schweiz an, wir werden also in diesen 22 Formen den Haupt- und Grundstoff zu sehn haben, aus welchem unsere deutschen Ortsnamen bestehn. Drei (wilari, wang und hard) fand ich oben nur in der Schweiz, eins (lib, unser heutiges -leben) in keinem von beiden Gebieten.

Und damit sind wir vorbereitet an einen Gegenstand heranzutreten, der mir von gröster Bedeutung zu sein scheint, der aber hier nur angerührt werden darf, da seine ausführlichere Erörterung Gegenstand eines besonderen Buches werden muss. Es ist die Frage nach den geographischen Verbreitungskreisen einzelner Grundwörter von Namen. Diese Frage hängt im Wesentlichen sicher mit den Verbreitungskreisen und Wanderungsrichtungen der Volksstämme zusammen und muss, besonnen erwogen, zu höchst eingreifenden Ergebnissen führen. In diesem Gegenstande liegt einer der wichtigsten Angelpunkte, worin Sprachforschung und Geschichte sich berühren und beide Gebiete müssen hier einander erhellen. Für jetzt aber, da die Sache zum ersten Male in weiterem Umfange angeregt wird, ziemt es sich noch nicht in das volle leicht blendende Licht plötzlich hineinzutreten und deshalb lasse ich die Geschichte für diesmal noch bei Seite und gebe der Sprache allein das Wort. Dadurch erwächst für mich der Vortheil, dass ich nicht genöthigt bin, die einzelnen Namenkreise mit gewissen Völkern in Verbindung zu setzen und z. B. von fränkischen oder schwäbischen Ortsnamenbildungen zu sprechen. Solche Völkernamen haben nur zu sehr die Neigung aus ihrer ethnographischen Bedeutung

herauszutreten und eine politische anzunehmen und da es sich
hier nur um reine Ethnographie handelt, so können Völkernamen, besonders die der sogenannten grösseren Völker (die aber
ethnographisch vielleicht sehr kleine sein mögen) hier für jetzt
nur verwirren.

Nicht alle Grundwörter sind zu solchen Untersuchungen
gleich brauchbar. Unangerührt lasse ich diesmal vier Klassen
derselben, erstens diejenigen, welche sich als gemeindeutsches
Eigenthum erweisen, zweitens die, welche erst in neuerer Zeit
für Namen verwandt worden sind, drittens die, welche nur selten vorkommen, und viertens alle, die in lautlicher Hinsicht
schwer von andern deutschen oder gar fremden Namengrund-
wörtern zu scheiden sind.

Eine Gruppe onomatologisch zusammengehöriger Landschaften sind die Nordseeküstenländer von Holstein bis Flandern;
ihnen eigenthümlich ist Vieles, woraus ich hier nur solche Dinge
heraushebe, deren Besprechung in der Kürze möglich ist.

So darf es schon auffallen, dass das Wort *deich, dyk* nur
in den Namen dieser Küstengegenden nachweisbar ist, während
Dämme im Inneren Deutschlands nie mit diesem Worte bezeichnet werden, dasselbe vielmehr eine ganz andere Bedeutung angenommen hat (vgl. S. 76). Die Namen auf *geest, gast, gaast*
(vgl. S. 62) gehören gleichfalls diesem Gebiete an. Ihr Hauptsitz sind die Niederlande, wo sich etwa ein halbes Hundert
Fälle finden; von dort erstreckt sich diese Bildung dichtgesät
nach Ostfriesland, Oldenburg und bis zur Elbmündung hin. Ihre
Grenzen sind ziemlich genau bestimmbar, denn Belgien liefert
nur ein Paar modern aussehende Spuren und Holstein, wo doch
das Appellativum geest noch jetzt gebräuchlich ist, weist gar
keine Namen dieser Art auf. -gast im östlichen Deutschland
(Radegast, Hörgast, Velgast) ist slavisch. Zu selten vorkom-
mend, um ein klares Bild zu geben, ist *kolk*; es findet sich in
Geldern (4 Mal), Overyssel (1), Nordholland (2), Oldenburg (2)
und dann noch in je einem Falle in der Gegend von Lüneburg,
Salzwedel und in den Regierungsbezirken Arnsberg und Düsseldorf, das Appellativum reicht viel weiter.

Genauer betrachtet zerfällt aber die Nordseeküstengegend
in mehrere Bezirke, deren jeder seine Besonderheiten hat; das
erweckt die Vermuthung, dass eine sich etwa aus Holstein her
in südwestlicher Richtung verbreitende Bevölkerung nicht in

ununterbrochenem Strome, sondern in gewissen Absätzen über
diese Länder vorgerückt sein muss. Was nur dem Westen
angehört, muss eines früher eingewanderten Stammes Eigenthum
sein. So ist das Wort *kreek* (vgl. S. 35) nur in niederländischen Ortsnamen zu finden, und zwar scheint es nur den west-
licheren Provinzen Seeland, Nordbrabant und Südholland anzugehören; Belgien weist kein Beispiel auf. Mit kreek stimmt
am besten *drecht;* letzteres hat seinen Hauptsitz in Südholland
(9 Male) und kommt ausserdem nur noch in Nordholland (3),
Utrecht (2), Ostflandern (3) und Antwerpen (1) vor; getrennt
ist ein einziges Limburgisches Beispiel. *Polder* (vgl. S. 76)
bildet in den Niederlanden das häufigste Element aller Ortsnamen; es reicht nach Ostflandern (7 Mal), Westflandern (2) und
Antwerpen (3) hinein, begegnet aber in Deutschland nur circa
zwanzig Male in Ostfriesland; nur ein einziges Angerespolder
ist in die Gegend von Lüneburg verschlagen. Höchst bemerkenswerth ist die Uebereinstimmung zwischen *polder* und *fehn.*
Während fehn (vgl. S. 68) in den Niederlanden etwa zweihundert Male begegnet, zeigt es sich in Belgien nur zehnmal (5 Limburg, 5 Antwerpen), in Deutschland wieder nur in Ostfriesland,
und hier nur in der Nähe der Emsmündung, wo es in dichter
Masse vorkommt und dann seine plötzliche Grenze findet. Hier,
in der Gegend von Aurich und Leer, müssen nachrückende
Volksstämme ihr Ziel gefunden haben.

Weiter nach Osten zurück reichen die Namen auf *-warp,
-wurp, -warf, -werf, -werven* u. s. w. (vgl. S. 45). In Belgien
haben wir nichts der Art, dagegen in den Niederlanden zeigt
es sich in Seeland (3 Mal), Nordbrabant (2), Südholland (4),
Nordholland (5), Geldern (3), Gröningen (1), Friesland (1); dann
aber hat es grade seine Stärke in den Ländern, vor welchen
die zuletzt erwähnten Bildungen schon ihre östliche Grenze fanden, in Ostfriesland und Oldenburg; in jedem dieser Gebiete
zählen wir es ein Paar Dutzend Male. Noch einmal begegnet
ein Warpe in der Grafschaft Hoya. Die Weser überschreitet
es nicht. Die einzigen Beispiele im übrigen Deutschland sind
ein thüringisches Cannawurf, ein Sachswerfen bei Nordhausen,
ein Warfen in Holstein und endlich Werfen bei Salzburg und
Wurf in Oberbaiern. Mit diesem -warp stimmt darin, dass seine
Stärke in Ostfriesland und Oldenburg liegt, sehr gut das Grundwort *hamrik* (vgl. S. 106) überein, das in beiden genannten

Landschaften sehr häufig ist, nach der niederländischen Provinz Gröningen aber nur noch dreimal hinüberspringt und dort endet. Ganz ähnlich ist das Verhalten von *siel* (syhl, zijl; vgl. S. 75); es ist in Oldenburg und Ostfriesland sehr häufig, kommt noch oft in den niederländischen Landschaften Gröningen, Friesland und Overyssel vor, hört aber dann fast ganz auf. Einmal zeigt es sich noch in der Gegend von Bremen, einmal in der von Osnabrück, jedoch noch viermal in Holstein. Damit zusammenzustellen ist *bult, bülte* (vgl. S. 45), welches etwa zwanzigmal in Oldenburg, in den umliegenden hanöverschen Theilen nur sechsmal, einmal noch im niederländischen Friesland, einmal im Fürstenthum Lippe erscheint. In denselben Kreis fällt auch *groden* (vgl. S. 76), dessen Beispiele nur leider meistens ein sehr modernes Gepräge haben. Es ist häufig um die Jahde herum in den oldenburgischen Kreisen Jever und Ovelgönne, erfüllt dann westwärts noch die nächstgelegenen Theile Ostfrieslands, tritt ostwärts aber nur noch als einfaches Wort in Holstein auf. Ich bemerke hiebei überhaupt, dass das einfache, dem Appellativum noch näher stehende Wort (vgl. S. 26) stets gewissermassen die Vorposten eines bestimmten Ortsnamenlagers bezieht, was übrigens auch sehr natürlich ist.

Die Uebereinstimmung der Ostgrenze in den letzterwähnten Verbreitungskreisen lässt uns in der Weser wiederum ein westliches Ziel nachrückender Völkerschaften erkennen. Die Bestimmtheit der bisher markirten drei Ostgrenzen, der holländischen, der ostfriesischen und der Weserlinie, macht es aber sehr wahrscheinlich, dass diese Einwanderungen entweder sehr rasch und unbehindert zu Lande, oder aber zur See erfolgt sein müssen; sonst würden zurückbleibende Spuren häufiger sein. Auf eine Einwanderung zur See weisen am entschiedensten die Namen auf *koog* (vgl. S. 77) hin, die zwanzigmal in Holstein vorkommen, in den westlich gelegenen Küstenländern fehlen und dann plötzlich in Dutzenden von Beispielen (als koog und kaag) in Nordholland auftreten, während sie schon in Südholland Seltenheiten sind. Eben so sehen wir die Namen auf *fleth* (vgl. S. 33) in wenigstens dreissig Fällen um beide Ufer der Elbmündung verbreitet, doch nur bis Glückstadt hinauf; dann springen sie plötzlich ohne Verbindung an die Wesermündung, wo ein Dutzend Beispiele begegnet, und nun an die Nordostseite des Dollart, wo wir noch ein Paar Formen finden; endlich liefern die niederländischen und belgischen Küstenlandschaften zahlreiche Namen auf *vliet*.

Nur dem östlichen Theile dieser Länder, doch noch bis westlich über die Weser hinaus, gehört die Form *wisch* (vgl. S. 65) an; ich zähle 27 holsteinische Beispiele, 16 in der Gegend von Stade und Bremen, 17 im Oldenburgischen, während das östlichere Gebiet von Lüneburg nur drei Beispiele und das westlichere Ostfriesland nur eins hat. Sonst giebt es nur noch fünf Fälle, zwei in der Grafschaft Hoya, einen im Mindischen, einen im Osnabrückschen und einen in Braunschweig.

Niemals weisen die bisher betrachteten Ortsnamenklassen auf eine Einwanderung aus Süden oder Südosten. Damit verlassen wir dies Gebiet.

Um die besprochenen Länder herum legt sich nun, wenn ich anders die Sprache der Namen recht verstehe, eine zweite noch bedeutendere Völkerbahn von Holstein her nach Süden bis in die Gegend des Steinhuder Meers, dann aber nach Westen oder Südwesten in der Richtung auf Utrecht oder Antwerpen los.

Am vollständigsten wird diese Bahn bezeichnet durch weit über hundert Orte, die sich auf *kuhl* (vgl. S. 52) enden. Diese Schreibung gilt von Holstein bis Düsseldorf, dann tritt bis Aachen *kaul* vorherrschend ein, zuletzt in den Niederlanden *kuil*; als Nebenform gilt vereinzelt *kühl* oder *kulle*. Schon an der Elbe und dann am Rhein scheint der Volksstamm, der diese Bildung mit sich führte, am ruhigsten angesessen gewesen zu sein; dafür spricht die massenhafte Verbreitung in diesen Gegenden (Holstein 28, Düsseldorf 38, Cöln 21). Doch stehen beide Regionen noch in deutlicher Verbindung, wie drei Fälle in der Landdrostei Stade, elf im südlichen Oldenburg, zwei in der Grafschaft Hoya, einer in Calenberg, zwei im Lippischen, einer im Mindischen, zwei im nördlichsten Theile von Kurhessen, einer im Münsterschen, aber besonders sechszehn Fälle im Regierungsbezirk Arnsberg zeigen. Vom Rheine aus verbreiten sich die Vorposten dieser Namen nach den Niederlanden (Geldern 5, Drenthe 3, Nordbrabant 3, Südholland 3), während zu gleicher Zeit eine mehr südliche Ausdehnung (Aachen 9, Trier 4) erfolgte. Mehrfach ist dieser Namenausgang in die östlichen deutsch-slavischen Länder versprengt, eine Erscheinung, die er mit dem jetzt sogleich zu verfolgenden Worte theilt.

18

Der Vortrab der Völkerzüge, die diesen Weg machten, muss gewohnt gewesen sein, Oertlichkeiten mit dem Worte zu bezeichnen, das jetzt *hövel* oder *heuvel* (vgl. S. 43) geschrieben wird. Zwanzig Mal finden wir es noch in Deutschland in den Regierungsbezirken Münster, Arnsberg, Düsseldorf, Cöln und Aachen. Viel häufiger, etwa 50 Male, zeigt es sich dagegen in den Niederlanden, doch hier nur in Nordbrabant massenhaft, in Geldern, Utrecht und Südholland nur vereinzelt. In Belgien erscheint es 16 Male (Antwerpen 10, Brabant 3, sonst vereinzelt). Ganz getrennt von dieser Linie Münster-Antwerpen finden wir noch seltenes hübel, hubel, hübeli in der Schweiz, das sind aber wol nur dort an Ort und Stelle gebildete Deminutiva des dort sehr häufigen -hub.

Die Linie Münster-Antwerpen hält auch die Form *donk*, *dung* (vgl. S. 45) in ziemlicher Uebereinstimmung mit dem zuletzt erwähnten Worte ein. Ein einsames Averdunk beginnt im Münsterschen, dann folgen etwa zwanzig Beispiele im Düsseldorfer Regierungsbezirk, nun fast ein halbes Hundert in Limburg und Nordbrabant (während Südholland und Utrecht als abliegend von dieser Linie nur wenige Beispiele nachweisen) und endlich wieder ein halbes Hundert in Belgien, vorherrschend in der Provinz Antwerpen, während in Ostflandern diese Bildung abnimmt und erlischt. Das belgische Brabant zeigt nur wenige Fälle auf.

Sehr ähnlich verbreitet sich das seltenere *bahn* (niederländ. *baen*, *baan*). Combahn im Regierungsbezirk Cöln beginnt, dann folgt Schiefbahn im Regierungsbezirk Düsseldorf. In den Niederlanden sind nur etwa vier zerstreute Beispiele zu finden, dagegen in Belgien erscheint das Wort mehrere Dutzend Male, wovon mehr als die Hälfte in der Provinz Antwerpen, der grösste Theil der übrigen in Ostflandern liegt. Aus dem ganzen übrigen Deutschland kenne ich nur noch Winterbahn in Oldenburg, Langenbahn in der Gegend von Erfurt, Bahn und Lingerbahn im Regierungsbezirk Coblenz. Der norddeutsche häufige Strassenname Reperbahn und das in allen Waldgegenden vorkommende Wildbahn sind kaum als Eigennamen zu betrachten.

Die Namen auf -hövel, -donk, -bahn, die ihre Stärke in den Niederlanden und Belgien haben, sind mir also Spuren jenes zweiten Völkerzuges. Auf demselben Wege müssen nun

bald verwandte Völker nachgefolgt sein, und indem wir auch
für sie nach charakteristischen sprachlichen Ueberbleibseln suchen, finden wir bald die Namen auf *brink* (vgl. S. 45). Die
Regel dieser weit verbreiteten Bildungen stellt sich durch die
Linie Hanover-Utrecht dar, ihre Stärke liegt in Westfalen, ihre
Gesammtzahl wird jetzt durch etwa sechzig Formen gebildet.
Davon fallen auf das Gebiet von Calenberg, Lippe, Rinteln sechs,
auf Osnabrück, das südliche Oldenburg und das südliche Ostfriesland, so wie die Landschaften an der oberen Hunte zwölf,
auf Minden zwölf, Münster drei, Arnsberg acht, Cöln und Düsseldorf drei, Geldern acht, Overyssel vier, Utrecht drei. Rückwärts liegen nicht seltene Beispiele in Folge von Colonisirung
in Meklenburg und Pommern.

Früher bleiben auf diesem Zuge die Namen auf *siek* (vgl.
S. 68) stehen, so wie sie auch schon früher beginnen. Holstein
liefert sieben Beispiele, Stade und Lüneburg sechs, Hoya zwei,
Lippe, Minden und ein Theil von Osnabrück dagegen zusammen
neunzehn, während sich in einem einzigen Münsterschen Falle
die Erscheinung verläuft.

Sehr schön und klar ergiebt sich uns der Nachtrab jener
einwandernden Völker; er kommt von Holstein nur in südlicher
Richtung vorwärts, bleibt dann aber stehn, ohne an dem Wei-
termarsch nach Westen theilzunehmen. Da wo die Namen auf
siek ihre Hauptstärke bekommen, in der Gegend des Steinhuder
Meers, findet die Südgrenze der nun zu besprechenden Formen statt.

Erstens sind hier zu erwähnen die Namen auf *hude* (vgl.
S. 86.) Sie sind recht zu Hause in Holstein (nebst Hamburg
und Lauenburg), erfüllen die gegenüberliegende Landdrostei
Stade bis an den Zusammenfluss von Aller und Weser (in Oldenburg nur ein einziges Hüde), gehn dann hinüber in die Grafschaft
Hoya und enden am Steinhuder Meere, das wie ein Grenzpfahl
zum letzten Male den letzten Namen dieser Bildung an sich trägt.

Ihnen entsprechen zweitens fast genau die Formen auf *bostel*
(vgl. S. 90). Von der Eider aus ziehn sie durch das mittlere
Holstein (Stormarn), überschreiten hier die Elbe, sind zahlreich
im Gebiete von Stade, während sie jenseits der Weser nur in
etwa sechs Fällen vorkommen, nirgends aber bis an die Hunte
reichen. Sie sind dann am dichtesten um den Zusammenfluss
von Leine und Aller, dringen ostwärts nicht ganz bis zur Ocker
vor und enden südöstlich vom Steinhuder Meere.

18°

Etwas anders verhült sich *büttel* (vgl. S. 85). In Holstein herrscht es im Westen vor und springt dann unvermittelt in die Gegend von Hamburg, wo es zahlreich angetroffen wird. Um Kuxhaven ist es sehr viel vorhanden und erstreckt sich hier einerseits am Südufer der Elbe hinauf bis zur Mündung der Ilmenau und andrerseits längs des Ostufers der Weser bis zur Allermündung. Das linke Weserufer wird zwar betreten, doch bald wieder verlassen. Ganz abgesprengt von diesem Gebiete liegen mindestens zwanzig *büttel* um den untern Ockerlauf, wo Wolfenbüttel die Südgrenze bildet.

Hiermit stimmt fast genau *wedel* (vgl. S. 68), das leider nur nicht stark genug vertreten ist (etwa dreissig Fälle), um ein ganz scharfes Bild zu geben. Springswedel im mittleren Holstein ist der Nordpunkt, Salzwedel der äusserste Osten des Gebietes, während Hollwedel zwischen Weser und der untern Hunte die Westgrenze markirt und Steinwedel zwischen Ocker und Aller im Parallel des Steinhuder Meers das Südende darstellt.

Noch weniger nach Süden rückt *klint* vor (vgl. S. 48), sechs Beispiele in Holstein, zwei in Stade, eins in Lüneburg sind alles; als Strassenname geht es weit südlicher; in welchen Städten giebt es einen Klint? der südlichste, den ich kenne, liegt in Wernigerode.

In Holstein selbst bleibt *ducht* (vgl. S. 75) stehn; vertreten ist es hier in etwa zwanzig Beispielen, die wol sämmtlich in Dietmarschen liegen. Ist das etwa ein Dutzend Male in den Niederlanden begegnende *tocht* dasselbe Wort, so wäre das wieder ein Beispiel von Einwanderungen zur See; dann fiele aber meine Vermuthung, dass ducht römisches Fremdwort ist.

Fast eben so auf Holstein beschränkt ist *holm* (vgl. S. 40), nur Riepholm (Stade) und Wegholm (Minden) scheinen eine leise Andeutung der Wanderrichtung zu geben. Im Osten zeigt sich besonders in den Küstenländern bis nach Danzig hin das Wort nicht selten; wie weit mag es dänischer Colonisirung den Ursprung verdanken?

Das tiefere Wesen dieses ganzen Gürtels von Rendsburg bis Antwerpen wird sich durch speciellere Untersuchungen enthüllen. Ich bemerke hier nur flüchtig, dass z. B. die einzigen bekannten Völkernamen mit dem Suffix -r, Cimbri, Bructeri, Sigambri, Tencteri, Tungri, Toxandri, Flandri diesem Gürtel anzugehören scheinen; hier gehört in der That eine starke Enthaltsamkeit dazu, meinem Vorhaben treu zu bleiben und das Gebiet der Geschichte in diesem Punkte nicht zu berühren. Ist es nun nicht auch z. B. mehr als Zufall, dass Stormaria in Holstein liegt, während sich der Gau Sturmi an der Aller bei Verden findet und Sturmithi zwischen Paderborn und Soest auftaucht? Eine kleine Ketzerei muss ich mir doch noch hier zu Schulden kommen lassen, aber ganz bescheidentlich. Von den durch Caesar unter dem Worte Germani zusammengefassten Völkern, deren Namen allerdings sehr keltisch aussehn, heisst das eine Caeroesi. Glück hat als eigentlich gallische Form Cairoisi vermuthet, was leicht aus Cairosii entsprungen sein kann. Eine Ableitung von diesem Namen hat Zeuss in dem pagus Caroascus um Prum vermuthet. Ist es nicht leicht möglich, dass auch hier wieder ein Name auftaucht, der schon auf einer früheren Station jenes Zuges mit einem andern Suffixe galt, der Name der Cherusci? Ich gebe das zu erwägen, sage aber durchaus nicht etwa, dass Cherusker nach jenen Landstrichen der Caeroesi ausgewandert seien; ich spreche eben hier nur von den Namen.

Während der im Vorhergehenden besprochene Völkerzug den Rhein in der Gegend von Cöln oder Düsseldorf überschreitet, giebt es eine in Bezug auf ihre Herkunft sehr dunkle Gruppe von Ortsnamen, deren Mittelpunkt mehr am Mittelrhein, etwa im Regierungsbezirk Coblenz liegt. Ihr scheinen namentlich die Bildungen auf *auel* (*ohl*), *scheid*, *dries* (*driesch*) und *sachsen* eigenthümlich zu sein.

Jenes *auel* (*ohl*, *euel* u. dgl., vgl. S. 67) hat sein Centrum in den Regierungsbezirken Arnsberg, Cöln und Aachen, ist im Norden nur wenig in Düsseldorf, im Süden nur wenig in Trier und Coblenz zu Hause und erscheint nur etwa dreimal in Nassau. Ein Aeule in badischen Oberrheinkreise ist ein ganz verlorener Posten.

Die Namen auf *scheid* (vgl. S. 49) bilden eine compacte Masse in den Bezirken von Arnsberg, Düsseldorf, Cöln, Coblenz, Aachen, Trier (nebst Birkenfeld), Nassau und Luxemburg. Auf diesem Gebiete finden sich mehrere hundert Beispiele, darunter von der Form *schede* sechszehn in Arnsberg, eins in Düsseldorf. In den um diese Gegenden herumliegenden Gebieten ist gleich rasche Abnahme zu bemerken, welche ich durch einge-

klammerte Zahlen veranschauliche: Münster (1). Minden (1),
Waldeck (2), Oberhessen (4, nichts in Rheinhessen und Starkenburg), Pfalz (5, nichts im Elsass), belgisches Luxemburg (1,
während das niederländische 20 aufweist), Limburg (2). Sonst
erscheint dieses Grundwort ganz vereinzelt, namentlich in den
östlichen Colonialländern und in Süddeutschland, doch findet sich
in letzterem die specielle Bildung *Gescheid* in mannigfacher Orthographie nicht selten. Aus Holstein sind noch bemerkenswerth zwei Feldscheide, fünf Landscheide und ein Volkenscheid,
welche indessen noch halb für Appellativa zu halten sind.

Was auf *dries* (*driesch*, vgl. S. 58) endet, hat seinen Haupt-
sitz in Belgien (nicht in den Niederlanden) und reicht von da
in den Regierungsbezirk Aachen, wo sich noch ein Dutzend
Beispiele finden; in den Gebieten von Coblenz, Trier, Düssel-
dorf, Cöln ist diese Namenklasse seltener. Einfaches Trais,
Traisa u. dgl. in Oberhessen, Rheinhessen, Starkenburg und
Nassau mag hieher gehören. Erwähnt werden muss auch ein
Hessendreisch in Hanover, ein Dreesche in Ostfriesland, ein
Dresche in Oldenburg. Einiges Ostdeutsche, welches anklingt,
scheint slavisch zu sein.

Die Namen auf *sachsen* (vgl. S. 50) sind seltener und darum in ihrer Verbreitung unklarer. Sie finden sich am rech-
ten Ufer des Mittelrheins in folgenden Gebieten: Niederhessen (2),
Oberhessen (3), Fulda (1), Nassau (1), Unterfranken (2), badischer Unterrheinkreis (4), Jaxtkreis (1). Bei ihrer weiteren
Beurtheilung sind noch zahlreiche zerstreute Bildungen auf *sassen* zu erwägen.

Ich verlasse diese räthselhaften Namengruppen, zu welchen noch neues Beleuchtungsmaterial hinzugeführt werden muss,
und wende mich dem Südwesten des deutschen Sprachgebietes
zu. Auch hier scheint eine rasche mehr gewaltsame als organisch
fortschreitende Ansiedelung erfolgt zu sein, da mehrere hieher
gehörigen Namenbildungen im Osten scharf abschneiden.

Es hat aber keine Namenklasse so sehr den Anspruch als
Repräsentant des Südwestens zu gelten als die auf *-weiler*
(vgl. S. 100). In ihrem ausserordentlichen Reichthume liefert
sie uns ein ziemlich anschauliches Bild ihrer Verbreitung. Der
Hauptzug beginnt in Mittelfranken, geht von da hinüber in den
wirtembergischen Jaxtkreis und wendet sich dann südlich in
den Donaukreis (nebst Hohenzollern), wo der Hauptsitz dieser

Bildung ist, die hier so zahlreich auftritt, dass sie der Gegend
einen onomatologisch förmlich eintönigen Charakter verleiht.
Nun geht jener Hauptzug westlich in den badischen Seekreis
und Oberrheinkreis, darauf über den Rhein in das Elsass, zieht
dieses lange Gebiet nordwärts herab, durchmisst noch immer
in bedeutender Stärke die bairische Pfalz, das niederländische
Luxemburg, den Regierungsbezirk Trier (nebst Birkenfeld und
Meisenheim) und Coblenz und verliert sich dann in den Gebieten von Cöln und Aachen. Schwarzwald und rauhe Alp bilden also den Winkel, dessen Schenkel von aussen umgangen
werden. Im Innern dieses Winkels nimmt man eine beträcht-
lich geringere Verbreitung wahr, doch liefern wie natürlich der
Neckarkreis, Schwarzwaldkreis und Mittelrheinkreis noch immer
zahlreiche Beispiele, der letzte neun, während der im Haupt-
zuge liegende Oberrheinkreis deren siebzehn zählt. Die äussere
Seite des Hauptzuges liefert noch manche, indessen nicht sehr
zahlreiche Beispiele dieser Namen im bairischen Schwaben und
in den Schweizercantonen Basel, Zürich, Bern, Uri und Freiburg. Als äusserste Vorposten dieses *weiler* erwähne ich Nijswiller (Limburg), Gatzweiler und Wyler (Düsseldorf), Horwei-
ler und Lörzweiler (Rheinhessen), Rehweiler und Weiler (Unterfranken), Weiler (badischer Unterrhein), Weiler (Oberfranken),
Karlsweiler (Niederbaiern), Weiler (Oberbaiern), Hohenweiler
und Weiler (Vorarlberg), Wyler (Wallis), Schockweiler und
Weiler (belgisches Luxemburg). Die Verbreitung im Osten
Deutschlands ist gleich Null, ein bedeutsames Factum zur Geschichte der Colonisation.

Dem *weiler* am nächsten stehend, jedoch etwas weniger
westlich und dafür mehr südlich verbreitet sind die Namen auf
halde (vgl. S. 48). Ihr Hauptgebiet bezeichnet der Jaxtkreis
(27), Donaukreis (38), das bairische Schwaben (30) und Vorarlberg (16). Von letzterem aus findet eine ziemlich starke Verbreitung in die Schweiz, besonders in den Canton Zürich statt,
während im Norden des Rheins noch der Schwarzwaldkreis (13),
Seekreis (12), Oberrheinkreis (18) abnehmende, doch immerhin
noch immer ansehnliche Stärke aufweisen. Weiter sinkt die
Zahl im Mittelrheinkreise (8) und Neckarkreise (1), während
Unterrheinkreis und Elsass ganz leer ausgehn. Das übrige
Deutschland bietet nur kümmerliche Spuren: Bodenhalt (Steiermark), Edelhalten (Nassau), Halden (Arnsberg), Sonnhalt (Salz-

burg), Winterhalden (Mittelfranken), Zöpfelhalden (Oberbaiern), weiter nichts.

Was sonst dem Südwesten eigenthümlich ist, beschränkt sich auf engere Gebiete. Ich erwähne wenigstens eine Bildung, die nur nördlich von der Rheinlinie (vom Bodensee bis Basel) und eine, die nur südlich von derselben zu Hause ist.

Die erste bilden die Namen auf *wasen* (vgl. S. 68), die sich östlich von Wirtemberg gar nicht finden. Sie erscheinen im Jaxtkreise (2), Schwarzwaldkreise (4), Oberrheinkreise (2), Mittelrheinkreise (3), der Pfalz (1) und dem Elsass (2).

Die zweite Klasse sind die rein schweizerischen Namen auf *fluh, flüh*. Ich kenne sie in den Cantonen Bern (14), Luzern (4), Basel (2), Solothurn (1), Zürich (1) und Wallis (1).

Das wäre Einiges aus dem Südwesten. Fragt man nun nach dem Hauptrepräsentanten derjenigen Namen, die man füglich südliche nennen könnte, so bietet sich vor allem die grosse Klasse der Formen auf *wang, ang* (vgl. S. 62) dar. Während ich aber diese auf der von mir zu diesem Behufe gezeichneten Karte überblicke, wird es mir schwer ihre Verbreitung irgend anschaulich darzustellen; ich muss die Sache anders als nach politischen Gebieten ordnen. Die Centralpunkte sind hier besonders zwei grosse Landschaften im Süden der Donau. Die erste stellt ein Viereck dar, dessen Ecken durch Sigmaringen, Donauwörth, München und die Lechquelle gebildet werden. Aus diesen Grenzen, in denen sicher über hundert -wang liegen, schreiten diese Namen in viel dünnerer Gruppirung nur in den badischen Oberrheinkreis und in die deutsche Schweiz (kaum in das Elsass) vor. Die zweite Centrallandschaft hat ihre Westgrenze im Laufe des Inn von Insbruck bis Passau, ihre Südgrenze in einer geraden Linie, deren Richtung durch den oberen Lauf der Salzach und Ens angegeben wird, ihre Nordgrenze in der Donau, ihre Ostgrenze in Meridian der Ipsmündung in Niederöstreich. Ueber diese Linie gehn nach Süden und Osten nur wenige -wang nach Tyrol und Steiermark hinaus. Was zwischen beiden Centralgebieten liegt, also fast das ganze bairische Gebiet zwischen Lech, Donau und Inn, ist zwar nicht ohne diese Namenklasse, wird aber von ihr verhältnismässig nur wenig betroffen. Sind daran früher eingewanderte Völkerschaften oder die physischen Verhältnisse der bairischen Hochebene Schuld? Zwei kleinere Centralpunkte der Namen auf *wang* lie-

gen im Norden der Donau, der eine in dem Lande zwischen
Altmühl und Naab, doch nur soweit dieses Land zum Flussge-
biete der Donau gehört (am Regen zeigen sich nur ein Paar
vereinzelte Vorposten), der andere um die Quellen von Jaxt
und Kocher, von wo sich nach Norden, Westen und Süden noch
einzelne Ortschaften verlieren, jedoch ohne den Neckar im Wesentlichen westlich zu überschreiten.

Eine andere südliche Namenklasse endet auf *schachen* (vgl.
S. 58). Ihr Hauptgebiet ist Oberbaiern (20), Oberöstreich (14),
Niederöstreich (13), Steiermark (11); die angrenzenden Gebiete,
Oberpfalz (1), Niederbaiern (5), Salzburg (1), Illyrien (1) stehen
hier sehr zurück. Doch giebt es auch hier, entsprechend dem
bei *wang* bemerkten westlichen Centrum, noch einmal eine etwas
stärkere westliche Ansammlung im bairischen Schwaben (7), Donau-
kreise (8) und der deutschen Schweiz (etwa 25). Ganz vereinzelt
finden wir diese Bildung noch im Schwarzwaldkreise, Oberrheinkreise, in Vorarlberg, ja sogar in Unterfranken und in Mähren.
Schachen rückt eben so wenig wie wang in den äussersten Westen deutscher Zunge vor.

Dieselbe Eigenschaft theilen die Formen auf *schneid* (vgl.
S. 101). Sie folgen von Osten nach Westen so: Steiermark (2),
Oberöstreich (4), Niederbaiern (5), Oberbaiern (10), Schwaben (3),
Donaukreis (3). Im Norden der Donau kommen sie selten vor:
Oberfranken (2), Jaxtkreis (1). In der Schweiz werden sie
durch keinen bewohnten Ort mehr vertreten. Das Centrum liegt
auch hier in Oberbaiern.

Oberbaiern und Niederbaiern sind auch der Hauptsitz der
Formen auf *eben*, *ebnet* (vgl. S. 62); von hier erstrecken sie
sich östlich noch ziemlich oft nach Oberöstreich, Niederöstreich,
Steiermark, Illyrien und Salzburg, wogegen sie im Westen im
bairischen Schwaben und in Wirtemberg mangeln; ein Paar
Beispiele begegnen im badischen Ober- und Mittelrheinkreise.
Die Schweiz bietet nur Weniges in den Cantonen St. Gallen
und Appenzell, nur ein Beispiel im Canton Bern, wogegen Tyrol noch ziemlich stark vertreten ist. Nördlich von der Donau
kommen noch seltene Fälle in der Oberpfalz und Oberfranken
vor, nichts mehr in Mittelfranken. Zweifelhaften Ursprungs ist
mir Goldeben in Mecklenburg und Siggeneben in Holstein.

Wiederum ganz ähnliche Verhältnisse zeigen uns die Namen auf *anger* (vgl. S. 65). Obgleich dies Wort als Appella-

— 282 —

tivum ziemlich weit verbreitet ist (auch am Harze kennt man es), so findet es sich doch nur als einfaches Wort in Westfalen und Umgegend, fast nie in Zusammensetzungen; Wolfsanger in Hessen und Vogelsanger bei Düsseldorf sind die einzigen Beispiele aus Norddeutschland. Sachsen, Thüringen, die Niederlande, Belgien, das Elsass, die Schweiz und Schwaben gehn ganz leer aus, nur das bairische Schwaben zeigt ein Kreuzanger und Unterfranken ein Ziegelanger, beides ziemlich moderne Formen. Dagegen kommt es oft vor in Oberbaiern und Niederbaiern, selten in Ober- und Niederöstreich, ganz vereinzelt in Böhmen, Steiermark, Salzburg und Tyrol. Doch ist wol zu bemerken, dass es vier bis fünf Male in Oberfranken und auch einige Male in der Oberpfalz begegnet.

Schwaig (vgl. S. 83) finden wir oft in Oberbaiern, Niederbaiern und Schwaben, in letzterem Gebiete besonders massenhaft in der Gegend von Donauwörth, hier jedoch meistens nur in Namen von modernem Ansehn. Oestlich erstreckt sich auch diese Form nach Oberöstreich (3), Niederöstreich (4), Steiermark (1), Illyrien (1); westlich begegnet nur ein vereinsamtes Beispiel im badischen Mittelrheinkreise. Dagegen finden wir es noch dreimal in der Oberpfalz und einmal in Oberfranken.

Machen schon mehrere der besprochenen Bildungen fast den unabweisbaren Eindruck, dass sie einem Volksstamme angehören, welcher aus Böhmen her den Böhmer Wald überstiegen, dann sich zur Donau gewandt hat und über diesen Strom nach Süden vorgedrungen ist, dort sich nach beiden Seiten hin verbreitend, so spricht sich das am klarsten in den Namen auf *sölden* (vgl. S. 87) aus, die sich in der Oberpfalz sieben Male, in Niederbaiern acht, in Oberbaiern vier, im bairischen Schwaben zwei Male finden, während Mittelfranken, Oberöstreich, Tyrol, der Oberrheinkreis und der Neckarkreis nur je ein Beispiel weisen.

Dass fast alle süddeutschen Stämme doch in einer gewissen näheren Verwandschaft zu einander stehn, zeigen uns die Formen auf *first, fürst* (vgl. S. 46). Wir finden sie zwar nur sehr vereinzelt, jedoch weit verbreitet in allen Landschaften südlich vom Maine, mit Ausnahme des äussersten Südens und Westens, im Darmstädtischen, im wirtembergischen Jaxtkreis, in Unterfranken, Mittelfranken, der Oberpfalz, Niederbaiern, Oberbaiern, Oberöstreich, Steiermark, Illyrien und dem badiæchen Seekreis.

Gut stimmt mit einigen der besprochenen Formen das selten vorkommende *gaden* (vgl. S. 88), das in Oberbaiern siebenmal begegnet, während Niederöstreich, Niederbaiern, die Oberpfalz und das bairische Schwaben nur je ein Beispiel liefern.

Auf die Bezeichnung als südöstliche Namen hat keine Gruppe mehr Anspruch als die auf *filz, filzen*. Sie sind uns etwa zwanzigmal aus Oberbaiern und Oberöstreich bekannt geworden, nur ein Fall findet sich in Tyrol; sonst begegnet nur zerstreut einfaches Filz, Filzen, Vilsen, Filsen, Vilsch, womit es vielleicht anders bewandt ist.

Wir haben der Reihe nach den Nordwesten, Norden, Westen, Südwesten, Süden, Südosten durchmustert und fragen nun, ob es denn gar keine Vertreter des Nordostens giebt. Wären deutsche Stämme aus der überelbischen Heimath in Norddeutschland nach Westen ruhig vorgerückt und hätten sich dann am linken Elbufer hinter den früher von Norden hergekommenen Germanen niedergelassen, so müssten wir doch irgend welche Namenspuren von ihnen finden. Dem ist jedoch nicht so; jene Stämme des nordöstlichen Deutschlands scheinen solchen Versuch nur sehr vereinzelt gemacht und bald wieder aufgegeben zu haben. So weit sie sich nicht den nachrückenden Slaven unterwarfen (die Hauptmasse blieb sicher deutsch und daraus erklärt sich ihre überraschend schnelle Rückgermanisirung und Anderes) ging ihr Zug in die unteren Donauländer nach Südosten, wo ihrer glänzende Thaten, unruhiges Wandern und früher Untergang harrten.

Hier ist nun der Ort, wo wir über die Verbreitung der Endung *leben* (vgl. S. 107) sprechen müssen. Sieht man nur eine Karte von Deutschland an, so möchte man allerdings zuerst auf die Vermuthung kommen, dass diese Form einem Nachtrabe von Osten her gekommener Germanen angehört. Das ist jedoch Schein. Im nördlichen Schleswig und im südlichen Jütland (weiter rückwärts und auf den Inseln seltener) sehen wir zahlreiche Namen auf *lev* oder *leben*, in älteren Urkunden auch *löf* oder *lef* geschrieben. Da diese Namen auch in ihrem ersten Theile merkwürdige Uebereinstimmungen mit den in Deutschland begegnenden auf *leben* zeigen, so müssen sie um so mehr im engsten Zusammenhange stehn, als diese

Endung sonst in Scandinavien nicht gebräuchlich ist. Es ergiebt sich nun leicht als die wahrscheinlichste Ansicht, dass aus
dem damals noch nicht scandinavisirten Jütland und Schleswig
in raschem nirgend bedeutende Ansiedlungen veranlassenden
Zuge an der Ostküste von Schleswig und durch das damals
noch nicht slavisch gewordene östliche Gebiet von Holstein die
letzte Einwanderung nach Norddeutschland geschehen ist. Sie
fand, als sie die Elbe in Lauenburg oder Mecklenburg über-
schritten hatte, alles Gebiet im Westen, wohin der natürliche
Zug am meisten gedrängt hätte, bereits von jenen früher besprochenen deutschen Völkerstämmen besetzt und musste sich
nun längs der Elbe in schmalem Streifen südwärts drängen.
Zwischen Ohre und Bode gelang diesem Volksstamme erst eine
bleibende dichtere Ansiedelung, aber auch von dort trieb ihn
der Drang nach Süden und zunehmende Kopfzahl weiter. Da
stellte sich ihm ein Gebirge, der Harz mit seinen östlichen Aus-
läufern in den Weg. Solche Höhen, der natürliche Feind organischer Ansiedlung im Alterthume, zwängten den Zug mehr
östlich, während die Saale und die Völkerstämme, die hinter
ihr sassen, doch wieder eine Ostgrenze setzten. Der Streifen
musste hier schmaler werden. Aber sobald man den Harz im
Rücken hatte, da erfolgte nun um so energischere Ausbreitung
in das nach Osten hin einspringende Saalthal einerseits und in
das herrliche Helme- und Unstrutthal andrerseits. Hier muss
eine Vermischung mit einem andern schon früher angesiedelten
Volksstamme, demjenigen, der die Endung *ungen* sein wesent-
liches Eigenthum nennt, erfolgt sein. Dieses letztere Volk war,
wenn nicht Alles täuscht, von ganz anderer Seite her in diese
Gegenden gekommen. In der Nähe des Fichtelgebirges finden
wir seine ersten vereinzelten, doch ziemlich deutlichen Spuren,
was auf eine Einwanderung aus Böhmen her deutet. Es hatte
sich an den oberen Lauf der Werra und von dort bis zum
Maine hin, doch andrerseits auch über die Fulda hinaus verbreitet, seine Hauptmasse aber hatte sich durch den Werralauf
bis in die Gegend von Eisenach leiten lassen und war nun
den Flüssen gefolgt, die zwischen Harz und Thüringer Wald
nach Osten strömen. In diesen Landschaften, wo der Thüringer Name seine Wiege zu haben scheint, traf jenes von Norden her gekommene Volk mit ihm zusammen. Bemerkenswerth
ist, dass die Endung *leben* am Nordabhange des Thüringer

Waldes da stehen bleibt, wo Ilm und Gera den Charakter blosser Gebirgsbäche verlieren und nur schwache Versuche macht, zwischen Coburg und Würzburg neues Terrain zu gewinnen. Durch jene Vermischung, bei welcher zuerst der Name des siegenden von Norden eingedrungenen Volkes, später aber die Benennung des im Helmethal vorgefundenen Stammes, die auch der Sieger seinen eigenen Namen vergessend annahm, als Gesammtname galt, entsprang eins der wichtigsten Glieder der germanischen Völkerwelt, ein wahrhaftes Mittel- und Vermittlervolk, gleich nahe dem Norden wie dem Süden an Lage, Sitte und Sprache, ja auch sogar in der eigenthümlichen Unsicherheit seiner Aussprache. Das ist der Faden, der thüringische und schleswigsche Angeln, nördliche und südliche Warnen, die Ilmenau bei Lüneburg und die thüringische Ilm, die Delvunda, Isunda und die thüringische Scherkonde und so manches, was sonst hinüber und herüber klingt, mit einander verbindet.

Alle norddeutsche Bevölkerung von der Saale bis nach Flandern hin weist uns also auf die cimbrische Halbinsel als ihren Ausgangspunkt, von dem sich bald vier Hauptstrahlen weiter verzweigen. Diese Völker müssen also unter sich vieles gemeinsam haben; ich erwähne nur die alte Endung -*ithi*, -*idi*, ferner -*ingi* und -*ari* (vgl. S. 201) oder den mit Praeteritumsablaut gebildeten Ausgang -*rode*, der wenigstens jenseits dieses Gebietes zur Seltenheit wird; die Uebereinstimmung in den differenzirten Formen (vgl. S. 213) ist oben dahin zu rechnen. Andrerseits muss die Völkerfolge, welche in weit späterer Zeit den süddeutschen Kelten ihre Herrschaft nahm, wenn nicht die Namen zu bloss trügerischem Scheine verleiten, im Wesentlichen von Böhmen ausgegangen sein; dass auch ihr manches gemeinsam ist, zeigte sich schon oben mehrfach.

Diese zwei verschiedenen vaginae gentium, Holstein und Böhmen, jede in eigenthümlicher Weise, die eine durch Wasser, die andere durch Berge geschützt, und durch gesegneten Boden zum Hegen einer bedeutenden Volksansammlung geeignet, begründen also eine tief einschneidende Zweiheit deutscher Völker, eine niederdeutsche und eine hochdeutsche Hälfte. Während die eine mit Ausnahme des unglücklichen Cimbernzuges in langer glücklicher Abgeschiedenheit von dem wilden Treiben der grossen Welt, früher zur Ruhe gekommen, sich

am Kampfe mit der Natur, mit einbrechenden Fluthen, austre-
tenden Strömen, langen Wintern und langen Nächten bildete
und stählte, rang die andere um ihre neueren Wohnsitze sieg-
reich mit den beiden mächtigsten Völkern des europäischen
Alterthums, den Kelten und Römern. So verbreiten sich auch
norddeutsche Namenklassen ruhiger und zusammenhängender,
süddeutsche wilder und zerrissener.

Was hier beim ersten Wurfe nur in groben Zügen darge-
legt werden konnte, wird weitere Forschung ins Feinere aus-
führen. Für diese feineren Schattirungen giebt es übrigens ein
noch besseres Mittel als die Verbreitungskreise local beschränk-
ter Grundwörter; ich meine die verschiedenen Formen, in
denen ein und derselbe dieser Ausdrücke erscheint. Sie müssen uns zuerst und vor Allem die genauere Grenze zwischen
hochdeutschem und niederdeutschem Gebiete darlegen. Hier ist
aber wiederum ein Feld, wo wir uns auf die neueren Namen
mit ihrer officiell oft hochdeutschen, volksthümlich dagegen platt-
deutschen Schreibart wenig verlassen können; wir müssen auf
die alten Formen zurückgehn. Aber auch die letzteren zu diesem Zwecke heranzuziehn ist es noch zu früh. Ich habe den
Versuch mit zwei sehr häufigen Bildungen gemacht, nämlich
mit *beke* (*biki*) und *thorp* einerseits und mit *bach* und *dorf* anderseits. Da zeigt sich wol bald eine allgemeine Bestätigung
schon bekannter Thatsachen, allein bald wird man gewahr, dass
theils die geographischen Ortsbestimmungen der einzelnen Oerter noch zu wenig gesichert sind, theils sind die Ausgaben der
Urkunden in ihrer Orthographie zu ungenau, theils haben schon
im Mittelalter Schriftsteller wie Abschreiber, auch wol öfters
die heimathliche Mundart kaiserlicher Kanzler störend auf die
Form der Namen eingewirkt. Einzelnes fällt gleich auf den
ersten Blick auf. Dass friesische Oerter in fuldischen Urkunden oft hochdeutsche Form haben, ist weniger merkwürdig,
aber dass in den Schenkungsurkunden des elsässischen Weissenburg Oerter, welche gar nicht weit von jenem Kloster liegen,
niederdeutsche Gestalt zeigen wie Scalkenthorp und andere, dafür fehlt es mir in der That noch an einer ausreichenden Erklärung. Genug wir werden mit genauerer Würdigung dieser
Verhältnisse noch etwas warten müssen. Aber anziehend sind
solche Untersuchungen; ich erinnere z. B. hier an die Verbreitung der einzelnen Gestalten der Endung *heim*, worüber S. 98

Andeutungen gegeben wurden. Auf ähnliche Weise könnte man
speciellere Untersuchungen anstellen z. B. über die localen Grenzen zwischen *sen* und *hausen*, *born* und *brunn*; bekannt ist,
dass der Lech die Scheidung zwischen *ing* und *ingen* macht.
Einiges ergeben auch die Ortsnamen über diejenige Mundart,
welche Tenuis statt gemeindeutscher Media setzt, das sogenannte
strengalthochdeutsche. Mit Forschungen dieser Art stehn wir
auf der Linie, wo Namenkunde und Lautlehre zusammenstossen
und dass auch die letztere von der ersteren viel lernen kann,
glaube ich an der Untersuchung der Diphthonge *oa* und *ao*
schon anderswo gezeigt zu haben.

Bei dem ungeheuern Uebergewicht der zusammengesetzten
Ortsnamen über die einfachen fällt es auf, dass hie und da dennoch die einfachen keine Seltenheiten sind. Am merkwürdigsten
in dieser Hinsicht ist mir stets die Gegend zwischen Fritzlar
und Cassel gewesen, das echte alte Hessenland. Hier finden
wir Oerter wie Maden, Metz, Wehren, Gleichen, Lohre, Dissen,
Besse, Deute, Grifte, Körle, Zwehren, Ritte, Bauna (letzteren mit
einigen differenzirten Formen). Wenn nun in derselben Gegend
auch Flüsschen wie Elben, Ems, Rhein fliessen, so macht dadurch dieses Gebiet einen ganz besonderen Eindruck hoher Alterthümlichkeit und lässt auf eine Jahrtausende lange verhältnismässig ungestörte Ansässigkeit eines Völkchens schliessen.

Wichtig, namentlich für die Betrachtung von Colonisations-
verhältnissen, ist auch die Verbreitung einzelner vollständiger
Namen. So findet sich z. B. der mannigfach geschriebene Name
Giesshübel (Gieshübel, Gieshübl, Giessübel, Gisshübel, Gisübel,
Kieshübel; vgl. S. 43) einmal in Nassau, einmal im hessischen
Starkenburg, zweimal am badischen Oberrhein, zweimal in Ober-
und einmal in Niederbaiern, einmal in Oberfranken, desgleichen
in Meiningen, zweimal in Niederöstreich, dreimal in Steiermark,
siebenmal in Böhmen, zweimal im Regierungsbezirk Liegnitz
und einmal in Mähren; auch slavisirtes Kyselow kommt dafür
vor. — Der mir noch nicht recht klare merkwürdige Name
Pfannenstiel zeigt sich viermal in Baiern, einmal in Böhmen,
zweimal im Königreich Sachsen und zweimal in Wirtemberg. —
Ich kann hier nicht unterlassen auf eine wunderbare Form aufmerksam zu machen, deren Bedeutung mir noch entgeht, deren
Deutschheit mir sogar ungewiss ist, welche aber so häufig wie-
derkehrt, dass ein naheliegender Begriff darin verborgen sein

muss. Ich meine folgende Ortsnamen: Husidina (sec. 10) ist das jetzige Heusden in Nordholland, Texel gegenüber, Hosden und Husdinne (sec. 12 und 13) ist Heusden bei Herzogenbusch in Nordbrabant; ein drittes Heusden liegt im belgischen Ostflandern und heisst schon in älteren Urkunden Husdine oder Hosdine, ein viertes Heusden findet sich bei Beeringen im belgischen Limburg. Ein Gau Huste (so) erscheint sec. 10 in Belgien in der Nähe der Maas. Aber auch im Innern von Deutschland zeigt sich dem äusseren Anscheine nach das Wort. Im Grossherzogthum Weimar liegt an der Ilm sec. 10 ein Gau Husitin, ein Hustenni (sec. 9) ist das jetzige Hüsten in Westfalen, nicht weit davon in derselben Landschaft ist ein Ort Husten verzeichnet, ein Hoesten haben die fuldischen Traditionen im pagus Salagewe. Auch Zusammensetzungen erscheinen wie Hustingest (sec. 10) in Holland oder der Gau Hostingabi (sec. 9) in Hanover um die Oste, von der er wol nicht den Namen hat. Mit diesen Angaben ist die Uebersicht über diese Namen noch keineswegs erschöpft; oder ist hier ganz Unverwandtes vermischt? gehört eine oder die andere Form zum Superlativ von *hoch* altus? Auf nähere Untersuchung sei wenigstens hiemit hingewiesen.

Es ist aber bei der Wiederkehr desselben Namens in mehreren Gegenden nicht aus der Acht zu lassen, dass diese Erscheinung auf zwei verschiedene Arten vor sich geht, nämlich entweder in natürlicher oder in künstlicher Weise. Ortsnamen wie Neustadt, Hohenberg oder gar gleiche Flussnamen sind sicher unabhängig von einander an vielen Orten entstanden. Künstlich aber ist die Wiederkehr desselben Namens, wenn ein bestimmter Ort grade s e i n e n Namen für einen andern Ort hergeben muss. So wurde denn das elsässische Strassburg, das so bezeichnend von der uralten westrheinischen Römerstrasse benannt ist, ganz unorganisch nach Westpreussen, wo es an der Drewenz liegt, übertragen, obgleich dort eine Gegend ist, wo ich grade aus eigener Erfahrung den Mangel an guten Strassen sehr fühlbar bemerkt habe; das Mainfrankfurt musste seinen Namen der Oderstadt leihen, obwol dort nie Franken über den Fluss gegangen sind. Das Dorf Hohenstein (Eisenbahnstation zwischen Dirschau und Danzig) trägt seinen Namen gänzlich mit Unrecht, gewiss aber mit Recht der mir unbekannte Ort, nach dem es benannt ist. Die Nordhäuser haben ihren Peters-

dorfer Berg seit einigen Jahren Rigi genannt, nach der Aehnlichkeit der Aussicht mit der vom Schweizerberge. Was Rigi
bedeutet, wissen wir nicht, gewiss wird aber diese Bedeutung
mehr auf das Original als auf die Copie passen. Ja sogar
Uebertragungen von übertragenen Namen kommen vor; sie erinnern an das Einimpfen der Kuhpocken, die an Hunderten
von Kindern ausbrechen, ursprünglich aber nur an einem Thiere
natürlich sind. Ich führe nur ein Beispiel an (denn aus ge-
häuften Beispielen wäre nicht mehr zu lernen), bei welchem
keltische, romanische, germanische und slavische Bevölkerung
thätig gewesen sind. Als Kind sah ich in der russischen Ost-
seeflotte einen Kutter, der seinen Namen Oranienbaum in
russischer Schrift an sich trug. Er war benannt nach dem
Schlosse Oranienbaum am finnischen Meerbusen, welches zwar
zuerst von Mentschikof angelegt ist, aber erst von Katharina II
benannt wurde. Diese Kaiserin aber, geborene Prinzessin von
Anhalt-Zerbst, hatte den Ort so benannt nach dem Oranienbaum,
welches bei Dessau liegt. Wie kam aber letzteres zu seinem
Namen? Dadurch, dass es um das Jahr 1690 von Henriette
Katharina, Mutter Leopolds I von Anhalt, gebornen Prinzessin
von Oranien, gegründet wurde. Wir gehn weiter zurück; das
Haus Oranien hat seinen Namen von der Grafschaft Orange an
der Rhone, die seit 1530 im Besitz dieser Linie war. Orange
aber ist das schon bei Plinius vorkommende Arausio, also ein
keltischer Name. Nun verlässt uns die Wissenschaft, vermuthen aber dürfen wir, dass Arausio eine Ableitung von einem
altgallischen Personennamen ist. Genug wir sehen einen klaren Weg von dem Namen einer gallischen Stadt bis zu dem
eines russischen Schiffes, aber freilich keinen natürlichen, sondern einen höchst künstlichen.

Der Gang dieses Capitels hat uns allgemach auf Erscheinungen geführt, denen etwas Unwahres anhaftet, auf Namen,
die ihren sprachlichen Lebenssaft auf einem andern Boden ge-
sogen haben, als der ist, auf dem wir sie wie exotische Pflanzen ein Halbleben fristen sehn. Es giebt aber eine andere
Klasse von halbwahren Namenbildungen, welche wissenschaftlich fruchtbarer werden kann als die zuletzt besprochenen, doch
gehört genaueste Ortskenntnis dazu um sie fruchtbar zu machen. Wenn Flüsse nach ihrer Farbe benannt sind wie der
rothe und weisse Main und vieles Andere, wenn Berge nach

ihrer Form bezeichnet werden wie Ochsenkopf oder Kattennäse, so ist ein solcher Ausdruck gewöhnlich nur an einem bestimmten Theile des Flusslaufes oder in einem bestimmten Punkte der umliegenden Landschaft wirklich zutreffend, an anderen Stellen hat der Fluss eine andere Farbe, der Berg andere Form. Der Hoppelberg bei Halberstadt heisst in der Gegend von Wernigerode Sargberg, und dieser Ausdruck ist hier vollkommen begründet, in Halberstadt vollkommen unwahr; der Sattelberg in Schlesien ist von Salzbrunn aus gesehn mit Recht benannt, sonst nicht. Worauf ich hindeute, das ist, dass es wol wichtig sein könnte zu wissen, auf welcher Stelle ein solcher Name gegeben worden ist; das könnte für die Lehre von der Richtung der Völkerzüge nicht unbedeutend sein; aber es gehört viel Sammeln und viel Ausscheiden von wirklich Altem aus der Masse des Modernen dazu, um diese Beobachtungen zu verwerthen und den Standpunkt des namengebenden Subjects festzustellen.

An die weitschichtige Frage nach der räumlichen Verbreitung der Ortsnamen schliesst sich die im ersten Augenblicke befremdende Bemerkung, dass es auch Ortsnamen ohne Orte giebt. Solche Schattenwesen sind theils durch den Volkswitz, theils in kunstmässiger Dichtung gebildet, um die durch einen solchen Ortsnamen erweckte Vorstellung allegorisch zu benutzen. Es ist eigentlich dabei ganz gleichgültig, ob ein Ort solches Namens wirklich existirt oder nicht, denn die Sprache hält sich in solchen Fällen nur an den Namen, nicht an die Sache. So geht man Abends nach Bethlehem oder nach Federhausen, d. h. ins Bett oder in die Federn, so nimmt man, wenn man keinen Rüdesheimer oder Geisenheimer hat, mit frischgeschöpftem Pumpenheimer vorlieb. Dass solcher Gebrauch weit in unserer Literatur verbreitet ist, haben Wilhelm Wackernagel und Reinhold Köhler an zahlreichen Beispielen gezeigt, wie wenn Hugo von Trimberg den Leuten von Lasterberg böse Worte und böse Werke, denen von Süldenberg süsse Worte und süsse Werke zuschreibt, oder wenn Abraham a. St. Clara den verlorenen Sohn einen Irrländer nennt u. s. w. Wenn man in Ostpreussen von einem dummen Menschen sagt, er sei aus Domnau, so hat jenes Städtchen im Kreise Friedland gewiss keine Schuld daran, sondern nur sein Name; dass Krähwinkel für uns das Ideal eines kleinstädtischen Wesens ist, dazu sind gewiss nicht die wirklich so benannten Orte die Veranlassung,

sondern nur der gar dürftig und ärmlich klingende Name. Mit
Schöppenstedt muss es eine andere Bewandtnis haben; eben so
mit Schilda, von dem Zeiller a. 1674 schreibt: Schilda muss
sich viel vexiren lassen.

Etwas anderer Art sind die Ortsnamen, die A. W. Schle-
gel in seinem satirischen Gedicht auf Kotzebues sibirische Reise
bildet. Er lässt da den Reisenden durch die werkeltägischen
Gefilde in die Länder der Klotzaken, Zotiaken, Schmutzken,
Tugendusen, Quergisen, Plattkiren, Dummojeden, Wischwaschen
und Lahmschädalen reisen und dabei an den Irrwischfluss und
in die Länder Bücherei, Sünderei und Klatschpack kommen. Ja
man hat solche Allegorien zur Herstellung von wirklichen Land-
karten benutzt, wie z. B. zu einer Landkarte des Schlaraffen-
landes oder des Reiches der Liebe, welche letztere Karte (im
Jahre 1777 erschienen) daneben sogar einen ganz ernsten Zweck
verfolgt, indem sie nämlich eine Probe einer neuen Art von
Landkartendruck liefert.

Besonders von Völkernamen haben wir es also bemerkt,
dass sie öfters aller Rücksicht auf den Raum entkleidet werden und nun den Charakter blosser Appellativa angenommen
haben. Zuweilen ist diese Rückführung in das Reich der Appellativa nicht bloss das Werk subjectiven Witzes, sondern es
zeigt sich auch eine Reihe von Beispielen, wo dieser Vorgang
von der ganzen Sprache oder wenigstens einer ganzen Mundart anerkannt worden ist. Das wirre Völkergewühl des vierten bis sechsten Jahrhunderts, jene Zeit, wo Land und Volk
wirklich in loserer Verbindung unter einander standen, scheint
besonders zu solchem raumlosen Gebrauche der Völkernamen
Anlass gegeben zu haben. Man lernte das fremde Volk nur
in Begleitung von Schrecken und Verwüstung kennen und legte
ihm in Folge dessen natürlich den Charakter des Ungeheuern,
Fabelhaften bei, namentlich wenn mündliche Tradition die Er-
lebnisse früherer Zeit fortpflanzte. So sind denn aus den
Hunnen gradezu Riesen geworden; noch jetzt gilt besonders
in Westfalen, aber auch sonst, Hüne und Riese für gleichbe-
deutend. Wenn in den Quellen des 15. bis 17. Jahrhunderts
heune so gebraucht wird, wenn schon das mhd. *hûne* mehrfach als Vertreter des Uebermenschlichen angesehen wird, so
dürfen wir durchaus nicht, da uns ältere Belege abgehn, diesen Gebrauch für damals erst entstanden halten, sondern müs-

sen ihn unmittelbar an die Zeit knüpfen, in der die Ereignisse
der Völkerwanderungen noch frisch im Gedächtnisse des Volkes lebten.

Jacob Grimm, der am sorgfältigsten für solche Vorgänge
in seiner Mythologie gesammelt hat, mag in der That nicht Unrecht haben, wenn er in dem altnordischen *thurs* gigas oder
in dem mhd. *turse* eine Beziehung auf die *Τυρσηνοὶ* des Alterthums findet; nur die chronologisch ferne Lage der letzteren darf
etwas Zweifel erregen. Aber wiederum in die Zeiten der Völkerwanderung führt uns das speciell an das Vorrücken der
Slaven anknüpfende ags. *ent* gigas, in welchem wir die slavischen Antes ohne Mühe wiedererkennen. Eine Beziehung des
altnord. *iöhunn*, ags. *eoten* zu den Jüten liesse sich gleichfalls
schwer leugnen, obwol das Suffix zwischen dem Namen und
dem Appellativum schon eine grössere Kluft aufgebaut hat.
Dieser Bedeutungsübergang wird gewiss noch in mehreren Fällen entdeckt und mit reicheren Beispielen belegt werden; er
ist auch in der That ganz natürlich, so wie auch z. B. bei den
Slaven Tschud sowol einen Finnen als einen Riesen bezeichnet.

Spätere Zeiten und Verhältnisse gaben dem fremden Volke
nicht mehr die Eigenschaft der Riesenhaftigkeit, sondern irgend
eine andere. Die tüchtigen niederländischen Colonisten, die seit
dem Mittelalter in das nördliche Deutschland einzogen, haben
sicher dazu die Veranlassung gegeben, dass noch jetzt ein *flä-
mischer Kerl* einen besonders gewaltigen, starken, auch wol
etwas ungeschlachten Menschen bezeichnet. Der Gegensatz zwischen dem deutschen Reiche und dem lange damit nur schwankend verbundenen Böhmen hat uns die Redensart *böhmische
Dörfer* in dem Sinn einer unbekannten Gegend oder überhaupt
von etwas Unbekanntem geliefert (wie alt mag das sein?). Die
Verbindung zwischen der östreichischen Monarchie und Spanien
hat den Keim zu dem Gebrauch von *spanisch* für fremdartig
gelegt; z. B. das kommt mir spanisch vor. Am jüngsten mag
es sein, dass man *alter Schwede* in zutraulicher Sprache braucht,
um das zu bezeichnen, was man sonst eine ehrliche Haut nennt;
das erinnert an die ersten Jahre, in denen sich die Retter des
evangelischen Glaubens unter Gustav Adolf in Deutschland auf-
hielten. Noch nicht ganz losgelöst von dem Gedanken an das
bestimmte Land sind Formeln wie *polnische Wirthschaft* für
Unordnung, *türkisches Verfahren* für Despotismus, *chinesische*

Zustände für politische Erstarrung. In Holstein soll man mit dem Ausdrucke *dänischer Gruss* einen eigenthümlichen Nebensinn des Heimtückischen verbinden; in Preussen heisst *polnischer Abschied* ein Fortreisen ohne irgend welchen Abschied. So befreit sich das aus dem Volksnamen gebildete Adjectivum allmählich von der näheren Beziehung zum Lande; das bairische Bier kam zuerst aus Baiern, dann wurde es wenigstens von bairischen Braumeistern ausserhalb Baierns gebraut und jetzt hat es nur selten eine nähere Beziehung zu dem Lande des Hopfens.

X. Die Ortsnamen in der Zeit.

Gäbe es einen vollständigen Stammbaum der ganzen Menschheit, so wäre ausser vielem Anderen auch die Forschung der Genealogen, die an der Herstellung von kleinen Stückchen dieses Riesenstammbaumes arbeiten, gänzlich zu Ende. Eben so wäre der Gegenstand dieses Capitels erschöpft, wenn wir von jedem deutschen Ortsnamen wüssten, wann er entstanden, wann jede lautliche Veränderung mit ihm vorgegangen, und wann er, falls er nicht mehr existirt, untergegangen ist. Die völlig unmögliche Erreichung der Ziele darf in beiden Wissenschaften dennoch nicht davon abschrecken, sich ihnen nach Möglichkeit zu nähern.

Sicher erkannte deutsche Ortsnamen beginnen erst zu uns herüberzuschallen, nachdem die Germanen schon mindestens ein Jahrtausend lang sich von den Slaven gesondert hatten, Jahrhunderte nach ihrer Einwanderung in Deutschland. Ja wir können behaupten, dass diejenige geschichtliche Thatsache, welche uns erst mit den deutschen Ortsnamen wahrhaft bekannt gemacht hat, die Stiftung des grossen karolingischen Reiches schon in den Zeiten der letzten merovingischen Schattenkönige war. Wie wir eine dankenswerthe Arbeit über den Einfluss des Christenthumes auf das Althochdeutsche haben, so erscheint es lohnend und an der Zeit, auch karolingisches Wesen in seinen Wirkungen auf die Sprache und die Kunde von ihr zu verfolgen. Was vor dem Jahre 700 (kurz nach der Schlacht bei Testri) an deutschen Ortsnamen genannt oder aus dieser Zeit von späteren Schriftstellern aufgezeichnet wird, ist nur ein kläglich kleines Bruchstück eines einst gewiss unendlich reichen Baues. Bis zum Jahre 700 reicht die Vorgeschichte der deutschen Ortsnamen, die erste Hälfte des achten Jahrhunderts bildet erst den Uebergang zu der Zeit, wo volle Nahrung geboten wird.

In den ersten Jahrhunderten herrschen für uns die Völkernamen vor. Am sichersten deutsch sind unter diesen die zusammengesetzten, namentlich die auf *varii*, dann die Alamanni und Marcomanni, die Visburgii, später die Austreleudi. Eben so sicher als deutsch erscheinen die Ableitungen auf *ing*, einige auf *ones* und die oben (S. 238) angeführten auf *ri*. Von den übrigen aber spotten manche so sehr aller Deutung aus dem Deutschen, dass hier bei der leichten Uebertragung der Völkernamen öfters die Möglichkeit vorliegt, dass deutsche Völker den Namen einer vordeutschen Bevölkerung angenommen haben; auf diesen Punkt ist bisher wol noch zu wenig Rücksicht genommen worden, und doch fordert die Aehnlichkeit sogenannter deutscher Völkernamen mit manchen asiatischen (eranischen und anderen) fast zwingend solche Hypothese.

Von den Völkernamen abgesehn bietet uns jedes der ersten sieben Jahrhunderte etwa folgendes an Ortsnamen, die mit einer an Gewissheit grenzenden Wahrscheinlichkeit für deutsch zu halten sind:

Sec. 1: Asciburg, Austrauia, Bojohaemum, Idisiaviso, Teutoburg. Sec. 2: Ascalingion, Bergion, Lupfurd, Tulifurd. Sec. 3: Ausaua, Gangavia. Vielleicht auch hieher Sandrauda. Sec. 4: Caucaland. Sec. 5: Asfeld, Bodohaim, Dispargum, Rugiland, Salehaim, Windohaim. Sec. 6: Autingu, Austrifraneia, Drasimarca, Halicaniburg, Lukernariaburg, Orhaim, Scalcoburg, Seithingi, Stiliburg, Tulkoburg. Sec. 7: Odanwald, Onenhaim, Austondorph, Ostrevant, Nordostracha, Eustrachia, Bac, Baldebrunno, Bibaraha, Bobunivillare, Bolinchaime, Brugac, Brunhoubit, Bodinchova, Buria, Dacenlara, Gerleichesdorf, Gerlaicowilare, Gaulichesburia, Heminga, Hamma, Haristal, Himilinberc, Luttra, Holthem, Iburninga, Imminiuilare, Iutraha, Laidolvinehova, Landen, Matholfingun, Megmedong, Mosagao, Mosalgowe, Oxenvillare, Rodobeim, Raudinleim, Raurebacya, Sarahgawe, Stafulon, Walahheim, Wibekem, Wintreshove, Wizanburg, Vultaburch.

Für dieses Verzeichnis werde ich nicht viel übersehn ha-

ben; Anderes habe ich wegen Unechtheit der Urkunden oder
sonst nicht hinreichender Beglaubigung absichtlich übergangen.
So dürftig ein solches Ortsnamenverzeichnis auch ausfällt, so
geht doch daraus hervor, dass schon in den ersten sieben Jahrhunderten Namen auf ach, au, bach, berg, brunn, beuern, burg,
dorf, donk, feld, furt, gau, heim, haupt, hof, ing, land, lar, mark,
rode, stall, weiler, wiese gebräuchlich waren, daneben einiges
Einzelne.

Es ist gewiss noch manche andere Bildung schon in so früher
Zeit üblich gewesen und uns nur zufällig nicht von daher überliefert. Was aber besonders auffällt, ist das Mangeln der später so sehr häufigen Formen auf *haus* und *stadt*; das kann in
der That nicht Zufall sein. Bei dem ersteren Worte stimmt
diese Wahrnehmung merkwürdig zu dem Umstande, dass im
Gothischen dieser Ausdruck als einfaches Wort gar nicht und
nur einmal in der Zusammensetzung *gudhus* belegt ist. Die
Namen bezeugen, dass *Haus* auch noch Jahrhunderte nach der
gothischen Zeit nicht in recht lebendigen Gebrauch kam. In
der dakischen Königsburg $Za\varrho\mu\iota\zeta\varepsilon\gamma\epsilon\vartheta ov\sigma a$ den ersten Beleg
für unser *Haus* finden dürfte nur der, welchem eine bessere
Erklärung des ersten Theils dieser Composition gelänge als die
bisher aufgestellten sind. Das Wort *Stadt* aber war in so alter Zeit deshalb ungeschickt, weil seine allgemeine Bedeutung
(gleich dem heutigen *Stätte*) einen zu grossen Umfang und zu
geringen Inhalt darbot: erst als das Wort mehr den Sinn einer
bebauten Stätte annahm, wird es für Namen geeignet; die Bedeutung von urbs ist vollends jünger.

Mit dem achten Jahrhundert, also mit dem Entstehen des
Karolingerreiches, erhalten wir erst Gelegenheit in eine grössere
Anzahl deutscher Namenbildungen hineinzublicken, die gewiss
zum grössten Theile schon Jahrhunderte lang im Verborgenen
erschollen waren. Ich führe hier, mit Auslassung einiger zweifelhaften Formen, diejenigen Grundwörter in heutiger Gestalt an, welche uns, aus früheren Jahrhunderten nicht bekannt, erst seit sec. 8
überliefert sind. Auf das Vorkommen der Grundwörter an
sich in uncomponirter Gestalt (als Namen scheinen sie zeitlich
wie räumlich nur den Vorpostendienst zu haben) nehme ich
dabei keine Rücksicht, sondern verzeichne hier nur diejenigen,
die zuerst sec. 8 in Zusammensetzungen erscheinen; es sind folgende: acker, amt, bruch, bruck, buch, eich, führ, first, gart,

grube, hag, hart, hauk, haus, heide, holz, horn, hube, kirche, lach, leben, loh, lohn, mal, mar, marsch, matte, moor, moos, münde, münster, nest, paint, pfad, rain, reut, ried, scheid, schneid, schol, see, sohl, spijk, spring, stadt, staffel, steig, stein, strasse, strut, sulz, thal, thurm, uf (ep u. s. w.), walchen, wang, weg, weide, weil, werth, wik, winkel, zell. Dazu noch die Endungen -arn und -ich (alt -arin und -ahi).

Bis zu solchem Reichthume hat sich unsere Kenntnis also schon jenseits des Jahres 800 entfaltet. Dennoch liefert uns auch das neunte Jahrhundert noch ziemlich viel Neues, was mir hier gleichfalls zu verzeichnen obliegt: anger, bostel, bühl, büttel, eck, esch, fang, fehn, fels, fleth, forst. geest, gries, hagen, hövel, horst, kamp, mauer, mühle, rohr, schlag, sondern, wenden.

Dass auch hier noch nicht wirklich neuer Gebrauch dieser Wörter zu Namen, sondern nur zufälliger Mangel an Ueberlieferung aus früherer Zeit zu Grunde liegt, geht aus mehreren Erwägungen als wahrscheinlich hervor. Einmal sind es Grundwörter, die noch bis heute selten vorkommen (wie *fang* und *sondern*), zweitens aber sind es Ausdrücke, die wesentlich dem sächsischen Gebiete angehören, das doch erst um das Jahr 800 der fränkischen Staatsordnung zugänglich wurde (wie *bostel, büttel, fleth, geest, hövel, kamp*). Bis zu einer Häufigkeit ersten Ranges erhebt sich in der Gegenwart unter den genannten Ausdrücken nur das Wort *Mühle*; das Wort kommt in der That gothisch noch gar nicht, althochdeutsch nur selten vor. So zeigen die Namen wie die übrige Sprache übereinstimmend, wie die Benutzung der Wasserkraft, denn auf diese geht das Wort Mühle vorzugsweise, erst langsam und nicht zu früh aufkommt; die älteren Arten, die Handmühlen und Tretmühlen, geben zur Namenbildung natürlich keinen Anlass. Auch das Wort *Mauer* weist schon auf höhere Cultur.

So sind wir bei dem Jahre 900 angelangt; was jedes der folgenden Jahrhunderte an neuem Stoff liefert, ist weit geringer. Folgende Bildungen sind erst aus sec. 10 bekannt: gang, gasse, schwende, stade, staude, stuhl, warte, wasser, wedel, zimmer.

Hier beginnt schon die Wahrscheinlichkeit bedeutend zuzunehmen, dass die meisten dieser Wörter wirklich in früheren Jahrhunderten noch nicht für Namen gebraucht worden sind.

Das eilfte Jahrhundert bereichert diesen Schatz abermals um einiges: brühl, graben, pferch, rücken, sand, siedel, siel, stadel, sterz, stock, stoss, zagel. Durch das erste Auftreten von *rücken*, *sterz* und *zagel* bestimmt sich also die Zeit, wo es Gebrauch wurde, auf Ortsnamen die Anschauung von Theilen des thierischen Körpers zu übertragen; nur *haupt* sahen wir schon weit früher. Durch solche Uebertragungen wird aber das spätere massenhafte Auftreten der Ellipse vorbereitet.

Was erst nach dem Jahre 1100 auftritt und in welchem Jahrhundert es sich zeigt, wird erst ersichtlich werden, wenn die Namen der späteren Zeit in besondere Sammlungen vereinigt sein werden. Ich mache hier nur einzelne Bemerkungen.

Die jetzt gar nicht seltenen mit öd, ort, sachsen, slek, schwaig, tann zusammengesetzten Ortsnamen lassen sich bisher noch nicht mit Sicherheit vor sec. 12 nachweisen, eben so wenig die mit den Fremdwörtern kammer und kemnade gebildeten.

Ein so modern aussehender Name wie Siehdichum (vgl. S. 210) findet sich doch schon in einer pommerschen Urkunde von 1228 (Dreger N. 69): tres montes, qui circumspicite sive *se thic umme* nominantur.

Wann mögen die Namen auf *ruhe* und *lust* zum ersten Male erschollen sein? Mich erinnern diese fürstlichen Villeggiaturen immer etwas an die Zeit Ludwigs XIV. und an das tel est notre plaisir. Karlsruhe ist in der That im Todesjahre jenes Monarchen 1715 gegründet; wer weiss frühere Beispiele? Es war das Jahrhundert, in welchem sich das Zeitalter der Revolutionen vorbereitete, als die Grossen der Erde ihre Lieblingsörter vorzugsweise nach der Ruhe und der Lust benannten.

Auf die Frage nach dem ältesten Vorkommen einzelner Bestimmungswörter in den Namen kann ich hier aus Mangel an Raum nicht eingehn; im vierten Capitel habe ich über die älteren dieser Ausdrücke mannigfache Andeutungen gegeben.

Wichtig wäre es ferner zu untersuchen, wann der einzelne bestimmte Ort seinen Namen empfing. Wüssten wir das von einigen tausend deutschen Oertern, so liesse sich gewiss oft ergründen, von wo aus die Verwendung gewisser Wörter in den Namen ihren Ausgang nahm und wie sich diese Verwendung verbreitete. In diesem zugleich räumlichen und zeitlichen Fortschreiten müssten sich gewisse historische und culturhistorische Momente in anziehender Weise abspiegeln. Indessen dahin reicht unser Wissen nicht und wir müssen auch hier die Kunst des Entsagens lernen.

Und doch giebt es in der That, abgesehn von ganz neuen Ortsgründungen und Ortsbenennungen, eine Anzahl deutscher Oerter, bei denen die Zeit des Namenursprungs sicher ist. Das sind zunächst solche mit einem Personennamen zusammengesetzte Ortsnamen, bei denen uns jene Person, ein handgreiflicher Eponymus, wirklich als lebend in irgend einer Urkunde überliefert worden ist. Es möge hier eine Anzahl Beispiele in ungefährer chronologischer Reihenfolge ihren Platz finden.

Ein bairisches Albhadeshusir von nicht sicherer Lage. kommt im achten Jahrhundert in einer Urkunde vor, in der zugleich der Besitzer des Ortes Albhad erwähnt wird. — So heisst es um 800: fratris mei Peruhtleibes in pago Salagewe i. e. in Perahtleibeshusom. — Dietershausen, südöstlich von Fulda, alt Theotricheshus, wird seinen Namen kurz vor 800 erhalten haben, da im Jahre 810 der Sohn des Theotrich, des früheren Besitzers, daselbst Grundbesitz nach Fulda schenkt. — Der Presbyter Erphuni gab um das Jahr 800 einem bairischen Orte den Namen Erphunesreode. — Der noch heute bestehende Ort Wilgartswiesen im Speiergau hatte im Jahre 828 eine Wiligart zur Besitzerin, die übrigens nach ihrer gleichnamigen Grossmutter oder Urgrossmutter benannt war. — Von Hupoldescella in Schwaben hiess a. 855 der Besitzer Hupold. — Ein gewisser Otirich besass im Jahre 866 den Ort Otirichisreoth, vielleicht das jetzige Arrisried, nordöstlich vom Bodensee. Ein Reynholdeshusen besitzt nach einer Corveyer Urkunde (wahrscheinlich im neunten Jahrhundert) ein gewisser Reynhold. — In undatirten fuldischen Traditionen kommt eine Iisburc in einer villa ejus nominis vor und ein Widerolt verschenkt villam ejus nominis Wideroltesleba; ebendaselbst wird auch bei einem Nentrichesrode der Besitzer Nendrich angeführt, so wie bei einem Rihsuinderot die Eigenthümerin Rihsuinta, bei einem Adalberteshusen der Besitzer Adalbert. — Wohlmuthshausen, westlich von Meiningen, lautet sec. 10 Wolmunteshusun und dieselbe Urkunde nennt den dortigen Eigenthümer Wolmunt. — Die Wüstung Hagenrode an der Selke ist um 980 von einem Abte Hagano (es müsste also Haganenrode heissen) benannt. — Wulferdessen bei Brilon, östlich von Arnsberg, lautet um 1020 Wulfereshusun und dieselbe Urkunde macht uns mit dem dort begüterten Wulf-

heri bekannt. — Wolfartsweiler im wirtembergischen Oberamt
Saulgau ist uns als zusammengesetzter Name vor 1100 zufällig
nicht genannt, doch wissen wir, dass das Wort in der letzten
Hälfte des 11. Jahrhunderts gebildet ist, da um 1060 dort ein
vir nobilis Wolveradus de Wilare genannt wird. — Der Ritzels-
hof im Amte Weihers bei Fulda ist benannt nach einem sec.
11 lebenden Ruoeelin. — Markersdorf zwischen Mölk und St.
Pölten, sec. 11 Marchwartisdorf, war damals Eigenthum eines
gewissen Marchward. — Almersdorf bei St. Pölten in Niederöstreich, sec. 11 Altmannisdorf scheint von dem in jenem Jahrhunderte lebenden passauer Bischofe Altman seinen Namen zu
haben. — Wizelinesleba ist nach dem Erzbischofe Wizelin von
Mainz in der zweiten Hälfte des elften Jahrhunderts, jedenfalls
vor 1084 benannt worden.

Wir sehn also, dass in den ältesten Beispielen dieser Art
nur gewöhnliche Besitzer verewigt worden sind; kaum vor dem
Jahre 1000 kommt die Sitte auf, vornehme Männer durch den
Ortsnamen zu ehren, so wie etwa in der zweiten Hälfte des
dreizehnten Jahrhunderts die deutschen Ordensritter eine von
ihnen gegründete Burg zum dankbaren Andenken an die durch
Ottokar von Böhmen genossenen Wohlthaten Königsberg nannten, die jetzige Krönungsstadt und erste Hauptstadt Preussens.

Doch erlischt auch im dreizehnten Jahrhundert noch nicht
die alte Sitte, einfache Besitzer zum Ausgangspunkte von Ortsnamen zu nehmen; diese Weise waltet noch bis auf den heutigen Tag und findet besonders ihre Anwendung bei einzeln liegenden Etablissements aller Art, Fabriken, Mühlen, Gasthäusern.
Nur nennt man jetzt dieselben nicht nach dem Vornamen, sondern nach dem heutzutage überwiegenden Familiennamen des
Besitzers. Das erste Beispiel solcher Art (doch ist hier noch
von einem blossen Keime eines Familiennamens, einem Beina-
men die Rede) finde ich in den Urkunden der Abtei Eberbach,
wo im Jahre 1217 ein Weinberg vinea Hertwici Spiez oder
Spiezeswingardin genannt wird. In denselben Urkunden begegnet auch ein merkwürdiges Beispiel davon, dass zwei Namen
derselben Person in einen Ortsnamen aufgenommen werden; im
Jahre 1211 verkauft nämlich ein Eberhardus Waro der Abtei
ein Wäldchen, qui vulgo dicitur Eberharteswarenbruoch.

Es lässt sich allerdings die Möglichkeit denken, dass der
Name des Ortes und der des Besitzers einmal zufällig zusam-

menstimmen und dass ersterer schon Jahrhunderte vor den Leb-
zeiten des Letzteren galt, indessen ist diese Wahrscheinlichkeit
bei der ungeheuern Menge unserer alten Personennamen nur
eine äusserst geringe und mir ist in Wirklichkeit kein solcher
Fall bekannt. Ein Beispiel, wo in der That einmal ein Name
einen anachronistischen Possen spielen könnte, ist der Ort Neu-
fähr bei Danzig, bei welchem sich die Weichsel am 2. Februar
1840 eine neue Mündung brach und dadurch eine neue Ueberfahrt nöthig machte. Da könnte ein künftiger Forscher auf den
Gedanken kommen, dass der Ort erst in Folge jenes Ereignisses
benannt sei, und doch ist er schon viel älter. Jene Ueberfahrt,
nach der der Ort heisst, ging über den alten Flussarm in südlicher Richtung, nicht über den neuen in westlicher.

Oefters geben die Gründungen von Klöstern das Datum
für die Entstehung eines Namens her, meistens freilich nur eines
undeutschen. In den Worten der vita Sturmi (sec. 8): monasterium quod jam tunc propter meatum fluminis Fulda vocari in-
choaverat, tritt der neue Ortsname erst fast man möchte sagen
schüchtern auf.

Ein anderer willkommener Anlass das Alter einer Namengebung zu ergründen liegt oft in dem Umstande, dass ein Ort
seinen Namen wechselt. Karolingische Thatkraft scheint es
wiederum gewesen zu sein, die die keltischen Namen Argentoratum, Ratisbona und Iuvavia in deutsche umwandelte. Unser
deutsches Strassburg erschallt meines Wissens zuerst im Jahre
728, Regensburg finde ich nicht früher als um 780, und Salzburg wird kaum viel eher genannt; die älteren Namen bleiben
daneben noch in gelehrtem Gebrauch, und zwar bis auf unsere
Tage hin. Solcher Wechsel zwischen Fremdem und Deutschem
gehört indessen mehr in das folgende Capitel. Es kommt aber
auch Vertretung eines deutschen Namens durch einen andern
vor. Als jener Erphuni um 800 seinem Besitzthum seinen Namen in der Zusammensetzung Erphunesrood verlieh, verschwand
der alte Name des Ortes Pochawa. Das heutige Schleswig nennt
Einhard im neunten Jahrhundert Sliesdorf, Thietmar braucht
schon Sleswic, Adam von Bremen abwechselnd Sliaswig und
und Heidiba, der annalista Saxo sagt ausdrücklich Sliaswic quae
nunc Heidiba dicitur; da war also vorübergehend eine dänische
Form eingedrungen, denn Heidiba muss doch wol mit den um
Schleswig liegenden zahlreichen Oertern auf _-by_ zusammenge-

stellt werden. Eben so braucht Adam von Bremen auch Fosetisland neben Halagland, während in dem Leben des heiligen
Liudger nur die erste Form vorkommt; allmählich ist die Er-
innerung an den heidnischen Gott ganz getilgt worden, so dass
nach 1100 nur noch der heutige Name gilt. Kirchliche Rück-
sichten veranlassen überhaupt oft Namenwechsel. Der alte Name
Sithiu (deutsch?) in Flandern wurde durch die Anlegung einer
Kirche des heiligen Audomar verdrängt und jetzt heisst der
Ort nur St. Omer. Ihturi in Westfalen erscheint sec. 10 nur
mit diesem Namen, um 1030 wird zuerst erwähnt, dass der
Ort auch Suthkirike heisse, später gilt bis auf unsere Zeit der
Name Südkirchen. Das berühmte schweizerische Einsiedeln kommt
in den Jahren 946 bis 979 mehrmals als Meginratescella vor;
mitten in diesem Zeitraum, a. 961, wird es einmal Eberhardes-
cella genannt, 979 aber erscheint zum ersten Male die Benennung Einsidelin, die in der Folge durchdrang. Eine viel spätere
kirchliche Umnennung erfolgte bei dem Lauterberg (mons serenus) in der Nähe von Halle; im Jahre 1520 begegnet mir die
Uebergangsbezeichnung mons serenus sancti Petri, jetzt sagt man
nur Petersberg.

Das jetzige Theres am Main, zwischen Schweinfurt und
Bamberg, heisst schon seit sec. 10 immer Tareisia u. s. w. (ich
weiss nicht, ob das etwa ein slavisches Wort ist); doch wird
in einer Urkunde erwähnt, dass die Alten den Ort Sintherishu-
sun genannt hätten. Ich spreche mich gegen die Ansicht aus,
als sei Tareisia eine blosse Coruption dieser letzteren Form;
es sei denn, dass diese Ansicht bessere Stützen erhält als bisher. — Eine mir unbekannte villa Montnahim, quae Araride
vocatur, begegnet mir in einer Trierer Urkunde von 728. —
Berghausen im Landgericht Abensberg heisst um 1100 Minigen-
husen, während bischöfliche Visitationsacten von 1559 anführen,
der Ort habe früher so geheissen. — Der jetzige Schwabunger
Berg bei Schmalkalden soll es sein, der in einer Urkunde von
1016 Varnungon genannt wird.

Zu achten wird darauf sein, ob es wirklich begründet ist,
dass ganze Völker ihren Namen wechseln. Was sich so zu verhalten scheint, beruht meistens darauf, dass ein Volk in das
Gebiet eines andern rückte, sich mit ihm vermischte und dann
entweder geradezu den Namen des letzteren oder eine an das
letztere erinnernde Namenform annahm. Das Verhältnis der

Marcomanni zu den Bajuvarii ist schon oft besprochen worden; ähnlich denke ich mir das der Hermunduri zu den Thuringi. Auch Saxones und Cherusci, obgleich hier die Lage der Sache anders ist, denke ich mir nicht als Vertreter von einander, sondern das eine Wort als unabhängig von dem andern entstanden. Das Verhältnis zwischen Charudes und Holtsati, zwischen Cimbri und Stormarii darf noch nicht als ganz ergründet angesehn werden; dass Suevi und Alamanni nicht schlechthin dasselbe Volk bezeichnen, darf als ausgemacht betrachtet werden.

Ein Hauptgrund der Vertretung eines Namens durch einen andern liegt in der Umnennung eines Ortes, namentlich eines Berges, nach einer fürstlichen oder sonst hohen Person. So heisst die Spitze des Habichtswaldes in Hessen statt Winterkasten jetzt Karlsberg, das alte Kirchditmold bei Cassel wurde durch Wilhelmshöhe verdrängt, im Harze ist an die Stelle des Rambergs und des Auerbergs die Victorshöhe und Josephshöhe getreten. Da dergleichen Benennungen selten alt sind, so lässt sich ihr Ursprung meistens genau nachweisen. Solcher Verdrängung schöner auf natürlichem Wege gewordener Namen durch künstlich gemachte muss man in wahrhaft conservativem Sinne entgegenarbeiten.

Dass der ältere Name noch bestehen bleibt, während sich ein neuerer schon gebildet hat, dass also zwei Namen neben einander erklingen, ist verhältnismässig selten. Ich habe im vorigen Capitel das Beispiel von Hoppelberg und Sargberg gegeben; ein berühmteres findet erst hier seine Stelle. Brocken und Blocksberg bestehn neben einander, das erstere Wort ist das volksthümliche rein geographische, während dem zweiten mehr ein mythologischer Sinn im Hinblick auf die an der Oertlichkeit haftenden Sagen beiwohnt. Auch nach der fleissigen Untersuchung von Pröhle hat sich mir noch kein recht klares Urtheil gebildet, ob wir hier bloss verschiedene lautliche Auffassungen desselben Namens oder zwei ganz selbständige Benennungen vor uns haben. Die Schreibungen dieses uns erst seit der Mitte des fünfzehnten Jahrhunderts bekannten Bergnamens sind ausserordentlich schwankend und beide jetzige Formen treten einander viel näher, wenn man den Berg z. B. Brockisberg (sec. 15), Brockersberg (sec. 16), Brocksberg (sec. 16), Blocken (a. 1658) genannt findet. Es ist noch nicht die Hoffnung aufzugeben, dass noch ältere Belege für den Namen dieses Berges auftauchen.

In der Mitte zwischen vollständigem Namenwechsel und bloss lautlichen Veränderungen liegt die Erscheinung, dass manche Namen im Laufe der Zeit ihr Bestimmungswort ganz verlieren. So heisst die alte Perahtoltespara jetzt nur die Baar, Perahtoltescella Zell, Eskistega Stägen, Wolfenesruti Reuti, Richkeraspuoc Buch und drei wahrscheinlich ganz verschiedene Oerter Hofstetten lauteten alt Pipineshovestetin, Richgaereshovasteti und Wolfinareshovastat.

Umgekehrt treten auch oft einem einfachen Namen Bestimmungswörter zu. Abgesehn von vielen hundert Fällen moderner Differenzirung erwähne ich hier Halle, jetzt Reichenhall, und Warida, welche Oerter jetzt Schönenwerth, Kaiserswerth, Donauwörth lauten. Das alte Augia am Bodensee wird 811 zum ersten Male Sintleozesavia genannt; um jene Zeit muss jener sonst unbekannte Sintleoz gelebt haben; die spätere Form Reichenau ist mir vor 1100 noch nicht begegnet. Die Hauptstadt der Niederlande lautet zuerst Haage, später kommt die noch jetzt amtlich geltende Bezeichnung 's Gravenhage auf, während im gewöhnlichen Leben meistens wiederum die Verkürzung Hage, 's Hage oder Haag gilt.

So wie die Ursprungszeit eines jeden Namens, so ist auch die Geschichte seiner lautlichen Veränderungen, die oft eine lange Reihe von Stufen darstellen, ein Gegenstand der Wissenschaft. Doch möchte ich diese Betrachtung in denjenigen Fällen, wo diese Lautveränderungen mit den auch ausserhalb der Namen zu derselben Zeit in der übrigen Sprache vorgegangenen Erscheinungen zusammenstimmen, aus der Onomatologie heraus und in die allgemeine Sprachgeschichte verweisen. Dass *husum* zu *hausen* wird, geht eigentlich die Namenkunde nichts an, eher der Umstand, dass *hausen* bei Namen haftet, während die übrige Sprache den Dat. Plur. *Häusern* bildet. Es werden sich daher die hieher gehörigen Thatsachen mehr als ein Gebiet von Ausnahmen und Besonderheiten darstellen. So z. B. gehört es hieher, dass plurales *leben* statt des singularen *leva, leiba* im zwölften Jahrhundert auftritt, und zwar in diesem schon sehr häufig, während es im elften noch kaum mit völliger Sicherheit nachgewiesen ist. Das häufige *inchovum* in der Schweiz hat sich vor 1100 wol noch nie in einer Originalurkunde (in Abschriften allerdings) als *inkon* oder *ikon* gefunden und auch im zwölften Jahrhundert möchte ich diese Schreibung nur noch für sehr vereinzelt halten, während sie das ganze dreizehnte hindurch schon fast die allein herrschende ist.

Zuweilen macht man die Wahrnehmung, dass die heutige Schreibung eines Namens erst aus sehr junger Zeit herstammt; alte Karten mit ihrer oft ganz verwilderten Orthographie sind hiefür weniger belehrend als gedruckte Bücher. Es folgen hier einige aus den drei letzten Jahrhunderten genommene Beispiele, jedoch nur solche, welche zeigen, dass selbst eine verhältnismässig neue Schreibung eines Namens doch der heutigen Form gegenüber noch von Wichtigkeit für die Etymologie sein kann. Einiges liefert z. B. für das 16. Jahrhundert das Album der Universität Wittenberg, wo bei den Namen der aufgenommenen akademischen Bürger auch ihre Heimath angegeben ist. So finden wir dort a. 1505 noch Starsfort (sec. 9 Starasfurt) für das jetzige Stassfurt; Ansbach heisst daselbst a. 1520 Anolspach; ja es ist noch viel später die Form Onoldsbach gebräuchlich; Gailsheim lautet dort noch a. 1543 Galixheim, Rinteln a. 1551 Ryndtelheim. Aus dem 17. Jahrhundert bemerke ich, dass das alte Huxori an der Weser, welches wir jetzt allgemein Höxter nennen, noch in einer a. 1671 zu Wolfenbüttel gedruckten Deduction durchgängig Höxer geschrieben wird. Das 1674 zu Strassburg und Frankfurt erschienene itinerarium Germaniae von Martin Zeiller liefert z. B. noch Berchtolsgaden für Berchtesgaden, Gardleben für Gardelegen, Heilich Land für Helgoland, Lützenburg, Lutzenburg und Lützelburg für Luxemburg, Quernfurth für Querfurt, Vischamund für Fischament, Böheim für Böhmen, lauter Formen, die uns, wenn die Oerter nicht schon aus älterer Zeit überliefert wären, von grosser Bedeutung für die Beurtheilung der Namen sein müssten. Wenn dagegen noch in demselben Jahre 1674 in dem Buche von Brandis *österreichische Lorbeer-Zweig* als Druckort auf dem Titel Augstburg angegeben ist, so ist das nur gelehrte Affectation; dem Namen kam das t längst nicht mehr zu.

Harzgerode am Harz ist an diesen Gebirgsnamen nur volksetymologisch angelehnt; im Album der Universität Wittenberg kommen a. 1553 noch Hazkerodenses vor und in einer zu Dresden 1710 erschienenen Schrift von Chr. Berger wird der Ort bald Hatzgerode bald Hatzkerode genannt. Im Jahre 1779 steht noch auf dem Titel einer zu Quedlinburg gedruckten Schrift Quedlingburg. Rotenburg in Niederhessen wird vom

Volke noch immer Rotenberg gesprochen und auch noch von
Winkelmann so geschrieben, so dass hier die neue Form erst
eben im Entstehen ist; überhaupt wechselt *berg* und *burg* oft;
Silberg in Hessen heisst noch sec. 15 Sulburg.

Mehrfach ragt noch die ältere richtigere Form bis in die
Gegenwart hinein, wo sie sich neben der neueren behauptet;
so wird Oesterreich neben Oestreich und das freilich undeutsche
Zürich neben Zürch geschrieben. Andrerseits bemerken wir, dass
man zuweilen von der verderbten Schreibung wieder zur besseren zurückgekehrt ist. Die mit Frei- beginnenden Formen
wie Freiburg hat man jetzt allgemein aufgehört mit y zu schreiben, was noch im vorigen Jahrhundert vorherrschte; auch bei
Baiern schreibt man jetzt meistens so, und es war übel gethan, dass noch in der Mitte dieses Jahrhundert eine amtliche
Verordnung die Schreibung Bayern als allgemein einzuführende
vorschrieb. In Oestreich scheint die Ens noch immer amtlich
oft Enns geschrieben zu werden, was gar keinen Grund hat.
Die richtigen Schreibungen Wirtemberg und Hanover sind zwar
in den Kreisen der Sprachforscher wieder angenommen worden, scheinen sich aber ausserhalb derselben keine rechte Geltung verschaffen zu können.

Den Untergang der Namen zu betrachten wäre der letzte
Ausläufer dieses Capitels. Nur selten geht der Ort mit dem
Namen zugleich wie mit einem Schlage unter. Einbrüche der
See wie am Jahdebusen, am Dollart und an der Zuidersee veranlassen vornehmlich solches gleichzeitige Verschwinden. Im
Uebrigen wirken kriegerische Verwüstungen auf die Bevölkerung des platten Landes abstossend, der höhere Culturgrad in
den Städten anziehend und so entsteht in der Vertheilung des
Volks über die Oberfläche des Landes eine Bewegung, die
man mit dem Crystallisationsprocesse in der Natur vergleich-
en möchte. Zu Tausenden verschwinden die kleineren Oerter und in immer rascherem Fortschritte wachsen die Städte
an, zumal die grösten. Doch schwindet mit jenen untergehen-
den Oertern noch lange nicht ihr Name; als Wüstung oder
Feldmark, als einzelnes Ackerstück oder Forstort pflegt er noch
Jahrhunderte lang ein Nachleben zu fristen gleich dem Ruhme
eines hervorragenden Menschen. Daher sind diese nachklingen-
den Namen ein so grosser Schatz für unsere Sprache wie für
unsere Geschichte; die Wissenschaft aber hat sich dieses ge-

20

waltigen Stoffes bis jetzt nur zu einem geringen Theile bemäch-
tigt; möge sie weiter sammeln und sichten, ehe es zu spät wird!
Der Untergang so zahlreicher Weiler, namentlich in den Zeiten
des dreissigjährigen Krieges, hat dann auch das Bedürfnis ver-
nichtet, selbst den kleinsten Bach oder Berg mit einem Namen
zu versehn und solche Bäche oder Hügel bleiben zu Tausenden
entweder ganz namenlos oder sie erhalten eine neumodische,
oft ganz ungeschickte Bezeichnung.

Ob auch wol ganze Namen k l a s s e n untergegangen sind?
Mir fällt fast nur das alte *huntari* als Grundwort ein, welches meines Wissens jetzt in keinem einzigen Beispiele mehr lebt, während doch die Wörter Gau und Mark trotz des Unterganges
der Gauverfassung noch immer als letzter Theil von Namen
begegnen. Huntari war eben eine mehr künstliche Bildung und
ist darum verschwunden, wie die künstlichen Bildungen der
Neuzeit auch verschwinden werden.

Wie unter allen begrifflichen Klassen der Ortsnamen die
Bergnamen durchschnittlich die jüngst geborenen sind, so sind
die Völkernamen durchschnittlich die am frühesten untergegan-
genen. Nicht bloss diejenigen Zweige, die sich übermüthig von
dem Hauptstamm losrissen, wie die Gothen, Langobarden, Vandalen, Burgunder, sondern auch viele Völkerschaften, die in
Deutschland sesshaft blieben, sind dem Namen nach von der
Erde verschwunden, viele sind sogar verschwunden, ohne dass
Kunde von ihrem einstigen Vorhandensein zu uns herüberreicht.
Sollen wir das beklagen, dass heute nicht mehr Rugier und
Turcilinger, Vangionen und Semnonen und alle die andern Ge-
nossenschaften unter uns leben! Wer ein Herz für das hat,
was wir jetzt das deutsche Volk nennen, wird keinen Augenblick anstehn hierauf mit einem entschiedenen Nein zu antworten,
denn erst aus der Asche jener Völkersplitter konnte und kann
ein herrliches Deutschland erspriessen.

XI. Deutsch und fremd.

Die verschiedenen räumlichen, zeitlichen, sprachlichen und
geistigen Beziehungen, in welchen die deutschen Ortsnamen zu
den undeutschen stehen, stellen sich in vielen tausend Einzeln-

heiten der verschiedensten Art dar, in welche eine gewisse
Ordnung zu bringen nicht ganz leicht ist. Ich zerlege den ganzen Stoff in sechs Hauptabtheilungen, bemerke aber, dass die
Scheidung zwischen denselben nicht immer eine ganz scharfe
sein kann. Erstlich nämlich muss überhaupt von dem Vorkommen fremder Namen auf deutschem Gebiete die Rede sein;
zweitens davon, dass ein deutscher und ein fremder Name
einander bei der Bezeichnung eines Ortes so vertreten, dass
der eine die Uebersetzung des andern ist; drittens von volksetymologischen Annäherungen der einen Sprache an die andere; viertens von solcher Vertretung deutscher und fremder
Namen durch einander, bei welcher keine sprachliche Beziehung
beider Formen auf einander stattfindet; fünftens von der Vereinigung deutscher und fremder Elemente in einem Worte;
sechstens endlich von der Vergleichung deutscher und fremder
Ortsnamen. Jede dieser sechs Abtheilungen zerfällt nach den
verschiedenen fremden Sprachen oder Sprachstämmen, von denen die Rede sein muss, in verschiedene Unterabtheilungen;
die zweite bis vierte Abtheilung zerlegen sich ausserdem in je
zwei Theile, je nachdem das Deutsche an die Stelle des Fremden tritt oder umgekehrt; die sechste endlich würde in die
Lehre von der sogenannten äusseren und von der inneren,
oder von der sprachlichen und geistigen Vergleichung zerfallen.

Wollte man diese Abtheilungen bis ins Einzelne zerlegen
und dann jedes Einzelne besprechen, so erwüchse daraus ein
Buch, von dem es zweifelhaft ist, ob es mit einem Bande könnte
beschlossen werden. Hier kommt es mehr nur darauf an ein
Fachwerk zu liefern, in welchem jedes Einzelne gleich an die
richtige Stelle sich einfügen lässt. Wir werden daher mit Beispielen sparsam sein müssen.

1. Fremde Namen auf deutschem Gebiete. Es ist
hier, um möglichst Vieles auszuschliessen, sehr dienlich, dem
Begriffe des deutschen Gebietes für jetzt den engsten Sinn zu
geben, der nur irgend zulässig ist, d. h. denjenigen im neunten
Capitel bezeichneten Raum darunter zu verstehen, auf welchem
noch gegenwärtig, und zwar schon seit langer Zeit, die deutschen Ortsnamen die Hauptmasse bilden.

Von einem grossen Theile dieses Raumes ist es nun gewiss, dass die Vorgänger der Deutschen die Kelten waren.

20*

Wie mir der Dniestr und die Weichsel die Wegweiser der Deutschen von Meer zu Meer gewesen zu sein scheinen, so werden Donau und Rhein, welche wie jene beiden Flüsse nahe an einander reichen, den Kelten vorzüglich den Weg gewiesen haben. Keltische Namen auf deutschem Gebiete sind daher sicher unzählige haften geblieben. Besonders sind sie unter den Bezeichnungen der Berge und Flüsse zu erwarten. Da jedoch wahre Wissenschaft auf keltologischem Gebiete noch ziemlich jung ist, so ist es bei vielen dieser Namen noch nicht gelungen, ihre Deutung mit irgend einer Wahrscheinlichkeit zu Stande zu bringen. Als solche Namen, die mit annähernder Gewissheit als keltisch erkannt und gedeutet sind, erscheinen mir z. B. Hercynia, Dubra (der Tauber), Glana (die Glan oder Glon), Labara (die Laber). Die Deutungen selbst gehören natürlich nicht hieher. Klarer erkannt, weil sie zahlreicher sind und durch ihre Bildung sich mehr in analog geformte Gruppen zerlegen, sind die Namen vieler bewohnten Oerter. Vor Allem gehören dahin die Formen auf das Adjectivsuffix *iac* (*iacum*, *iacus*) wie Lauriacum, Magontiacum; die unzähligen heutigen Formen auf *ich*, *ig* (Linnich, Breisig), die ja namentlich um Rhein in so ungeheurer Masse begegnen, sind wenigstens grossentheils ihre heutigen Nachkommen. Dahin gehören auch die auf *uba* wie Gelduba, die ihre zahlreichen Analogien in keltischen Ländern finden. Unter den Zusammensetzungen sind sicher als keltisch erkannt die auf *magus*, von denen sich auf dem hier betrachten Gebiet auch manche wie Noviomagus (Nimwegen), Rigimagus (Remagen) finden, eben so die auf *bona* wie Vindobona und *briga* wie Artobriga. Die auf *dunum* und *durum* (Tarodunum, Batavodurum) sind zwar auch sicher keltisch, doch ist bei ihnen oft Vorsicht nöthig, da deutsche Bildungen in gefährlicher lautlicher Nähe liegen. Für ein mit Sicherheit als keltisch erkanntes Namenelement halte ich auch *mais* (Maisach, Hennemais und viele andere Formen). An die Formen auf *walchen* (Seewalchen, Katzwalchen u. s. w.) muss auch gedacht werden, wenn es auch bekannt ist, dass die Deutschen mit diesem Worte nicht bloss keltische, sondern auch romanische Völker bezeichneten.

Die Landkarte mit ihren Ortsnamen macht dem historischen Sprachforscher den Eindruck eines Palimpsesten; hinter den leichter lesbaren d. h. deutbaren deutschen Namen entdeckt er

mit blässerer Schrift die keltischen. Aber ist der Palimpsest
nicht ein doppelter? zeigt sich nicht hinter den keltischen Zügen
noch die Spur einer ganz verblichenen anderen Schrift? So ist
es in der That wenigstens im Süden jenes deutschen Gebietes.
Aber es hilft nichts hier mit Begriffen wie ligurisch oder illy-
risch oder rhätisch um sich zu werfen oder auf eine vorindo-
germanische Urbevölkerung Europas zu fahnden, von der es
allerdings immer wahrscheinlicher wird, dass sie aus Afrika
herübergekommen ist. Erst müssen in besonderen Monographien noch viele Namenklassen gesammelt, auf ihre ältesten
wirklich überlieferten (nicht conjicirten) Schreibungen zurückgeführt und ihrer räumlichen Ausbreitung nach bestimmt werden.
So z. B. Alles, was sich an den Gebirgsnamen der Alpen an-
lehnt, welches Wort sicher nur als Lehnwort in die südlichen
Mundarten des Deutschen übergegangen ist; ferner Alles, was
auf *kogel* und *tobel* endet (Rehkogel, Benlstobel); vor Allem
aber jene merkwürdigen Bildungen auf *-ns*, *-aun*, *-ein* wie
Stans, Vigaun, Hallein mit Allem was sich dazu gesellt; dafür
findet man bei Steub wenigstens ein ansehnliches Material zusammen. Ist das geschehn, dann wollen wir weiter zusehn.

Wie Kelten zu Germanen, so verhalten sich in mancher
Hinsicht letztere zu den S l a v e n. Diese sind als nachrücken-
des Volk selbst in jenes engere Gebiet, das ich hier einzig ins
Auge fasse, hineingedrungen. Hier kann es weniger darauf
ankommen, einzelne slavische Namenklassen zu verzeichnen,
als vielmehr eine geographische Reihe von slavischen Ortsnamen festzustellen, durch deren Verbindung sich dann eine westliche Grenze slavischer Namen ergeben würde. Slavische Ansiedlungen in deutschen Oertern ohne neue Namengebung haben bekanntlich weit westlich von einer solchen Linie tief im
Innern von Deutschland stattgefunden, das geht aber die Namenkunde nichts an. Ich verzichte aber auch darauf, solche
onomatologische Vorpostenkette aufzustellen; sie würde bald
von höheren Autoritäten sehr berichtigt werden, und letzteren
möchte ich in keiner Weise vorgreifen.

Minder organisch hat sich R o m a n i s c h e s in das deutsche
Gebiet eingedrängt. Dahin gehören römische Militärstationen
wie Augusta, sowol Vindelicorum als Rauracorum, Colonia
Agrippina, Castra vetera, Confluentes, Aquae, Fauces, Tabernae
und dergleichen mehr. Ferner neumodische französische Namen

von Schlössern wie Sanssouci, Bellevue, Montbrillant u. s. w.,
die weniger ein etymologisches als ein culturhistorisches Interesse haben, insofern man nämlich dem ältesten Auftreten
und der Veranlassung solcher Namengebung nachspürt. Erinnert werden muss dabei auch an die französischen Wirthshausnamen. Als romanische Eindringlinge haben wir hier auch die
Endung -ei zu erwähnen mit ihren zahllosen Bildungen auf
-brennerei, -schäferei, -ziegelei, -meisterei, -meierei. Noch unorganischer sind die Holländereien und Schweizereien, so wie
die von den Hauswirthen abgeleiteten Häusernamen auf -ei,
wie sie in einigen Universitätsstädten gebraucht werden und noch
mehr waren.

Doch nicht bloss die drei andern Hauptvölker Europas,
die Kelten, Slaven und Romanen, sind uns so ins Haus gedrungen, sondern auch germanische Brüder scandinavischen
Stammes. Davon ist das südliche Schleswig mit seinen Formen auf -by, -hund, -toft, -büll, -hoe u. s. w. Zeuge, und wir
wissen es Alle und schreiben es auf die Rechnung, wie dieses
Eindringen noch in unsern Tagen immer weiter versucht wird.
Auf ältere scandinavische Einmischungen habe ich schon früher,
z. B. bei den Wörtern auf -holm oder -sund hingedeutet. —
Der zweite in diesem Buche aus dem Spiel gelassene germanische Stamm, der angelsächsische, hat uns ziemlich unbehel-
ligt gelassen und ausser einigen Wirthshausnamen wie British
hotel oder London tavern verräth nichts in unsern Namen die
Spur seines Daseins.

2. Uebersetzung. Hier verlassen wir jenes onomatologische Kleindeutschland und müssen vielmehr unseren Blick
über die ganze Erde schweifen lassen. Unsere geographischen
Lehrbücher und Karten haben in allen Erdtheilen einen Reichthum von deutschen Namen, um die es eine ganz andere Bewandtnis hat als um die S. 255 erwähnten. So finden wir
nicht bloss in Europa ein schwarzes und ein weisses Meer,
sondern auch in fernen Erdtheilen die Diebs-, Freundschafts-,
Gesellschafts-, Schiffer- und Fischerinseln, das Cap der guten
Hoffnung, das grüne Vorgebirge, die falsche Bay, das stille
Meer u. s. w Danach müssten wir Deutschen gewaltige über-
seeische Entdeckungen gemacht haben. Und doch sind wir an
alle dem ganz unschuldig; was Portugiesen, Spanier, Holländer,
Engländer benannt haben (und dazu hatten auch sie oft nicht

einmal ein Recht, da manche dieser Inseln u. s. w. doch schon von den rechtmässigen Namengebern, den sogenannten Wilden, ihre Benennung empfangen hatten), das haben wir wie gute Beute mit Beschlag belegt und übersetzt und dadurch wenigstens im Reiche der Sprachwissenschaft erhebliche deutsche Colonien gestiftet. Doch sind wir darin merkwürdig inconsequent und führen diese Weise nur so weit durch, als unsere vulgärsten Sprachkenntnisse reichen; an Stelle des Mississippi hat noch Niemand grosser Fluss, an Stelle von Singapore noch Niemand Löwenstadt geschrieben.

Tiefer begründet ist unser Uebersetzungsverkehr mit demjenigen Volke, mit welchem wir uns in Wohnsitzen und Blutmischung am meisten durchdrungen haben, mit den Slaven. Besonders in den Ländern, in welchen noch heute eine slavisch redende Bevölkerung unter deutscher Herrschaft steht, in Böhmen, der Lausitz, Oberschlesien, Posen, Westpreussen und Illyrien, finden sich unzählige Oerter theils mit deutschem theils mit slavischem Namen bezeichnet. Ich führe eine Anzahl von Namen an, bemerke aber gleich, dass die Uebersetzung sich öfters vor strengerer Sprachforschung nicht als richtig erweist, was hier nicht näher zu untersuchen ist. Auch trifft die Uebersetzung oft nur das halbe Wort, wie in dem böhmisch-deutschen Hradec kralowe Königingrätz, doch auch in Böhmen zuweilen das ganze wie in Knezmost Fürstenbruck.

Lausitzisch-wendisch und deutsch stehn sehr oft in solchem Verkehr: Most Heinersbrück, Brosow Birkenberge, Suchy kamen Dörstein, Suchygosd Dürrwalde, Belagora Wittenberg, Bukojna Buchwalde, Wolbramocy Steinigtwolmsdorf, Bedrichcey Friedersdorf, zum Theil also mit Vertretung einer blossen Endung durch ein volles Grundwort.

Bei den schlesischen Polen findet sich neben einander Dombrowo und Grüneiche.

Aus Posen nenne ich z. B. Nowymost und Neubruck, Nowamysl und Neugedank.

Nun einige westpreussische Namenpaare: Brosowablott Birkenbruch, Gollombken Taubendorf, Dombrowa Eichberg, Dobrolewo Gutwerder, Kowalewo Schönsee, Bielawy Weissendorf, Kamionken Steinhof, Lipnicki Lindenhof, Nowamjasto Neumark.

Bei Potsdam liegt neben Neuendorf die neubenannte Colonie Nowawess.

Illyrisch-deutsche Beispiele: Kamneck Stein, Kamenogariza Steinbühel, Novumestu Neustädtl, Karlovecz Karlstadt.

Bei diesen Berührungen zwischen deutsch und slavisch wird es sich oft schwer entscheiden lassen, welches von beiden das frühere ist; das lässt sich wol nur für jeden einzelnen Fall ausmachen.

Weit seltener im gewöhnlichen Leben kommt die Uebersetzung aus dem Deutschen ins Romanische vor; doch haben die Franzosen aus Blumberg Florimont, aus Falkenberg Faulquemont, aus Diedenhofen Thionville gemacht, während umgekehrt Verdeutschungen wie Schönbund aus Belle Alliance nie recht ins Volk gedrungen sind. Interlaken und Unterseen liegen neben einander. Sehr häufig finden von alter Zeit her gelehrte Uebersetzungen deutscher Ortsnamen ins Lateinische statt. Bei einem coenobium Schinense wird schon sec. 8 bemerkt claro vocabulo *lucens*; Martipolis, civitas Marti dedicata, für Merseburg findet sich schon in uralten Glossen; Rubilocus für Eichstädt begegnet sec. 11; Eitarahu in Hessen wird a. 1070 durch fluvius veneni übersetzt; oriens für Oestreich kommt um 1100 vor; Neustift bei Freising heisst a. 1169 nova cella; ein bairischer Ort Namens Winkel wird a. 1191 als angulus angeführt. Das schon oben benutzte Album der Universität Wittenberg, welches in die Jahre 1502—1560 fällt, also in die Zeit, in welcher man die Familiennamen romanisirte oder hellenisirte, ist reich an Beispielen: a. 1508 heisst ein aus Warmbrunn Gebürtiger de termis sc. de calido balnco, 1508 ein Grünberger Viridimontanus, 1511 ein Königsberger de monte regio, 1512 ein Goldberger aus Schlesien Aurimontanus; Schneeberg in Sachsen lautet a. 1512 mons nivis, Kloster Himmelpforte bei Wernigerode porta celi, ein Annaberger wird a. 1519 durch Annimontanus oder de monte Anne wiedergegeben. Wer aus Neumarkt, Marienburg, Braunschweig, Münnerstadt, Käsmarkt, Kronstadt in Siebenbürgen ist, heisst a. 1521 de novo foro, a. 1522 Mariapolitanus, a. 1526 mehrmals Brunopolita, a. 1530 Monerpolitanus, a. 1542 Caseoforensis, a. 1543 Coronensis. Auffallend ist a. 1543 für Megapolitanus (Mecklenburg) das seltene Megaloburgensis; gar nur zu einem Drittel hellenisirt (was hier mit romanisirt gleich ist) finden wir a. 1553 Neobrandenburg:

Eben daselbst kommen noch a. 1554 Leucopetraeus, 1554 Neo-
brennopyrgensis, 1555 Tabernomontanus, 1556 ex thermis Ca-
rolinis für Bewohner von Weissenfels, Neubrandenburg, Berg-
zabern, Karlsbad vor. Noch jetzt findet man öfters Bipontum,
Oenipontum, Regiomontium, Mariae insula, Herbipolis, Parthenopolis, Transsilvania für Zweibrücken, Insbruck, Königsberg, Marienwerder, Würzburg, Magdeburg, Siebenbürgen. Zuweilen
wird das Seltene und Affectirte wahrhaft gesucht; die Aesthe-
tica von Baumgarten ist a. 1750 Trajecti cis Viadrum erschienen; ein Curiosum ist der Büchertitel Crollius genealogia veterum comitum *Geminipontis*, *Biponti* 1755; auf dem Titel eines 1740 gedruckten Buches steht *Mons gigantaeus* (sic) für
Riesengebirge. Doch hat diese Uebersetzungswuth zuweilen etwas Gutes, indem die romanisirten Formen uns überliefern,
welche Person in dem Bestimmungsworte eines Namens gemeint ist; so heisst sec. 16 Annaberg mons sanctae Annae
und der Ort wird noch a. 1674 S. Annäberg geschrieben; Joa-
chimsthal lautet a. 1521 vallis divi Joachimi, Gertruidenberg
a. 1522 mons sanctae Gertrudis. Zwischen Orts- und Personennamen in der Mitte steht es, wenn die Familie v. Hagen
sich durch *ab indagine* übersetzt und Aehnliches. Wollte das
Uebersetzen gar nicht recht gelingen, so griff man sogar zu
Ausdrücken wie universitas Viadrina oder academia Salana.

3. Annäherung. Wenn auf solche Weise zwei Sprachen
Anspruch darauf machen, denselben Ort zu benennen, so ist
der Vorgang der Uebersetzung, den wir eben mit Beispielen
belegten, für das Volk wenigstens der seltenere Fall; viel gewöhnlicher begnügt sich diejenige Sprache, deren Anspruch der jüngere ist, mit einer blossen Annäherung des Namens an ihren
heimischen Klang. Hiebei findet nun häufig diejenige Erscheinung statt, welche ich (ich weiss nicht, ob es schon jemand vor
mir gethan hat) Volksetymologie genannt habe. Ich gebe hier
ein kleines Verzeichnis solcher Formenpaare und füge in Parenthese das die Volksetymologie bewirkende Wort bei.

Keltisch-deutsch. Noviomagus (noch 1674 Nieumegen)
Nimwegen (Weg). Danubius Donau (Au). Mediolanum Mai-
land (Land). Vitodurum Winterthur (Winter). Alcmana Altmühl
(Mühle); Zeiller schreibt a. 1674 von diesem Flusse: „Almon,
theils nennen (sic) diesen Fluss Altnau und Lateinisch Altimo-
niam." Derselbe erklärt Atrebatum durch „Arras oder Atrecht".

Slavisch-deutsch. Potsdupimi Potsdam (Damm), Lu-
boraz, Melraz Lieberose, Müllrose (Rose), Dwor Dürrhofen (dürr),
Borkowy Burg (Burg), Dubojze Taubendorf (Taube), Dubrawice
Dummerwitz (dumm und Witz), Starysedlo Altsattel (Sattel).
Jüterbogk wird u. 1520 Juterbach geschrieben. Ferner die
wendischen Namen auf das Suffix -ow. -owo, welches sich zu
deutschem -au (Au) umwandelt. Russisches Peresips wird
bei den dortigen Deutschen zu Bärensieb.

Altpreussisches Malcekuke lautet schon sec. 14 wie noch
jetzt Mehlsack.

Romanisch-deutsch. Claudii forum Klagenfurt (Furt).
So nannte schon Leo von Rozmital im funfzehnten Jahrhundert
das Cap Finisterre den finstern Stern; aus Bischofshausen in
Ostpreussen ist jetzt Fischhausen geworden.

Englisch-deutsch. Canterbury Cantelberg (Berg); so
lese ich in einem 1723 zu Basel gedruckten Buche. Wenn
wir 1533 einen Scotus Edenbergensis finden, so sehen wir darin denselben Wechsel von Burg und Berg, dem wir schon innerhalb des deutschen Gebietes selbst begegnet sind.

Dänisch-deutsch. Kiöbenhavn Kopenhagen (Hagen),
Odensey Odensee, Hiddensöe Hiddensee (See).

Nordisch-deutsch. Norge Norwegen (Weg).

Deutsch-Lateinisch. Utrecht Ultrajectum (trajectus).
Das alte Amanaburg an der Ohm in Hessen wird jetzt (doch
nur in der Schriftsprache) in Amoeneburg verdreht; sec. 16
wird es fast immer nur Ameneburg geschrieben. Eine Anspie-
lung auf klösterliche Zurückgezogenheit finden wir, wenn Kau-
fungen (Cofunga) in Hessen schon sec. 11 als Confugia erscheint oder wenn ein aus Schlüchtern Gebürtiger sowol a.
1099 als u. 1551 Solitariensis genannt wird. Auch mag hier
die Verdrehung von Katzenellenbogen zu Chattimelibocus erwähnt werden; ich finde a. 1541 einen Cattenellenbozensis, a.
1551 einen Cattinelbocensis.

Deutsch-französisch. Niederstauffen wird zu Etuef-
font-bas (an fond angelehnt?); der Ort liegt im Elsass. So
wird die deutsche Endung *ingen* unendlich oft in das französische Suffix *ange* umgewandelt.

So weit die eigentliche Volksetymologie. In viel mehr
Fällen findet aber die Sprache in ihrem Streben sich das fremde
Wort anzueignen keinen solchen Anhaltspunkt in ihrem eigenen

Schatze, und dann ist sie gezwungen nur irgendwie die fremden Töne in ihre heimisch gewohnten umzuwandeln; sie kann das um so mehr, da sie ja nicht beansprucht, dass der Eigenname ver stan den wird. Wenn wir Deutschen aus wendischem Belagora Belgern oder aus Hugliny Oegeln oder die Franzosen aus Burgund Bourgogne, aus Saargemünd Saarguemines machen, so sind das solche Entstellungen, in denen eine Volksetymologie nicht sichtbar ist, obgleich nicht geleugnet werden soll, dass eine solche dennoch oft im Hintergrunde schlummern mag. Es ist überflüssig, für solche bloss lautlichen Entstellungen weiter Beispiele zu sammeln; sie bieten sich überall von selbst dar. Dass auch ein wirklich germanisches Wort unrichtig als ein fremdes angesehn und in Folge dessen verdeutscht werden kann, zeigt das im 17. Jahrhundert übliche Antorff für Antwerpen.

Aber darauf, dass Namen in fremdem Munde auch eine begriffliche Veränderung erfahren, ist hier noch hinzudeuten. Ich meine den Gebrauch von Volksnamen in der Art, dass ein Volk den Namen von einem Zweige eines fremden Volkes für den Namen des ganzen fremden Volkes hält und in Folge dessen das letztere von seinem subjectiven Standpunkte aus bezeichnet. So nennen die Franzosen uns Allemands, die Magyaren die zwischen ihnen wohnenden Deutschen Szaszok (Sachsen), so die Türken sogar alle Europäer Franken, so bezeichnen die Italiener mit Ostrogoti das ganze Gothenvolk und anderen Benennungen wird Aehnliches zu Grunde liegen.

4. Ganz verschiedene Namen für denselben Ort. Bei dem zweiten und dritten Punkte dieser Andeutungen sahen wir zwei Völker in dem Verhältnisse, dass das eine als tonangebend erscheint, das andere aber sich nach ihm richtet und fremde Namen sich entweder durch Uebersetzung ganz aneignet oder durch Annäherung wenigstens geläufig macht. Zuweilen jedoch waltet eine völlige Rücksichtslosigkeit vor; das zweite Volk, welches eine Gegend betritt, bekümmert sich nicht darum, dass die Oertlichkeiten bereits einen Namen haben und theilt nun frischweg neue Benennungen aus, grade wie schon oben erwähnt wurde, dass die Entdecker in der Südsee häufig keine Rücksicht auf die von den Eingebornen gegebenen oft so schönen und bezeichnenden Ortsnamen genommen haben, sondern irgend einen Lord der Admiralität oder sonst Jemand

recht unpassend aus Verehrung — unter die Wilden versetz-
ten. Solche ganz von einander unabhängigen Doppelnamen finden sich besonders im Nordosten des deutschen Gebietes, namentlich bei Städtenamen. Ich erwähne hier folgende deutsche Städte mit ihren slavischen Bezeichnungen, in denen wenigstens ich keine Beziehung auf den deutschen Namen zu entdecken vermag: Neustadt Weiherowo, Berent Koschtscherschin,
Schöneck Skarschewo, Marienwerder Kwidzin, Garnsee Slemno,
Rosenberg Prabut, Riesenburg Oleschno, Strassburg Brodnitza,
Hammerstein Tscharne, Bromberg Budgoschtsch, Schneidemühl
Pila, Neustadt an der Warthe Lwowek, Scharfenort Ostrorog,
Unruhstadt Kargowa, Fraustadt Wschowa, Sandberg Pjaski,
Schildberg Ostrscheschow. Bessere Kenner des Slavischen werden in einigen dieser Paare allerdings noch eine richtige oder
falsche Uebersetzung aufspüren, doch bleibt noch immer genug
übrig, um als Beispiel völliger Beziehungslosigkeit beider Namen zu gelten. Uebrigens ist in diesen Fällen meistens der
deutsche neben dem slavischen Namen bis auf die Gegenwart
herab gebräuchlich. Anders dagegen pflegt es mit keltischen
oder vorkeltischen Namen zu gehn. Hier ist Ratisbona durch
Regensburg, Argentoratum durch Strassburg, Vindex durch
Wertach, Ivarus durch Salzach, also auch Juvavia durch Salzburg verdrängt worden; denn auch diese Namenpaare scheinen
hieher zu gehören, mir wenigstens ist es nicht gelungen darin
etwas Anderes als jene Rücksichtslosigkeit zu erkennen. Aehnlich tritt Deutsches an die Stelle von Undeutschem in einer Urkunde von a. 964, worin es heisst monticulum, qui antea vo-
cabatur Churbelin, nunc autem Sarhurg. Umgekehrt muss aber
auch zuweilen der gute deutsche Name einem fremden weichen.
Die heutiges Tages slavisch benannte, wenigstens slavisch en-
dende Warnow in Mecklenburg hiess bei den Dänen des Mittelalters Gudakersaa, das flämische (ob wirklich germanische?)
Ryssel ist durch die Franzosen in Lille (insula) verwandelt
worden, der heutige Ort St. Florian in Oberöstreich lautete vor
Uebertragung der Reliquien deutsch Puoch, so wie Münster vor
Stiftung des Klosters Mimigardeford. Am ärgsten haben es die
heidelbergischen Gelehrten (nicht vor Ende von sec. 15) gemacht, die den Malschenberg des Odenwaldes durch einen dort-
hin gar nicht gehörigen wol keltischen Melibocus verdrängt haben. Der Taunus wäre ganz vergessen und durch Höhe er-

setzt worden, wenn die Gelehrten den alten fremden Namen
nicht wieder aufgefrischt hätten. Man sieht, dass Einiges hier
erwähnt werden musste, was von einem andern Gesichtspunkte
betrachtet auch ins vorige Capitel gehört.

5. Voces hybridae. Zu der allerinnigsten Vereinigung
kommen zwei Sprachen, wenn jede von ihnen einen Theil eines zusammengesetzten Wortes liefert. Bei den deutschen Ortsnamen kann das nun sowol in der Art der Fall sein, dass das
deutsche Element den ersten Theil der Composition bildet, als
auch kann es am Ende derselben stehn. Fremde Sprachen,
die hier in Betracht kommen, sind vorzugsweise wieder romanisch (wozu wir hier auch die durch Vermittelung des römischen uns zugeführten griechischen und hebräischen Elemente
zählen müssen), slavisch, oder endlich keltisch (womit man vorläufig die Spuren vorkeltischer Sprachen zusammenwerfen muss).
So ergeben sich folgende sechs Arten zweisprachiger Namen,
die hier in Betrachtung kommen:

Deutsch-romanisch: Hieher gehören genau genommen alle
Namen, die auf Fremdwörter ausgehn wie Zelle, Kirche, Kammer, Münster, München u. dgl., ferner Vereinzeltes wie Fran-
corchamps.

Deutsch-slavisch: Beispiele sind unter vielen ähnlichen
Waldbrietzen, Treuenbrietzen (Treuenpritzen a. 1551), Deutschbrod, Brücklas, Höflas.

Deutsch-keltisch: Seewalchen, Dietrichsmais, Blankenalp,
Holzdobel, Rehkogel.

Mehr Anspruch auf die Bezeichnung als deutsche Namen
haben die folgenden drei Klassen.

Romanisch-deutsch: Alle mit romanischen (griechischen,
hebräischen) Personennamen beginnenden, wie die Hunderte
von Julien-, Margarethen-, Marien- (wozu auch wol Mergent-
heim), von Augusts-, Theodors-, Johannes-; ferner die auf eine
Würde wie Kaiser-, Bischof-, Probst- hinweisenden. Dann die
mit Kloster-, Klause u. s. w. anfangenden; überhaupt ist die
Masse hier unerschöpflich.

Slavisch-deutsch: Beispiele sind Kniezenberg, Piastenthal,
Wenzelsdorf, Nowahutta; auch Gluzengisazi aus sec. 10, Gne-
vuotindorf aus demselben Jahrhundert u. s. w.

Keltisch-deutsch: Hieher rechnen wir z. B. Wirtemberg,
besonders aber solche Formen, deren ersten Theil ein undeut-

scher Flussname bildet wie Rheinstein, Ahrweiler, Glonbercha, Tauberschallbach. In Tauberbischofsheim vereinigt sich keltisch, romanisch und deutsch.

6. Vergleichung von Deutschem und Fremdem. Alle sprachliche Vergleichung kann eine zwiefache sein, entweder eine äussere oder eine innere. Jene beschäftigt sich damit, etymologisch verwandte, d. h. erst historisch in eine Mehrheit von Formen gespaltene Elemente in verschiedenen Sprachen nachzuweisen, während die innere Vergleichung damit zu thun hat, in analogen Bildungen verschiedener Sprachen nur eine begriffliche Verwandtschaft aufzufinden. In Nowawes und Neuendorf steht der erste Theil in äusserer, der zweite nur in innerer Verwandschaft. Die äussere ist in der Regel (doch nicht grade nothwendig) zugleich eine innere, die innere nur selten zugleich eine äussere.

Je jünger die Trennung zweier Sprachen von einander ist, desto mehr wird man in ihnen äusserlich Verwandtes finden. Am nächsten stehn aber demjenigen, was ich in diesem Buche deutsch nenne, die beiden andern Zweige der germanischen Sprachen, der nordische und der angelsächsische. Den ersteren lasse ich hier unberücksichtigt, da ich für ihn noch nicht Sammlungen angelegt habe, von dem andern aber will ich hier wenigstens diejenigen Namengrundwörter anführen, welche er mit dem Deutschen gemein hat, wobei ich von romanischen ins Angelsächsische eingedrungenen Fremdwörtern wie *ora, kirke, mynster* absehe:

Sae (deutsch See), nês (Nase), eú (Au, -ach), bec (Bach), fleot (Fliess), burne (Brunn), hlinc (Klinge), wel (Quelle), heafod (Haupt), mudh (Mund), ford (Furt), ofer (Ufer), hyl (Hügel), beorh (Berg), hláv (ahd. hleo), hrycg (Rücken), stige (Steig), clif (Klippe), stán (Stein), hole (Höle), leah (Loh), wudu (-wede), holt (Holz), veald (Wald), hyrst (Horst), sceaga (Schachen), hése (-hees), feld (Feld), maed (Matte), bróc (Bruch), mor (Moor), mere (Meer), mersc (Marsch), sol (-sohl), pol (Pfuhl), hyrne (Horn), scyd (Schoss), paeth (Pfad), waeg (Weg), grafe (Graben), sic (-siek), láde (-leit), dic (Deich), bracu (Brache), geat (Gasse), brycg (Brücke), hám (-heim), heal (Halle), sele (Sal), cote (Kathe), pearroc (Pferch), burh (Burg), ham (-hamm), spic (-spijk), -tun (Zaun), -bold (-büttel) thorp (Dorf), stede (Stadt), wic (-wiek), huga (Hag), seota (ahd. sioza), mearc (Mark).

Für andere angelsächsische Grundwörter bieten die deutschen Ortsnamen nichts entsprechendes, wie cumb, ridhe, hydh, dun, scylp u. s. w., doch liegt in dieser Anzahl noch einiges, was eine nähere Erörterung verlangt. Da bis jetzt das ältere Deutsch die einzige Sprache der Erde ist, über welche ein geordnetes Ortsnamenbuch vorliegt, so ist es noch zu früh, das Gemeinsame des Deutschen mit anderen Sprachen zu sammeln (selbst für das Angelsächsische konnte das nur sehr unvollkommen geschehn). Ist es einmal für dergleichen an der Zeit, so wird sich aus der Masse des Uebereinstimmenden und Abweichenden in der Ortsnamenbildung fast in mathematischer Form eine Ansicht über die Chronologie der Sprachentrennungen bilden, welche Ansicht dann mit anderweit gewonnenen Resultaten zusammenzuhalten sein wird. Hier nur ein Paar vereinzelte Bemerkungen.

Dem Germanischen zunächst müssten die sogenannten baltischen Sprachen (litauisch u. s. w.) stehn; ich habe über sie schon im neunten Capitel (S. 258 f.) einiges erwähnt.

Dann folgen im Grade der Verwandschaft die slavischen Dialekte. Von Grundwörtern slavischer Namen entspricht hier etymologisch z. B. brodu, voda, pole, more, dolu, visi, sjedalo (ich ziehe bei den slavischen Ausdrücken die altbulgarische Schreibung als die reinste vor) dem deutschen Furt, Wasser, Feld, Meer, Thal, -wiek, -siedel; auch chlumu und gradu fügen sich, obwol mit Bedeutungsverschiedenheit, zum deutschen -holm und -gart. Die Zahl der Bestimmungswörter, in welchen deutsch und slavisch stimmen, ist so gross, dass sie einer besondern Abhandlung vorbehalten bleiben muss.

Die Verwandschaft keltischer Grundwörter mit deutschen ist weniger durchgreifend. Dass die Namen auf *briga* (nach römischer Schreibung) den deutschen auf *berg* entsprechen, dass der in keltischen Namen vorkommende Stamm *mor* gleich dem deutschen *Meer* ist, der Stamm *vic* unserem -*wiek* gleichkommt, ist als sicher anzunehmen. Mit unsern wenigen Namen auf -*strut* vergleichen sich einige keltische mit -*sruth*, den altsächsischen auf -*sitha* begegnen einige keltische auf -*sentum*, den auf -*tief* ausgehenden die keltischen auf -*dumna*. Unsere Namen auf -*zaun*, -*tûn* sind auf dem deutschen Continent äusserst selten, die entsprechenden auf -*town* in England ausserordentlich häufig; die verwandten keltischen sind vielleicht trotz entgegenstehender Ansichten die zahlreichen auf -*dunum*; es ist als ob diese zu jenem häufigen Vorkommen des -*town* in England mitgewirkt haben.

In den eranischen und indischen Ortsnamen habe ich noch keine Grundwörter, die den gebräuchlichen deutschen etymologisch entsprechen, entdecken können. Aber auch im Griechischen und Lateinischen scheitert dieser Versuch; er scheitert an der Armuth beider Sprachen an solchen Ortsnamen, die wirklich klar mit dem uns überlieferten übrigen Sprachschatze zusammenhangen, zum Theil aber noch an einer andern Veranlassung. Beide Sprachen nämlich (und damit wende ich meinen Blick zugleich auf die innere, die Begriffe betreffende Vergleichung) haben aus unbekannten Gründen, muthmasslich durch Einfluss einer früheren Bevölkerung, sich aus der Regel der indogermanischen Sprachen herausdrängen lassen und zeigen eine Art von Ausnahmezustand. Das Lateinische nämlich hat die allgemein indogermanische Compositionsfähigkeit (ich meine nur die Composition zwischen Substantiven und Adjectiven) in hohem Grade eingebüsst und daher sowol in Personen- als Ortsnamen ausserordentlich wenig, welches sich selbst äusserlich mit den Namen der übrigen Sprachen vergleichen lässt; solche Anrückungen wie Sacriportus und solche modernen Bildungen wie Caesaraugusta wollen wenig bedeuten. Was aber im Lateinischen zum Durchbruch gekommen ist, das hat wenigstens im Griechischen unverkennbar begonnen. Zwar hat die ganze übrige Sprache, auch die Personennamen mit eingeschlossen, jene Leichtigkeit der Composition bewahrt, aber in den Ortsnamen ist sie wesentlich beschränkt. Wir finden einige uneigentliche Zusammensetzungen wie Αἰγὸς ποταμοί, Κυνὸς κεφαλαί, Κυνὸς σῆμα, einige Differenzirungen wie Ἀκροκόρινθος und die mit Ἀντι- gebildeten, einige gar nicht zum ältesten Sprachschatze gehörige Namen auf -πολις, ausserdem aber nur Vereinzeltes, worunter neue Bildungen wie Μεσοποταμία oder Ableitungen von componirten Völker- oder Personennamen wie Αἰθιοπία, Ἀλεξάνδρεια, Ἀντιόχεια kaum mitzuzählen sind. So haben wir wol ein Βουπορθμός, ein Κυνουρία oder Αὐκουρία, ein Πάνορμος, etliche Formen auf -νησος, ein Θερμοπύλαι, ein Λευκοπέτρα und Anderes, aber nirgends eine grosse Reihe analoger Compositionen wie im Deutschen, Slavischen, Keltischen, Indischen. Man wird über diese Verhältnisse erst klar, wenn man sich abgewöhnt hat, jeden Ortsnamen deshalb für griechisch oder römisch zu halten, weil er bei einem griechischen oder römischen Schriftsteller vorkommt und weil der betreffende Ort in Griechenland oder Italien liegt. Das verdienstvolle Werk von Pape ist kein griechisches Namenbuch, sondern eine Sammlung von Namen, die in der griechischen Literatur begegnen.

Im Uebrigen aber weisen sämmtliche indogermanische Sprachen, und sogar einige ausserhalb dieses Kreises liegende, wie z. B. das Ehstnische, in ihren Ortsnamen eine unverkennbare innere Uebereinstimmung mit dem Deutschen auf. Fast für jedes deutsche Ortsnamenelement lassen sich wenigstens in jeder europäischen unter den genannten Sprachen leicht Analogien finden. Ich wünsche, dass diese Analogien, auf die ich hier der Reichhaltigkeit des Stoffes wegen nicht näher eingehen kann, recht systematisch zusammengestellt werden, auf solche Weise etwa, wie Miklosich an der Hand meines Namenbuches die innere Vergleichung zwischen deutschen und slavischen Personennamen durchgeführt hat. Erst nach Vollendung dieser Aufgabe kommen wir an die folgende und lohnendere, an die Nachweisung desjenigen, was der Ortsnamenschatz der einen Sprache in Beziehung auf den der andern Eigenthümliches hat.

Es hat sich im Laufe dieses Capitels gezeigt, durch wie zahlreiche Fäden deutsche und fremde Ortsnamen mit einander in Verbindung und Beziehung stehn, und wie nothwendig zu einer gründlichen Kenntnis der ersteren wenigstens eine allgemeine Uebersicht über die letzteren ist. Deshalb liegt es recht eigentlich im Bereiche meiner Aufgabe, wenn ich hier auch über diejenigen Arbeiten eine bibliographische Uebersicht liefere, welche sich auf die übrigen, in diesem Buche nicht speciell behandelten Ortsnamen beziehn. Für eine Vollständigkeit dieser Bibliographie kann ich hier noch weniger einstehn als bei der im zweiten Capitel gegebenen; aber willkommen zur Benutzung und Ergänzung wird auch diese Uebersicht Manchem sein. Absichtlich ausgelassen habe ich hier die sogenannten Onomastica sacra, welche eine Literatur für sich bilden.

B e n f e y, Th., Vesuv und Aetna, eine etymologisch-naturhistorische Bemerkung. In Höfers Zeitschrift für die Wissenschaft der Sprache Bd. II (Berlin 1850. 8.), S. 113—118.

Bergstedt, de polyonymia Scandiae. Upsalae 1707 (eine Dissertation, herausgegeben sub praesidio F. Toerner).

Zur Etymologie des Namens Berlin. Im Magazin für die Literatur des Auslandes 1862, N. 44.

Brandes, H. K., über die mit Pic und Puy bezeichneten Berge. Lemgo 1835. 4. 25 S.

Ders., über den Pilatus (Berg). Lemgo 1841. 4. 13 S.

Ders., quomodo a Graecis ac Romanis corporis membrorum nomina ad orbis terrarum partes translata sint, .explicatur. Lemgo 1848. 4. 31 S.

Ders., die Vorgebirge Europas, insbesondere ihre Benennungen. Lemgo 1851. 4. 20 S.

Ders., das Taurusgebirge und dessen Namen. Lemgo 1862. 4. 36 S.

Bronisch, einiges über die Etymologie wendischer Ortsnamen.

Ders., über die mannigfaltigen Formen und den sprachlichen Werth wendischer Ortsnamen.

Ders., Dolmetschung von Feld- und Personennamen in Sagritz und Zützen.

Ders., die Akrisie in den Bildungen Lausitzischer Ortsnamen.

Vier Aufsätze im Neuen Lausitz. Magazin (Görlitz) Bd. XVII, 57; XX, 53; XXVII, 67; XXXIII, 258; der letzte Aufsatz a. 1857 erschienen.

Bullet, mémoires sur la langue celtique und Dictionnaire celtique. Paris 1754—1760. Drei Bände fol.

Am Ende der mémoires (Bd. I) hat der Vf. eine sehr grosse Menge von Benennungen von Städten, Flüssen und Gegenden in Frankreich, den Niederlanden, der Schweiz, Italien und Spanien etymologisch zu erklären versucht.

Burmeister, Erklärung mecklenburgischer Ortsnamen. In den Jahrbüchern des Vereins für mecklenburgische Geschichte, Band VI (Schwerin 1841. 8.), S. 55—58.

Busch, etymologische Untersuchungen über die Gaunamen der Niederlausitz. Im Neuen Lausitzischen Magazin Band XIII, S. 164.

Buschmann, J. C. E., über die aztekischen Ortsnamen. Berlin 1853. 4. 206 S.

Charnock, Rch. St., Local Etymology, or, Derivate Dictionnary of Geographical Names. London 1859. 8. 330 pp.

Crain, M., über die Bedeutung und Entstehung des Namens Πελασγοί. Im Philologus Jahrgang 10 (1855), S. 577—590.

Curtius, E., Beiträge zur geographischen Onomatologie der griechischen Sprache. In den Göttinger gelehrten Anzeigen von 1861 (Nachrichten N. 11).

Cybulski, slavische Ortsnamen der Insel Potsdam und nächster Umgebung. Berlin 1857. 4. 16 S. Dasselbe Buch, zweite Auflage, Berlin 1859. 8. 32 S.

Dobrowsky, J., über den Ursprung des Namens Tschech (Czech), Tschechen. Prag und Wien 1782. 8. 16 S.

Dunlap, S. F., the Origin of Ancient Names of Countries, Cities, Individuals and Gods (from the Christian Examiner for July, 1856). Cambridge 1856. 8. 29 S.

Ferguson, Rob., the Northmen in Cumberland and Westmoreland. London 1856. 8. Enthält folgende hieher gehörige Aufsätze: S. 27—52 Traces of the Pagan worship, and of the legislative and judicial institutions of the Northmen. Names indicating simply Possession and Location, Boundaries of Property. Names of Towns, Villages etc. S. 77—101 Scandinavian Names of Mountains etc. S. 101—121 Names of Lakes, Rivers etc. S. 121—126 General Remarks of the Names of Places. S. 126—143 Scandinavian Proper Names found in the Names of Places. Scandinavian Family Names still existing in the district.

Ders., the river names of Europe. London 1862. 8. 190 pp.

Ficker, Ad., das Keltenthum und die Lokalnamen keltischen Ursprungs im Lande ob der Enns. In den Mittheilungen der k. k. geographischen Gesellschaft, 5. Jahrgang, Wien 1861. 8.

Frencel, Abrah., Lusatiae utriusque Nomenclator, exhibens urbium, oppidorum, pagorum, montium et fluviorum nomina. In Chr. G. Hoffmann corpus scriptorum Lusaticorum II, p. 23—63.

Gerville, de, recherches sur les anciens noms de lieu en Normandie. In den mémoires et dissertations sur les antiquités nationales et étrangères, publiés par la société royale des antiquaires de France. Tome VI (Paris 1824) p. 224—234.

Gibson, Edmund, chronicon Saxonicum. Oxonii 1692. 4.

— 324 —

Im Anhange S. 3—8: regulae generales ad investigandas origines nominum locorum; S. 9—50: nominum locorum, quae in chronico Saxonico memorantur, explicatio.

Gibson, T. A., Etymological Geography; being a classified list of the terms of the most frequent occurence entering, as prefixes or postfixes, into the composition of Geographical Names. London 1835. 12.

Glück, Chrn. Wilh., die bei C. Julius Caesar vorkommenden keltischen Namen in ihrer Echtheit festgestellt und erläutert. München 1857. 8. 192 S.

Grabowsky, Ableitung des Namens Oybin. In der Neuen Lausitz. Monatsschrift 1805, II, S. 213, 224.

Haeghen, van der, de l' étymologie du mot Νεῖλος. Faubourg de Louvain 1855.

Hanka und Lisch, über die Bedeutung des Namens Schwerin. In den Jahrbüchern des Vereins für Mecklenburgische Geschichte II, 178; V. 225.

Hartshorne, C. H., Shropshire Antiquities and Language. Salopia antiqua, or an enquiry from personal Survey into the „Druidical", Military, and other early Remains in Shropshire and the North Welsh Borders; with observations upon the Names of Places and a Glossary of Words, used in the County of Salop. London 1841. 8. Darin S. 237—284 Observations of the names of places.

Hennig, Versuch über einige Ueberreste der altpreussischen Sprache, vorzüglich in der Benennung einiger noch jetzt vorhandener Städte und Dörfer in Ostpreussen und Lithauen. Im Preuss. Archiv, Jahrgang 1794, S. 611—645.

Jacobi, Victor, die Bedeutung der böhmischen Dorfnamen für Sprach- und Weltgeschichte. Leipzig 1856. 8. X und 251 S.

Ders., Ortsnamen um Potsdam. Vom Standpunkte der Terrainplastik und der Ansiedlungspraxis erklärt. Leipzig 1859. 8. XXXVI u. 60 S.

Jettmar, Ueberreste slavischer Orts- und Volksnamen in der Provinz Brandenburg, etymologisch und historisch beleuchtet. Potsdamer Gymnasialprogramm von 1846. 4. 26 S.

Kalina v. Jäthenstein, über den Namen der Stadt Leipzig. Im Bericht an die Mitglieder der deutschen Gesellschaft zu Leipzig. 1839. 8. S. 59.

Kiepert, über den Volksnamen der Leleger. In den Monatsberichten der Preuss. Akademie der Wissenschaften von 1861, Januar und Februar, S. 113—132.

Kindt, E., sollten nicht manche Ortsnamen im östlichen Schleswig auf eine dauernde wendische Bevölkerung hindeuten? In dem 17.—20. Bericht der Schleswig-Holstein-Lauenburgischen Gesellsch. für vaterländ. Geschichte, 1862. 8.

Köhler, über den Namen Ober- und Niederlausitz. Im Neuen Lausitz. Magazin XX, 49.

Kohl, J. G., Entstehung der Namen in der neuen Welt. Im Bremer Sonntagsblatt von 1861, N. 1.

Legerlotz, *Ὄθρυς*. In Kuhns Zeitschr. für vergleichende Sprachforschung, Band VIII (Berlin 1858. 8), S. 45—46.

Leo, H., rectitudines singularum personarum. Halle 1842. 8. XII u. 252 S.

Ders., Treatise on the Local Nomenclature of the Anglo-Saxons, as exhibited in the „Codex diplomaticus aevi Saxonici", translated from the German of Prof. Heinrich Leo, with additional Examples and explanatory Notes. London 1852. 8. XX und 131 pp.

Ders., Halle und Sale. In Haupts Zeitschr. für deutsches Alterthum, Bd. V (Leipzig 1845. 8.), S. 511—513.

Ders. (anonym), Wendische Localbezeichnungen in Halle. Im Hallischen Tageblatt vom 28. Juni 1857.

Lepsius, R., über den Namen der Jonier auf den aegyptischen Denkmälern. In den Monatsberichten der Preuss. Akademie der Wissenschaften. Berlin 1855. 8. S. 497—512.

Liebusch, G., Skythika, oder etymologische und kritische Bemerkungen über alte Bergreligion und späteren Fetischismus, mit besonderer Berücksichtigung der slavischen Völker- und Götter-Namen. Camenz 1833. 8. XX u. 321 S.

Limmer, K., philologisch-historische Deduction des Ursprunges des Hoch-Fürstlichen Namens Reuss. Gera 1824. 8. 48 S.

Morris, R., the Etymology of Local Names. With a short Introduction to the Relationship of Languages. Part I. Teutonic Names. London 1857. 8. X und 54 pp.

Muhammed Ben Habib, über die Gleichheit und Verschiedenheit der arabischen Stämmenamen. Aus einer Leydener Handschrift herausgegeben von F. Wüstenfeld. Göttingen 1856. 8.

Muys, G., Forschungen auf dem Gebiete der alten Völker- und Mythengeschichte. Bd. II (unter dem besondern Titel Hellenika). Köln 1858. 8. 328 S. Dieser Band handelt nur von griechischen Eigennamen. Auch der erste Band (unter dem besondern Titel Griechenland und der Orient, Köln 1856. 8- 256 S.) behandelt zum grösten Theile denselben Stoff.

Nesselmann, über altpreussische Ortsnamen. In den Neuen Preuss. Provinzialblättern. Bd. V (XXXIX). Heft 1 (Königsberg 1848. 8.) S. 4—18. 8.

Neuss, H., Revals sämmtliche Namen, nebst vielen andern wissenschaftlich erklärt. Reval 1849. 8. 80 S.

Oelrichs, J. C. C., specimen reliquiarum linguae Slavonicae in nominibus quibusdam regionum et locorum, quae nunc a Germanis et hos inter in primis Marchic. Brandenb. et Pomeranis possidentur. Berolini 1794. 4. VI u. 24 S.

Olshausen, J., über phoenicische Ortsnamen ausserhalb des semitischen Sprachgebiets. Im Rheinischen Museum Jahrgang VIII (1853) S. 321—340.

Palacky, rozbor etymologicky mistnich jmen cesko-slovanskych. In der Böhmischen Museumszeitschrift, Jahrgang 1834, S. 404—419. Handelt von böhmischen Ortsnamen.

Palman, G. P. R., Local Nomenclature. A Lecture on the Names of Places, chiefly in the West of England, etymologically and historically considered. London 1857. 12. 181 pp.

Panofka, Thd., von dem Einfluss der Gottheiten auf die Ortsnamen. In den Abhandlungen der Berliner Akademie. Zwei Theile. Berlin 1842. 4. 54 und 27 S.

Pape, W., Handwörterbuch der griechischen Sprache. (In drei Bänden, deren dritter die griechischen Eigennamen enthält). Braunschweig 1842. 8. Zweite Auflage 1850. 8. So eben beginnt das Erscheinen einer dritten Auflage des dritten Bandes, bearbeitet von G. E. Benseler.

Pelzel, über den Ursprung der Namen der Stadt Prag. In den Neueren Abhandlungen der böhmischen Gesellschaft der Wissenschaften II, 2, 112.

Petters, J., über die Ortsnamen Böhmens. Pisek 1855. 4. 21 S.

Ders., Beitrag zur slavischen Ortsnamenforschung. Im Archiv für das Studium der neueren Sprachen und Literaturen, herausgegeben von Ludw. Herrig, Band 26 (1859. 8.).

Petters, J., -a als secundäres Suffix in slavischen und griechischen Ortsnamen. In Kuhn und Schleichers Beiträgen zur vergleichenden Sprachforschung, Band II (Berlin 1860. 8.). S. 393 f.

Recherches sur l'étymologie de quelques noms de lieux. In der Revue archéologique, 1862, p. 234—242.

Recherches sur l'étymologie des noms de lieu en *argues* appartenant aux départements du Gard et de l'Hérault. Vier Bogen. In den Procès verbaux de l'académie du Gard, 1850—1851, Nimes 1851, und daraus besonders abgedruckt.

Reinisch, S., über die Namen Aegyptens bei den Semiten und Griechen. Eine historisch-etymologische Untersuchung (aus den Sitzungsberichten der k. k. Akademie der Wissenschaften von 1859). Wien. 8. 37 S.

Ders., über die Namen Aegyptens in der Pharaonenzeit und die chronologische Bestimmung der Aera des Königs Neilos (aus den Sitzungsberichten der k. k. Akad. d. Wiss. von 1861). Wien. 40 S. 8.

Resch, Beitrag zur Charakteristik der Ortsnamen aus der slavischen Urperiode, mit besonderer Rücksicht auf das Voigtland. In den Jahresberichten des voigtländischen Alterthumsvereins XVII, 1 ff.

(Riecke) Schotten in Norddeutschland und am Harze. In der Nordhäuser Zeitung und Intelligenzblatt von 1862, N. 18 ff. Handelt über Ortsnamen.

Rubenius, Niclas, de vero etymo Sueciae. Londini Gothorum 1745. 4. 22 S.

Rüdel, K., fremde Eigennamen germanisirt. In Frommanns Zeitschrift „die deutschen Mundarten", Jahrgang 1 (Nürnberg 1854. 8.), S. 228 f.

Salverte, Eusèbe, essai historique et philosophique sur les noms d'hommes, de peuples et des lieux considérés principalement dans leurs rapports avec la civilisation. Zwei Bände. Paris 1824.

Schiern, Fr., über den Ursprung einiger Städtenamen auf den dänischen Inseln. S. Casopis. Musea kralovstvi ceskeho (W. Praze 1856. 8.). Jahrgang 30, Heft 1.

Schütz, H. W., kleines Namen-Lexikon oder kurzgefasste Erklärung der merkwürdigsten Orts- und Personennamen, mit

Einschluss nicht weniger Länder-, Völker-, Gebirgs- und Flussnamen. Berlin 1837. 8. 99 S.

Simsen, Uebersicht mecklenburgischer Ortschaften, welche
nach Naturkörpern benannt sind. Jahrbücher des Vereins für
mecklenb. Geschichte VI, 51.

Skinner, etymologicon linguae Anglicanae. 1671. Am
Ende dieses Werkes steht ein etymologicon onomasticon nominum fluviorum, regionum et praecipue virorum et foemina-
rum, quae vel apud Anglosaxones olim fuerunt vel etiamnum
apud nos in usu sunt, praecipue si Germanicae originis sint.

Spiegel, Arya, airya; Aryaman, Airyamâ. In Kuhn und
Schleicher Beiträge zur vergleichenden Sprachforschung Bd. I
(Berlin 1857. 8.) S. 129—134.

Worbs, über den Namen des Eigenschen Kreises. In der
Lausitz. Neuen Monatsschrift von 1805. II, S. 210.

Ders., woher mag der kleine Oberlaus. Kreis „der Eigen"
genannt, den Namen haben? Ebds. IX, S. 387.

So viel geht aus dieser Uebersicht hervor, dass dieses Gebiet bisher nur sehr planlos und lückenhaft bearbeitet worden
ist. Glücklicherweise beruht unsere Kenntnis undeutscher Ortsnamen nicht allein auf den hier verzeichneten theilweise ganz
veralteten oder verfehlten Schriften, sondern fast mehr noch auf
der gelegentlichen Behandlung dieser Namen in andern Büchern. Aber auch mit Rücksicht auf die letzteren fühlen wir
uns jetzt erst am Anfange eines langen Weges, und so ist es
gerechtfertigt, indem wir von neuem anhalten, noch einen Blick
auf die bevorstehende Weiterwanderung zu werfen.

XII. Aufgaben für die Zukunft.

Wie ich dieses Buch mit zwei einleitenden Abschnitten begonnen habe, so bringe ich es mit zwei andern zum Schluss,
und zwar entsprechen diese jenen. Wie das erste Capitel den
Umfang des zu behandelnden Gegenstandes darlegte, so zeigte
das elfte, durch welche Fäden der so begrenzte Stoff mit Nach-
barwissenschaften zusammenhängt. Desgleichen wie das zweite
verzeichnete, was die Vergangenheit auf diesem Gebiete gelei-

stet hat, so muss dieses zwölfte auf die Aufgaben für die
nächste Zukunft hinweisen.

Es ist aber keineswegs gleichgültig, vielmehr im höchsten
Grade wichtig, in welcher Reihenfolge die Wissenschaft ihre Aufgaben angreift. Wie auf anderen Gebieten das Wort z u s p ä t, so ist
in der Wissenschaft zwar auch oft dasselbe Wort, noch mehr
aber das z u f r ü h von der verhängnisvollsten Bedeutung. Wegen dieses einen Wörtleins verfallen Hunderte von Büchern bald
der Vergessenheit, nachdem sie viel Schaden angerichtet dadurch, dass sie die kostbare Zeit mancher Mitforscher und die
knappen Geldmittel, die der Wissenschaft zu Gebote stehn,
mit aufgezehrt, wol auch gar noch falsche Richtungen befördert
haben, und so erst wieder andere Arbeiten hervorrufen, die
einen Theil jenes Schadens gut machen müssen. Dass aber so
manche Arbeit (exempla sunt odiosa) zu früh unternommen
wird, hat seinen Grund theils im Mangel an Einsicht in das
Gesammtleben der Wissenschaft, theils in dem Ehrgeize, hohe
und höchste Fragen zum Abschlusse bringen zu wollen, die für
den besonnenen Forscher noch im Hintergrunde stehn. Drängt
nicht die ganze Entwickelung des Wissens auf die Lösung einer solchen hohen Frage hin, so lasse man sie bescheiden bei
Seite liegen, denn man hat noch kein anderes Mittel sich ihr
zu nähern als das gefährliche der Ikarusflügel.

So hängt nun auch unsere Ortsnamenkunde mit solchen
hohen Fragen zusammen, wie auch auf manche derselben im
Vorhergehenden, ich hoffe, nicht unbesonnen hingedeutet worden ist. Was aber dringend Noth thut, ehe wir uns an diese
Dinge ernstlich wagen, ist die Herstellung eines festen Funda-
mentes, auf dem sich die weitere Forschung aufzubauen hat.

Dieses einzig sichere Fundament besteht aber in nichts Anderem als in S a m m l u n g e n. Das mühsame und scheinbar un-
würdige Geschäft des Sammelns ist es, zu welchem ich zunächst
und mit aller Eindringlichkeit auffordern möchte; möge man
das nicht als niedrigen Kärrnerdienst verachten, sondern lieber
darauf blicken, wie selbst die Könige der Wissenschaft uns mit
reichhaltigen und wohlgeordneten Sammlungen aus verschiedenen Gebieten ein gutes Beispiel geben.

Für die Ortsnamen ist im zweiten Bande meines Namenbuchs ein fester Kern hergestellt, an welchen sich nun anderes
anschliessen mag. Unablässig mit der Ausbildung jenes Kerns

beschäftigt, den ich vielleicht noch einmal in vollkommenerer Gestalt darreichen kann, darf ich eine zweite umfassende Sammlung nicht unternehmen, ohne die nöthige Arbeitstheilung zu
stören. Darum müssen andere Kräfte, am besten junge, denn
das Verfassen von Wörterbüchern eignet sich vornehmlich für
das jüngere Lebensalter, mit Hand anlegen. Da scheint es nun
das Nächste zu sein, dass jene Sammlung deutscher Ortsnamen
über das Jahr 1100 hinaus in neuere Zeiten fortgesetzt werde;
der Mangel an solcher Fortsetzung ist Grund von vielen Lücken,
die besonders mein zehntes Capitel aufweist. Man möge sich
aber nicht gleich von Anfang über den Umfang einer solchen
Aufgabe täuschen; sie ist so riesenhaft, dass eine abermalige
Beschränkung, etwa bis zum Jahre 1500 hin, dringend geboten
bleibt. Und auch in dieser Begränzung auf vier Jahrhunderte
übersteigt sie noch, wenn man sie in ähnlicher Weise anlegen
wollte wie das Namenbuch, entschieden sowol die Arbeitskraft
eines Einzelnen als auch die finanzielle Kraft der Käufer, auf
glänzende Staatsunterstützungen darf man aber dabei nicht rechnen. Von dem Umfange des Stoffes wird man sich eine Vorstellung machen können, wenn man erwägt, dass das zwölfte
Jahrhundert allein wenigstens eben so viel urkundliches Material darbietet wie alle früheren zusammen. Darum mache ich
den Vorschlag, ein solches Namenbuch der mittelhochdeutschen
Zeit anders einzurichten; die Aufgabe wird ausserordentlich zu-
sammenschrumpfen, wenn man alle schon vor 1100 vorkommenden Orte, in so fern ihre Namen in späterer Zeit nur die gewöhnlichen Lautveränderungen darbieten, ganz übergeht oder dabei
nur auf mein Namenbuch hinweist, alle andern Oerter aber, die
erst nach 1100 auftreten, nur so weit mit Citaten versieht, als
für die Bestimmung ihrer Lage und für ihre sprachliche Erkenntnis nöthig sind. Vor Allem aber mache man sich keine
Unruhe darüber, dass auch so keine Vollständigkeit zu erreichen ist; die Unvollständigkeit in solchen lexicalischen Arbeiten
ist vielmehr ganz selbstverständlich, denn man wird nie den un-
endlichen Schatz einer Sprache unter dem Arme forttragen können.

Das Nächste sind Sammlungen für unsere Bruderstämme,
den nordischen und angelsächsischen. Auch hier liegt so viel
urkundlicher Stoff vor, dass reiche Ausbeute verheissen werden
kann, und doch nicht so viel, dass er gleich von vorne herein
abschreckt. Beschränkt man das angelsächsische Namenbuch bis

auf das Jahr 1100, das nordische bis auf 1500, so ist der Gegenstand zu bewältigen.

Die deutsche Sammlung steht aber wie eine Scheidewand zwischen Slavischem und Keltischem. An das Slavische müsste früher gegangen werden, denn die ältesten Formen dieser Sprache liegen uns seit kurzer Zeit nun schon in einer gewissen Durchsichtigkeit vor und bedeutende sprachhistorische Sammlungen haben schon grosses Material vereinigt. Am meisten aber liegt es mir am Herzen auf die Wichtigkeit eines slavischen Ortsnamenbuches für die Reinheit des deutschen hinzuweisen; Artikel aus meinem Werke wie Aplice, Busterissa, Claniki, Cloboco, Crouwate, Crozina und Crusina, Crudelitz. Luonzniza, Mukkarouwe, Nelibi, Silewize und andere schenke ich ohne Weiteres meinem slavologischen Mitforscher und befreie mich dadurch von einem Ballaste, der die Klarheit meiner Sammlungen trübt.

Kein Sprachgebiet ist uns, wenn wir unsere alte Sprach- und Volksgeschichte reconstruiren wollen, von grösserer Bedeutung, als das der sogenannten baltischen Sprachen, die vom slavischen Stamme früh getrennt dem Germanischen besonders nahe stehn. Ihre verhältnismässig geringe räumliche Ausdehnung, die Wohnsitze dieser Völker in der Nachbarschaft einer Gegend, welche für die deutsche Vorgeschichte unendlich wichtig ist (denn dort entschied sich die Zweitheilung in hochdeutsche und niederdeutsche Stämme), vor Allem aber die in Europa einzig dastehende Alterthümlichkeit des Litauischen, — Alles dieses muss es als eine ausserordentlich lohnende Aufgabe erscheinen lassen, wenn Jemand bald eine Sammlung litauisch-lettisch-preussischer Ortsnamen anlegen wollte.

Mit grösserer Behutsamkeit muss der Sammler keltischer Ortsnamen auftreten; es wird ihm zu rathen sein, dass er zunächst nicht sowol auf eine Vereinigung des ganzen Schatzes, sondern nur auf eine Zusammenstellung dessen ausgehe, was mit einiger Sicherheit als keltisch erkannt und gedeutet ist; dazu wird sich dann schon das Uebrige finden. Auch für den Arbeiter auf diesem Felde habe ich in meinem Buche schon einige Gaben niedergelegt, deren er sich bemächtigen möge. Dergleichen sind die Artikel Aduatuci, Antunnacum, Covellacae, Ephterniacum, Gelduba, Martiliacum, Masciacum, Mediolanium, Parienna, Rigimarus, Sinciacus, Tulbiacum, Zarduna und einige andere.

Ich will auch noch auf Flussnamen wie die der Glan, des Tauber, der Laber uud andere verzichten und bei einer etwaigen neuen Gestaltung meines Buches nur deren Zusammensetzungen mit deutschen Grundwörtern in Anspruch nehmen.

Erst nach Aufstellung eines solchen slavischen, eines baltischen und eines vorläufigen keltischen Namenbuches kann zwischen diesen Sprachen eine ziemlich genaue Grenzberichtigung vorgenommen werden. Sammlungen für andere Sprachen sind zwar für die Wissenschaft höchst bedeutend, doch weniger von Wichtigkeit für unser specielles Gebiet, das deutsche.

Nächst dem Sammeln empfehle ich zweitens Reinigung der urkundlich überlieferten Formen von Verderbnissen, die den Abschriften und Ausgaben in so hohem Grade ankleben. Das ist eine Arbeit, die nicht in grossem Zusammenhange, sondern mehr nur stückweise vorgenommen werden kann und sich daher mehr zu kleineren Aufsätzen und Notizen in Zeitschriften empfiehlt. Ich gehe hier gleich ans Werk und gebe so eine Notiz über einige sprachliche Ungeheuer, die noch meistens in meinem Namenbuche vorkommen, trotzdem dass ich viele ähnliche schon glücklich beseitigt habe. Solche Ungeheuer könnten zu scharfsinnigen und geistreichen Deutungen und grossen Entdeckungen gemisbraucht werden und man muss deshalb nicht säumen sie auszurotten.

Aldenguberen ist höchst wahrscheinlich Aldenguderen zu lesen, da der Ort jetzt Altengottern heisst. — Alisnen muss wol entschieden in Misnen verwandelt werden; der Ort ist das jetzige Mijzen in Holland. — Aus dem im Namenbuche noch fehlenden bei Lüntzel S. 346 vorkommenden Bikiesisprin wird ein verständliches Bikiegispring herzustellen sein. — Bernezintrot muss wol Bernezincrot gelesen werden; die betreffende Urkunde bei Schultes enthält sehr viele Verderbnisse, so dass noch nicht bestimmt zu sagen ist, ob man an Benzingerode (zwischen Blankenburg und Wernigerode) denken darf. — Puochstachun wird erst verständlich durch Umwandlung in Puochscachun; es ist Buchschachten im Landgericht Landshut. — Cisilingunc ist höchst wahrscheinlich aus Gisilingum entstellt und bezeichnet Langengeisling im bairischen Landgericht Erding. — Cuzzihgewe kann nichts anderes heissen sollen als Tuzzihgewe, d. h. der Gau um Deutz, welcher sonst auch als Tulzihgowe vorkommt. — Eretmaringa lautet vielmehr Fret-

maringa und bezeichnet Fritmaning an der Isar. — Erinuhmos
ist entnommen aus einer Urkunde, wo gedruckt steht in loco
nuncupantem Erinuhmos. Es ist vielmehr ganz sicher zu lesen in
loco nuncupante Merinunmos, d. h. Mörmosen an der Mörn im bairischen Landgericht Mühldorf. — Mein Erisenbuhel ist Crisen-
buhel zu lesen und bezeichnet eine Wüstung zwischen Ohmen
und Buseck im Kurfürstenthum Hessen. — Federhaun muss
Federhaim lauten; der Ort muss im südlichen Wirtemberg gelegen haben; vielleicht ist er mit dem von Graff IV, 949 angeführten Fedarhaim identisch. — Finstatinse bei Schöpflin (unbekannter Ort im Elsass) verbessere man ohne Bedenken in Fin-
starinse. — Goiollinga ist ein Unding, indem man in der Urkunde statt Worm Goiollinga vielmehr Wormgoi Ollinga zu
schreiben hat, wodurch zwei bekannte Ortsnamen entstehn. —
Ingermaresthorp lautet wahrscheinlich in Germaresthorp; es
muss Gimmersdorf, südwestlich von Bonn sein. — Lenkyo steht
sicher für Leuchio (Gau um Lüttich). — Letnetti ist Letmeti zu
lesen, jetzt Letmathe, westlich von Iserlohn. — Lidersadonowe
theile man in Liders Adonowe, d. h. Liers (Oberliers) bei Adenau, und Adenau selbst. — Wenn die Lenne bei Holzminden
in einer Urkunde Linderinus heisst, so möchte ich vorschlagen
in der betreffenden Stelle statt ubi Linderinus flumen Wesera
influit vielmehr zu lesen ubi Linde rivus u. s. w. — Luidinon
ist Lesefehler; es heisst im handschriftlichen Original, das in
Duplo existirt, jedesmal Lindinon und bezeichnet Linden bei
Blankenstein an der Ruhr. — Noch nicht im Namenbuche aufgenommen ist Meginsnichegibulle aus Pertz XVI, 201; ich kann
den Namen nicht anders verstehen als nach Umwandlung in
Meginsuithegibulle. — Phatagimundi hatte Graff und ihm nach-
folgend ich aufgenommen; es ist Phatragimundi herzustellen,
d. h. Pfatter bei Stadtamhof an der Mündung des noch heute
gleichnamigen Flusses. — Stemarn muss wol zu Steinarn
verändert werden, es kann das im Namenbuch S. 1301 angeführte Steinaran sein. — Trustara ist vielmehr Truftara zu
schreiben, das jetzige Triftern bei Pfarrkirchen in Niederbaiern.
— Tunegurum lautet richtig Tunegurum und ist wol das bekannte Tongern. — Uringosteti hat vorn ein T verloren; es ist
Döringstadt bei Lichtenfels. — Uppmaim heisst jetzt Uppen, daher wird es wol in Uppinaim zu bessern sein.

Das ist ein Anfang zu der in Rede stehenden Reinigung.

Es bleibt aber noch unendlich viel zu thun übrig; ich liefere
hier aus dem Namenbuche mit Angabe der Seitenzahl ein Register solcher Formen, die mich noch immer quälen und von
denen ich wünsche, dass mich bald einer von ihnen befreien möge:
Aldenlether (44), Almagehuson (56), Amincinesbach (64),
Angeslengi (72), Aohhusun (85), Aribimesheim (97), Asnaga-
hunc (114), Baltremodorf (175), Barbuogot (183), Bardarnaras-
wick (185), Becimunthorp (194), Bobbontenini (255), Crepeles-
sore (386), Cuppargent (396), Durthfere (450), Ehehistat (463),
Enchelen Wisilfleisch (469), Eneuenhen (470), Eorogohaim (471),
Gernsherderstorp (574), Gerselre (574), Gezelcha (576), Gifa-
ron(576), Gintastrip(578), Gorasde(591), Graflgingeshusen(595),
Groterhenekestegron (608), Gunchelberga (613), Gundinglehem
(615), Gumpreshutten (617), Gurilfesheim (621), Haildein (638),
Heimes (651), Hasmachgowe (695), Heinriadassen (720), Hoia-
nusini (758), Houehenaerfl (766), Hozewilliher (766), Hracha-
tom (768), Hufzahus (788), Humuerstule (799), Hunophore-
pleisa (805), Huowifta (806), Hurmusa (806), Ihholani (827),
Lantosemade (902), Lashuggeri (905), Litaber (930), Liutbur-
gamli (937), Loffcia (945), Louoss (954), Luckerge (955), Ludpekowe (955), Mabestreshusen (963), Magelingunin (973), Man-
chenen (980), Mawentelina (1008), Megrim (1012), Mietherge
(1024), Milmilbach (1028), Nimodon (1080), Oderanchauriut
(1103), Otingenwe (1111), Pecobinwilare (1121), Pezchurdorf
(1124), Rcimdi (1168), Remmugiu (1169), Rineschinwach (1184),
Ririxerode (1185), Rischermin (1186), Rivadmarcha (1188),
Roslohgowe (1190), Ruhenvuesberg (1201), Sasimgesstegun
(1224), Sceissitan (1238), Sccuntendorf (1239), Stauerreuar
(1310), Waldalem (1472), Warigar (1484), Warim (1484),
Waringer (1486), Uatcu (1490), Vefrisse (1492), Wekliuane
(1494), Vinuistat (1550), Vuluirincha (1577).

Wiederherstellungen von solchen und ähnlichen Formen
müssen also viele unternommen werden; dadurch und durch
Ausscheidung des Undeutschen wird die Masse des Anomalen
erheblich zusammenschmelzen und das ganze Gebäude mehr
einen Anstrich bekommen, der von Reinlichkeit und Sauberkeit
zeugt. Gleichwol muss auch hier vor dem Zuviel gewarnt werden, da durch ein zu weit getriebenes Streben nach analogen
klaren Bildungen grade besonders merkwürdige Erscheinungen
verworfen werden könnten.

Es hängt aber diese ganze Thätigkeit des Reinigens mit
einer andern unlöslich zusammen, der ich in diesen Aufgaben
für die Zukunft die dritte Stelle einräumen möchte, mit der
geographischen Bestimmung der Oerter. Man kann sagen, das gehe die Sprachwissenschaft als solche nichts an, aber
es zeigt sich hundertfach, dass man selbst über die sprachliche
Form eines Namens ganz im Dunkeln bleibt, wenn die Lage
des betreffenden Ortes nicht klar erkannt ist. Und die Ergeb-
nisse, welche aus allen diesen Studien hervorgehen sollen, können nicht anders wahrhaft ersprieslich werden als durch stetes
Hand in Hand Gehen mit der Geschichte und Geographie. Die
Historiker haben viel für diese Ortsbestimmung gearbeitet, aber
Mangel an Sprachkenntnissen hat ihnen oft ihre natürliche Grenze
gewiesen; versuchen wir es nun von unserer Seite aus, die
Schranken unseres Wissens auch auf diesem Gebiete zu erwei-
tern. Besonders aber ist es gut und für übersichtliche Anschauung
folgenreich, wenn das Gewonnene recht vollständig in kartogra-
phischen Darstellungen niedergelegt wird, die theils einen rein
historischen Charakter tragen mögen, die aber auch sehr zum
Nutzen ausschlagen können, wenn sie mehr sprachlich gehalten
sind, z. B. die Verbreitung gewisser Namenklassen (Grundwörter, Suffixe, Lautverhältnisse) klar verzeichnen.

Das vierte, wozu ich auffordere, sind Monographien verschiedener Art. Obgleich sich Themata für solche ungesucht
hundertfach darbieten, so kommt es doch darauf an, sich mit
Geschick eins auszuwählen. Geschickt gewählte Themata sind
aber besonders solche, die eine bestimmte Stelle im wissenschaftlichen System haben, d. h. solche, denen ein verständiger
Bibliothecar in einer wohlgeordneten Bibliothek leicht ihren
Platz anweisen kann. Ungeschickt gewählt würde mir dagegen das Thema scheinen, wenn z. B. jemand über den Namen
Wernigerode schreiben wollte; er würde dann etwa zuerst über
das Volk der Varini, dann über die Personennamen, die dazu
gehören, dann über die Bildung auf *-ing* im Deutschen und
ihre specielle Verwendung in den Ortsnamen, dann aber über
das Ausroden der Wälder und die dahin einschlagenden Ausdrücke reden, vielleicht auch noch über einiges Andere, — alles Dinge, die nur dadurch in einem Aufsatze zusammenlaufen,
weil zufällig ein Ortsname gebildet ist, in welchem alle diese
Gegenstände zur Anschauung kommen. Ungeschickt erschiene

es mir auch, wenn etwa ein Aufsatz über die Ortsnamen in den reussischen Fürstenthümern verfasst würde, Ortsnamen, die in keiner Weise ein zusammengehöriges Ganze bilden. Für eben so ungeschickt müsste ich es erklären, wenn vielleicht eine Abhandlung über die Namen der grösten Städte Deutschlands oder der bedeutendsten Flüsse geschrieben würde (und Aehnliches giebt es in der That), denn was hat die geschichtlich gewordene Grösse mit der ersten Namengebung zu thun? In solchen und ähnlichen Arbeiten könnte viel Vortreffliches stehn, doch haben sie schon deshalb geringeren Werth, weil man in ihnen manches findet, was eben so gut und besser in anderer Verbindung dargereicht werden könnte, und weil man darin manches sucht, was man nicht findet; dergleichen Aufsätze pflegen bald ihre Bedeutung zu verlieren und zu veralten. Dagegen sind Untersuchungen über einzelne Grundwörter und ihre Verbreitung nach Zeit und Raum, über ihre Formveränderungen, über ihren Bedeutungswechsel u. s. w. stets willkommen; ich habe noch manche anziehende, wenn auch nur selten begegnende Bildungen im dritten Capitel übergehen müssen, 'da ihre Erwähnung lange Erörterungen und viele Zweifel hervorgerufen hätte. Eben so liessen sich lehrreiche Forschungen über einzelne Bestimmungswörter anstellen, z. B. über die in den Strassennamen unserer Städte vorkommenden Wörter, die ein bestimmtes Handwerk bezeichnen, über die Culturpflanzen, für deren Anbau die Ortsnamen historische Zeugnisse liefern, über die Personennamen, die uns als Elemente von Ortsnamen früher und klarer belegt sind als in selbständigem Gebrauche, und so noch unzähliges Andere. Manche Theile der Lehre von Zusammensetzungen und Suffixen, von Ellipsen und Differenzirungen harren auch noch einer eingehenden Behandlung. Und wovon unsere ganze neuere Sprachwissenschaft ausgegangen ist, die Lautverhältnisse, sie müssen vor allen Dingen an der Hand der Namenkunde aufs Neue geprüft und in bestimmtere Regeln gefasst werden. So wie aber aus allen diesen Dingen noch sicher ein reicher Born der Erkenntnis für die gesammte Sprachwissenschaft fliessen wird, so muss die weitere Untersuchung über das räumliche und zeitliche Verhalten der Ortsnamen für die Geschichte noch ausserordentlich ergiebig sein, denn die Sprache ist die lauterste, nicht gemachte, sondern gewordene geschichtliche Urkunde des Menschengeschlechts. Wir stehen jetzt noch bei den ersten schwachen Versuchen diese Urkunde zu lesen und unsere blöden Augen vermögen ihre blassen Züge nur selten richtig zu deuten, aber wie es uns gelungen ist, durch die Theorie der Störungen die Planeten zu wiegen und durch die Spectralanalyse Stoffe zu bestimmen, aus denen der Sonnenkörper besteht, wie wir aus den Verfinsterungen der Jupiterstrabanten schon vor Jahrhunderten die Regel für die Geschwindigkeit des Lichtes ablasen, so wird auch einst der Reflex ältester Sprach- und Völkerverhältnisse, der in den Ortsnamen vorliegt, wesentlich dazu dienen, auf Zeiten ein Licht zu werfen, aus denen kein geschriebenes Blatt eines Schriftstellers, kein in den Fels eingegrabenes Zeichen herüberreicht.

Hoch sind in der That die Ziele, denen wir entgegengehn, aber grade deshalb muss uns unser gegenwärtiger Standpunkt mit Bescheidenheit erfüllen.

Register.

-kraut 205.
Krebs- 148.
Kreek- 110; -kreek 35, 271.
Kreis- 121; -kreis 104.
Kreut u. s. w. 252.
Kreuz- 174; -kreuz 205.
Kriech- 142.
Kron- 111; -krone 48.
Kröte- 147.
Krug- 120; -krug 94.
Krumm- 129.
Kuh- 143.
Kuhl-, Kuil- 112; -kuhl, -kuil 52, 273.
Kupfer- 139.
Kürn- 119.
Kurz- 129, 215.
-l, Suffix, 236 f., 251.
Laak 15, Laak- 115.
-lach 68.
-lage 128.
Lahn 12.
Lak- 110.
Lake 35.
-laken u. s. w. 68.
Lamm- 144.
Land- 114; -land 64.
Landenspiel 43.
Länder nach Einwohnern benannt 196 f.; nach Städten benannt 138, 199.
Landgraf- 164.
Landschlacht 61, 114.
Lang- 129, 215.
Lar- 115; -lar 13, 70.
Lauf- 110; -lauf 37.
Laupendahl 52, 77.
Lausitzische Namen 11, 16, 311.
Lauter- 130.
-le 44.
Leben- 122; -leben 13,107,283.
-leca, -lecca 35.
Lech 34; Lech- 110.
-lechen 44.
Leck 34; -leck 68.
Lee- 111.
Leede- 111.
Leeg- 128.

Leck 15.
Leh- 111.
-lehen 44.
Lehm-, Leim- 115; -lehm 69.
-lein, Suffix, 251.
Leit- 111, 116, -leit, -leiten 48, 75.
Lek 15.
Letten- 115; -letten 69.
Leut- 170; -leuten 48.
Licht- 126.
Lieder- 131.
Liel- 142.
Lilie- 141.
Lind- 113,147; -lind, linde 60.
-lith 48.
Loch- 112; -loch 58.
Loh- 112; -loh 58, 258.
-löhe 44.
-lohn 74.
-lohr 70.
Loo- 112, 115; -loo 58, 69.
-loon 74.
Loop- 110; -loop 37.
-lust 208, 297.
Lützel- u. s. w. 127, 215.
Luxemburgische Namen 10, 11, 12.
-m, Suffix, 231.
-made 65.
Magd- 167.
Magden 17.
-mahal 95.
Mainflingen 137.
Mal- 120.
Mangfall 54.
-mann 198.
Mantel- 113; -mantel 60.
Mar- 115, 121; -mar 67, -march 101.
Mark- 121; -mark 55, 101.
Markgraf- 164.
Märkische Namen 11, 14, 17.
Markt- 120; -markt 95.
Marsch- 115; -marsch 67.
Masholder- 140.
Matt- 114; -matt 65.
Mattsee 114.

Verbesserungen.

S. 24 Z. 31 statt Abhandlungen lies Abhandlung.

„ 61 „ 28 „ is „ ist.

„ 75 „ 31 „ *leidi* „ *leiti.*

„ 160 „ 23 „ *izo* „ *iza.*

„ 226 „ 19 „ Chaganpabi „ Chaganpaci.

„ 227 „ 18 „ Friedland „ Friesland.

Ahrens, Director Dr. H. L., über die Conjugation auf μι im Homerischen Dialekte. gr. 4. 1838. 10 Sgr.

Bornhak, Dr. G., Grammatik der hochdeutschen Sprache. Zum Verständniss des Althochdeutschen, Mittelhochdeutschen und Neuhochdeutschen f. d. oberen Klassen gelehrter Schulen wie f. das Privatstudium bearbeitet. 1. Theil: Die Orthoepie u. Etymologie. gr. 8. 1862. 10 Sgr.

Eckenberg. Dr. F. G., Hermäen aus dem Alterthume in Bezug auf Politik u. Gesetzgebung. 1. Theil: Politik. 1856. 16 Sgr.

Förstemann, Dr. Ernst, Altdeutsches Namenbuch.
I Band: Personennamen 1856. 9 Thlr.
II. Band: Ortsnamen. 1859. 10 Thlr.

Kehrein, Director Joseph, Sammlung altdeutscher Wörter aus lateinischen Urkunden. Zugleich eine Ergänzung der lexikographischen Werke von Graff, Benecke-Müller-Zarncke und Förstemann. 1863.

Kramer, Oberlehrer Dr. A, Compendium der elementaren Mathematik, enthaltend die Geometrie, Arithmetik, ebene und sphärische Trigonometrie. Zum Gebrauche beim Unterrichte. Zweite, vermehrte und verbesserte Auflage. Mit vielen in den Text eingedruckten Figuren. gr 8. 1859 geb. 28 Sgr.

Kriebitzsch, K. Th., Director der höhern Töchterschule in Halberstadt, Geschichte für die Unterstufe des Geschichtsunterrichts. 2 Bände. 2. Aufl. 1862. 1 Thlr. 15 Sgr.

Menschen und Dinge in Russland. Anschauungen und Studien. Mit 1 Lithographie. 1856. 1 Thlr. 22½ Sgr.

Rathmann, H., Machiavelli u seine Lehre im Verhältnisse zum Christenthum u. zu den Bestrebungen der Gegenwart. 1862.
5 Sgr.

Renouard, C., Hauptmann, die Kurhessen im Feldzuge von 1814. Ein Beitrag zur hessischen Kriegsgeschichte. Mit 18 Beilagen u. 1 Karte. 1857. 1 Thlr.

Rüstow, W., Geschichte der Infanterie. 2 Bände. Mit 132 eingedruckten Holzschnitten. 1857. 58.   4 Thlr.

—— Heerwesen und Kriegführung C. Julius Caesars. Mit dem Portrait Caesars n. 3 lithogr. Tafeln. 2. verbesserte Auflage. 1862.   1 Thlr.

Schirlitz, Dir. Dr. K. A., Schulreden, gehalten im Gymnasium zu Nordhausen. Zweite Ausgabe. 1850.   15 Sgr.

—— Neue Schulreden, gehalten im Gymnasium zu Nordhausen. 1853.   15 Sgr.

Schulthess, Rob., Friedrich und Voltaire in ihrem persönlichen u. literar. Wechselverhältnisse. 1850.   15 Sgr.

Volckmar, Dr. C., poëmatia latina. Aus der anthologia latina, Virgilius, Martialis u. Statius. Mit anmerkungen für schulen. 1852.   15 Sgr.

Wuestemann, E. F., Promptuarium sententiarum ex veterum scriptorum Romanorum libris congessit. 1856. In engl. Leinen gebunden.   1 Thlr. 10 Sgr.

Ferner debitire ich:

Kützing, Professor Fr. Tr, die kieselschaligen Bacillarien oder Diatomeen. Mit 30 gravirten Tafeln. gr. 4. 1844.   15 Thlr.

—— Phycologia germanica. Deutschlands Algen in bündigen Beschreibungen. Nebst einer Anleitung zum Untersuchen und Bestimmen dieser Gewächse für Anfänger. gr. 8. 1845. 3½ Thlr.

—— Tabulae phycologicae. Abbildungen der Tange. 1 — 125. Lief. (I — XIII. Bd. 1 Hälfte). 1844 — 1863.
     Schwarz 125 Thlr. Colorirt 250 Thlr.

Nordhausen.

Ferd. Förstemann's Verlag.